HISTOIRE
DE
LA VICOMTÉ
DE
JULIAC

PAR
M. ROMIEU

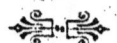

ROMORANTIN
A. STANDACHAR ET Cie, IMPRIMEURS-ÉDITEURS

1894

HISTOIRE
DE
LA VICOMTÉ
DE
JULIAC

PAR
M. ROMIEU

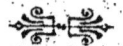

ROMORANTIN
A. STANDACHAR ET Cⁱᵉ, IMPRIMEURS-ÉDITEURS
—
1894

HISTOIRE

de la

VICOMTÉ DE JULIAC

PARDAILLAN 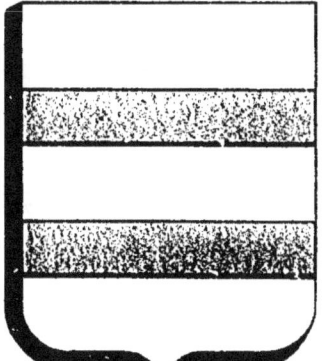 PUJOLÉ

LEBLANC DE LABATUT  MALARTIC  GUICHENÉ

CAMON-TALENCE  CAME DE St-AIGNE

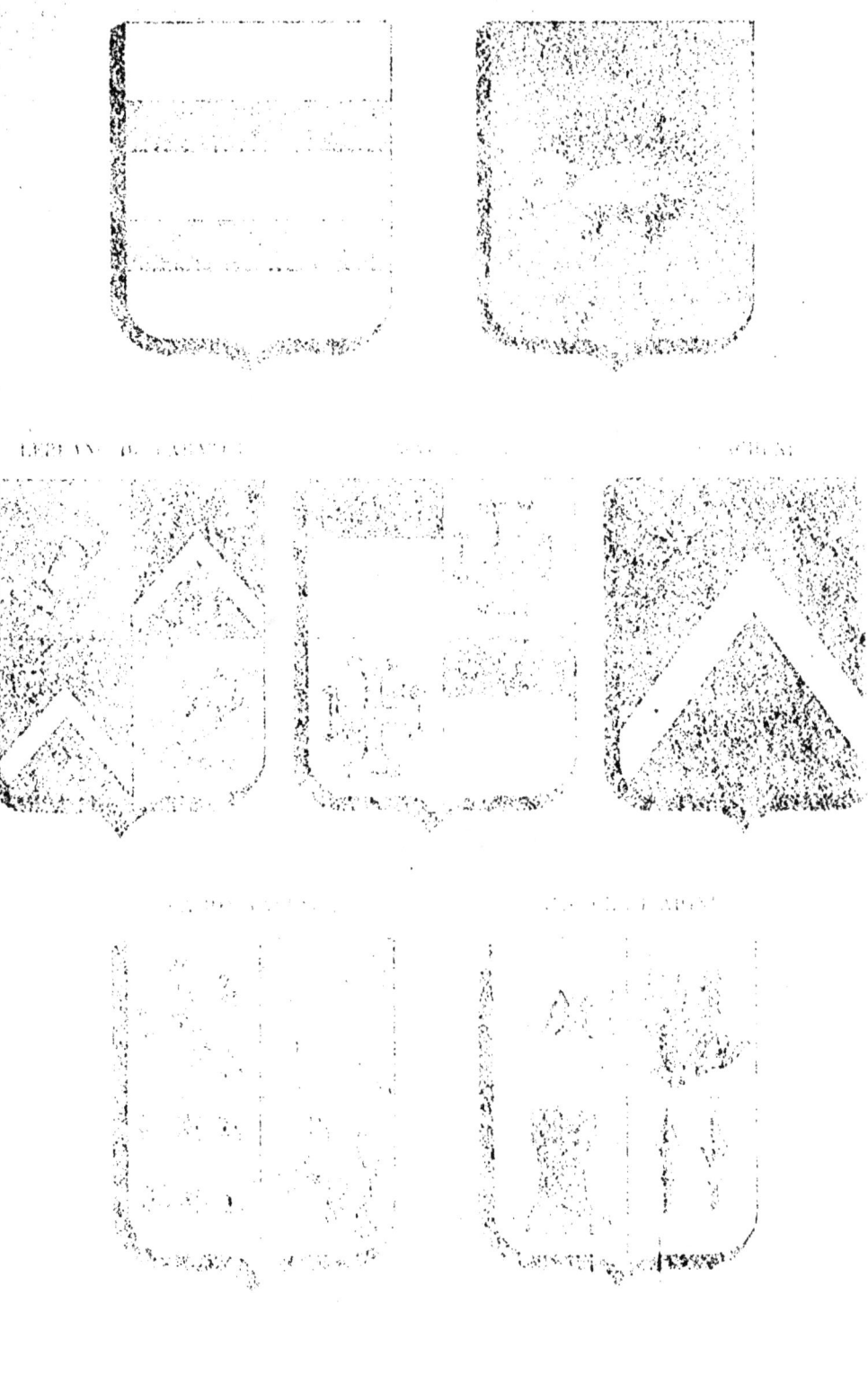

HISTOIRE
DE
LA VICOMTÉ
DE
JULIAC

PAR

M. ROMIEU

ROMORANTIN
A. STANDACHAR ET C., IMPRIMEURS-ÉDITEURS
—
1894

CHATEAU DE BÉROY EN JULIAC
(D'après un vieux manuscrit trouvé dans les archives du Château.)

CHAPITRE Ier.

La Vicomté de Juliac sous les Malvin.

La plupart des histoires locales que l'on essaye de faire sur le pays d'Armagnac, et qui ont pour objet de retracer la vie propre de telles ou telles seigneuries, ne peuvent en général remonter au-delà du XIIIe siècle. Peu de contrées en effet eurent à subir autant de pillages et de désastres que la Gascogne.

Sans parler des invasions sarrasines, des guerres des ducs d'Aquitaine, on sait que les Anglais s'y livrèrent à une lutte séculaire contre les rois de France. Les comtes de Foix et d'Armagnac, les sires d'Albret et de Lomagne en firent le théâtre des combats les plus acharnés. Puis vinrent les guerres de religion et la Fronde pour achever l'œuvre de destruction. Monastères et châteaux ont perdu leurs anciennes archives, faute desquelles on ne peut reconstituer la vie locale antérieure au XIIIe siècle.

C'est pourtant bien avant cette époque que nous commencerons l'histoire de la Vicomté de Juliac, une des plus célèbres du pays gascon.

Grâce à l'importance des seigneurs illustres qui l'ont possédée, nous avons pu retrouver de nombreuses traces de leurs faits et gestes dans les manuscrits et papiers conservés aux archives de la Tour de Londres. Avec ces documents précieux et quelques autres sources historiques des bibliothèques de Paris et de Londres, nous avons pu remonter sans peine jusqu'au xie, x^e et même jusqu'au viiie siècle.

Il est important de se faire d'abord une idée à peu près exacte de l'Armagnac dans ces temps reculés. Sauf les anciennes voies romaines, il n'existait aucune route dans le pays. D'épaisses forêts de pins, des espaces incultes semés de bruyères et d'ajoncs, de vastes et immenses marais, de loin en loin une agglomération de maisons, tel était l'aspect de cette contrée aujourd'hui cultivée, sillonnée de chemins, couverte de vignes, de champs et de prairies.

Au milieu de ce désert, on voyait d'antiques constructions d'origine romaine : il y a par exemple à Arouille (*Ruthia*) les restes d'un camp romain ; à Géou on a retrouvé de nos jours quantité de poteries, des fragments de mosaïque, ainsi qu'un pan de mur faisant partie d'une villa du ive siècle. En outre, dominant une vaste étendue de pays, s'élevait une éminence qu'on appelait *Podium de Juliaco* ou colline de Juliac. Ce nom dans lequel on pourrait retrouver une étymologie latine (Julius, Jules César) donnerait à penser que les Romains avaient établi là une tour à signaux, destinée à correspondre avec Eauze (*Elusa*), ou tout autre centre habité. Toutefois nous en sommes réduits aux conjectures sur l'origine romaine de Juliac.

Le nom de *Podium de Juliaco*, qui se trouve dans les chartes du xie siècle, prouve que ce point était habité et portait une construction quelconque.

Enfin, et ce qui est plus certain, non loin de là s'élevait une tour massive bâtie sur les bords de la Doulouze. Du fonds de cette solitude elle semblait régner sur les environs. Cette tour était la demeure des premiers ancêtres d'une race illustre, les Malvin, seigneurs de Mauvezin et de Juliac.

D'où venaient les Malvin ?

Le nom de Mallwyn ou Malwin est extrêmement commun

en Ecosse, et beaucoup de nobles de ce pays vinrent en Gascogne avec les rois d'Angleterre. Tels les Spens d'Estignols, les de Mesmes, etc.

Mais les Malvin d'Armagnac, qui avaient pour blason : d'azur à trois étoiles d'or deux et un, remontent plus haut dans l'histoire. Bien avant qu'Henri Plantagenet prît possession du sol d'Aquitaine, les seigneurs de Mauvezin tenaient fièrement leur vieux donjon et leur tour à créneaux bâtis sur une éminence, auprès de la Doulouze. C'est là, au viiie siècle, au milieu d'un pays sauvage et sans routes frayées, que le premier Malvin, le farouche compagnon du duc Waïfre, vivait comme dans un nid d'aigle, libre et maître absolu de la contrée environnante.

En 785, quand le bras puissant de Charlemagne s'appesantit sur la Germanie, des bandes, conduites par Loup, duc de Gascogne, se rangèrent sous la bannière du monarque.

Les armées franques ravagèrent en tous sens le pays saxon ; à la fin de cette lutte opiniâtre, Malvin fut envoyé au-delà du Rhin par Charlemagne pour conduire des otages. Il ramena à Attigny-sur-Aisne le fameux Witikind et son compagnon Albion qui reçurent solennellement le baptême en présence de toute la cour.

Les Malvin vécurent dans l'obscurité pendant les ixe et xe siècles ; vers 999, nous trouvons Fortanier de Malvin et son fils Rodolphe, protecteurs de l'abbaye de St-Réolle. Peut-être furent-ils en proie aux terreurs superstitieuses qui environnaient l'approche redoutable de l'an mille. Ils croyaient sans doute à la fin du monde, prédite par les prophètes, et, l'âme torturée par le souvenir de leurs méfaits, ils cherchaient à expier les rigueurs célestes par des fondations pieuses. On ne saurait compter l'incroyable quantité de monastères dotés et enrichis, de pénitences publiques, d'aumônes, de dons précieux aux églises, pendant les dernières années du xe siècle, sous l'empire de la crainte d'un bouleversement général.

Quoiqu'il en soit, Fortanier de Malvin qui vivait encore vers l'an 1030, peut être placé en tête de la liste des seigneurs de Juliac. Il est le premier qui se soit intitulé *Dominus de Juliaco*. C'est lui ou son fils Rodolphe qui jeta les fondements d'une forteresse sur le plateau occupé plus tard par le manoir de Béroy.

En tous cas, le premier château de Juliac, composé d'une tour et de solides murailles, existait en l'an 1060. Il subsista jusqu'en 1170, époque où les Templiers le détruisirent de fond en comble.

Rodolphe, fils de Fortanier de Malvin, n'a point laissé de traces dans l'histoire, mais ses deux successeurs, Loup de Malvin (1080-1110) et Odon de Malvin (1110-1150) nous sont mieux connus.

En 1104, Loup de Malvin possédait au-delà de la Doulouze le territoire de Géou et une assez grande étendue de terres désignées sous le nom de Las Graves (les marais). L'emplacement actuel de La Bastide alors inhabité était du ressort de Juliac.

Le comte d'Armagnac avait aussi des droits sur cette portion de territoire. Il y avait probablement litige ou indivision. Cependant certains indices nous portent à croire que le comte d'Armagnac était vassal de Malvin pour le fief de Géou.

En effet, Bernard III d'Armagnac avec le consentement et l'approbation de Loup de Malvin seigneur de Juliac, donna en 1104 Géou à un de ses bâtards, Loup Sanche, avec le droit d'y construire un donjon et de s'y fortifier.

Loup Sanche est donc le premier fondateur de la petite ville de Géou qui fut si florissante et prospère dans le courant du xiie siècle. Bientôt là où Malvin avait permis de construire un simple donjon se groupèrent peu à peu les éléments d'une cité importante.

En 1140, on vit arriver en Armagnac par bandes nombreuses les chevaliers de l'ordre du Temple. Ils venaient de toutes les contrées connues : Grèce, Hongrie, Sicile, Afrique, chargés de butin et désireux de jouir en paix des richesses que la guerre leur avait fournies. Ils s'établirent à Gontaud et à Laroqué, ainsi qu'à St-Martin de Noë. Mais leur acquisition la plus importante fut le fief de Géou.

Nous ignorons s'ils l'eurent à prix d'argent ou du droit du plus fort. Quoiqu'il en soit, en 1146 Fortanier de Gerlon réside à Géou avec le titre de commandeur ou plutôt de précepteur du lieu (*præceptor templi*) et il reçoit du Grand-Maître la permission de fortifier Géou.

Odon de Malvin, fils de Loup de Malvin, était alors seigneur de Juliac. Il fallut son autorisation ainsi que celle du comte d'Armagnac, ce qui prouve qu'ils avaient conservé tous deux des droits de suzeraineté et que les Templiers n'étaient que leurs vassaux.

A cette époque (1146), Malvin avait encore sous sa dépendance directe les petits territoires de St-Loup et de Las Graves, le comte d'Armagnac au contraire tenait le St-Aigne et l'emplacement actuel de La Bastide.

Géou présentait alors un aspect imposant : sa ceinture de murailles était flanquée de onze petites tours basses, trois placées du côté de la rivière et huit en demi-cercle. La préceptorerie était placée à gauche de l'église et à peu de distance.

Ce n'était pas sans inquiétudes on le comprend maintenant, sans difficultés, que le petit-fils de Loup de Malvin, Odon, deuxième du nom, avait vu ses terribles voisins se fortifier et s'établir à Géou à peu de distance de ses frontières. La Doulouze seule formait une séparation naturelle, et les hommes d'armes au service des Templiers ne se gênaient pas pour la franchir. Ces rudes soldats, habitués à piller toutes les contrées du globe, venaient faire des incursions jusque sous le donjon de Mauvezin. L'insolence était trop forte : Malvin en fit saisir deux et les fit pendre aux créneaux de sa grosse tour sans autre forme de procès (1159).

La guerre était allumée : mais les chevaliers du Temple

étaient des ennemis si redoutables qu'Odon de Malvin chercha un appui en dehors du pays. Il le trouva dans la personne du roi d'Angleterre.

Depuis deux ans déjà, par le fatal mariage d'Eléonore de Guyenne, Henri Plantagenet était devenu maître de cette contrée. En 1160, il débarqua à Bordeaux pour organiser dans le pays une administration complète et solide et tâcher de soumettre en même temps les seigneurs gascons qui refuseraient de reconnaître son autorité.

Odon de Malvin se rendit auprès du roi à Lectoure et, se déclarant son vassal pour la terre de Mauvezin, il lui rendit foi et hommage. En échange, Henri lui assura la propriété incontestée de tout le territoire de St-Julien, Créon, La Grange, Betbezer, Arouille, Géou, etc., et le constitua comme fief de la couronne d'Angleterre sous le nom de vicomte de Juliac. Odon de Malvin en fut donc le premier vicomte héréditaire (1160).

Cependant les chevaliers du Temple avaient résolu de tirer vengeance de la mort infamante de deux de leurs serviteurs. Ils se mirent en campagne résolument. Malvin, de son côté, arma ses gens de guerre. Une des premières péripéties de la lutte, fut la prise par les Templiers du donjon de Juliac, bâti en 1040 par Fortanier de Malvin (1).

On rasa les murailles au niveau du sol et on combla les fossés.

Les hostilités, séparées par des trêves plus ou moins longues, se prolongèrent pendant une période de vingt années avec des alternatives de revers ou de succès. Les Templiers, on le sait, ne le cédaient à personne en fait de violences et de cruautés.

D'autre part, les Malvin étaient de rudes batailleurs et ne

(1) Le précepteur de Géou, qui détruisit par surprise le Pony de Juliac, se nommait Hugues de Lobenx. Henri d'Angleterre autorisa Malvin à relever son donjon ruiné.

démentaient pas l'étymologie de leur nom de famille (*malus vicinus*, mauvais voisins).

En 1180 cependant la ruse l'emporta sur le courage; Odon de Malvin tomba dans une embuscade habilement dressée, et le commandeur de Géou le poignarda de sa propre main.

Cette mort violente décida du triomphe des Templiers en Armagnac; c'est en vain que le fils du vicomte de Juliac, Robert de Malvin, implora la justice royale. Le roi d'Angleterre ne se souciait nullement d'avoir affaire à l'ordre du Temple; ce dernier était assez riche d'ailleurs pour corrompre à prix d'or tous les baillis et sénéchaux, et entraver l'action de la justice anglaise. Robert de Malvin dut se contenter de garder le territoire qu'on voulait bien lui abandonner. Mais le prestige des Templiers s'accrut à un point inouï; ces hommes intrépides qui disposaient de fortunes en numéraire immenses, qui ne relevaient que de Dieu et de leur épée, qui ne devaient l'hommage à personne et se rendaient la justice entre eux, acquirent une suprématie universelle (1).

Robert de Malvin, vicomte de Juliac, quitta cependant sa solitude pour prendre part à la croisade des Albigeois. Il combattit avec Simon de Montfort et fut du nombre de ces guerriers qui, selon l'expression pittoresque du chroniqueur, « pillaient et brûlaient les hérétiques avec une allégresse extrême. »

C'était de la sorte qu'on pouvait acquérir à cette époque « los et renom. » Aussi le nom de Malvin se trouve-t-il à plus d'une reprise dans les chants poétiques des gais troubadours de la langue d'oc.

Les Templiers voulurent profiter de l'absence des seigneurs au manoir de Malvin, et le commandeur de Géou recommença ses déprédations. Il fallut que le pape, Innocent III, écrivit à l'abbé de St-Victor pour le prier de protéger la femme et la

---

(1) Le successeur d'Hugues de Lobenx, troisième précepteur de Géou, fut Guillem de Mona (1180).

sœur du vicomte de Juliac, défenseur de l'Église ; le souverain pontife autorisait l'abbé à se servir de toutes les armes spirituelles jusques y compris la censure ecclésiastique et l'excommunication. Ces menaces effrayèrent sans doute le commandeur de Géou, et Robert de Malvin retrouva son domaine intact. Il mourut vers 1213 laissant un fils, Ramon de Malvin, et une fille Sibylle (1).

Ramon de Malvin, troisième vicomte de Juliac depuis l'année 1160 où cette terre avait été érigée en fief par Henri Plantagenet, mourut vers l'année 1230, peut-être de chagrin d'avoir vu périr l'aîné de ses fils, Guy de Malvin, tué en Palestine à la croisade.

Le second, Arnaud de Malvin, n'a point laissé de traces dans l'histoire, et se contenta de transmettre la vicomté de Juliac à son fils Odon de Malvin, troisième du nom.

Les démêlés avec les Templiers semblent finis à cette époque, et Odon de Malvin resta seul maître de la vicomté, que nous pouvons maintenant circonscrire dans des frontières nettement déterminées (1250).

La vicomté de Juliac comprenait huit baronnies : Mauvezin, Betbezer, St-Julien, Créon, Arouille, Argelouse, Saubouères et la Grange de Juliac. Au midi, la Doulouze formait sa limite naturelle ; au-delà de la rivière s'étendaient les domaines des chevaliers du Temple qui avaient pour centres principaux : Géou, Laroqué, St-Justin et Gontaut. La vicomté de Juliac était ensuite bornée à l'est par le territoire de Cazaubon, fief des comtes d'Armagnac, seigneurs de Gaure.

Le marquisat de La Caze formait la frontière nord de Juliac ; il appartenait alors aux vicomtes de Marsan ; plus tard il passa aux sires de Pons, qui le possédèrent pendant deux siècles.

Enfin le pays de Marsan constituait la limite ouest. C'était

---

(1) Sibylle de Malvin épousa Hugues de Lusignan, comte de la Marche, prince de Jérusalem, roi de Hongrie et des Deux-Siciles.

une région libre, hérissée de bastides indépendantes relevant du roi par un simple tribut.

Ainsi encadrée par les plus redoutables voisins, la vicomté de Juliac eut plus d'une fois à souffrir des incursions des gens de guerre. Le plus souvent, le seigneur courait lui-même au-devant des aventures, et il ne fallait qu'une étincelle pour mettre le pays en feu. Voici un exemple d'une de ces luttes sanglantes qui désolèrent la Gascogne :

Géraud d'Armagnac prétendait que le château de St-Puy et la comté de Gaure étaient un fief relevant de sa suzeraineté. Au contraire, Géraud de Cazaubon, seigneur dudit fief, se déclarait vassal du comte de Toulouse.

Il y eut combat livré sous les murs de St-Puy, et Cazaubon tua de sa main Arnaud-Bernard d'Armagnac, seigneur de Magnoac, frère du comte. Armagnac appelle à son aide le comte de Foix et tous ses vassaux. Les seigneurs de la contrée prirent parti pour l'un ou pour l'autre. Le vicomte de Juliac hésita quelque temps ; mais comme le comte d'Armagnac avait depuis peu transporté son hommage au roi d'Angleterre et que Malvin était un fidèle sujet de ce monarque, il se rangea sous sa bannière.

Cazaubon effrayé se mit sous la protection du roi de France, livra le St-Puy au sénéchal de Toulouse et se constitua prisonnier au château de Narbonne en attendant le jugement de son souverain. Le sénéchal arbora la bannière des lys sur le château de St-Puy en proclamant la sauvegarde dont le roi couvrait son vassal. Foix et Armagnac, au mépris de la protection royale, assaillirent St-Puy et massacrèrent toute la garnison (10 avril 1272).

On affirme que Géraud de Cazaubon se trouvait dans la place, et qu'il y périt avec sa femme et sa fille Anne, âgée de 16 ans. Ce qu'il y a de certain en tous cas, c'est qu'Odon de Malvin, vicomte de Juliac, fut tué au sac de St-Puy, en montant un des premiers sur la brèche.

Le roi de France irrité fit alors publier le ban et l'arrière-ban. Il arriva à Toulouse le 25 mai 1272 « à la tête d'un ost si grand, qu'il fit toute terre frémir. » Le duc de Bretagne, les comtes de Flandre, de Dreux, de Rodez et tous les grands vassaux de la couronne accompagnaient Philippe le Hardi dans cette expédition.

Le comte d'Armagnac épouvanté demanda merci et l'obtint après avoir versé 15,000 livres au trésor royal. Roger-Bernard de Foix seul se prépara à la résistance.

On sait quelle terrible vengeance le roi tira de cet orgueilleux seigneur : destruction de son château, confiscation de ses domaines et emprisonnement à la tour de Carcassonne. Quant aux autres rebelles, on confisqua aussi leurs biens. La vicomté de Juliac fut réunie solennellement à la couronne de France (1273). Pourtant, Arnaud-Guillem de Malvin, fils d'Odon, resta possesseur de ses terres. La prise de possession décrétée par Philippe III était purement nominale et en fait complètement illusoire. Qui donc aurait osé en pleine terre anglaise s'approprier les domaines d'un vassal de l'Angleterre ?

Au milieu de tant de guerres, les infortunés habitants de la campagne, sans cesse sur le qui-vive, cherchèrent naturellement leur sûreté derrière de solides murailles, imitant l'exemple du reste de la France, qui se constituait en communes, les principales familles se groupèrent entre elles.

Avec le concours des seigneurs, elles construisirent des bourgs et villes fortifiées pour se mettre à l'abri d'un coup de main. Il y eut là une administration régulière, consuls, jurats, etc. Le tout sous le contrôle et l'autorité des seigneurs. Ces nouvelles cités prirent le nom de bastides ou bastilles. La plupart placées sous la protection immédiate du roi, avaient leur vie propre et leurs privilèges. Certaines, comme les bastilles du Marsan, étaient très indépendantes et ne relevaient du pouvoir royal que par un léger tribut annuel et quelques obligations, comme celle par exemple de recevoir et d'héberger les gens de guerre.

Les seigneurs, eux aussi, construisaient des bastilles, et pour mieux s'assurer la protection de leur suzerain, ils ne se contentaient pas de lui rendre hommage comme autrefois. C'était une formalité trop vague, qui engageait beaucoup le vassal en laissant au suzerain une trop grande liberté. L'hommage revêtit donc une forme nouvelle et curieuse appelée le paréage.

Ce mot révèle par son étymologie une idée d'égalité (*par*, égal). C'est un grand pas en effet dans le système de la féodalité, et c'est bien en quelque sorte un traité d'égal à égal entre le roi et un seigneur.

Le paréage était particulièrement une association entre le roi et un vassal. Ce dernier ayant besoin d'être soutenu, recherchait son alliance et lui cédait une partie de ses droits, tailles ou justice. Ces conventions étaient surtout recherchées par les évêques et les ecclésiastiques qui, pour être défendus, entraient en paréage avec le roi ou un grand seigneur laïque. Elles furent très fréquentes en Gascogne à cette époque, à cause de la difficulté qu'éprouvaient les petits vassaux à protéger leurs possessions contre la rapacité des Anglais ou des Français.

Quelques années après la mort d'Odon de Malvin, son fils, Arnaud-Guillem de Malvin, vicomte de Juliac, résolut d'imiter l'exemple d'un grand nombre de barons de Gascogne, et il appela en paréage le roi d'Angleterre (1289).

Le 2 juin 1289, le vicomte de Juliac se rendit à Condat, près de Libourne. Un clerc, Jean de Réda, représentait le roi d'Angleterre, et, en présence des témoins requis, le notaire public du duché d'Aquitaine dressa l'acte de paréage. Les deux parties jurèrent, la main sur l'Evangile, d'en observer strictement toutes les conditions.

Le vicomte de Juliac faisait en quelque sorte donation au roi d'Angleterre qui l'acceptait, de toutes ses terres et possessions, qu'il déclarait tenir d'Edouard Ier en fief noble. Malvin avait le droit de faire élever des bastides sur ses terres, et dès lors les revenus, la justice, etc., appartenaient par moitié au souverain. Le roi pouvait faire construire des moulins et des fours banaux, mais son vassal devait contribuer à la moitié de la dépense et avait droit à percevoir la moitié des fruits. Il n'y aurait qu'un bailli pour toute la vicomté, ou deux à la rigueur si un ne pouvait suffire. L'obligation du serment leur était imposée ainsi qu'aux notaires et aux consuls. Les habitants devaient également jurer fidélité au roi et au vicomte de Juliac et les assister dans leurs entreprises de guerre.

Arnaud-Guillem de Malvin se réservait cependant, en toute propriété et sans partage, le donjon de Mauvezin et le *podium* de Juliac. Il y eut aussi une clause spéciale sur Arouille. Edouard abandonnait sa moitié au vicomte et ne gardait que le château-fort sans ses dépendances. Il voulait sans doute y avoir garnison pour surveiller son vassal ou ses voisins, les comtes d'Armagnac.

Les droits, hommages et servitudes de la vicomté étaient de moitié entre le monarque anglais et son paréager.

En échange de cet acte de soumission de Malvin, Edouard Ier lui accordait quelques avantages matériels. Il lui restituait la terre de Maillères, située hors des limites de la vicomté et que Malvin tenait de son père, pour cent marcs d'argent, plus trente livres de monnaie de Bordeaux, revenu annuel sur les châteaux de Forteis et de la Roche de Forteis, avec la justice haute, moyenne et basse sur ces deux seigneuries.

Il y avait aussi pour les habitants de la vicomté une clause excessivement importante : le roi promettait de donner et de concéder des libertés et des coutumes d'accord avec le seigneur de Juliac et déclarait à ce sujet que ces franchises seraient à peu près conformes « à celles qui étaient réclamées par les hommes « sages et éclairés résidant dans le pays. »

Cette espèce de consultation nationale est un point remarquable à noter. Le respect des privilèges et des usages d'un pays était la première des obligations du seigneur. Les comtes d'Armagnac, les rois de France et d'Angleterre ne manquaient jamais de s'engager solennellement à défendre la liberté de leurs vassaux.

Jean de Réda, Arnaud-Guillem de Malvin et Guillaume Durand, notaire, signèrent l'acte de paréage. Ils le revêtirent de leur sceau, en présence d'une douzaine de témoins, parmi lesquels Othon de Caussenx, prieur de Condom, Amanjeu de Lobenx, Raymond et Pons de Cours, chevaliers, Arnaud de Marsan, seigneur de la Caze, et Jourdain de Podenas, damoiseau, seigneur de Castillon.

Ces formalités remplies, Malvin se hâta de faire reconstruire sur les ruines de l'ancien manoir, démoli par les Templiers, un second château, entouré de fossés et muni de tours ; on lui donna le nom de Béroy, sans doute à cause de sa situation, dominant une grande étendue de pays. D'ailleurs, le village qui s'éleva à côté du logis seigneurial porte le nom de Betbezer (beau à voir) qui compléta cette étymologie.

Les seigneurs voisins imitèrent Malvin, et bientôt, pendant les années qui suivirent, tout le pays fut couvert de bastides.

En 1291, Bernard VI, comte d'Armagnac, commença à s'inquiéter de voir se resserrer autour de lui comme en un cercle de fer les donjons et les châteaux-forts des seigneurs alliés de l'Angleterre. Craignant, à juste titre, l'extension de la vicomté de Juliac et le voisinage des châteaux d'Arouille, de Mauvezin et de Béroy, il jeta les fondations d'une nouvelle ville, qu'on appela indifféremment Villefranche ou plus communément La Bastide d'Armagnac (1291). Ce dernier nom indique avec son origine la destination défensive de cette petite cité, placée sur une hauteur au bord de la Doulouze et aux frontières des comtes d'Armagnac. Elle était fortifiée de murailles et de tours ; le pont et le moulin qui subsistent encore, sont les derniers vestiges de cette fondation de Bernard d'Armagnac.

Arnaud-Guillem de Malvin, peu satisfait de son côté de voir cette agglomération d'habitants si près de ses possessions, se plaignit qu'on avait usurpé sur ses terres. Il déclara qu'il était paréager du roi d'Angleterre, et fit porter son affaire devant le bailli de St-Sever. Une enquête fut ordonnée et justice fut rendue en 1311 au profit du vicomte de Juliac.

Il est donc prouvé que les terres de la vicomté s'étendaient un peu au-delà de la Doulouze. La limite se trouvait en face de Pléou, à mi-chemin de St-Justin et se continuait en droite ligne sur l'emplacement actuel du château de Ribère. Il est probable que le comte d'Armagnac dut payer une indemnité ou céder d'autres terrains en échange, car jamais aucune prétention ne fut élevée dans l'avenir par les vicomtes de Juliac sur le territoire au-delà de la rivière.

Tant qu'Arnaud-Guillem de Malvin vécut, le traité de paréage fut strictement observé. Néanmoins, il fallait de temps en temps que le roi d'Angleterre stimulât le zèle de ses vassaux, surtout quand il s'agissait de lever des troupes ou de recueillir des subsides.

Edouard écrivait alors à chacun de ses vassaux pour obtenir un concours efficace. Il n'y eut pas de petit hobereau à cette époque qui ne reçut dans sa gentilhommière un parchemin scellé du sceau royal et revêtu de la signature du souverain. Malvin eut ses messages comme les autres ; le premier, daté de 1294, est ainsi conçu :

« Le roi à Arnaud-Guillem de Malvin, son amé et féal,

« Vous avez assez appris et vous savez bien le différend
« élevé entre le roi de France et nous, et comment ce roi nous
« a malicieusement trompé, chassé de notre Gascogne et privé
« de nos bons peuples. C'est pourquoi nous vous requérons
« aussi instamment que possible et nous vous conjurons de
« nous aider à recouvrer, maintenir et défendre notre terre
« susdite, comme vous et vos ancêtres avez dans tous les
« temps passés fait à nous et à nos prédécesseurs. Nous espé-

« rons que vous vous conduirez dans cette occasion de manière
« que nous et les nôtres vous serons obligés, comme nous
« reconnaissons l'être pour vos bons services que vous nous
« avez rendus jusqu'à ce jour.

Signé et scellé.

Un second message fut envoyé au vicomte de Juliac, le 8 mai 1313, lors de l'invasion des possessions anglaises par Jeanne d'Artois.

Jeanne d'Artois, veuve de Gaston de Béarn, maîtresse du pays de Marsan et de Gabardan, ne put tenir contre les forces réunies par Edouard II, et après une courte lutte de onze jours, elle se résigna à subir la paix. Le vicomte de Juliac avait pris sa part de cette expédition plutôt par intérêt personnel que pour servir son suzerain. En effet, la vicomté placée sur les limites du Marsan et du Gabardan, était directement exposée à l'invasion de l'ennemi et aux déprédations des gens de guerre.

Arnaud-Guillem de Malvin reçut enfin, en 1327, une troisième lettre. L'année précédente, Edouard III, âgé de 17 ans, étant monté sur le trône d'Angleterre, il fallait encorer animer la fidélité toujours chancelante des Gascons. Le 8 février 1327, le roi écrit à Arnaud-Guillem de Malvin pour se ménager son appui.

La guerre ne tarda pas à se déchaîner dans tout l'Armagnac, et peu de temps après le vicomte de Juliac, chevauchant sous la bannière anglaise, trouva sur un de ces nombreux champs de batailles une mort glorieuse et digne de ses ancêtres. Il laissait une fille unique, Ciboye de Malvin, qui hérita de Juliac. Mais dans des temps aussi troublés, une femme seule ne pouvait pas rester paisible propriétaire d'une vaste étendue de terres. Il fallait un chevalier de noble race et connu par sa valeur pour défendre contre les voisins le précieux héritage des Malvin. Aussi la vicomtesse de Juliac épousa le 24 octobre 1327 Bernard de Pardaillan, écuyer, chevalier banneret, gouverneur de Condom, commandant 56 écuyers et 120 sergents de pied. Ce riche mariage avec le représentant d'une des plus illustres familles de Guyenne était un sûr gage de prospérité pour l'avenir.

Les Malvin avaient été vicomtes de Juliac pendant cent soixante-sept ans.

SOURCES HISTORIQUES :

1. — Public Record Office (Londres). Early Chancery Roll, n° 800.
2. — Archives de la Tour de Londres et Terrier de la Gascogne.
3. — D'Hozier : Armorial général.
4. — Manuscrit de Wolfenbüttel, folio B.
5. — Don Vaissette : Histoire du Languedoc.
6. — Larroque : Traité du Ban et Arrière-Ban.
7. — Montlezun : Histoire de la Gascogne.
8. — Oïhénart : Notitia utriusque Vasconia.
9. — Gallia Christiana, tome XIII.
10. — L'Art de vérifier les dates.
11. — Marca : Histoire du Béarn.
12. — Rymer : Fœdera, tome 1er, pars III, page 333.
13. — Francisque Michel : Les rôles gascons.
14. — Guillaume de Nangis.
15. — Pouillé du diocèse d'Aire et Livre rouge de 1335.
16. — Archives du grand séminaire d'Auch.
17. — Les Grandes Chroniques de France.
18. — Archives nationales J, 890, n° 2.
19. — Curie-Seimbres : Histoire des bastilles du sud-ouest.
20. — Archives de l'abbé Tauzin, curé de St-Justin.
21. — Baron de Cauna : Armorial des Landes.
22. — Archives des Basses-Pyrénées.
23. — Idem   des Hautes-Pyrénées.
24. — Idem   des Landes.
25. — Revue de Gascogne.
26. — Dufourcet : Histoire des Landes.
27. — Mémoires et brochures de l'abbé Cazauran.
28. — Abbé Légé : Les Castelnau-Tursan.

CHAPITRE IIᵉ.

La Vicomté de Juliac sous les Pardaillan.

Pardaillan était une des quatre grandes baronnies d'Armagnac avec celles de Noë, Montaut et Montesquiou. Il existe un proverbe patois qui rappelle ce fait d'une manière pittoresque :

> *Parlo Montaout, arrespond Montesquiou,*
> *Escouto Pardaillan : que dises-tu, la Hillo ?*
> Parle Montaut, réponds Montesquiou,
> Ecoute Pardaillan : que dis-tu, l'Isle ?

Les Pardaillan portaient d'argent à deux fasces de gueules. Ils étaient originaires de Gondrin, près d'Eauze, où on les trouve établis avant le XIᵉ siècle. Odon de Pardaillan, qui vivait en 1070, prit part à la première croisade, et un de ses descendants, Bernard de Pardaillan, aïeul du vicomte de Juliac, fut tué au siège de Tunis. Dans la suite, ils s'allièrent aux plus nobles familles de la contrée, et d'ailleurs il fallait bien qu'ils fussent de haut lignage, puisque nous verrons que le comte d'Armagnac consentit à laisser primer son nom et ses armes par celles de Pardaillan.

Avant 1280, un rameau détaché de la tige des seigneurs de

Gondrin s'était établi à Panjas, non loin d'Estang, en la personne d'Odon de Pardaillan, qui avait même donné des coutumes à cette communauté. Le château de Panjas existe encore de nos jours.

Bernard de Pardaillan, vicomte de Juliac et capitaine de Malvezin, était un cadet de Gondrin ; il avait comme proches parents ses cousins : l'un, Odet de Pardaillan, comte de Gondrin, avait épousé Esclarmonde de Bengue. Son arrogance et son humeur batailleuse en faisaient la terreur du voisinage. Il passa trente ans à plaider contre les Castillon. Le second, Hugues de Pardaillan, marié à Paule de Montpezat, avait pris du service dans les armées royales. L'humeur altière de l'un d'eux, et l'éloignement de l'autre, expliquent pourquoi aucun parent ni allié ne figurent dans les actes du temps passés au nom de Bernard de Pardaillan. Il semble être le seul de sa race à cette époque.

L'apparition des Pardaillan dans l'histoire de Juliac modifia beaucoup les destinées de la vicomté. Les Malvin avaient été comblés des bienfaits des Anglais et les avaient fidèlement servis dans leurs guerres. Au contraire, Bernard de Pardaillan, capitaine de Condom pour le roi de France, n'avait d'autre ambition que de voir les Anglais chassés du royaume. Ajoutons à cela que bien que la vicomté de Juliac fut réunie à la couronne, elle était de fait aux mains de l'Angleterre, et Ciboye de Malvin, dame de Juliac, restait dans la vassalité d'Edouard III. Nous ne saurions trop insister sur ce point que pendant que Français et Anglais se disputaient la Guyenne, les deux souverains s'attribuaient les mêmes droits sur les mêmes régions, et les concédaient à tel ou tel de leurs partisans. Pardaillan avait donc à conquérir ses propres domaines et à en prendre réellement possession.

Une forte garnison anglaise occupait alors le château de Béroy en Juliac. Le premier gouverneur anglais de la vicomté, nommé par le roi lui-même, fut un chevalier nommé Guillem de Poyloaut (1331). Il avait droit de haute et basse justice, et percevait tous les revenus. C'est lui qui, pour rendre plus inexpugnable la situation de Juliac, fit construire aux environs la forteresse du Reys, et peut-être d'autres donjons dont il ne nous est resté que de vagues traces. Joutan et St-Julien appartiennent à cette époque, et sous forme de petits bastions ont dû servir primitivement d'abri à la garnison anglaise de Juliac.

En 1337 apparaît un second gouverneur de la vicomté, Richard Aldebry, dont le nom semble révéler une origine anglaise, tandis que son prédécesseur était certainement gascon.

Deux ans après (1339), Arnaud de Loupgrate, chevalier, commande la garnison du château; elle est composée de 25 hommes d'armes, tous anglais, et sujets éprouvés du roi Edouard.

En 1340, lui succède Robert Carrole, qui gouverne la vicomté jusqu'en 1341.

Pendant que les Anglais gardaient à main armée ses domaines et occupaient son manoir, Pardaillan parcourait la Gascogne où ses exploits le rendirent bientôt célèbre. Il avait à cette époque une compagnie de gens d'armes (1333). Sous prétexte de guerroyer contre les Anglais, il était allé réunir sa petite troupe aux bandes pillardes du comte de Comminges et ils avaient envahi de concert le pays d'Agenais, qu'ils mirent en coupe réglée. Il paraît qu'ils ne se contentaient pas de brûler les châteaux et de rançonner les villages, ils allaient jusqu'à enlever les femmes dans les maisons et détrousser les marchands et les voyageurs sur les grandes routes.

C'est en vain que les gens du roi voulurent s'interposer; ils furent rudement reçus, et Pardaillan en fit pendre six aux portes de Mezin.

Le roi de France se fit alors menaçant et promit un châtiment exemplaire. Le comte de Comminges fut le premier à se soumettre, et Philippe de Valois se garda bien de pousser à bout ce terrible sujet. Il se hâta au contraire, le 8 novembre

1333, de lui accorder des lettres de rémission complète pour tous ses crimes et ceux de ses complices. Les lettres du roi de France constatent dans une longue énumération que le comte de Comminges, Bernard de Pardaillan, vicomte de Juliac, Gaillard de Pardaillan, son cousin, et plus de cent autres gentilhommes de leur suite « se sont rendus coupables pendant
« trois ans de désobéissance notoire à nos gens, homicides,
« guerres et forces publiques, roberies de marchands, et plu-
« sieurs autres rapines, ravissements de femmes et plusieurs
« autres grands et contingents méfaits. Ils ont refusé aux
« commissaires royaux de leur ouvrir leurs châteaux en parlant
« à iceux outrageusement et vitupérant et méprisant l'autorité
« royale. Ce néanmoins considérant les grandes affections et
« bonnes volontés du comte de Comminges, du vicomte de
« Juliac et du sire de Pardaillan, ainsi que leurs bons et
« agréables services, le roi leur accorde plein et entier pardon. »

Ces lettres de grâce n'arrêtèrent pas le cours des exploits de Bernard de Pardaillan, et sa réputation s'en accrut à un tel point, qu'Édouard d'Angleterre résolut de s'attacher un aussi précieux allié.

Pour le décider, ainsi que les principaux barons d'Armagnac, il fallait un coup d'éclat auquel ce prince se résolut enfin (1340). Il se proclama solennellement roi de France et écrivit la lettre suivante (1) :

« A Messire Bernard de Pardaillan, baron de Pardaillan,
« vicomte de Juliac et de Mauvezin en Armagnac :

« La couronne de France nous a été, par droit héréditaire
« de nos aïeux, notoirement dévolue par la mort de Mgr
« Charles, de glorieuse mémoire, dernier roi de France et
« frère-germain de Madame notre Mère. Le sieur Philippe
« de Valois, fils de l'oncle dudit Charles, s'est emparé de force

(1) D'autres lettres semblables furent adressées à Hugues de Mesmes de Ravignan, à Pons de la Caze, à Amalric de Barbotan, à Ayssius de Bezolles et à Sanche de Malartic.

« de cette couronne pendant notre minorité. Non-seulement
« il la retient encore injustement, mais, nous déclarant une
« guerre inique, il tâche de nous abaisser afin que par un
« crime que réprouvent Dieu et le droit, il puisse dominer
« dans un siècle au mépris de la justice. En conséquence, nous
« vous prions qu'après avoir mûrement pesé ce qui précède,
« il vous plaise de nous favoriser en justice contre ledit
« Philippe et nous aider activement nous et les nôtres à
« recouvrer nos droits. Nous espérons que le Roi d'en-Haut
« qui humilie les injustes à cause de leurs injustices, mais
« qui aime et exalte les justes, nous traitera dans sa bonté
« afin que nous puissions dignement vous récompenser
« comme nous désirons le faire et récompenser aussi tous
« ceux qui nous aurons prêté aide.

« Fait à Westminster, le 12 février 1340, et scellé de notre
« scel.   « EDOUARD. »

Edouard achetait en même temps le concours du comte
d'Armagnac pour 37,500 livres. Mais toutes les consciences
n'étaient pas à vendre, et Bernard de Pardaillan au lieu de se
ranger sous les drapeaux du roi d'Angleterre, offrit son épée
au roi de France qui lui donna une compagnie de gens d'armes.
Le 8 mai 1340, le vicomte de Juliac recevait ses gages de
Jean Mousquet, trésorier, et sous le simple titre de capitaine
de Malvezin, il se jetait dans Condom avec Bertrand de l'Isle-
Jourdain le 3 août de la même année.

Ils y furent assiégés par le sire d'Albret et les troupes anglaises. La résistance fut superbe et héroïque; tout le pays avait
les yeux sur les courageux défenseurs de Condom. Pierre de la
Palu, gouverneur du Languedoc, convoqua le ban et l'arrière-
ban pour secourir la ville assiégée, et fit enrôler tous les
sujets de la sénéchaussée au-dessus de 14 ans. Le 17 août, il
se présenta avec des forces considérables sous les murs de la
ville. Le sire d'Albret et les Anglais décampèrent en toute hâte

et le vicomte de Juliac fit ouvrir les portes à ses libérateurs, qui éntrèrent au milieu de l'allégresse générale (18 août 1340).

Le roi de France témoigna sa reconnaissance aux Condômois en leur octroyant de nombreux privilèges ; quant à Pardaillan, il reçut le titre de capitaine de Juliac (octobre 1340).

Le 17 novembre de la même année, il reçoit à Agen quittance de ses gages et en donne décharge sur parchemin. Cette pièce porte le sceau du vicomte de Juliac. L'empreinte de cire est ronde et d'environ 20 millimètres de diamètre. C'est un écu portant deux fasces, timbré d'un fleuron et accosté de deux palmes. On y lit en légende :

+ S.B.   SENH.   D.   PA...AN

L'année suivante (1341), grâce à ses exploits, Pardaillan est armé chevalier ; nous le retrouvons en 1342 et 1345 banneret et gouverneur de Condom, qu'il avait héroïquement défendu cinq ans auparavant. En avril 1345, à la tête d'une troupe nombreuse, il envahit le Gabardan et chassa définitivement les Anglais de ses domaines. La garnison anglaise du château de Béroy fut envoyée prisonnière à Condom et le vicomte de Juliac entra en possession de ses terres. Le roi de France lui en confirma tous les droits par une charte solennelle.

Pendant son séjour à Béroy, Pardaillan eut un interminable différend avec le grand Maître de l'ordre de Malte, au sujet de la commanderie de la Claverie, près d'Aiguetinte.

Les Pardaillan avaient en effet le droit de mettre en possession les seigneurs commandataires à leur première entrée. Ce droit fut contesté au vicomte de Juliac qui produisit alors des titres du 6 septembre 1307, par lesquels les Pardaillan sont fondateurs et patrons de cette commanderie, qui se trouve suivant le texte de l'acte :

En Po domini et jurion des senhors de Pardelhan.

L'affaire se termina alors sans autre suite.

Bernard de Pardaillan expira dans le courant de l'année 1346. La tradition rapporte sa mort d'une façon pittoresque et pleine de la saveur des vieux récits d'autrefois. On croirait relire avec des variantes quelqu'une des ballades allemandes, telle que la chasse du Burgrave ou l'histoire du beau Pécopin.

Pardaillan était, dit-on, un grand veneur devant l'Eternel. Certain jour, accompagné de sa suite ordinaire, il attaqua un fort loup, de poil gris, qui l'entraîna très avant dans la lande. Les chiens avaient perdu la piste, les valets et les pages s'étaient arrêtés surpris par la nuit et rompus de fatigue. Seul le vicomte de Juliac, emporté dans un galop vertigineux, disparut à la suite de l'animal fantastique sans que personne put le rejoindre.

Le lendemain au petit jour, les gens de M. de Pardaillan se mirent à sa recherche. Ils le trouvèrent étendu dans une clairière, mort sans aucune trace de blessure. Aucun d'eux ne douta que le loup gris ne fut messire Satanas en personne, dont les griffes crochues avaient emporté en enfer l'âme du terrible seigneur. En l'examinant de près, ils s'aperçurent cependant qu'on avait coupé au vicomte de Juliac le pouce du pied gauche. Et depuis, la tradition affirme que tous les aînés de Pardaillan-Juliac viennent au monde privés du pouce du pied gauche. Longtemps, la superstition environna de son auréole le nom de Pardaillan. Chaque année à la même époque, dans le Condômois, les gens du pays affirmaient entendre pendant la nuit un grand bruit de chevaux, de chiens et de piqueurs, et se disaient en se signant avec terreur : « C'est le sire de Pardaillan qui passe. »

Le vicomte de Juliac laissait une fille unique, Esclarmonde, filleule de la comtesse de Gondrin ; elle avait épousé en 1341, Guillem de Podenas, damoiseau, qui mourut mystérieusement deux mois après la célébration des noces, victime d'un envoûtement comme on les pratiquait à cette époque.

Pour sauvegarder ses vastes domaines, Esclarmonde de Pardaillan, héritière de Juliac après la mort de son père, dut convoler en secondes noces, et elle accepta pour époux Roger d'Armagnac, seigneur de Lavardens. Ce gentilhomme avait pour père Gaston d'Armagnac, vicomte de Fézensaguet. Sa mère appartenait à la famille des Caumont-Lauzun, riche déjà au xive siècle, puisque Indie de Caumont, épouse de Gaston d'Armagnac, avait reçu en dot l'énorme somme de 44,000 livres sur la terre de Samatan. L'aïeul de Roger était Géraud, comte d'Armagnac, et sa grand'mère Marthe de Béarn.

Au jour fixé pour la cérémonie, le 15 septembre 1347, Géraud de la Barthe, baron d'Auros, se présenta en qualité de procureur de Roger d'Armagnac et épousa solennellement pour lui la vicomtesse de Juliac. La bénédiction nuptiale fut donnée par l'évêque de Lectoure. A ce mariage assistaient Bertrand et Amadieu de Pardaillan, chevaliers, oncles de la future.

Cette dernière apportait en dot à son mari la vicomté de Juliac. Mais, par un sentiment d'orgueil très commun à cette époque, les parents de la fiancée ne voulurent point voir la seigneurie tomber en quenouille par défaut d'héritiers mâles. Ils exigèrent par contrat que, désormais, le nom et les armes de Pardaillan primeraient le nom et les armes des d'Armagnac.

En conséquence de cette clause curieuse et très rare, les descendants à naître du mariage devaient s'appeler Pardaillan-Armagnac. En fait, ils s'appelèrent tout simplement Pardaillan et gardèrent leur ancien blason.

Comme nous l'avons fait remarquer, il fallait que les Pardaillan fussent à cette époque de très illustres seigneurs pour que la famille d'Armagnac se soumit à de pareilles conditions.

Outre ces dispositions, le contrat portait que Roger jouirait de tous les biens de sa femme, quand même il n'y aurait pas d'enfants de leur mariage.

A l'issue de la cérémonie, le baron de la Barthe ramena la vicomtesse de Juliac dans son château de Béroy et repartit pour Condom. Quant à Roger d'Armagnac, il combattait au loin ; ce fut seulement la guerre une fois terminée, le 14 décembre 1347, qu'il vint retrouver sa femme. Esclarmonde l'avait attendu avec patience pendant près de trois mois, mais on sait que les châtelaines d'autrefois étaient accoutumées à vivre solitaires entre les quatre murailles d'un donjon.

En 1350, nous trouvons Roger d'Armagnac et Esclarmonde de Pardaillan au château de Lavardens. La guerre avait repris de plus belle et le roi d'Angleterre réclamait en vain l'hommage de son fief de Juliac. Le prince Noir tira bientôt un exemple éclatant de ses vassaux rebelles : il traversa l'Armagnac, brûlant et dévastant sur son passage plus de trois cents villes, églises et châteaux. Le donjon d'Arouille et celui de Reysiet (Le Reys), le château de Béroy, la ville de Géou furent saccagés et livrés aux flammes (1355).

Les années qui suivirent ne furent pas moins désastreuses comme nous allons le voir.

C'est p... alement en 1359 que tout le pays se trouva à feu et à sang. C... année même, la petite ville de St-Justin, défendue par An... jeu d'Armagnac, vicomte de Fézensaguet et frère du seigneur de Juliac, fut assiégée par les troupes anglaises. Le roi de France ne voulut pas laisser ses vassaux périr sans secours ; le comte de Poitiers, fils de Jean le Bon, envoya son chambellan, Guillaume de Nançay, avec une somme de mille florins d'or pour ravitailler St-Justin et le pays environnant. Cet argent devait être remis à Amanjeu d'Armagnac, défenseur de la place. Guillaume de Nançay était en outre chargé, de la part de son maître, de porter des paroles de paix au comte de Foix, allié des Anglais, et prêt à prendre les armes contre ses ennemis naturels les d'Armagnac. La haine séculaire de ces deux illustres maisons était alors dans toute sa force, et ni l'une ni l'autre n'aurait perdu l'occasion d'en donner les preuves. Roger d'Armagnac se trouvait à la tête des troupes gasconnes lors de l'arrivée du sire de Nançay. Ils se prirent toux deux de querelle et, suivant l'usage, ils vidèrent leur différend en champ clos. A la première passe, le vicomte de Juliac fut atteint et renversé raide mort dans l'arène.

Sa veuve, la comtesse Esclarmonde, restait avec deux enfants, dont l'aîné, Lebours de Pardaillan, pouvait avoir dix ans tout au plus. Ce fut à lui qu'échut dans la succession paternelle le château de Lavardens. Mais sa jeunesse et son inexpérience, l'isolement de sa mère, tentèrent la cupidité de ses parents et alliés. Un cousin avide, Géraud d'Armagnac, mit la main sur Lavardens, soit par ruse, soit par violence. La vicomtesse de Juliac protesta en vain contre cette perfidie, dont l'auteur fut cruellement puni vingt ans après. En effet, en 1402, le connétable d'Armagnac, trouvant le domaine à sa convenance, investit le château de Lavardens et s'en empara. Géraud et ses deux fils furent pris, on leur creva les yeux et on les jeta dans les cachots de Lectoure, où ils moururent. Cette manière d'acquérir la propriété était pour ainsi dire héréditaire dans la famille d'Armagnac.

La comtesse Esclarmonde, tutrice de son fils cadet Bertrand, habitait le château de Béroy. L'année qui suivit la mort de son mari (1360), le désastreux traité de Brétigny livrait la France aux Anglais. Nombre de seigneurs gascons, renonçant à l'espoir de redevenir vassaux de la France, se rendirent à Bordeaux pour y prêter serment au roi d'Angleterre. Edouard III avait voulu récompenser le Prince Noir de son vaillant concours et il lui avait fait donation du duché d'Aquitaine (1362).

L'année qui suivit, toute la noblesse de Guyenne se pressait en foule dans l'église St-André, de Bordeaux, pour jurer fidélité au nouveau souverain. Nous retrouvons parmi ces chevaliers des personnages illustres, les de Faudouas, de Bézolles, de Montlezun, du Lau, et à côté d'eux d'autres moins célèbres, Arnaud de Mesmes, ancêtre des seigneurs de Ravignan, Ramon de Batz, Guillaume de Caupenne et Jehan de Came, dont les descendants, les Came de St-Aigne, ont habité pendant six cents ans la Bastide d'Armagnac.

La comtesse Esclarmonde, fidèle aux traditions de ses ancêtres, n'était pas là pour saluer l'aurore du nouveau règne. Mais quand le héraut d'armes appela sous les voûtes sonores de la cathédrale le nom de Pardaillan, un écuyer armé de pied en cap, et portant sur sa cotte de mailles l'écusson d'argent aux deux fasces rouges, s'avança au nom de la dame de Juliac devant le dais royal. Il se redressa fièrement et, au milieu du silence général, il jeta aux pieds du Prince Noir le gant de la comtesse Esclarmonde.

Cet acte chevaleresque et d'une témérité inouïe ne souleva qu'un murmure d'admiration. Tel était l'esprit de loyauté de ces temps-là que l'écuyer ne fut pas inquiété et se retira sain et sauf après avoir accompli son message.

Sans avoir des données précises sur le caractère de la vicomtesse de Juliac, ce dernier trait dégage un peu de l'ombre du passé une véritable figure d'héroïne. En s'abandonnant un peu aux songes enfantés par la lecture des vieilles chroniques, on aime à se représenter Esclarmonde de Pardaillan avec des instincts mâles et guerriers, chevauchant sur sa haquenée à travers les landes, la dague au côté, suivie de ses pages et de ses hommes d'armes, pour aller mettre à la raison une bande de routiers ou un parti d'Anglais audacieux.

Les barons de Gascogne furent vite fatigués de la domination oppressive du Prince Noir; les nouveaux impôts qui écrasaient le pays furent le prétexte d'un soulèvement général. Les nobles seigneurs d'Armagnac se rendirent en foule auprès de Charles V pour le supplier de reprendre la suzeraineté de l'Aquitaine, et le roi, tout joyeux de leurs avances, se prépara à soutenir énergiquement leur révolte. De part et d'autre, on arma grands et petits vassaux. Le roi d'Angleterre distribua des terres à tous les hauts barons qui allaient défendre sa cause.

L'arrogant message de la dame de Pardaillan lui étant resté sur le cœur, il fit don de la vicomté de Juliac à un aventurier d'une grande famille, Archambaud, dit le bâtard de Marsan. Il lui laissa d'ailleurs le soin d'entrer en possession comme il le pourrait.

D'autre part et pour stimuler le zèle de ses partisans, Charles V avait, par un acte solennel, fait donation de toutes les terres réunies à la couronne au comte Jean d'Armagnac (1er juillet 1368). Cette donation lui coûtait peu en somme, puisque les terres en question étaient à conquérir.

Quoiqu'il en soit, Jean d'Armagnac eut en toute propriété Montréal, Mezin, Condom, Cazaubon, Villeneuve, Mont-guillem, Astafort, Podenas et la moitié de la vicomté de Juliac, c'est-à-dire les baronnies de St-Julien, Créon, et La Grange, que le roi Jean s'était réservées lors de la donation de 1350 à Bernard de Pardaillan (1). Charles V ajouta même l'hommage de l'autre moitié de la vicomté ; bien qu'Esclarmonde de Pardaillan eut épousé un cadet d'Armagnac. D'ailleurs, la dame de Juliac n'eut pas à se soumettre sa vie durant à la formalité de l'hommage.

Cependant une lutte terrible s'était engagée. Jean d'Armagnac, désireux de conquérir les domaines accordés par le roi, combattait pour la France avec opiniâtreté. Le comte de Foix, son vieil ennemi, n'avait pas perdu une si belle occasion de se déclarer pour l'Angleterre. Sous sa bannière étaient Manaud de Navailles, le sire de Castelnau, Arnaud-Guillem de Camon, Espain du Lyon de Campet, ami de Froissart, qui chevauchait à ses côtés dans toutes ses aventures et auquel on avait confié la garde de Mont-de-Marsan avec cent lances.

Le bâtard de Marsan, auquel le roi d'Angleterre avait donné la terre de Juliac, fit retentir la Gascogne du bruit de ses

(1) M. de Cauna affirme avoir vu au registre du Trésor, sous le n° 80, une donation de la vicomté de Juliac à Bernard de Pardaillan. Cela paraît difficile à concilier avec le contrat de mariage d'Esclarmonde, sa fille, en 1347, où Bernard de Pardaillan est désigné comme décédé.

exploits. Il mourut quelques mois après, brûlé vif dans le couvent de Prémontrés de Duhort avec quarante de ses compagnons. L'auteur de l'incendie était le comte d'Armagnac, jaloux d'entrer en possession de la moitié de Juliac en supprimant le titulaire.

La paix venait à peine d'être signée entre Français et Anglais, que les vieilles haines se rallumèrent, et pour la centième fois, les comtes d'Armagnac et de Foix entrèrent en lice (1369). Armagnac envoya défier son rival qui s'empressa de relever avec joie ce gage de bataille. Bertrand de Pardaillan, vicomte de Juliac, âgé d'environ vingt-cinq ans, laissa sa mère, la comtesse Esclarmonde, à la garde de ses domaines. Il accourut avec les nobles de Fezensaguet au secours de son suzerain.

Les deux armées se rencontrèrent le lundi 5 décembre 1369, à Launac-sur-Garonne. Phœbus de Foix, bien inférieur en forces numériques, se retrancha sur une hauteur, décidé à attendre son ennemi et prévoyant que la folle impétuosité des nobles gascons favoriserait son triomphe.

Ce fut comme à Crécy et à Poitiers. Les chevaliers du comte d'Armagnac se laissèrent emporter par leur courage et essuyèrent un désastre. Neuf cents gentilshommes, parmi lesquels le jeune vicomte de Juliac et son cousin, Odet, sire de Gondrin, tombèrent entre les mains de Phœbus de Foix. Pour comble de malheur, le soir du combat, un reitre allemand revint au camp ramenant prisonnier un chevalier blessé et couvert de sang. C'était le comte d'Armagnac lui-même. La tradition ajoute que les soldats chantèrent en le voyant ce quatrain patois :

> *Lou renart estant au boscadjé,*
> *Lous layros qué panouan,*
> *Aro sio a mon dammagé*
> *Ce tou t'en fuyos plus avant !*

> Le renard étant au bocage,
> Par les larrons tout est pillé,
> Mais je veux bien être damné
> Si tu t'enfuis davantage !

On conduisit tous les prisonniers au château de Foix, et le 16 décembre, onze jours après la bataille, Gaston Phœbus les réunit dans la grande cour d'honneur. Il leur dit qu'il ne voulait point torturer leurs corps par la prison, mais les traiter favorablement comme gentilshommes. Aussi après leur avoir demandé leur parole de ne point s'évader avant un mois, il les laissa libres de séjourner à Mazères ou à Pamiers, et même de se promener dans le voisinage de ces deux villes.

Le 24 janvier 1370, il fallut traiter de la rançon. Quand Pardaillan se présenta, Phœbus de Foix, frappé de la bonne mine et de la prestance de ce gentilhomme, le pria de fixer lui-même la somme qu'il payerait. Sans hésiter, le vicomte de Juliac se taxa fièrement à cent mille livres. Cette rançon royale fut acceptée et scrupuleusement payée ; d'ailleurs le comte de Foix tira plus d'un million de livres de ses nobles captifs.

Le 14 mai 1370, Charles V déclara l'Aquitaine réunie à la France. Elle l'était effectivement grâce à la mort successive du Prince Noir et de son père. L'avènement du jeune roi Richard et la tutelle difficile de ses trois oncles donnèrent quelques années de repos à la Guyenne.

Esclarmonde de Pardaillan était morte avant la fin de cette guerre ; son fils Bertrand, vicomte de Juliac, que nous venons de voir sortir des griffes du comte de Foix, avait épousé Angline d'Antin, fille de Bon d'Antin, seigneur de Bonnefont et de Marcarosse de Jussan. La fiancée eut en douaire quatre mille florins d'or au coin de France sur la terre de Mauvezin (30 novembre 1386).

La guerre entre la France et l'Angleterre ne tarda pas à recommencer, mais le comte d'Armagnac se garda bien d'y prendre part, prétextant certaines promesses et traité de neutralité conclu avec le roi d'Angleterre ; il s'était mis tranquillement en possession de ses nouvelles seigneuries et entre autres d'une partie de la vicomté de Juliac. Pour l'autre moitié, les Pardaillan étaient tenus de lui rendre hommage. Cette formalité eut lieu pour la première fois en 1392.

Le comte Jean II d'Armagnac était mort à Alexandrie (1392). Son frère, Bernard, fut proclamé par les Etats du Fezensac. Dans cette cérémonie très importante, on sait que l'ensemble de tous les seigneurs du comté d'Armagnac était représenté par les quatre grands barons du pays. C'étaient à cette époque : Jean de Labarthe, seigneur d'Aure, Ayssin de Montesquiou, Odon de Montaut et Bertrand de Pardaillan de Juliac (1).

Ils prirent la parole au nom de tous et déclarèrent qu'ils étaient prêts à rendre l'hommage, mais sous une importante condition. D'après la coutume il fallait, avant que la noblesse prêtât serment que chaque comte nouveau jurât d'être bon seigneur et de confirmer les anciennes chartes et privilèges. Bernard d'Armagnac s'assit alors ; le missel et la croix sur les genoux, la main sur l'Evangile, il jura de défendre les nobles ses vassaux et leurs serfs contre toute violence et oppression, ainsi que l'avaient fait ses prédécesseurs et mieux s'il le pouvait ; en second lieu qu'il respecterait les libertés, franchises et coutumes du pays de Fezensac.

Quand il eut prononcé les paroles prescrites, Labarthe, Montesquiou, Montaut et Juliac s'avancèrent devant leur suzerain. Ils se tinrent debout devant lui le heaume en tête, l'épée au côté, les éperons d'or aux talons. Le chancelier lut la formule du serment et les quatre chevaliers répondirent : « *Verum* » (c'est vrai). Après quoi ils passèrent avec la foule

---

(1) Les Pardaillan de Juliac et de Panjas s'intitulaient barons de Pardaillan et constituaient une branche aînée par rapport aux Gondrin. M. de Laplaigne croit que les Pardaillan du XI° siècle étaient des puînés des anciens comtes d'Armagnac. Ce n'est qu'une hypothèse.

des autres seigneurs dans les grandes salles, où un banquet magnifique était préparé pour les recevoir.

Quelques années plus tard, le comte d'Armagnac qui allait devenir si célèbre sous le nom de connétable d'Armagnac (1400), associa à sa fortune son cousin-germain, le vicomte de Juliac, et Bertrand de Pardaillan signa avec le comte de Foix et le sire d'Albret le fameux pacte de Gien. Ce traité défensif et offensif avait pour but de « maintenir le roi en sa majesté royale et « franchise et chasser dehors tous ceux qui voudraient s'y « opposer. » Il était dirigé contre le duc de Bourgogne, Jean sans Peur, dont l'autorité prenait des proportions inquiétantes. Le pacte de Gien fut le point de départ des querelles sanglantes des Armagnacs et des Bourguignons.

Bertrand de Pardaillan ne vit pas les malheurs qui allaient résulter de cette fatale alliance ; il mourut deux ans après, en 1413. Il avait eu de son mariage avec Angline d'Antin, un fils et une fille, Jean (1) et Jaquette de Pardaillan. Jaquette fut mariée l'année du décès de son père, le 22 janvier, dans l'église de Betbezer, au chevalier Béraud de Faudoas, baron de Barbazan, fils de Louis de Faudoas et d'Ondine de Barbazan. Elle eut ainsi pour beau-frère le plus grand chevalier de l'époque, le fameux Arnaud de Barbazan, capitaine et vaillant homme de guerre qui eut son tombeau à Saint-Denis au milieu des rois de France, à côté de Charles V son maître, avec une statue de marbre et une épitaphe rappelant ses exploits.

Lors du mariage de Jaquette de Pardaillan avec le baron de Faudoas, il fut stipulé au contrat que la vicomté de Juliac tomberait dans la famille de Faudoas au cas où le nom de Pardaillan viendrait à s'éteindre.

Jean de Pardaillan hérita du titre de vicomte de Juliac ; en outre un de ses grands oncles, Guillaume de Pardaillan, mort

(1) En 1390, le jeune Jean de Pardaillan, âgé de 3 ans, fut institué héritier de son cousin Guillaume de Pardaillan, comte de Panjas. Ce dernier ne laissait qu'une fille, Louise, mariée à Jean d'Antras.

en ne laissant que des filles, lui transmit la seigneurie de Panjas, ce qui augmenta ses possessions d'un immense et magnifique domaine.

Le 2 février 1411 il avait épousé sa belle-sœur, Jeanne de Faudoas ; mais le mariage à l'église ne fut célébré que deux ans après, à cause de l'âge de la nouvelle fiancée qui n'avait que douze ans. Le jour même où Jaquette de Pardaillan épousait le baron de Faudoas, le vicomte de Juliac conduisait aussi sa fiancée à l'autel, et la petite église de Betbezer vit ainsi la solennité d'une double union entre les deux plus grandes familles de la contrée (23 janvier 1413). Peu de temps après, Jean de Pardaillan se hâta de rejoindre à Paris le connétable d'Armagnac et de continuer à ses côtés le rôle commencé par son père. Il se battit bravement à Montdidier contre les milices bourguignonnes ; mais la victoire remportée par les Armagnacs n'eut pas de fruits immédiats. Jean sans Peur restait maître de Paris et du dauphin (1). Le peuple était en grande détresse et menacé de la plus dure famine.

Le duc de Bourgogne dans ces cruelles circonstances chercha des moyens de conciliation ; il tira de prison le fameux Juvénal des Ursins et l'envoya au connétable. Ce dernier, fier de pouvoir traiter de puissance à puissance, chargea deux de ses gentilshommes de s'aboucher avec l'envoyé du duc. Ces deux négociateurs furent Jean de Pardaillan et Arnaud de Barbazan. Le choix n'était pas heureux ; c'étaient deux hommes de guerre, rudes et batailleurs, en présence de l'ancien prévôt des marchands, souple et cauteleux. Les pourparlers n'aboutirent pas. Jean sans Peur quitta Paris et le connétable y rentra aussitôt. Des alternatives de succès et de revers ensanglantèrent la France, le désastre d'Azincourt ajouta à la détresse publique et tous les jours Paris voyait égorger les victimes des Armagnacs.

(1) Le 10 janvier 1416, Jean de Pardaillan, chevalier, donne à Paris quittance de ses gages. Son sceau est rond de 30 millimètres. Il représente un écu portant deux fasces branché, timbré d'un heaume, cimé d'une tête de licorne, supporté par deux demoiselles.

La réaction ne pouvait tarder, elle eut lieu le 30 mai 1418. Un bourgeois, Perrinet Leclerc, ouvrit les portes au maréchal de l'Isle-Adam qui fit son entrée au milieu d'une foule enthousiaste criant : Noël ! Vive Bourgogne !

Les Armagnacs furent surpris et le massacre commença. Tanneguy-Duchâtel se précipita à l'hôtel St-Pol et enleva le dauphin, habitué depuis six mois à ces sortes de scènes. Comme il passait dans une rue un peu sombre, il se heurta à un parti bourguignon. Tanneguy Duchâtel n'avait que quelques gentilshommes. Des deux côtés on mit flamberge au vent. Les Armagnacs se jetèrent devant leur chef et, tandis qu'il fuyait avec le dauphin, se firent bravement égorger. Le sire de Jacqueville, ami du duc de Bourgogne, était au plus épais de la mêlée, criant : « A moi, Jacqueville ! tue ! tue ! » Se trouvant en face d'un gentilhomme couvert d'un chaperon bleu et le prenant pour le dauphin, il le perça d'un coup d'épée. C'était le comte Jean de Pardaillan. Vingt autres soldats l'achevèrent et s'acharnèrent sur son cadavre.

Le vicomte de Juliac, si tragiquement assassiné, laissait trois fils : Jean, Bertrand et Bernard. Jean de Pardaillan eut Juliac. Bertrand hérita de Panjas, épousa Marguerite de Castelnau et fut la tige d'une nombreuse postérité. Bernard dut se contenter de la modeste part des cadets ; il avait épousé Béliette de Verduzan, dont il n'eut que deux filles : l'aînée, Catherine, fut mariée au seigneur de Lux, puis à Jean Isalquier de Fourquevaux. La seconde, Marguerite, fut longtemps dame d'honneur de la comtesse de Foix ; elle brilla par ses grâces et son esprit au milieu de cette cour si littéraire et si cultivée ; elle prêta, dit la chronique, une oreille attentive aux madrigaux du sire de Navailles et du chevalier d'Espagne. Sa beauté et le charme de ses discours firent impression sur le jeune Gaston de Foix lui-même ; c'est ce que semble indiquer un mot piquant des vieilles annales : « *et fust tout enamouré* (le comte de Foix) *des merveilles de son esprit.* »

Quoiqu'il en soit, l'étoile de cette cour gaie et spirituelle (la Marguerite du Béarn), ne dut jamais habiter le château de ses ancêtres. De Foix, elle passa parmi les dames d'honneur de la reine de France, et Charles VII lui fit épouser un de ses favoris, le comte de Lautrec.

Jean II de Pardaillan, vicomte de Juliac, avait pris pour femme Jeanne de Cauna, fille de Louis de Cauna, seigneur de Poyaller, et d'Estiennette de Castelnau. Il avait hérité à coup sûr de l'humeur belliqueuse de ses ancêtres, car nous le trouvons à partir de 1420 en Condomois, combattant de droite et de gauche, et mettant à la raison les partisans dont le pays était infesté.

En 1425, il fit une expédition en Agenais et délivra un certain nombre de prisonniers gascons incarcérés à Pujos. La plupart étaient des gens de Montréal ; aussi les consuls de cette dernière ville offrirent au libérateur de leurs concitoyens un cadeau de quatre barriques de vin. Il faut croire que le vicomte de Juliac trouva le vin à son goût, car dans la suite nous le retrouvons souvent aux environs de Montréal, harcelant sans relâche ses bons ennemis les Anglais. Néanmoins, la générosité des consuls se borna au premier présent.

Au printemps de 1445, la vicomté de Juliac eut à loger une *lance*. La lance était une nouvelle invention de Charles VII presqu'aussi onéreuse que le plus lourd des impôts. Elle consistait en une petite troupe militaire, composée d'un homme d'armes, d'un coutillier (sorte d'écuyer armé d'un couteau), d'un page, de deux archers et d'un valet de guerre, tous montés. Sans consulter les États de chaque province, le roi imposa arbitrairement au pays l'entretien des compagnies qu'il venait de former et il en envoya dans toute la Gascogne.

Il est probable que le vicomte de Juliac fut peu flatté d'avoir à héberger les nouveaux arrivants ; c'était un nouvel impôt en nature à payer ; chaque homme avait droit annuellement à une charge et demie de blé et à deux pipes de vin : la lance devait recevoir par mois deux moutons et la moitié d'un bœuf, quatre lards de porc et vingt sous tournois pour les jours d'abstinence. En présence de ces dépenses ennuyeuses et vexatoires, les consuls des baronnies de Juliac probablement à l'instigation du seigneur se refusèrent énergiquement à payer. La lance de Juliac fit valoir ses droits ; Pardaillan ne fit qu'en rire. La lance se mit à piller le pays. Jean de Pardaillan arma alors ses vassaux et à leur tête expulsa la compagnie royale qui occupait ses domaines (janvier 1448).

La lance de Juliac vint alors dans l'Agenais, contrée plus généreuse et plus fertile. Le sénéchal Odet de Lomagne convoqua le 13 mai 1448 les consuls des communautés du pays ; il exposa comment la lance de Juliac avait été délogée de la vicomté, qu'elle vivait depuis cinq mois dans l'Agenais et qu'il fallait pourvoir à son entretien d'une façon régulière. Après délibération, les consuls refusèrent d'obtempérer au désir du sénéchal. L'affaire prit des proportions sérieuses et fut portée à Toulouse. Les premiers jours du mois de juin, le Parlement rendit un arrêt formel condamnant le Condômois à loger la lance de Juliac et à payer une somme de 178 écus d'or. Cette taxe fut imposée et répartie sur toute la région. Montréal eut à payer pour sa part 31 écus d'or. Montguillem et les autres villes contribuèrent au reste, à la grande joie sans doute du vicomte de Juliac, débarrassé de ses hôtes incommodes (1).

Il y eut alors un moment d'accalmie dans les aventures de Jean de Pardaillan ; il ne figure dans aucun des rôles d'armes de cette époque et garde pendant quelque temps la plus indépendante des neutralités, car l'histoire est muette sur lui jusqu'en 1450. Nous le retrouverons tout à l'heure à la cour de Louis XI, courtisant, insinuant et plein de ruses, faisant

---

(1) Sur Jean de Pardaillan, on trouve dans les comptes consulaires de Montréal les notes suivantes :

Item plus bengo un scude de moss. de Panyas que nos aporta una lètra de cressensa de sas parts, continent que lo bollossam far applau de bin si que donem lo a dina, que costa V s. VI d. (1425). — Item plus fo balhat 1 boyet de sinaza au senh. de Castets et Pardelhan, can bengon de corre ne pergon las basquas, que cosva IIII s. VI d. (1425).

jouer sous la direction de son maître les plus subtils ressorts de la politique.

En attendant, nous demanderons au lecteur la permission de suivre la destinée de la seconde moitié de la vicomté de Juliac (baronnies de St-Julien, Lagrange et Créon), qui formaient l'apanage des comtes d'Armagnac.

Jean Ier d'Armagnac laissa à ses successeurs la seigneurie de Juliac, et cette portion de ses domaines se conserva intacte jusqu'en 1445. A cette époque, de grandes divisions éclatèrent dans le pays. Les Anglais qui avaient défendu leur conquête pied à pied, étaient enfin débordés par les armées victorieuses de Charles VII. Le roi Henri VI renonçait à l'espoir de jamais ressaisir l'Aquitaine, et peu à peu il retirait toutes ses garnisons.

A mesure que les Anglais abandonnaient leurs possessions, le roi de France les distribuait à ses fidèles alliés. Le comte d'Armagnac ne fut pas oublié ; comme il avait vaillamment secondé les capitaines de Charles VII au siège d'Aire, il reçut en récompense les cinq baronnies d'Eauzan, c'est-à-dire Cazaubon, Monclar, Mauléon, Marquestau et la Bastide d'Armagnac. Cette année même, les Etats provinciaux, réunis à Bordeaux, déclarèrent que toutes les villes et places fortes de Guyenne se remettaient sous la suzeraineté du roi de France à condition qu'on respectât leurs privilèges.

Jean IV, comte d'Armagnac, mourut le 5 novembre 1450, et son successeur, Jean V, exigea de ses vassaux un nouvel hommage. Il fut rendu le 31 août 1451. Mais déjà on s'écartait un peu du cérémonial observé en 1332. Les quatre grands barons d'Armagnac : Montaut, Juliac, Noë et Montesquiou ne représentaient plus la noblesse de la contrée. Chacun venait rendre individuellement son hommage. Cependant au début, Jean V s'assit sur un petit siège en bois, couvert d'une tapisserie de laine, et les deux mains posées sur le missel et la croix, il jura de respecter les coutumes du Fezensac. Puis les seigneurs vinrent l'un après l'autre s'agenouiller devant leur suzerain et, les mains dans les mains, prononçaient la formule du serment. Le comte leur donnait le baiser de paix en signe d'alliance et ils se retiraient.

Parmi ceux qui vinrent ce jour-là au château de Vic, l'histoire nomme Jean de Bezolles, Bertrand de Monlezun, Béraud de Faudouas, Pardaillan de Juliac.

Jean V d'Armagnac ne sut pas jouir longtemps des immenses domaines qui faisaient de lui le véritable souverain de la Gascogne. Il aurait pu avec de nouvelles acquisitions, avec des héritages et des conquêtes, se tailler en Guyenne une principauté indépendante. Il ne réalisa pas ce rêve de ses aïeux. Dès 1445, son père avait commencé à dépecer ce beau territoire. Une portion de la vicomté de Juliac fut démembrée, la baronnie de St-Julien fut vendue à Géraud de Bessabat, de la maison de Pordeac, devenu le favori de Jean d'Armagnac, à cause de son habileté dans l'art de la fauconnerie. C'est ainsi que la terre de St-Julien fut distraite de la vicomté de Juliac au profit de ce noble seigneur, qui ne savait peut-être qu'élever et dresser des oiseaux de haut vol, et qu'elle en resta séparée jusqu'en 1782.

Quelques années plus tard, les passions et les crimes de Jean d'Armagnac avaient excité les sévérités du Parlement. Pressé d'argent pour satisfaire le luxe de ses goûts et combler les désordres de sa vie, le comte vendit pour 15,000 livres les cinq baronnies d'Eauzan à son frère, le bâtard d'Armagnac, fils de Marie d'Armagnac de Thermes et d'Arnaud-Guillem de Lescun. Bien que ce mariage eut été solennisé selon les rites de l'Eglise, jamais les d'Armagnac ne voulurent reconnaître la légitimité de cette union ; aussi verrons-nous que pendant trois cents ans les descendants de cette grande famille protestèrent contre cette vente de l'Eauzan, contraire à tous les droits et privilèges de leur race.

Cette époque est une des plus curieuses de l'histoire de notre pays ; elle met en lumière les caractères étranges mais un peu effacés et affaiblis par le temps de deux hommes qui exercèrent sur Louis XI la plus triste influence : le bâtard d'Armagnac et Jean II de Pardaillan, vicomte de Juliac, son parent et son inséparable compagnon.

Le dauphin était alors en révolte ouverte contre son père Charles VII. Il s'était retiré à Genappe, non loin de Bruxelles, où le duc de Bourgogne lui avait offert l'hospitalité. Un grand nombre de courtisans l'avait suivi en exil, et parmi eux le bâtard d'Armagnac, qui avait conquis lentement une grande influence. Très dissolu dans ses mœurs, il égayait les veillées par des récits assez licencieux qui plaisaient fort au jeune prince. Il partageait son goût pour la chasse à l'épieu et au vol. Il entretenait son ambition et son désir de régner. Attirés par le bâtard d'Armagnac, beaucoup de nobles barons gascons étaient venus grossir la cour du dauphin : Jean de Pardaillan de Juliac, Antoine de Castelnau du Lau, Jean de Gourgues, dont les descendants furent seigneurs de St-Julien, Gaston du Lyon de Campet, Georges de Mesmes de Ravignan, beau-frère du vicomte de Juliac (1).

Les plaisirs et les fêtes se succédaient de plus en plus à Genappe quand Charles VII mourut (1461). Louis XI fut couronné roi, et les anciens favoris de son père furent disgraciés. Au sacre, ce fut le bâtard d'Armagnac qui fit l'office de connétable et tint la bannière royale. Tous les autres courtisans du nouveau règne eurent leur récompense. Jean de Pardaillan, attaché à la personne du monarque, reçut plus tard l'ordre de St-Michel. Jean de Gourgues et Georges de Mesmes de Ravignan furent nommés gentilshommes de la Chambre. Gaston du Lyon, sénéchal de Saintonge, de Guyenne, des Landes et du Bezadais, devint le confident le plus intime du roi. Le bâtard d'Armagnac put se croire au faîte de la toute-puissance ; il avait épousé Marguerite de Saluces, qui lui avait donné trois filles. La plus célèbre, Madeleine d'Armagnac, fut héritière des baronnies d'Eauzan.

(1) Il avait épousé Marguerite de Cauna, sœur de Madame de Juliac.

Jean de Pardaillan se hâta d'appeler à la cour son fils Bernard, pour le présenter au roi et le faire jouir de sa faveur. Après l'avoir initié aux périls et aux embûches de cette cour dangereuse, le vicomte de Juliac revint dans ses domaines (1473).

Nous le rencontrons à plusieurs reprises dans le pays, et toujours sur le pied de guerre. Le 6 juin 1473, il traverse la ville de Riscle avec trente ou quarante compagnons armés jusqu'aux dents ; les consuls se hâtent de l'héberger et de lui fournir pain et vin et nourriture convenable, complaisance qui était de rigueur à cette époque.

En 1476, Alain d'Albret, lieutenant-général du roi Louis XI, étant chargé de conduire des troupes au secours du roi de Portugal, fit appel à la noblesse gasconne. Beaucoup de gentilshommes du Béarn et de la Bigorre y répondirent avec empressement. De nos contrées, il n'en vint que deux : le marquis du Lyon de Campet et Jean de Pardaillan.

Le vicomte de Juliac rejoignit l'expédition à Bayonne (10 avril 1476). On y séjourna quelque temps et la discipline des troupes se relâcha tout-à-fait. Il y avait principalement un corps, celui des francs-archers, remarquable par sa turbulence. Il fallut en venir aux mesures de rigueur. Deux d'entre eux, accusés d'avoir battu deux prêtres appartenant au sire d'Albret, furent mis au pilori à St-Jean-de-Luz pendant vingt-quatre heures, puis bannis de l'armée. Les autres, mécontents et prêts à se mutiner, s'adressèrent au vicomte de Juliac, le priant de réclamer à Alain d'Albret leur solde qu'ils n'avaient pas encore reçue (20 avril 1476).

Nous ignorons pourquoi les francs-archers choisirent M. de Pardaillan pour porte-paroles ; toujours est-il que leur réclamation fut portée au grand Conseil de Vic, c'est-à-dire aux Etats provinciaux. Introduit devant cette assemblée, le vicomte de Juliac s'entendit démontrer avec la dernière évidence que les gages des francs-archers avaient déjà été payés à leurs collecteurs et que la demande faite par eux était sans fondement (1).

Jean de Pardaillan, fidèle à la fortune du sire d'Albret, combattit donc les Espagnols, assista à la prise et au pillage de Renteria, et la paix faite rentra au château de Panjas (1476).

Ici se place un événement politique important pour les seigneurs de Juliac. Ce fut leur disgrâce auprès du roi de France. Le vieux Jean de Pardaillan trempa dans la conspiration ourdie par le duc de Guyenne, frère de Louis XI. D'importantes négociations, secrètement échangées avec la Bretagne, constituaient la trame principale de toute cette intrigue. Le roi, dont la perspicacité était rarement en défaut, vit clair dans ces menées ténébreuses. Il envoya sur les lieux son agent ordinaire dans les missions difficiles, le compère Olivier le Daim. Le terrible barbier arrivé à Mont-de-Marsan y rencontra dans une hôtellerie un envoyé du duc de Bretagne qui se crut espionné et s'enfuit précipitamment. Instruit de ce départ si rapide, le compère Olivier recueillit dans la cheminée des fragments de lettres déchirés et brûlés. En les rapprochant ensemble, il put apporter au roi les preuves palpables de la conspiration. Tous les seigneurs gascons de la cour étaient plus ou moins compromis dans cette affaire. Le vicomte de Juliac essaya d'élever la voix en faveur des coupables, ce qui lui aliéna les bonnes grâces du souverain. De plus, le jeune Bernard de Pardaillan, soit par un coup de tête, soit par les conseils de son père, devint le confident et l'ami le plus intime de Jacques de Nemours, ce malheureux et infortuné prince tant persécuté par Louis XI. Nemours avait eu connaissance de la conspiration et il est avéré qu'il offrit à Castelnau et à Pardaillan de tuer le roi de France. La clairvoyance de ce dernier fit échouer ce plan criminel ; les événements se précipitèrent ; le comte d'Armagnac résistait, il fit appel à ses

---

(1) Les archives des Hautes-Pyrénées renferment des documents très importants au point de vue historique sur l'expédition d'Alain d'Albret et sur la politique de Louis XI à cette époque. Voir aussi l'opuscule de M. Luchaire, Paris 1877.

vassaux, à ses parents, à ses alliés. Une armée, commandée par le sire de la Trémoïlle, fit irruption dans l'Agenais; le comte fut battu en plusieurs rencontres. Dans l'une d'entre elles, Jean de Pardaillan, après avoir blessé la Trémoïlle au bras, fut entouré et saisi. On envoya à Louis XI son ancien favori. On sait que le terrible despote était sans pitié. Pardaillan fut donc enfermé dans un des cachots souterrains en forme de cages grillées, au Plessis-lez-Tours. Il y expira probablement vers l'an 1479.

Bernard de Pardaillan de Juliac, son fils, jusqu'alors abrité par la protection de Jacques de Nemours, se rendit en Guyenne. Il se jeta dans Lectoure, où le comte d'Armagnac était assiégé par les troupes royales d'Antoine de Beaujeu. Il se fait le médiateur d'une capitulation. On ouvre les portes de la ville, et les officiers du roi se rendant en foule auprès du comte, lui font leurs offres de service. Jean d'Armagnac se tenait debout appuyé au dossier d'un fauteuil où était assise sa femme, Jeanne de Foix; autour de lui cinq ou six gentilshommes. Au moment où M. de Balzac d'Entraigues s'inclinait devant lui, le capitaine Montfaucon se tourna vers un homme d'armes qui le suivait, et dit : « Fais ton devoir. » Ce soldat s'élance et poignarde le comte d'Armagnac qui tombe baigné dans son sang aux pieds de son épouse. La malheureuse femme se jette sur le corps de son mari en poussant des cris déchirants. Les soldats se précipitent sur elle et se mettent à arracher ses bijoux. Gaston du Lyon, fort indigné, tire aussitôt son épée et la plonge dans la gorge du sire de Montfaucon. Bernard de Pardaillan s'élance au-devant de la comtesse d'Armagnac et la protège de son corps, pendant que le sire de Castelnau l'entraînait dans la pièce voisine. L'ordre une fois rétabli, on la conduisit sous bonne garde au château de Buzet.

Louis XI apprenant cette exécution, se hâta de récompenser Antoine de Beaujeu, en lui faisant don de l'Armagnac et de tous les domaines de sa victime, y compris la seconde moitié de la vicomté de Juliac. Il voulut aussi faire servir une rente de six mille livres à Jeanne de Foix. Néanmoins, il poursuivit avec acharnement la perte des autres membres de la famille d'Armagnac.

Charles d'Armagnac, frère du comte, avait été saisi dans un de ses châteaux et jeté en prison. Jacques de Nemours, quelques semaines après, devait avoir la tête tranchée en place de Grève. Le bâtard d'Armagnac n'était plus à craindre, puisqu'il venait de mourir ; mais Louis XI, craignant que sa veuve ne mariât sa fille avec un de ses cousins, écrivit de sa main à Marguerite de Saluces. Il choisit lui-même le mari de Madeleine d'Armagnac, Hugues d'Amboise, comte d'Aubijoux, frère du cardinal, et dont le neveu, Louis d'Amboise, fut un des auteurs du procès de Nemours. Marguerite de Saluces répondit au roi en ces termes :

« Sire à vostre bonne grâce si très humblement que faire
« puis, me recommande, à laquelle plaise savoir que j'ay reçu
« les lettres qu'il vous a plu m'escrire, et par icelles vous a
« plu me mander que je baille ma fille en mariage à
« M. d'Aubijoux. Si sire, comme vous scavez, vous me
« mariâtes avec vostre bon serviteur cui Dieu pardoint,
« maintenant suis seule par deça avec ma dite fille. Si je
« suis toujours délibérée avoir pour agréable ce qu'il vous
« plaira me commander et pour plus amplement vous ad-
« vertir, j'envoie devers vous M. le prieur d'Eauze et le
« procureur d'Armagnac, présent porteur, lesquels vous plai-
« sent ouïr. Sire, il est vrai que M. mon mari cui Dieu
« pardoint me laissa chargée d'autres enfants jusques au
« nombre de sept, lesquels il avait avant que je fusse mariée
« à lui, pour ce que M. d'Auch, son frère, lui estait tenu en
« aucune somme de deniers.

« A Sauveterre, le huitième jour de mars.

« Vostre très humble et très obéissante sujette :

« La Comtesse de Comminges,

« Marguerite. »

Les négociations du prieur d'Eauze restèrent sans résultat. Comment refuser une alliance imposée par la volonté royale ? Hugues d'Amboise, comte d'Aubijoux, épousa donc Madeleine d'Armagnac le 13 novembre 1484 ; elle lui apporta en dot trois mille livres et les baronnies de Labastide, Mauléon, Cazaubon, Monclar et Marquestau.

Bernard de Pardaillan s'était retiré dans ses terres, peu soucieux de partager le sort horrible du duc de Nemours, son protecteur. L'avènement de Charles VIII le tira de sa disgrâce.

Le début du nouveau règne avait failli être marqué par une guerre civile. Le premier prince du sang, le duc d'Orléans, avait noué les fils d'une vaste conspiration, où il avait attiré les ducs de Bretagne et de Lorraine, le roi de Navarre, la maison de Foix, etc. Le sire d'Albret s'était engagé à soulever la Gascogne et, au printemps de 1486, il enrôla sous sa bannière tous les hauts barons de l'Armagnac ; au premier rang, Bernard de Pardaillan, vicomte de Juliac, Domenges de Mesmes, seigneur de Ravignan, Carbonnel de Bessabat, seigneur de St-Julien, Jacques de Batz, Aymeri de Barbotan, Antoine de Came de St-Aigne, Jean de Camon de Dadou, etc.

Mais ce déploiement de forces n'aboutit qu'à une solution pacifique. Les promesses et surtout l'or, habilement prodigué par Anne de Beaujeu, apaisèrent un à un les rebelles. C'est à cette occasion que Charles VIII se souvint du nom de Pardaillan. Il se rappela que Jean de Pardaillan était mort dans une des cages de fer du Plessis et, comme il eut toujours à cœur de réparer les cruautés de Louis XI, il nomma le vicomte de Juliac gentilhomme de la Chambre à 400 livres de gages. Ce titre était considérable, puisqu'on avait limité à cent le nombre de ceux qui en seraient investis.

Bernard de Pardaillan vécut à la cour et accompagna Charles VIII en Italie. Il prit ainsi part à la bataille de Fornoue, où se trouvaient aussi un grand nombre de seigneurs du pays d'Armagnac.

Les brillantes imaginations du Midi s'étaient exaltées dans des rêves de gloire et de conquêtes. L'Italie fascinait les Gascons. Ils avaient cru trouver au-delà des Alpes des royaumes dont ils pourraient s'emparer. Chacun croyait en revenir prince, duc ou marquis. Aussi, avec une impétuosité sans précédent, ils s'élancèrent à la suite du roi de France et donnèrent à cette expédition son caractère aventureux et hasardeux. Parmi ces soldats de fortune se trouvaient : Philippe de Lobit, seigneur de Maillères, Monval et haut justicier de la terre de Bascons, enterré en 1530 dans le chœur de l'église de Perquie ; Joseph Marquet, seigneur de Bourgade, avec son cousin par alliance, Came de St-Aigne ; Frix de Laffargue, seigneur de l'Hostallet, et probablement une pépinière d'autres moins connus et dont les noms sont restés ensevelis dans l'oubli.

Aucun ne rapporta d'Italie les richesses et les domaines fabuleux dont ils avaient escompté la possession ; mais ils revenaient avec une légende héroïque de combats glorieux, légende qu'ils transmirent à leurs descendants avec toutes les amplifications qu'elle comportait du reste.

Bernard de Pardaillan, vicomte de Juliac, mourut en 1496, laissant un fils et trois filles. Sa femme, Jeanne de Caumont-Lauzun, fille de Jean-Adam Nompar de Caumont, baron de Lauzun et de Jeanne de Goth, expira à peu près vers la même époque, au château de Béroy, et fut ensevelie dans la chapelle seigneuriale.

L'aîné des enfants, Jacques de Pardaillan, était entré dans la vie sous un illustre patronage. Il avait été tenu sur les fonts baptismaux par haut et puissant prince Jacques d'Armagnac, duc de Nemours, comte de Charolais, prince de Bourbon, de Jérusalem, de Hongrie et des Deux-Siciles. Les trois sœurs, Jeanne, Marie et Anne de Pardaillan, furent confiées à la tutelle de leur cousin, Jean de Pardaillan, comte de Panjas, et durent probablement grandir au château de ce nom. Le comte de Panjas, gentilhomme de la cour de

Louis XII et dans les bonnes grâces de son souverain, lui présenta son pupille. Jacques de Pardaillan fut aussitôt rangé parmi les pages du roi.

C'est à la suite de Louis XII qu'il combattit dans le Milanais. Il gagna ses éperons à la bataille de Novare dans des circonstances héroïques ; au plus fort de la mêlée il sauva la vie à un des plus nobles seigneurs de l'entourage du roi, Eberard Stuart-d'Aubigny. En reconnaissance, l'illustre descendant des souverains d'Ecosse, détachant son épée, en ceignit le jeune page après lui avoir donné l'accolade. Cette arme, ornée d'une croix en pierres précieuses, avait appartenu à Walter-Stuart, premier roi d'Ecosse. Les Pardaillan durent garder religieusement ce trésor de famille, mais il est probable qu'il fut enlevé lors de la destruction du château de Béroy en Juliac, en 1569. Cependant il est possible que les Pardaillan de Panjas aient hérité de cette fameuse relique et que l'épée des Stuart ait passé soit à la famille de Crussols-d'Uzès, soit à celle de Mortemart.

Jacques de Pardaillan revint en Italie en 1512 ; il combattit à Ravenne aux côtés du célèbre Gaston de Foix, et vit tomber percé d'un coup de lance ce jeune et brillant capitaine. Fatigué de ces guerres inutiles, le vicomte de Juliac, dédaignant la brillante cour de François Ier, revint dans son château de Béroy ; mais il ne se maria point et vécut solitaire après avoir donné sa sœur Anne en mariage à François de Béarn, baron de Gerderest et descendant d'un bâtard de Jean de Grailly, comte de Foix (1524).

Pardaillan eut plusieurs enfants illégitimes qu'il dota en fiefs et terres. En faveur de l'un deux, noble Jean d'Argelouse, il détacha de la vicomté de Juliac un petit domaine qu'il lui attribua. Jean d'Argelouse et ses descendants s'établirent à Labastide d'Armagnac, et au XVIIe siècle ils y vivaient dans l'indigence. Georges d'Argelouse, dernier de sa race, mourut sans héritiers en 1680. Il exerçait la profession de menuisier. Triste déchéance dont nous verrons encore plus d'un exemple.

Jacques de Pardaillan habitait le château de Béroy, seul dans le farouche et morne ennui d'un gentilhomme sans famille et abandonné par les siens. Son immense fortune était l'objet des convoitises de son entourage ; la cupidité de ses proches ne recula pas même devant le crime. Jean d'Argelouse, bercé de l'espoir d'être un jour vicomte de Juliac, avait associé à ses projets un astrologue italien, Cyprien Vimie, qui habitait la métairie de Fontaines, dans la paroisse de Créon. Ce Vimie, venu en France comme beaucoup d'Italiens à l'époque du mariage de Borgia et de Charlotte d'Albret, était adonné aux sciences occultes. Il mit son art magique au service du bâtard de Pardaillan. La nuit au clair de la lune, dans les landes désertes, il composa des breuvages et des philtres démoniaques. Il avait le pouvoir d'évoquer le diable par des incantations, et on parlait même à voix basse dans le pays, de sacrifices humains d'enfants au berceau égorgés de sa main, suivant des rites mystérieux.

Il est certain en tous cas, qu'un poison lent et terrible, analogue sans doute à la fameuse liqueur des Borgia ou des Médicis, entraîna vers la tombe le vicomte de Juliac. Il expira à Béroy le 12 août 1532 et fut enseveli dans la chapelle seigneuriale du château, dédiée à Sainte-Madeleine. C'est là qu'il reposait encore en 1650, sous le maître-autel, à côté de sa mère, Jeanne de Caumont-Lauzun et de son père, Bernard de Pardaillan.

Cyprien Vimie fut aussitôt accusé devant le parlement de Bordeaux, et la voix publique dénonçait son complice, le bâtard de Pardaillan. Tous deux furent convaincus de sortilèges et de maléfices diaboliques, et en conséquence condamnés à être brûlés vifs et leurs cendres jetées au vent. L'arrêt fut exécuté publiquement à Bordeaux le 7 novembre 1532.

Jacques de Pardaillan était le dernier descendant de Roger d'Armagnac, ayant dans les veines par ses aïeux le sang des premiers comtes de Gascogne. A peu d'exceptions près, tous ses ancêtres avaient péri de mort violente : son grand-père en prison, son bisaïeul poignardé par le sire de Jacqueville, Roger d'Armagnac tué dans une passe d'armes. Il semble que la fatalité se soit acharnée sur la maison des Pardaillan ; nous verrons tout à l'heure un comte de Panjas égorgé à la St-Barthélemy, un autre tué à Coutras, un autre assassiné par le sire de Bezolles. Mais depuis la fière Esclarmonde de Pardaillan, qui jetait son gant au Prince Noir, jusqu'à Jacques de Pardaillan, ramassant l'épée des Stuarts sur un champ de bataille, les vicomtes de Juliac restèrent pendant deux cents ans les fidèles serviteurs de la France et du roi.

SOURCES HISTORIQUES :

1. — Monlezun : Histoire de Gascogne.
2. — P. Anselme : Grands officiers de la couronne.
3. — Moréri : Dictionnaire généalogique.
4. — La Chesnaye des Bois : Dictionnaire héraldique.
5. — Vitton de St-Allais : Nobiliaire universel.
6. — Revue de Gascogne.
7. — Rymer : Fœdera, tome IV.
8. — Bréquigny : Collection des ordonnances des rois de France.
9. — Bibliothèque nationale : Collection Doat, tome 182, 1320.
10. —   Idem.   Portefeuille de Gaignières, vol. 644, fol. 20.
11. —   Idem.   Fonds français, Mss. 20, 634.
12. —   Idem.   Fonds français J.J. 66, colonne 1316.
13. — Archives d'Auch, numéro 1827.
14. — Petite revue d'Aire, année 1874, page 141.
15. — Glanage de Larcher, tome XI, page 275.
16. — M. de Laplagne : Les sceaux gascons.
17. — Abbé Ducruc : Archives de Cazaubon.
18. — Comptes consulaires de Montréal (document inédit).
19. — Comptes consulaires de Riscle.
20. — Borel d'Hauterive : Annuaire de la noblesse.
21. — O'Gilvy : Nobiliaire de Guyenne.
22. — Froissart : Chroniques.
23. — Favin : Histoire de la Navarre.
24. — Oïhénart : Notitia utriusque vasconia.

25. — Chazot de Nantigny.
26. — Bibliothèque nationale : Fonds de Bastard.
27. — .   Idem.   Fonds Chérin.
28. — Paul Durrieu : Les Gascons en Italie.
29. — Archives départementales de la Gironde.
30. — Dom Vaissette : Histoire du Languedoc.
31. — Archives de M. l'abbé Tauzin, curé de St-Justin.
32. — Dufourcet : Histoire des Landes.
33. — De Beaucourt : Histoire de Charles VII.
34. — Archives de la ville de Limoges.
35. — Commines : Mémoires.
36. — Archives des Landes, des Basses-Pyrénées et des Hautes-Pyrénées.

CHAPITRE IIIᵉ.

La Vicomté de Juliac sous les Béarn de Gerderest.

Le testament de Jacques de Pardaillan, daté du 5 août 1532, instituait comme héritière universelle sa sœur Anne, dame de Beaucaire et de St-Martin, mariée en 1524 à François de Béarn, baron de Gerderest. En cas de décès sans postérité, la vicomté de Juliac devait passer aux branches collatérales des Pardaillan dans l'ordre de parenté qui suit : Jean, comte de Panjas ; Pierre, seigneur de Mirepoix ; Antoine, seigneur de St-Quentin et Pons, comte de Gondrin. En outre, les exécuteurs testamentaires étaient choisis parmi les proches alliés du défunt : Arnaud de Caumont-Lauzun, Bertrand d'Estissac, le baron de Montaut et Jean de la Rochebeaucourt. Il laissait également quarante livres de pension et cent écus d'or à chacune de ses sœurs, Jeanne et Marie de Pardaillan, religieuses à Condom.

François de Béarn, héritier de la vicomté de Juliac, était fils de Bertrand de Béarn et de noble damoiselle Marie d'Andouins. Son aïeul, qui avait rempli les fonctions de sénéchal de Foix en 1436, était un fils naturel de Jean Ier de Grailly, comte de Foix. Cette haute extraction explique l'arrogance superbe du nouveau seigneur et les démêlés qu'il eut avec ses vassaux.

Le vicomte de Juliac n'habitait pas le pays à cause de ses fonctions de sénéchal de Béarn, et depuis 1532 jusqu'en 1538, il n'est point fait mention de sa présence en Armagnac.

Cette année (1538), Jacques de Foix, évêque de Lescar, vint en personne à Mont-de-Marsan en qualité de lieutenant du roi Henri II de Navarre, pour recevoir les hommages du pays d'Armagnac. Cette formalité n'avait point été accomplie depuis 1451. Parmi les fiefs se trouvait la vicomté de Juliac placée dans la vassalité de la Navarre. En l'absence du seigneur, Guillem Dupeyrou, de l'ordre des Prémontrés, granger de Juliac, prêta le serment exigé. Parmi les barons présents à cette cérémonie, nous trouvons en première ligne : Domenges de Mesmes de Ravignan ; Pierre de Ferbaux, seigneur de Gontaut-en-St-Justin ; Jean d'Esgarrebaque, seigneur de Gaube ; Guiraud de Monlezun, seigneur du Vignau ; Jean de Bessabat, seigneur de St-Julien-en-Juliac ; Sanche de Dyesse, seigneur de Gaillères, trésorier du roi de Navarre ; l'abbesse de Ste-Claire de Mont-de-Marsan ; Gautier de Bourdeilles, commandeur de Caubin, pour son fief de Laroqué ; Jean de Camon, baron de Dadou ; Jean de Muret, seigneur de Cuquerin, et les grangers de Maillères et de Lacquy.

Quelques années après cet hommage, de vives contestations s'élevèrent dans la vicomté de Juliac, que François de Béarn avait abandonnée à la rapacité d'administrateur peu scrupuleux. Les vassaux, soit qu'ils fussent réellement en butte à de grandes vexations, soit pour acquérir quelques libertés, se plaignirent assez haut, et leur syndic présenta une longue requête au parlement de Bordeaux contre les excès du vicomte de Juliac.

Les habitants de Mauvezin réclamaient contre une coutume fort ancienne du pays portant que le seigneur avait seul le droit de vendre du vin au détail la veille et le jour de la St-Loup. Ce jour-là chaque chef était tenu de venir en personne faire le guet au château de Mauvezin ; pendant cette veillée, le vin était vendu en détail à tout le monde, et le seigneur faisait banqueter ses vassaux dans les salles de l'ancien manoir.

Les habitants de la vicomté de Juliac se refusaient également à faire les charrois de bois de chauffage. Ils ne voulaient pas non plus les journées de manœuvres dues pour la culture des vignes, moyennant indemnité et sous condition que le seigneur nourrissait les travailleurs.

Il y avait aussi une autre coutume que n'acceptaient pas les vassaux de Juliac, c'était d'aller moudre le blé au moulin du seigneur. Il fallait attendre chacun son tour pendant vingt-quatre heures et celui qui, par fraude, n'aurait pas observé ce délai ou qui s'en serait allé à un autre moulin, était passible de la confiscation de tous ses sacs de grains.

François de Béarn n'eut pas de peine à prouver au parlement que ces coutumes existaient de temps immémorial. Deux de ses agents, Pierre Dubois dit Dardé et Jehan de la Fontaine, présentèrent les pièces justificatives à l'appui. La sentence de la Cour de Bordeaux fut rendue le 21 mars 1542 dans toute sa sévérité. Le syndic, qui s'était fait demandeur pour les habitants de la vicomté, dut constituer l'un d'eux comme procureur. Ce dernier, en chemise, nu-tête et nu-pieds, une torche de cire ardente à la main, alla faire amende honorable au pied de l'autel dans l'église de Mauvezin devant tous les habitants, demandant pardon à Dieu, au roi et à messire François de Béarn et avouant la fausseté des crimes et faits articulés au procès.

Ce curieux différend du vicomte de Juliac avec ses vassaux montre de quelles libertés jouissaient les paysans et les bourgeois au XVIe siècle, puisqu'ils avaient le droit de recourir à la justice du Parlement par l'organe de leur syndic. Bien qu'ils aient été condamnés dans le cas qui nous occupe, il n'en est pas moins vrai qu'ils avaient des moyens de se défendre contre les excès et les violences possibles de leur seigneur. Quant aux communautés du xvɪᵉ siècle, elles étaient parfaitement indépendantes ; leurs consuls créaient des règlements, rendaient la justice, établissaient les impôts avec l'aide du corps des jurats nommés par le suffrage des habitants. Il restait au seigneur les redevances de fiefs et la simple formalité de l'hommage. Nous verrons d'ailleurs les exigences des communautés aller en croissant pendant tout le xvɪɪᵉ siècle, ce qui provoquait ce mot piquant de M. de Chauliac, agent général du marquis de Maniban, écrivant à M. de Laborde de Cazaubon : « Les bourgeois de la Bastide d'Armagnac se comportent comme une république. » Il ne savait pas qu'il peut arriver quelquefois aux républiques de se comporter comme des monarchies (1).

Revenons à messire François de Béarn, qui dut embrasser le protestantisme à peu près au moment où ses vassaux de Juliac lui cherchaient querelle. La réforme avait fait irruption en Gascogne. Calvin, chassé de Paris, où on voulait le jeter en prison, était venu à Nérac appelé par la belle Marguerite de Navarre, sœur de François Iᵉʳ et épouse d'Henri d'Albret.

Il devait y avoir un contraste bien étrange entre l'austère et farouche prédicateur de la réforme et l'essaim joyeux et coquet des filles d'honneur de la « Marguerite des Marguerites. » On se passionna pour la nouvelle religion. Parmi les plus zélées admiratrices de Calvin, il faut compter Diane d'Andouins, cousine de la vicomtesse de Juliac, Isabeau de Navailles, Jehanne de Bezolles et même la fière et noble Anne de Pardaillan, car la charge de sénéchal qu'occupait son mari l'appelait souvent à Nérac.

Revenues dans leurs domaines, elles propagèrent avec ardeur le calvinisme ; elles répandaient et distribuaient des bibles, des livres où le catholicisme était tourné en ridicule et le clergé critiqué à cause de ses richesses. Ces écrits étaient accompagnés de plaisanteries sur les moines et les religieux.

(1) Le texte exact porte : « tiennent le langage d'une république souveraine. »

La vicomtesse de Juliac céda à l'entraînement général ; comme les autres, elle chantait les psaumes traduits par Clément Marot et recevait dans son château les ministres protestants.

Une des familles qui embrassèrent le plus promptement la nouvelle religion fut les Amboise d'Aubijoux, seigneurs de la Bastide d'Armagnac. Louis d'Amboise, fils de Jacques d'Amboise et d'Hippolyte de Montsoreau, se convertit sous l'influence de sa femme, Blanche de Lévis ; d'après ses ordres, on construisit à la Bastide un temple protestant (1550). En peu de temps tout le pays fut huguenot sans exception.

Cette conversion ne se fit pas sans quelques excès. Sous couleur religieuse, de nombreux crimes, des violences sans nom furent commises. Était-ce sous prétexte de ramener au bien les pécheurs, que certains gentilshommes de cette époque se transformèrent en voleurs de grand chemin et coupeurs de bourses ? C'était l'excuse du moins qu'ils se donnaient quand ils étaient saisis et arrêtés par les gens du roi.

Nous rappelerons le nom de celui d'entre eux qui désola les environs de la Bastide et de St-Justin. Guillery, capitaine d'une compagnie avec laquelle il avait suivi Gaston de Foix à Ravenne, était revenu vers 1520 s'établir au château de Laroqué, non loin de St-Justin (1). Son manoir était assez isolé au milieu des bois et sur une hauteur. Accompagné de quelques-uns de ses anciens reîtres, il détroussait tous les voyageurs de passage et les paysans attardés au retour des marchés. Mais le cours de ses exploits fut brusquement interrompu. Traqué et poursuivi par les gens de roi, contre lesquels il soutint une lutte homérique, Guillery fut pris, condamné par le parlement de Bordeaux et pendu haut et court sur la place de St-Justin.

---

(1) Le véritable nom de Guillery, comme on le verra au chapitre consacré à Laroqué, était Antoine de Niac. La légende a embelli son portrait de traits nombreux, peu authentiques.

François de Béarn mourut vers 1556, à l'époque des premiers troubles religieux. Il laissait la vicomté de Juliac à son fils, Gabriel de Béarn, âgé de trente ans. Il avait eu aussi deux filles, Agnès et Hilaire de Béarn. Cette dernière épousa le baron de Larboust.

Il faut maintenant jeter un coup d'œil sur le pays d'Armagnac au début des guerres de religion.

Les huguenots se sentant les plus forts, commençaient à parler haut et clair. Se commettait-il un crime ou un délit, son auteur n'avait garde d'être inquiété s'il était calviniste. Nulle protection pour les catholiques. Leur évêque, M. de Noailles, voyant la fermentation qui régnait dans son diocèse, s'était prudemment retiré dans le Limousin. D'ailleurs son catholicisme n'était pas à l'abri de tout soupçon, s'il faut en croire les historiens contemporains.

Dans presque toutes les villes, le succès était pour les prédicateurs de la réforme. A Mont-de-Marsan, les habitants avaient fait venir un moine augustin, apostat et marié, nommé Clément. Les catholiques s'émurent, et leur chef, Domenges de Mesmes, seigneur de Ravignan, appela un cordelier orthodoxe, pour prêcher contre Clément. Les magistrats, tous calvinistes, mandèrent à Domenges de Mesmes, qu'ils le feraient pendre si le cordelier continuait ses sermons (août 1562). M. de Ravignan s'obstina et, appuyé par Jean Dufour de St-Justin, lieutenant du sénéchal, il soutint les efforts de son moine, et même il fit un jour assaillir à coups de pierres les protestants qui sortaient du temple.

Ces rigueurs eurent leur effet. La municipalité, renouvelée au mois d'octobre 1562, fut presque entièrement catholique. Aussitôt, M. de Ravignan triomphant, fait sonner le toscin ; les meneurs huguenots sont arrêtés ; un grand nombre d'autres cités en justice. Un ami de M. de Ravignan, Renaud de Grossoles de Flammarens, baron de Montestruc et du Vignau, s'empressa de lui venir en aide ; en sa qualité de sénéchal, il fait prier le gouverneur de Guyenne de lui envoyer un prévôt pour juger les huguenots arrêtés. Pour toute réponse le gouverneur Bury les fait relâcher. Ils profitèrent de leur liberté pour commencer à piller les églises du voisinage.

Bien que ces faits ne rentrent pas exactement dans le cadre de notre récit, ils sont indispensables pour expliquer la conduite des protestants en Armagnac. Plus d'une fois, en effet, c'étaient les bons catholiques qui ouvraient le feu.

Pour se rendre compte de l'état d'extrême division du pays, il faut remarquer que les membres d'une même famille étaient presque toujours partagés par la différence des religions.

Nous avons vu François de Béarn, vicomte de Juliac, propager le calvinisme; son fils, Gabriel, sera catholique et le plus ferme soutien de Montluc. Les Pardaillan de Panjas et de Gondrin étaient les uns catholiques, les autres protestants; de même les Camon de Talence. Nous avons parlé plus haut des de Mesmes; cette noble famille, dont les armoiries étaient « d'or au croissant montant de sable » pour rappeler que leurs aïeux avaient été en Palestine, comptait parmi ses membres quelques huguenots. Au moment où M. de Ravignan emprisonnait les calvinistes de Mont-de-Marsan, son cousin, Jehan de Mesmes, suivi de six cents hommes, cherchait à ravitailler les protestants de la ville de Lectoure. La guerre venait d'éclater sur les bords de la Garonne et le terrible Blaise de Montluc y avait fait sa première apparition. M. de Mesmes, poursuivi par le chef des catholiques, coupé de ses communications par le capitaine Peyrot, se jeta dans le Marsan qu'il livra au pillage.

En 1562, la conversion de la reine Jeanne à la religion réformée changea du tout au tout la face des choses. Renaud de Grossoles de Flammarens, qui avait été un si fidèle serviteur dans l'affaire de Mont-de-Marsan, ne fut plus qu'un ennemi. Elle le destitua et le remplaça par Pontus de Pons, marquis de la Caze. Quant à M. de Ravignan, il ne fut pas autrement inquiété, n'occupant plus aucunes fonctions dans le pays.

L'année 1563 vit le désarmement général, grâce à l'édit d'Amboise ; mais du moment qu'on ne guerroyait plus et dans l'état de surexcitation des esprits, il fallait bien faire quelque chose : on conspira. Les Pardaillan de Gondrin, les Lévis de Mirepoix, les de Grammont, furent désignés par la rumeur publique comme les chefs d'un complot qui devait livrer le Béarn à l'Espagne. Le vicomte de Juliac s'y trouvait également mêlé ; il venait d'embrasser le catholicisme ainsi que sa jeune femme, Rachel de Rivière-Labatut. Les motifs de cette conversion ne nous sont pas connus, mais les changements de religion étaient si fréquents à cette époque, qu'il n'y a pas lieu de s'en étonner. En somme, les menées ténébreuses dont nous parlions plus haut, si vraiment elles étaient réelles, n'eurent pas de résultats immédiats (1).

La guerre des partisans se poursuivait sur la Garonne et en Béarn avec de rares suspensions d'armes ; mais le Bas-Armagnac était tranquille. Charles IX voulut essayer d'un voyage à travers les pays rebelles. Accompagné de toute la cour, y compris le jeune Henri de Navarre, âgé alors de douze ans, il vint à Bayonne, mais par une insigne maladresse, au lieu de faire preuve de clémence, il marqua son passage par un acte de cruauté. En traversant Agen, il se fit amener Jehan de Mesmes, que Montluc venait de capturer, et ordonna que le prévôt de l'hôtel instruisît son procès séance tenante. Le prisonnier fut condamné et exécuté quelques jours après, victime du désappointement du roi irrité de la froideur des populations (1566).

A cette cruauté impolitique et inutile, Jeanne d'Albret riposta par un édit établissant la réforme dans tous ses états. Un souffle de révolte passa aussitôt sur toute la Gascogne.

Le jour même, Gabriel de Béarn recevait à Béroy un message qui le mandait en toute hâte au château du baron de Miossenx,

(1) En 1555, Gabriel de Béarn est taxé pour 500 livres à la convocation du ban et de l'arrière-ban.

son parent. Il fit à franc étrier les quinze lieues qui le séparaient du point de réunion. Il y trouva tumultueusement assemblés presque tous les hauts barons catholiques, le sire de Navailles, le bâtard d'Albret, etc. On parla beaucoup avec indignation, mais on se sépara sans avoir rien résolu.

Toutefois, et comme on sentait bien qu'il fallait agir, une nouvelle assemblée fut convoquée à Pau même, dans le palais de l'évêque de Lescar. La délibération fut houleuse, le comte de Grammont, profitant de l'absence de la reine, paralysa les catholiques en suspendant de son chef l'exécution de l'ordonnance. Ce ne fut pas pour longtemps; Jeanne d'Albret arrivait à Pau où elle fit son entrée triomphale; tous les chefs catholiques l'escortaient, espérant la désarmer par leur empressement. Il n'en fut rien, et la reine se borna à convoquer les États.

Jamais l'ordre de la noblesse n'y fut représenté en plus grand nombre. Tout le parti catholique y était au grand complet. Le vicomte d'Orthe, perclus de goutte, s'y fit porter dans un fauteuil pour pouvoir prendre part aux délibérations.

Deux orateurs se partagèrent l'attention des États presque exclusivement. Le comte de Grammont, avec toute l'autorité de son âge et de sa haute expérience, soutint l'édit royal. Gabriel de Béarn se fit le champion de l'Église catholique et la défendit avec une éloquence fougueuse et débordante de passion.

Ce tournoi de paroles restant sans résultat, le parti catholique élut des délégués chargés de faire des représentations à Jeanne d'Albret sur les désastreuses conséquences de la nouvelle mesure. Ces délégués étaient au nombre de trois : le vicomte d'Orthe, le sire de Navailles et Gabriel de Béarn-Gerderest. Ce fut le vicomte de Juliac qui prit la parole en déclarant à la reine que ni lui ni les siens ne voteraient les subsides demandés par elle. Jeanne répondit fièrement : « Aux serviteurs mauvais et infidèles, je donne volontiers congé. » Gabriel de Béarn s'inclina en silence, et le soir même il quittait la ville pour aller mettre son épée au service de l'armée catholique (1).

Charles IX, avant d'en venir à une guerre ouverte, chercha d'abord à se débarrasser de Jeanne d'Albret. Il se montra peu scrupuleux sur les moyens à employer. D'après les instructions royales, Montluc devait faire enlever Jeanne et la transporter en lieu sûr. On chargea de cette délicate mission Jehan de Los, qui avait été longtemps le gouverneur du prince de Béarn, et qui fut plus tard le compagnon et l'ami d'Henri IV. Il est à supposer qu'il dut trahir Montluc en prévenant la reine de Navarre. Jeanne, en effet, qui était venue de Pau à Nérac, informée des desseins qu'on avait sur elle, endormit avec une habileté féminine les défiances de Montluc. Elle feignit de donner une splendide fête au château de Nérac ; elle y invita le vieux maréchal avec tous ses gentilshommes et s'échappa pendant le souper et les divertissements. Montluc averti, monta à cheval et se mit à la poursuite de la fugitive. Il arriva à bride abattue à Casteljaloux comptant la surprendre ; elle y avait passé quatre heures avant lui, ce qui lui permit d'arriver saine et sauve à la Rochelle (1569).

Montluc, irrité et furieux de se voir ainsi joué, cherchait à déverser sa colère sur ceux de ses ennemis qui s'offriraient le plus près à ses coups. Une levée de boucliers ayant eu lieu aux environs de Lectoure, il partit en toute hâte par des chemins de traverse, emmenant avec lui quatorze archers et deux de ses meilleurs capitaines, Guillaume de Bordes, seigneur de Séridos (2) et Jean de Lobit. Ce dernier, gentilhomme de grande famille, n'avait de fortune que son épée : ses ancêtres habitaient Perquie, et un de ses descendants fut en 1620 curé Betbezer en Juliac. Un moine s'était associé à l'expédition, et joignant les armes spirituelles aux armes temporelles suivait

(1) Il vendit pour se procurer de l'argent la seigneurie de Lannecaube à l'évêque de Lescar. Le prix fut de 1,200 florins.

(2) La maison noble de Séridos était située dans la baronnie de Mauvezin, vicomté de Juliac.

les archers avec son rosaire noué autour du pommeau d'une formidable épée.

Montluc arriva à Lectoure avant qu'aucune révolte eut éclaté ; il organisa en quelques heures la défense de cette ville, puis repartit en hâte ; mais cette marche forcée par une pluie torrentielle avait réveillé chez lui les atroces douleurs rhumatismales auxquelles il était en proie depuis longtemps, et il résolut d'aller aux bains de Barbotan. Il se mit en route et arriva dans la soirée au château de Panjas. La comtesse de Pardaillan l'accueillit magnifiquement en l'absence de son mari. Sous l'influence d'un repas abondant et d'un piquepoult trop capiteux, Montluc eut pendant la nuit un songe horrible qu'il raconte tout au long dans ses mémoires. En proie au cauchemar, il tomba de son lit entraînant et brisant tout dans sa chute. Ses gens accoururent, et la comtesse de Panjas réveillée au bruit, vint elle-même s'enquérir de l'accident et faire changer les draps du lit qui étaient baignés et mouillés de la sueur de Montluc. Quoiqu'il en soit, les émotions nerveuses de cette nuit agitée guérirent le rhumatisme de Montluc et il partit le lendemain sans vouloir aller à Barbotan et négligeant d'emporter avec lui deux tiercelets d'autour qu'il avait demandés pour se distraire dans son bain.

Pour en finir avec les huguenots, le roi de France ordonna la saisie des terres de Jeanne d'Albret. Il chargea de cette confiscation Antoine de Lomagne-Terride, un des bons capitaines de cette époque malgré ses soixante ans.

Plus impatients que leur chef, tous les jeunes gentilshommes catholiques de Gascogne armèrent des compagnies franches et entrèrent par divers points en Béarn. Au premier rang, se trouvaient Jacques de Ste-Colombe, seigneur d'Escanebaque, Jehan de Bessabat, baron de St-Julien en Armagnac (1), et enfin Gabriel de Béarn-Gerderest, vicomte de Juliac.

Gabriel de Béarn était alors âgé d'environ 43 ans ; il avait

(1) Il ne possédait plus cette seigneurie, vendue aux de Gourgues.

épousé Rachel de Rivière-Labatut (1). Il en avait eu deux fils, Jean et Arnaud, encore au berceau, et qui habitaient avec leur mère le château de Gerderest. Ils étaient mieux protégés là que derrière les murailles du manoir de Béroy. La destinée de ces deux enfants, rejetons d'une race illustre où coulait le sang de la maison de Foix, est un exemple saisissant de l'âpreté avec laquelle la fortune s'attache à frapper les bâtards et leur descendance. L'aîné, Jean de Béarn, seigneur de Hontaux, et qui épousa dans la suite Julienne de Camon-Talence, expira dans la misère et la pauvreté ; le second, Arnaud, périt empoisonné, sans héritiers mâles, et il ne survécut de lui qu'une fille, Béarnaise, mariée à Manaud de Navailles. C'est ainsi que s'éteignit cette famille célèbre, et nous allons voir tout à l'heure la fin dramatique du père de ces infortunés, Gabriel de Béarn-Gerderest.

Le vicomte de Lomagne-Terride était encore loin du Béarn que l'armée des jeunes gentilshommes dont nous avons parlé plus haut y pénétrait par tous les côtés à la fois. Il est certain que si le baron d'Arros, chargé de la résistance, avait eu le temps d'organiser un corps de troupes sérieux, il aurait eu bon marché de toutes ces petites compagnies qui parcouraient la contrée, très éloignées les unes des autres et sans se soutenir mutuellement.

Gabriel de Béarn n'avait avec lui que huit cents hommes. Il se présenta devant Morlas et les consuls lui rendirent la ville aussitôt. De là, il écrivit aux jurats de Lescar, menaçant de réduire en cendres cette malheureuse cité si les portes ne lui en étaient pas ouvertes. Les jurats de Lescar assemblèrent aussitôt la communauté et, après de longues discussions, on fit demander du secours au baron d'Arros. Les envoyés ne rapportèrent qu'une réponse vague et exhortant les habitants de Lescar à la résistance. Pendant ce temps, le vicomte de Juliac s'était mis route et il n'était qu'à une faible distance de

(1) Rachel de Rivière-Labatut était une des filles d'honneur de la reine de Navarre.

la ville, quand les jurats, revêtus de leurs livrées et suivis de tout le peuple, s'avancèrent à sa rencontre, lui remirent les clefs de Lescar et l'introduisirent en triomphe dans leurs murs.

Il était temps, car de nouveaux renforts arrivaient aux catholiques, commandés par le marquis du Lyon. L'accueil des habitants de Lescar et un copieux banquet offert dans la soirée, achevèrent d'exciter les soldats de Gabriel de Béarn. Oubliant la réception qu'on leur faisait, ils se mirent à piller toutes les maisons pendant la nuit, malgré l'intervention de leur chef, et se livrèrent à tous les excès.

Gabriel de Béarn n'osa s'avancer plus avant en pays ennemi. Le vicomte de Lomagne arrivait derrière lui avec des forces imposantes, et on ne pouvait plus agir sans son concours. Oloron avait été dégagé sans peine, mais les catholiques n'osaient attaquer Pau, et le gros de l'armée, sous la conduite de Terride, rejoignit le vicomte de Juliac resté sous les murs de Lescar. Terride, pour se tirer d'embarras et peut-être pour en finir sans continuer les hostilités, convoqua les Etats pour le 14 avril. Les députés élus par la noblesse témoignèrent ouvertement de ses intentions batailleuses. C'étaient Gabriel de Béarn, vicomte de Juliac, Arnaud de Gontaut, Jacques de Ste-Colombe et François de Bordes, seigneur de Séridos, frère du capitaine de Bordes enrôlé par Montluc.

Les Etats ne purent rien décider, la médiation de roi Charles IX dans les affaires de Béarn fut acceptée en principe, mais avec tant de restrictions qu'il était presque impossible de s'en servir utilement.

Il fallut donc recourir à la voie des armes. Toutes les troupes catholiques s'acharnèrent contre la ville de Navarreinx, où s'étaient réfugiés tous les huguenots de la contrée. Le baron d'Arros s'y était enfermé avec une solide garnison, et préparait une résistance à outrance. Il fallut que Terride vint renforcer ses jeunes lieutenants. Il arriva devant Navarreinx avec 4,000 gascons, 6,000 basques et 2,000 béarnais. Le siège fut ouvert le premier mai 1569, puis converti régulièrement en blocus. Jacques de Ste-Colombe fut chargé de garder la ligne de retraite ; Bessabat, le capitaine Sus et Gabriel de Béarn se couvrirent de gloire. Le 3 juillet, 1,040 coups de canon avaient été tirés contre la place.

La reine Jeanne apprit à La Rochelle le siège de Navarreinx. Dans un manifeste violent, elle se déclara le gouverneur civil de l'armée protestante en laissant à Condé le commandement militaire. Des renforts furent envoyés au secours de la ville, conduits par son meilleur lieutenant, Gabriel de Lorges, comte de Montgommery, si tristement célèbre pour avoir blessé à mort le roi Henri II.

Terride, averti de l'arrivée de Montgommery, s'en préoccupait peu ; Monthuc lui envoyait messages sur messages et le pressait de battre en retraite ; l'obstiné capitaine ne voulait rien entendre (juillet 1569). Le sire de Noë, fidèle catholique, écrivait le 6 juillet à M. de Fontenilles :

« Apprenez que Montgommery a traversé la Save et l'Ariège
« et qu'il dîne ce jour chez le vicomte Camon, mon beau-
« frère ; en tout ce pays ne se montre personne pour l'em-
« pêcher de traverser la Garonne, et avertissez en toute hâte
« le seigneur de Monthuc.

« Signé : De Noë. »

Montgommery avait en effet soupé chez Pierre de Camon de Talence, un des chefs du parti huguenot en Armagnac. Il tomba comme la foudre sur les derrières de l'armée de Terride. Jacques de Ste-Colombe voulut en vain l'arrêter ; sa petite compagnie fut écrasée et dispersée. Terride, attaqué à l'improviste, vit son armée presque complètement anéantie (7 août 1569). Il s'enfuit avec quelques gentilshommes et parmi eux le vicomte de Juliac. Tous se renfermèrent avec les débris de leurs troupes dans le château d'Orthez.

Terride dut alors regretter son obstination à ne pas rejoindre Monthuc qui, pour lui tendre la main, s'était inutilement avancé jusqu'à Nogaro et Eauze. Après six jours de blocus, le 13 août, il fallut accepter les conditions du vainqueur.

Charles de Caupenne négocia la capitulation non sans difficultés. Montgommery accordait aux officiers la vie sauve. Quant aux soldats, ils devaient sortir les uns après les autres, un bâton blanc à la main et pouvaient se retirer où ils voudraient. L'artillerie restait aux mains des huguenots. En outre, un des premiers articles de la convention d'Orthez portait que les « ministres qui ont été pris en Béarn seront mis en pleine liberté et assurance de leurs vies et biens. » Le but de cet article était de sauvegarder un certain nombre de pasteurs de la religion reformée qu'on détenait prisonniers à Pau.

Ces conditions furent acceptées ; mais parmi les assiégés se trouvaient le vicomte Juliac, Antoine de Biran, seigneur de Gohas, mestre de camp et capitaine de la garde du roi, le sire de Sus et Jehan de Bessabat, tous béarnais et sujets de la reine de Navarre. Jeanne les excepta de la capitulation, se réservant de prononcer sur leur sort. Quatre jours après, le 17 août, Fénario, son secrétaire, lui écrivait à la Rochelle :

« Entre les prisonniers, il y en a plusieurs béarnais, à
« l'égard desquels vous supplie que justice règne et ne soit
« point empêchée. »

Terribles paroles et montrant combien Montgommery était prêt à user des dernières rigueurs.

Le sort des prisonniers d'Orthez fut débattu encore quatre jours. Leur perte fut résolue quand on apprit tout à coup que le seigneur Peyre de Navailles avait fait pendre à Pau sept ministres protestants au mépris de la foi jurée. Il est certain que les malheureux prisonniers n'étaient pas responsables de ces excès. Néanmoins, on débattait leur sort avec acharnement jusqu'au pied du trône royal. Le duc d'Anjou essaya de les sauver ; il s'adressa au jeune prince Henry, « le petit roi de Béarn, » et demanda la vie de deux de ses amis, MM. de Biran et de Ste-Colombe. Henry répondit qu'il s'en rapportait à sa mère. Du reste il était déjà trop tard, et la reine de Navarre interrogée déclara que les prisonniers avaient été tués en essayant de s'enfuir.

Que s'était-il passé ? Voici d'après les historiens du temps la reconstitution de la célèbre tragédie :

Le 20 août, Pierre Hespérien, secrétaire de Jeanne d'Albret, arrivait à Orthez, apportant des nouvelles de la Rochelle, qu'il communiqua secrètement à Montgommery. Il avait certainement des ordres pour les prisonniers, car ils furent transportés aussitôt à Navarreinx au nombre de dix. Ils y arrivèrent dans la soirée, y soupèrent, et on les repartit un par un dans les chambres du château. La nuit, des échelles furent appliquées à leurs fenêtres par ordre de Montgommery, pour faire croire à une tentative d'évasion. Puis les huguenots entrèrent l'épée au poing dans les salles où les malheureux reposaient. Quelques-uns essayèrent de résister. Ste-Colombe saisit une pièce de bois et assomma plusieurs de ses adversaires avant d'être massacré. Jehan de Bessabat de St-Julien arracha l'épée d'un de ses ennemis et lui abattit un bras. On retrouva le vicomte de Juliac un tronçon de dague à la main, enseveli sous les cadavres de quatre de ses meurtriers. Ses compagnons Abidos, Favas de Biran, Candau, Salinis et le capitaine de Sus furent également égorgés.

Le jour même, Montamat écrivit à la reine de Navarre pour l'informer de l'exécution. Sa lettre, qui commence par ces mots : « En attendant le reste de vos commandements... » indique clairement que les prisonniers furent massacrés par l'ordre formel de Jeanne d'Albret.

Ainsi mourut perfidement assassiné Gabriel de Béarn, vicomte de Juliac, baron de Gerderest, seigneur de Mur, Castagnède et autres lieux. Dernier de sa race, il avait 44 ans et 2 mois.

SOURCES HISTORIQUES :

1. — La Chesnaye des Bois : Dictionnaire.
2. — Archives de Juliac.
3. — Archives de M. Craman.
4. — Montluc : Mémoires.
5. — Archives de l'abbé Tauzin (St-Justin).
6. — Olhagaray : Passim.
7. — Monlezun : Histoire de Gascogne.
8. — Moréri : Dictionnaire.
9. — Tamizey de Larroque : Lettres du vicomte d'Orthe.
10. — Archives des Landes, des Basses-Pyrénées et des Hautes-Pyrénées.
11. — Revue de Gascogne.
12. — Glanage de Larcher.
13. — Favin : Histoire de la Navarre.
14. — Castelnau : Mémoires.
15. — De Thou : Tome V.
16. — D'Aubigné : Tome Ier, livre V.
17. — Dupleix : Mémoires.
18. — Palma Cayet : Tome XII, Ire série, coll. Poujoulat.
19. — Saulx-Tavannes : Mémoires.
20. — Sponde : Idem.
21. — L'abbé Poydavant : Idem.
22. — Mathieu : Journal, coll. Poujoulat.
23. — Histoire des cinq rois.
24. — Revue du Béarn.
25. — Lettres d'Henri IV.

CHAPITRE IVe.

La Vicomté de Juliac sous les Pardaillan de Panjas.

Après la mort tragique de Gabriel de Béarn, la reine Jeanne prononça la confiscation de tous ses biens : la baronnie de Gerderest, qui lui venait de son aïeule maternelle, Catherine de Lavedan, et la vicomté de Juliac. Le tout fut adjugé à Gabriel de Lorges, comte de Montgommery, pour prix de son implacable cruauté.

Le nouveau seigneur de Juliac devait d'ailleurs périr plus tard par la main du bourreau, digne châtiment de tous ses crimes. Bien qu'il eût reçu de grands domaines en Bas-Armagnac, il ne se préoccupa point d'en prendre possession. Il se devait à ses soldats et il les conduisit au pillage en plein Bigorre, pour les récompenser d'avoir écrasé le vicomte de Lomagne.

Les Pardaillan de Panjas protestèrent contre la donation de Juliac à Montgommery. Ils se croyaient les seuls héritiers possibles de Gabriel de Béarn, dont la mère était une Pardaillan, leur cousine. Le représentant de cette famille, Ogier, comte de Panjas, était un catholique ardent, jadis menin du roi, puis page de sa maison. Il avait fait ses preuves neuf ans auparavant, lors de la conjuration d'Amboise. Rappelons en quelques lignes la part qu'il y avait prise (1) :

On sait que les protestants avaient formé le projet en 1560 d'arracher le roi à l'influence des Guises. Ils avaient choisi pour chef un gentilhomme du Périgord, Godefroy du Barry, baron de la Renaudie ; le lieu de l'exécution était Amboise ; le jour fixé le 10 mars. Les Guises et la cour avertis, se tenaient sur leurs gardes. Le moment d'agir étant arrivé, La Renaudie chevauchait avec sa troupe dans la forêt de Château-Renard, quand il fut brusquement cerné par les gardes royaux. A leur tête était Ogier de Pardaillan, son cousin, qui lui cria de se rendre. Pour toute réponse, La Renaudie fond sur lui et le blesse d'un coup d'épée ; Pardaillan fait une volte et décharge son arquebuse dans la poitrine du chef des conjurés. La Renaudie tombe mortellement atteint, et Pardaillan ayant également tué ses deux écuyers, s'empare des papiers de la conspiration. Puis il reprend le chemin d'Amboise et va les porter aux Guises. La répression fut terrible et aux créneaux du château d'Amboise comme à la porte du Sérail, les passants atterrés purent voir quatorze têtes sanglantes accrochées, parmi lesquelles se trouvait celle du baron de Castelnau. Ce noble seigneur gascon s'était rendu moyennant la vie sauve au duc de Nemours. Il fut exécuté malgré la parole d'un prince du sang et les services rendus par ses aïeux (2).

L'auteur de cette tragédie sanglante, Ogier de Pardaillan, héritier de Juliac par la mort de Gabriel de Béarn, réclama la possession de la vicomté en vertu du testament de son cousin, Jacques de Pardaillan (1569). Cette pièce portait en effet qu'à

---

(1) Selon Monlezun, ce serait un Pardaillan-Gondrin qui aurait tué La Renaudie. D'après Sismondi, un page de sa maison. D'autres mémoires du temps attribuent ce fait à Pardaillan-Panjas.

(2) Vingt ans auparavant, un Castelnau avait sauvé la vie au duc d'Orléans attaqué par une troupe de reîtres sur le pont de Blois.

défaut de descendants en ligne directe, le domaine passerait aux branches collatérales et en première ligne aux comtes de Panjas. Il semblait qu'aucune difficulté n'était à craindre, quand un gentilhomme de Guyenne, Raymond de Beccarie, baron de Fourquevaux en Languedoc, réclama la propriété de la terre de Juliac.

Pour bien comprendre les prétentions de ce seigneur, il faut remonter un siècle plus haut, au mariage de Catherine de Pardaillan, fille de Bernard de Pardaillan et de Béliette de Verduzan et nièce du vicomte de Juliac (1412). Cette Catherine de Pardaillan, veuve du seigneur de Luxe, avait convolé en secondes noces avec Jean Ysalquier, seigneur de Fourquevaux, et leur fille unique, Jeanne Ysalquier, avait épousé Jean de Beccarie de Rouer. Ce Jean de Beccarie fut père de François de Beccarie et aïeul de Raymond de Beccarie, baron de Fourquevaux, seigneur de Dansiac et de Villenouvette près Narbonne. C'est ce dernier Beccarie qui réclamait l'héritage de Juliac ; il était en effet descendant de Jean de Pardaillan au cinquième degré, c'est-à-dire exactement dans les mêmes conditions que son compétiteur ; mais il avait l'avantage d'être issu d'un fils aîné du vicomte de Juliac, alors que les Panjas n'étaient que la branche cadette.

D'ailleurs ces Beccarie étaient la plus noble famille d'Italie. Seigneurs de Pavie, ils avaient eu la suzeraineté de Milan avant les ducs héréditaires. Le 5 mars 1403, Chastelain de Beccarie avait reçu à Venise, dans son palais, avec un éclat et une splendeur inouïe l'empereur Manuel Paléologue, revenant de France à Constantinople. Le monarque avait été si émerveillé de cette hospitalité, qu'il accorda solennellement aux Beccarie la permission de porter sur leur écu les armes des Paléologue :
« de gueules à un aigle d'or à deux têtes, couronné de même
« et les ailes ouvertes. »

Raymond de Beccarie, descendant de ces illustres personnages et fort de son bon droit, avait pris le titre de vicomte de Juliac et écartelait ses armes avec celles des Pardaillan. Un procès s'engagea aussitôt devant le Parlement de Bordeaux et, après de longs débats, on convint d'une transaction qui assurait Juliac à Ogier de Pardaillan, comte de Panjas.

Toutefois, et malgré cette transaction, Raymond de Beccarie se considéra toujours comme injustement dépouillé d'un fief qui lui appartenait. Dans son testament du 3 juillet 1574, il déclare « qu'il a pris le blason des Pardaillan pour la succession « qu'il prétend en icelle maison ; mais il laisse en la liberté « de ses héritiers et enfants d'en user comme il leur plairait. » Néanmoins aucune contestation ne s'éleva à l'avenir sur ce sujet.

Ogier de Pardaillan était fils de Jean de Pardaillan-Panjas et d'Isabeau de Mauléon. Ce fut un des plus rudes et intrépides guerriers de son époque. Dès l'automne de 1569, nous le retrouvons enrôlé sous la bannière de Montluc, ainsi que ses vassaux de Panjas et côte à côte avec son cousin Hector de Pardaillan, comte de Gondrin.

Montluc, après le désastre d'Orthez, s'était trouvé dans une position tellement critique, qu'il crut devoir appeler à lui Damville, gouverneur du Languedoc. Mais de même que naguère Terride s'était obstinément refusé à sortir du Béarn sous prétexte d'ordres royaux, de même Damville se renfermait dans sa province sans vouloir en sortir. Montluc dut se retirer sur Agen, laissant les Pardaillan défendre Eauze.

Montgommery marchait en avant contre l'Armagnac avec ses troupes victorieuses. Les catholiques n'avaient à lui opposer qu'Ogier de Pardaillan resté à Villeneuve-de-Marsan avec quatre compagnies. En outre, la ville regorgeait d'une foule de gentilshommes gascons venus des environs, et décidés à se défendre à outrance.

Nul doute que des flots de sang n'eussent coulé à Villeneuve si M. de Pardaillan n'eût reçu brusquement un ordre de Montluc qui le rappelait auprès de lui. Il obéit à regret, laissant tous ses officiers dans la consternation de ce départ précipité qui les livrait à l'ennemi.

Le vicomte de Juliac trouva Montluc à Lectoure malade et épuisé de fatigues ; il s'était fait porter dans la maison du comte de Gondrin, et paraissait prêt à rendre le dernier soupir. Autour de lui le découragement et la terreur éclataient partout. Lectoure était encombré de paysans épouvantés, de chariots de bagages et de meubles ; c'était l'émigration de la campagne fuyant dans les villes. Les soldats, inactifs et mal payés, commençaient déjà à piller de droite et de gauche et leur chef se sentait impuissant à les arrêter.

Montluc remit le commandement et la garde de Lectoure à Ogier de Pardaillan et, pour éviter tout conflit, plaça lui-même sous ses ordres son propre fils et le commandeur de Romégas, grand maître de l'ordre de Malte. Puis il se fit mettre en litière et domptant à force d'énergie morale les souffrances physiques, il partit dans la direction d'Agen avec une faible escorte.

Le vicomte de Juliac trouvait fort imprudent et même étrange que Montluc malade allât se jeter dans une ville ouverte comme Agen. Après avoir conféré avec les principaux officiers, il lui écrivit une longue lettre pour l'engager à revenir ; lui Pardaillan, qui était jeune, s'offrait à défendre Agen.

La lettre signée du comte de Gondrin, de M. de Maignas, du commandeur de Romégas et du vicomte de Juliac, fut mal reçue par Montluc qui la déchira en morceaux, et répondit fièrement qu'il ne laisserait entrer les ennemis que « dessus son ventre. »

Pendant ce temps, les huguenots arrivaient vainqueurs de tous les côtés pour envahir l'Armagnac. Le 7 septembre 1569, Montgommery était à Aire, et un de ses lieutenants le plus renommé pour sa férocité, Geoffroy Astorg de Cardaillac, seigneur de Peyre, Marchastel et Thoiras, marchait de Tonneins sur Gabarret. Chez les catholiques, l'épouvante devint de la panique. Ils fuyaient emportant leurs meubles, leurs objets précieux qu'ils allaient mettre en sûreté dans les villes.

On aurait pu se croire transporté au viiie siècle, à l'approche des grandes invasions sarrasines. Avec quatre cents chevaux seulement, Thoiras entra à Gabarret. En quatre jours il traversa le pays entre Gabarret et Grenade, sans laisser une église ni un village intact. Il brûla et dévasta St-Julien, le Saumon, Mauvezin, Betbezer, Arouille, Estigarde, Vielle, St-Gor et St-Martin de Noë. Ornements précieux, joyaux, vases sacrés, tout fut emporté ou détruit. Le 10 septembre, le vicomte de Cardaillac rejoignait à Grenade son général Montgommery (1569).

En même temps que le capitaine Thoiras, d'autres bandes de huguenots parcouraient le pays en dévastant tout dans leurs courses aventureuses. Jean de Mesmes, seigneur de Patience, capitaine de Tartas et gentilhomme du roi de Navarre, imitait de son côté le terrible Thoiras. Il arriva par Villeneuve de Marsan, et s'avança jusqu'au Frêche, sans oser aller plus loin. Il livra au pillage cette dernière localité. L'église fut brûlée ainsi que le presbytère, dont les huguenots emportèrent les meubles et tout le bétail. Ils prirent même le curé du Frêche et on l'amena à Jean de Mesmes, qui lui fit payer 250 écus pour sa rançon.

Bon nombre de catholiques, attirés par l'odeur du pillage, se mêlèrent à des compagnies protestantes de Roquefort et de Mont-de-Marsan. Bien qu'il n'y eut pas grand'chose à glaner derrière Thoiras, ils traversèrent encore le pays, et allèrent brûler la commanderie de Bessaut, de l'ordre de St-Jacques de l'Épée rouge (1). Le commandeur, Renaud de Grossoles-Flammarens, s'était enfui sans organiser de résistance. L'église fut incendiée et deux protestants de St-Justin, Jean d'Escanebaque et Barthélemy Landrieu, bourgois de cette ville, emportèrent, l'un les ornements sacrés et l'autre un magnifique calice d'argent de grande valeur. Ils ravagèrent ensuite Cachen, Lugaut

---

(1) La commanderie de Bessaut était un bénéfice attaché à l'ordre militaire de St-Jacques. Cet ordre avait planté sur le chemin de Compostelle, très suivi des pèlerins, des stations ou hôpitaux pour les recevoir à l'aller et au retour. Bessaut fut doté en 1219 par Amanjeu de Mesmes-Ravignan.

et Lencouacq. Dans cette dernière localité, Escanebaque et Jehan de Baldy (1), enlevèrent cent ruches à miel qui appartenaient au curé, et un notaire catholique de Roquefort, Bernard de Labarchède, décrocha les cloches de l'église.

Quelquefois, comme on voit, huguenots et catholiques s'unissaient pour partager le butin et même pour le conquérir.

Au milieu de tous ces pillages, le château de Béroy en Juliac fut scrupuleusement respecté par les huguenots, c'était la propriété de leur chef. D'ailleurs, les seigneurs du pays, tous protestants exaltés, étaient de connivence avec Montgommery. C'est pour cela que Cardaillac, autrement dit le capitaine Thoiras, put traverser l'Armagnac en quatre jours sans rencontrer l'ombre d'une résistance locale. Il est évident que Louis d'Amboise d'Aubijoux, colonel des légions du Languedoc et seigneur de Labastide d'Armagnac, donna des ordres précis pour défendre à la population de prendre les armes dans toute l'étendue des baronnies d'Eauzan. Aux alentours, il n'y avait que des seigneurs protestants, les de Bezolles, les de Mesmes, les Pons, marquis de la Caze, les de Ferbeaux, seigneurs de Gontaut, etc.

Dans les principales villes où la résistance aurait pu être efficacement organisée, les chefs de la municipalité ouvraient leurs portes aux huguenots. Si, par hasard, ils ne se sentaient pas assez d'autorité pour le faire, ils abandonnaient leur poste. C'est ainsi que Renaud de Grossoles-Flammarens abandonna Mont-de-Marsan.

Un fait plus curieux encore se passa à Roquefort, et sera pour nous une occasion incidente de montrer à quel point les bourgeois d'une communauté pouvaient faire la loi à leur seigneur. Le baron de Roquefort était messire Annibal de Galard-Brassac, marquis de Montfort, personnage altier et orgueilleux, et qui se vantait avec l'aplomb d'un gascon de descendre en droite ligne du valet de carreau. Il avait nommé

(1) Plus tard notaire royal de la vicomté de Juliac en 1593.

comme gouverneur de sa bonne ville de Roquefort, Barthélemy Berthoumieux de Roux, qui s'empressa d'offrir les clefs de la cité au capitaine Thoiras aussitôt que ce dernier se présenta. L'église, les principales maisons furent ravagées sous l'œil vigilant du gouverneur qui, une fois les huguenots partis, continua le pillage pour son propre compte. Les environs furent mis en coupe réglée : un jour, Berthoumieux allait enlever des troupeaux de moutons à Bergons ; le lendemain, il décrochait les cloches de l'église de Lencouacq ; bref, il se transformait en véritable routier et renouvelait les brigandages de son modèle, Guillery, sire de Laroqué.

Ces exploits ne s'arrêtèrent qu'en 1575 : Annibal de Galard arrivant à Roquefort, les bourgeois s'assemblèrent en jurades. Les consuls déclarèrent Berthoumieux traître à ses fonctions et, suivant la coutume, il fallut que le seigneur livrât son mandataire. Jeté en prison, il n'y languit pas longtemps, son procès fut vite instruit ; il fut condamné et étranglé dans son cachot. Les consuls demandèrent même au Parlement de Bordeaux la permission de faire pendre publiquement son cadavre. Ils eurent le regret de se voir refuser cette autorisation.

En présence de ces excès et de ces crimes, le gouverneur du Languedoc, Damville, craignant d'être blâmé par le roi, sortit de sa fatale inaction. Il avertit Montluc qu'il allait lui amener des renforts. Le 19 septembre, huit jours après le rapide passage de Thoiras à travers l'Armagnac, toutes les forces de l'armée catholique furent réunies à Nogaro, prêtes à se jeter sur Montgommery et à le punir de son audacieuse témérité.

La retraite de Montgommery ressembla fort à une déroute ; il s'enfuit vers Salies de Béarn, cherchant en vain à rallier ses soldats dispersés et abandonnant son artillerie. La route d'Orthez était encombrée de canons démontés ; fantassins et cavaliers maraudaient de droite et de gauche ; Montgommery n'avait plus avec lui que trente hommes, auxquels il disait effrontément : « Il me semble avoir cent dogues à mes trousses et je vendrais bien ma peau à quiconque en voudrait ! »

Pendant ce temps, Montluc avait cerné Mont-de-Marsan. Autour de lui se pressaient les gentilshommes catholiques de la contrée : Ogier de Pardaillan, vicomte de Juliac ; Jehannot de Pujolé, seigneur de Vaupillon ; Jehan de Bezolles ; les de Mesmes, etc. La ville fut rapidement enlevée et Montluc laissa ses soldats la mettre à feu et à sang pendant qu'il se reposait lui-même des fatigues du siège, chez son ami M. de Junca. C'est sur ces entrefaites que l'on eut des nouvelles du désarroi de l'armée huguenote. Voyant que Montgommery était en fuite, Montluc voulut entrer en campagne, mais Damville s'y opposa, prétexta encore les ordres du roi et finalement se retira en Languedoc, en abandonnant son allié.

La bataille de Montcontour (3 octobre 1569), l'inaction forcée de Montluc, encouragèrent les protestants. On vit bientôt réapparaître en Armagnac les bandes de Montgommery. Les calvinistes du pays ne cessaient d'appeler ce dernier à Labastide et à St-Justin, pour y venger enfin les atrocités commises par Montluc six ans auparavant. En effet, en 1563 et dans une de ses expéditions aventureuses, le chef des catholiques s'était emparé de Labastide d'Armagnac. Il avait détruit le temple protestant de fond en comble et avait poursuivi les fuyards jusqu'à St-Justin. Ces malheureux cherchèrent dans l'église un asile qu'ils croyaient inviolable. Mais Montluc ne s'embarrassait pas de si peu et les scrupules de l'honneur et de la religion ne tenaient pas une grande place dans son cœur. Il fit enfoncer les portes du saint lieu et tous les réfugiés, hommes, femmes, vieillards, enfants, furent égorgés sans distinction.

Le souvenir de cet affreux carnage était présent à toutes les mémoires ; les huguenots réclamaient à grands cris la vengeance qu'ils attendaient depuis six ans. Montgommery n'était pas loin, ils l'appelèrent et lui livrèrent Labastide d'Armagnac. Après un pillage en règle, deux lieutenants, le vicomte de Paulin et M. de Monteils, se détachèrent du principal corps d'armée pour aller infliger à St-Justin les représailles tant attendues.

Du château de Béroy en Juliac, où il avait pris ses quartiers, Montgommery put voir pendant deux jours l'embrasement général de cette malheureuse ville. Pillage, incendie et massacre, rien ne fut épargné et, sauf cinq ou six maisons, tout fut réduit en cendres (octobre 1569). Montgommery resta dans l'Armagnac jusqu'au 3 novembre pour bien y assurer sa domination; il en profita pour lever des contributions de guerre sur ses vassaux de la vicomté de Juliac. Puis il quitta le château de Béroy qu'il ne devait plus revoir et se rendit à Condom.

De part et d'autre, la guerre avait épuisé les huguenots et les catholiques. D'un commun accord on signa la paix, dite paix de Malassise, parce qu'elle fut négociée du côté des catholiques par M. de Mesmes, seigneur de Malassise, cousin-germain de M. de Ravignan et conseiller des aides à Bordeaux (1570).

Catherine de Médicis voyant que tant de combats et de sang versé avaient été stériles, résolut de changer de tactique. Elle voulait attirer les huguenots à la cour, les endormir dans les plaisirs et les fêtes, et s'en faire au besoin des otages vis-à-vis de leur parti. On chercha à apaiser les rancunes de l'amiral Coligny. Nombre de gentilshommes protestants furent pourvus de charges considérables; parmi eux, Montgommery, de Rohan, de Ségur, Pardaillan.

Ogier, vicomte de Juliac, était converti depuis peu à la cause de la réforme. A cette époque les changements de religion étaient fréquents et n'étonnaient personne. Henri IV en donna lui-même l'exemple. On cédait aux influences du moment, à des considérations politiques qui passaient pour souveraines. Les huguenots se faisaient catholiques pour échapper à une prescription de leurs biens ou pour pouvoir vendre ou acquérir un domaine avantageusement. Les catholiques devenaient protestants pour obtenir la faveur de quelque haut personnage.

Ogier de Pardaillan fut probablement entraîné par son voisin François d'Amboise d'Aubijoux, fils du seigneur de Cazaubon et de Labastide, et ami intime de Henri de Béarn. D'Aubijoux fit pressentir au vicomte de Juliac que l'avenir était entre les mains de ce jeune prince, appelé à régner sur la France. Pardaillan séduit accepta, et ses fils imitèrent son exemple.

L'aîné, Renaud de Pardaillan, que l'histoire nous représente comme un gentilhomme d'une stature colossale et d'une force herculéenne, renia également le catholicisme et épousa en janvier 1572 Clarianne d'Orty, seigneuresse de Gaillères, près Mont-de-Marsan. Son père lui donna en dot la vicomté de Juliac, montrant par là l'importance de cette seigneurie, puisqu'elle devenait l'apanage d'un aîné, alors que la terre patrimoniale de Panjas serait dévolue aux cadets.

Peu après ce mariage, Ogier de Pardaillan ayant été appelé à Paris par Jeanne d'Albret et se trouvant peut-être malade ou trop vieux, envoya son fils Renaud, vicomte de Juliac. Il s'agissait de l'union d'Henri de Navarre avec Marguerite, sœur de Charles IX.

Ce n'était pas sans craintes que Jeanne d'Albret avait vu son fils partir pour Paris. « Les noces du roi de Navarre seront vermeilles, » avait dit Rosny, et Jeanne avait écrit elle-même à un grand nombre de gentilshommes sûrs et dévoués, leur recommandant d'assister à la cérémonie nuptiale, afin de défendre son Henriot en cas de besoin.

Elle adressa une de ces lettres au vicomte de Juliac, qu'elle appelait à son secours « comme la première épée de France. » (1).

Ogier de Pardaillan répondit avec empressement à cette prière en envoyant, comme nous l'avons vu, son fils aîné à

---

(1) La lettre de la reine Jeanne concernait, disent certains mémoires du temps, le comte de Gondrin. Pour ce qui est de la St-Barthélemy, de Thou nomme aussi Gondrin. Marguerite de Valois dit : l'*aîné* des Pardaillan, c'est-à-dire Panjas ; d'ailleurs Gondrin et Panjas étaient tous deux présents à la cour en 1572.

Jeanne d'Albret. Le 17 août 1572, veille du mariage, Renaud de Pardaillan rejoignit Henri de Navarre, qu'il ne devait plus quitter.

Déjà, et depuis longtemps peut-être dans la pensée de la reine-mère, le terrible drame de la St-Barthélemy était mûr et prêt pour l'exécution. Renaud de Pardaillan et son cousin, le comte de Gondrin furent de ceux qui hâtèrent, sans le savoir, le moment fatal.

Le vendredi 22 août, le roi jouait à la paume avec ses gentilshommes ; le prince de Condé et le roi de Navarre lui tenaient tête ; auprès d'eux se tenait une suite brillante de jeunes seigneurs, parmi lesquels le vicomte de Juliac qui, en sa qualité de huguenot, avait pour le moment toutes les faveurs royales, au moins en apparence. Tout à coup on annonce que l'amiral Coligny vient d'être frappé de deux coups de feu, rue du Cloître St-Germain, en rentrant chez lui.

Charles IX jette brusquement sa raquette : « Mordieu, s'écrie-t-il avec dépit, n'aurai-je donc jamais de repos ! » Aussitôt les courtisans religionnaires se dispersent : Lautrec, Montgommery, Pardaillan courent au chevet de l'illustre blessé. Le roi lui-même, accompagné de Catherine de Médicis et du duc d'Anjou, vient faire visite à l'amiral. Plus de deux cents gentilshommes répandus dans les salles de l'hôtel Coligny se parlent à voix basse, jetant des regards menaçants sur Charles IX et la reine-mère. Le vicomte de Juliac ne cachait point son indignation et ses soupçons, et prononça tout haut quelques paroles imprudentes, désignant clairement les auteurs du meurtre. Le 23 au soir, au souper de la reine, où se trouvaient quatre ou cinq gentilshommes huguenots, la conversation fut mise sur la blessure de Coligny. M. de Pardaillan s'échauffa et s'emporta jusqu'à proférer des menaces, déclamant très haut qu'on fît justice de l'assassin.

Catherine de Médicis n'avait rien perdu de ces paroles. Au sortir du souper elle réunit en conseil le duc d'Anjou, le chancelier de Birague, Retz, Tavannes, etc. Tous pressèrent vivement le roi d'agir. Charles IX impatienté des longueurs de la discussion, s'écria : « Or sus, tuez l'admiral, mais aussi tous les huguenots de France, afin qu'il n'en reste aucun qui puisse me le reprocher ! » (1).

Pendant ce temps, Telligny, le ministre protestant Merlin, les Pardaillan, s'étaient tumultueusement assemblés chez Coligny. Les uns réclamaient la mort des Guises, d'autres accusaient la reine et le duc d'Anjou ; rien ne fut résolu. On se sépara sans avoir pris de décision. La cour était plus active et avait pris ses dernières mesures.

En quittant l'hôtel Coligny, le vicomte de Juliac reçut un billet court et impératif d'Henri de Navarre, qui l'appelait au Louvre. Il s'y rendit aussitôt et monta aux appartements de son maître. L'aspect du palais était sinistre. Les gardes suisses et les archers écossais encombraient les escaliers et les corridors, prenant des attitudes provocantes et hautaines. A toutes les issues, les gardes royaux, la pertuisane au poing, veillaient en silence. Renaud de Pardaillan pénètre enfin dans une pièce qui servait d'entrée à la chambre à coucher du roi de Navarre. Une dizaine de gentilshommes huguenots étaient là, causant bruyamment. Au milieu d'eux, le Béarnais cachant son inquiétude sous un sourire railleur, s'efforçait de les rassurer. Il leur expliquait que quelques heures auparavant il avait reçu de Charles IX le conseil de faire coucher au seuil de sa chambre ses plus fidèles gentilshommes, afin de se garder des desseins de ce « mauvais sujet le duc de Guise. » Henri ajoutait qu'on en serait quitte pour passer une mauvaise nuit et il se retira.

Vers neuf heures, la tapisserie qui fermait l'entrée se souleva et M. de Nançay, capitaine des gardes, se montra. D'un coup d'œil rapide il compta les huguenots qui s'étaient assis par terre et sur tous les meubles. Les uns buvaient et jouaient aux dés,

---

(1) L'authenticité de ces paroles rapportées par Tavannes est encore vivement controversée.

les autres causaient avec animation. « Messieurs, dit le capitaine des gardes, si quelqu'un de vous veut se retirer, on va fermer les portes. » Le vicomte de Juliac, son cornet de dés à la main, se retourna vivement : « Ça, dit-il, je passe la nuit à jouer et je reste ici, messieurs, que vous en semble ? » Tous les seigneurs présents approuvèrent, et M. de Nançay se retira. A une heure et demie du matin, au son de l cloche de St-Germain l'Auxerrois, le massacre commençait dans toutes les rues de Paris. M. de Nançay, suivi de ses gardes, pénétra dans l'antichambre où dormaient les seigneurs huguenots ; ils furent saisis, désarmés et entraînés dans la cour du Louvre. Les soldats firent le cercle, armés de torches, et on les massacra aussitôt. Plusieurs d'entre eux ne firent aucune résistance. Renaud de Pardaillan qui avait conservé son épée, la brisa sur son genoux et se laissa égorger. Caché derrière les vitres d'une fenêtre à balcon, Charles IX contempla le meurtre des gentilshommes huguenots. Quand ce fut fini, il fit mander le roi de Navarre. On sait ce qui résulta de ce tête à tête dramatique entre le roi de France, affolé par la vue du sang, et le rusé Béarnais, toujours maître de lui-même.

Renaud de Pardaillan n'avait point eu d'enfants de Clarianne d'Orty ; mais, par un pressentiment étrange, en quittant le château de Béroy il avait fait son testament. Il laissait à sa jeune veuve qu'il aimait passionnément, la vicomté de Juliac et ses dépendances pour en jouir sa vie durant. Mais il stipulait que ce domaine reviendrait aux Pardaillan de Panjas après la mort de madame d'Orty. En outre, il voulait que son frère ou ses neveux prissent le titre de vicomte de Juliac du vivant même de sa veuve. Dans ces sages dispositions, Pardaillan n'avait point prévu le cas où l'épouse inconsolable se remarierait : c'est pourtant ce qui arriva. Le 15 décembre 1573, Clarianne d'Orty, lasse de la solitude du vieux manoir de Béroy, convola en secondes noces avec Alidus de Los, fils de Marc de Los et de Marie-Anne d'Arthos.

Malgré ce second mariage, dont nous reparlerons dans le

chapitre suivant, Clarianne d'Orty continua à habiter le château de Béroy, et en trois années trois enfants naquirent : Jean, Marie et Claude de Los (1573-1576).

Ogier de Pardaillan reprit le titre de vicomte de Juliac. De sa femme, Françoise d'Aydie de *Ribérac*, il avait eu un autre fils et une fille : François-Jean-Charles de Pardaillan, comte de Panjas, et Barbe de Pardaillan, qui épousa son cousin, Blaise de Gondrin (1). Ils vivaient paisiblement au château de Panjas, à l'abri de la fureur des catholiques. La St-Barthélemy était impossible en effet, dans un pays dont tous les habitants étaient huguenots. Sans vouloir détruire les légendes héroïques, il n'est pas téméraire d'affirmer que la fameuse lettre du vicomte d'Orthe refusant de « trouver des bourreaux parmi ses braves soldats, » a été dictée par un simple sentiment de prudence. Dans sa bonne ville, les protestants étaient dans la proportion de dix contre un, et la garnison catholique courait risque d'être anéantie dans une lutte inégale.

Néanmoins, le massacre de la St-Barthélemy provoqua une violente réaction. L'Armagnac et les pays voisins se soulevèrent. Mais la guerre sérieuse dégénéra en une lutte de partisans (1573).

Après la bataille de Montcontour, le capitaine de Montamat, lieutenant de Montgommery, traqué par les catholiques, s'était réfugié à Labastide d'Armagnac pour y rallier ses soldats. Il en fit un centre ou quartier général d'où partaient ses compagnies pour aller rançonner les églises des archiprêtrés de Mauléon et du Plan.

Des bandes catholiques se levèrent aussitôt sur plusieurs points du territoire, et une série d'escarmouches s'engagea dans toute la contrée. Les huguenots n'avaient plus à leur tête l'implacable Montgommery ; il venait d'être fait prisonnier à Domfront et avait eu la tête tranchée en place de Grève. De leur côté, les catholiques perdaient l'illustre Montluc qui,

(1) Blaise, seigneur de Lamothe-Gondrin.

vieux et fatigué, avait donné sa démission pour se retirer dans ses terres. Néanmoins on vit surgir partout des capitaines parcourant le pays avec une poignée d'hommes, dévastant ce qui restait à dévaster. Il était vraiment surprenant de trouver encore des objets précieux dans les églises et dans les monastères ; on ne rencontrait pas de châteaux qui n'eussent été incendiés au moins deux ou trois fois.

Parmi ces héros de nos guerres d'Armagnac, il faut citer : Jacques de Bessabat, seigneur de St-Julien ; Colin de Brocas ; Pierre de Mesmes ; le capitaine de Malartic ; Jean de Camon-Talence, etc.

Mais malgré tout, Ogier de Pardaillan, vicomte de Juliac, fut un des plus terribles chefs de cette lutte d'escarmouches et d'embuscades. La mort tragique de son fils aîné avait réveillé en lui l'ardeur de la vengeance, et sa petite troupe, composée d'environ cinq à six cents hommes, sillonnait la contrée de Grenade à Gabarret et à Mont-de-Marsan (1576).

Il se heurta plus d'une fois aux troupes catholiques de Villars, qui commandait au nom du roi. C'est ainsi qu'il favorisa la retraite de M. de Montamat qui avait enfin quitté Labastide d'Armagnac ; il avait rasé les fortifications et comblé les fossés, suivant en cela l'avis de Coligny, qui disait : « Les villes fortifiées sont les sépultures des armées. » Montamat commença aussi à démolir l'église, mais il n'eut pas le temps de finir et s'éloigna dans la direction d'Aire pour ne plus reparaître.

Ogier de Pardaillan revint alors avec ses soldats grossir l'armée qui, sous les ordres d'Henri IV, assiégeait la ville d'Eauze. Cette cité, après une courageuse défense, était aux dernières extrémités. Les habitants parurent disposés à se rendre. Après nombre de pourparlers, les magistrats, revêtus de leur chaperon rouge, apportèrent solennellement les clefs au roi de Navarre. Ce dernier entrait le premier dans la ville, fier et souriant sur son cheval, quand tout à coup, au moment où il franchissait la porte, un homme aposté se précipita et baissa la herse en criant : « *Coupa lo rastel ; che prou n'y a ; lo rey y es !* » (Coupe le râteau ; il y en a assez ; le roi y est). Henri affronta alors le plus grand danger qu'il ait couru de sa vie ; autour de lui il n'avait que quatre de ses fidèles amis : Rosny, Béthune, Mornay et le baron de Batz, son intrépide faucheur (1). Plus de cinquante soldats l'entourèrent en criant : « Tirez à la braye verte ! » Henri avait un costume de cette couleur. Manaud de Batz se jeta hardiment sur la petite porte latérale d'une des tours, l'enfonça en tuant le gardien et leva la herse. Les huguenots se précipitèrent en foule autour de leur chef. Henri de Navarre était sauvé (1577).

Malgré ce triomphe brillant, les hostilités continuèrent avec acharnement ; le général catholique Villars voulut entreprendre le siège de Manciet, une des places fortes de l'Armagnac. Mais peu soucieux de laisser derrière lui des compagnies franches qui inquiéteraient ses communications, il résolut d'en purger le pays. La troupe du vicomte de Juliac, celle de Jacques de Bessabat, de Colin de Brocas, de Jean de Camon, étaient les plus redoutables par leur nombre, et leur destruction fut arrêtée. Pierre de Béon, seigneur de Massés, un des meilleurs lieutenants de Villars, vint avec ses soldats devant le château de St-Julien, construit sur les anciennes terres de la vicomté de Juliac, non loin de Mauvezin et de Betbezer. Jacques de Bessabat (2) s'y était enfermé avec ses routiers. Pierre de Béon considéra la forteresse comme de peu d'importance. D'après les mémoires de Jean d'Antras, c'était une bicoque. Il vint jusqu'à la porte sommer la garnison de se rendre. On lui répondit par une arquebusade qui lui traversa la poitrine et dont il mourut au bout de quelques heures. Ses gens exaspérés donnèrent l'assaut, emportèrent de vive force le château de

---

(1) Manaud de Batz, dit le Faucheur, était d'une très noble famille issue des vicomtes de Lomagne (Voir table généalogique).

(2) Jacques de Bessabat, gouverneur du château de St-Julien pour le marquis de Gourgues, avait trahi la confiance de ce dernier en embrassant la réforme.

St-Julien et, suivant l'expression pittoresque du vieux chroniqueur, « tout ce qui estait là-dedans fut mys au coulteau. »

Une autre compagnie franche et non des moins terribles, avait pour chefs Bernard et Colin de Brocas, issus d'une très noble et illustre famille (1). Colin de Brocas, confident et ami d'Henri IV, l'avait logé plus d'une fois dans son château de Figuès, aux environs de Casteljaloux. Tous les réformés de la contrée lui obéissaient et il poussait ses courses aventureuses en plein Bazadais. Dans une de ces expéditions, Colin de Brocas rencontra l'armée de Villars auprès de Malvirade, à quelques lieues de Marmande. Les huguenots furent écrasés après une courte et héroïque résistance, et Bernard de Brocas resta parmi les morts. Le parti protestant perdait en lui un de ses plus intrépides capitaines (1577).

Un autre chef illustre était Jean de Camon, fils de Jean IV de Camon-Talence et de Françoise de Labeaulme, chef de la branche des Camon-Blachon, par son mariage avec Jaymes de Navailles. Avec trois cents hommes d'armes, Camon marcha au secours de la ville de Pamiers, une des capitales du protestantisme, assiégée par les catholiques. Les habitants se défendaient héroïquement, pensant qu'ils seraient secourus. Jean de Camon, à la tête de ses soldats, attaqua les catholiques avec une telle impétuosité que le sieur de Lanezan, qui commandait pour le roi, dut lever le siège. Les soldats catholiques, embarrassés par les bagages et les animaux dont ils s'étaient emparés, furent tués en masse à la porte de Loumet, et en telle quantité que le passage fut obstrué par les cadavres. « Ceux « qui tenaient le poste des Augustins furent taillés en pièces « par les huguenots avec grand carnage et horrible tuerie. » Jean de Camon ne jouit pas longtemps de sa gloire. Rentré au château de Talence, auprès de sa sœur Bérénice de Camon, il mourut des suites d'un coup de feu reçu dans la ville.

Ainsi disparaissaient un à un les plus vaillants soutiens du

(1) Voir table généalogique.

calvinisme. Ogier de Pardaillan n'eut pas un sort plus heureux que ses alliés. Comme il chevauchait un jour à la tête de son régiment entre Condom et Vic-Fezensac, il rencontra à l'improviste une petite troupe de 17 archers et de 12 arquebusiers à cheval, commandés par Bernard de Bezolles, seigneur de Lagraulas, qu'on avait envoyé à sa poursuite. En voyant que les ennemis gagnaient un chemin creux tracé le long de la rivière de l'Osse et favorables aux gens de pied, Bezolles mit lui-même pied à terre avec les siens, et aborda vigoureusement le régiment de Panjas. Ogier de Pardaillan qui se battait hardiment au premier rang, reçut en pleine poitrine un coup de pointe qui le renversa raide mort sur le revers du talus. Des cent vingt soldats qu'avait autour de lui le vicomte de Juliac, il ne s'en échappa qu'un seul et encore celui-ci ne dut-il son salut qu'à son adresse. Bezolles, au contraire, ne perdit dans cette échauffourée que M. de Laprade, gentilhomme plein de courage.

François-Jean-Charles de Pardaillan hérita des domaines de son père. Moins batailleur que lui, il se consacra à la restauration du château de Panjas, réduit en cendres quelques années auparavant. Il s'y trouvait encore en 1580, lorsqu'on apprit que les troupes royales, commandées par M. de Poyanne, s'avançaient aux environs de Roquefort, cherchant à surprendre les partisans huguenots qui couraient à travers l'Armagnac. Le vicomte de Juliac vint à Mont-de-Marsan et se mit aussitôt à la disposition du gouverneur en cas d'attaque. Ce gouverneur était un gentilhomme de la maison du roi de Navarre et capitaine de Tartas. Il se nommait Jean de Mesmes, seigneur de Patience, et était le second fils de Dommenges de Mesmes de Ravignan que nous avons vu maltraiter si fort les huguenots en 1560. Le père était catholique, mais le fils protestant militant comme cela se rencontrait fréquemment dans ces temps troublés. Il avait épousé Gabrielle de Los, sœur de Jehan de Los, le plus intime confident du roi de Navarre, et lui-même était fort avant dans la confiance du prince.

En même temps que le vicomte de Juliac, Jacques de Ste-Colombe, seigneur d'Escanebaque, Gaston du Lyon de Campet, Jacques de Camon-Talence, vinrent offrir leurs services à M. de Mesmes pour la défense de Mont-de-Marsan. Celui-ci se montra extrêmement surpris. Il affirma que jamais M. de Poyanne n'avait eu l'intention d'attaquer la ville et resta dans la plus absolue sécurité.

Un espion arrêté aux environs, dévoila les plans des catholiques, mais rien ne put convaincre l'incrédule gouverneur. M. de Poyanne et son armée n'étaient pourtant pas loin. Il avait gagné un meunier qui ouvrit la porte du moulin donnant sur la Midouze. Des barques préparées à l'avance amenèrent les soldats royaux qui firent irruption dans la ville. Poyanne y étant entré un des premiers, courut à une des portes principales et l'ouvrit. Une troupe de huguenots se précipita pour la refermer, mais l'héroïque officier passant son bras entre les deux battants la maintint entr'ouverte pendant que ses soldats accouraient du dehors. Cette ténacité spartiate lui valut d'avoir le bras entièrement écrasé.

Les chefs huguenots, quoique surpris, firent des prodiges de valeur. Jean de Mesmes se battit bravement et reçut trois blessures. Charles de Pardaillan, vicomte de Juliac, se retira sain et sauf avec Gaston du Lyon dans le château où ils se barricadèrent. Jacques de Camon-Talence avait reçu dans la cuisse une arquebusade qui nécessita l'amputation de la jambe. L'arrivée de Biran qui venait au secours de Poyanne décida les assiégés à se rendre. MM. de Mesmes, du Lyon, de Camon, le vicomte de Juliac et toute la garnison, en considération de leur défense héroïque, obtinrent de sortir avec armes et bagages, enseignes au vent, les arquebuses mèche allumée, bref tous les honneurs de la guerre.

Charles de Pardaillan se hâta de rejoindre à Pau le roi de Navarre. Grâce aux hasards de la guerre, il y arriva dans un tel état de dénuement, que le trésorier du prince dut lui compter séance tenante une somme destinée à l'équiper décemment :

dix écus sols, une pièce de vingt sols tournois et une pièce de dix sols tournois, forgés au coin de France et armes de sa majesté. Pardaillan accompagna alors Henri de Navarre qui vint en Armagnac vers le mois d'octobre et alla passer quelques jours au château de Briat, près Mauvezin.

Le château de Briat, construit vers 1550, était la propriété des d'Albret. Pour comprendre comment Henri de Béarn possédait ce domaine, il faut se rappeler ce qu'était devenu depuis 1515 la seconde moitié de la vicomté de Juliac, moitié qui avait longtemps appartenu aux comtes d'Armagnac et à leurs héritiers. Après la mort tragique de Jean V d'Armagnac à Lectoure, tous ses biens avaient été confisqués. Cette portion de Juliac resta donc attachée au domaine royal jusqu'en 1515. François Ier la donna en dot à Marguerite de Valois et à son nouvel époux, le jeune duc d'Alençon. D'Alençon étant mort sans enfants, sa veuve épousa Henri II de Navarre, et c'est ainsi que de main en main la terre de Juliac était venue en la possession de la maison d'Albret. Voilà pourquoi en 1579 et 1580 le bon Henriot venait joyeusement avec ses équipages de chasse et ses gentilshommes s'établir en son château de Briat en Mauvezin pour y donner des fêtes et s'y livrer à tous les plaisirs. Quelquefois, par hasard, il y rendait la justice comme le feu roi S. Louis, son aïeul; et un jour qu'on venait lui dénoncer les excès commis par les catholiques de l'Armagnac, il envoya sur le champ à Paris Pierre de Mesmes pour rendre compte au roi des violences des religionnaires.

On accourait en foule à Briat, et le Béarnais faisait largement et gaiement accueil à tous. Il avait autour de lui Charles de Pardaillan, Manaud de Batz, qu'il appelait complaisamment son faucheur, Jean de Mesmes de Patience, Georges d'Amboise d'Aubijoux, seigneur de Labastide d'Armagnac, Alcibiade Leblanc de Labatut, qui fut plus tard vicomte d'Argelouse, dont il acheta un jour le cheval qui lui plaisait.

Tous ces nobles seigneurs accompagnaient le roi de Navarre

dans ses chasses à travers les landes, fort giboyeuses alors. Un épisode assez pittoresque nous a été conservé. Un jour qu'on poursuivait à cor et à cris un lièvre sur le territoire de St-Julien, l'animal traqué vivement par les chiens et sur le point d'être forcé, se réfugia dans un trou de renard. Comme ce n'est pas l'habitude pour les lièvres de choisir pareille demeure, Henri fut étonné et s'amusa beaucoup. Il mit pied à terre et envoya quérir deux métayers voisins pour piocher le terrier. On prit naturellement l'infortuné lièvre, et le roi enchanté de l'aventure, donna aux métayers pour leur peine cinquante-huit sols tournois à partager entre eux. Il est probable que c'était pour le moment tout ce que contenait l'escarcelle du royal veneur, en général fort peu garnie à cette époque.

La chasse et les divertissements ne furent pas la seule occupation d'Henri pendant son séjour à Briat. Il revint constamment dans le pays pendant les années 1582 et 1583 et séjourna à diverses reprises à Labastide d'Armagnac, probablement dans la maison du capitaine Malartic. Il avait en effet à s'occuper de ses domaines. Une partie résultait des confiscations faites par Jeanne d'Albret ; celle-là, Henri la conservait comme d'un bon revenu et pouvant servir plus tard à récompenser les capitaines qui l'auraient bien servi.

L'autre portion était l'Eauzan et ses cinq baronnies. Le duc d'Alençon, que nous avons vu propriétaire en partie de Juliac par son mariage avec Marguerite de Valois, avait jeté son dévolu cinquante ans auparavant sur cette immense seigneurie. Le duc d'Alençon était issu du mariage de Marie d'Armagnac, fille aînée du connétable, et il avait fondé ses prétentions sur cette descendance maternelle. Il avait déclaré que la vente faite au bâtard d'Armagnac des baronnies d'Eauzan en 1454 était nulle, puisque le droit d'aliénation n'existait pas pour les domaines des d'Armagnac et il avait voulu user de la faculté de rachat. De là un interminable procès avec les comtes d'Aubijoux. Henri, héritier légitime du duc d'Alençon, trouva tout simple de renouveler les prétentions de son prédécesseur.

D'ailleurs comme la prescription ne courait pas contre les huguenots, il ne craignait pas de voir l'affaire traîner en longueur. Il n'était gêné que par sa vive sympathie pour Louis d'Amboise d'Aubijoux, qui servait sa cause avec un grand dévouement. Aussi, par le fait, ses fréquents voyages à Labastide, Eauze, St-Justin, etc., n'aboutirent à aucun résultat de ce côté.

Vers la même époque, Henri s'occupa de récompenser le vicomte de Juliac des services qu'il lui avait rendus. Il le nomma gouverneur du Haut et Bas-Armagnac, et lui confia la garde de la ville et citadelle d'Eauze. Enfin, lorsque Pardaillan épousa Jeanne du Monceau de Tignouville, une des plus riches héritières de Paris, le mariage fut célébré le 7 février 1581, à l'hôtel de Rambouillet, chez la princesse de Navarre, sœur du Béarnais, et avec l'éclat et la solennité d'une union royale. Toute la cour d'Henri III y assistait : le prince de Condé, le duc de Rohan-Soubise, Montmorency, etc., avec tous les grands seigneurs huguenots de la capitale. Henri et Marguerite de Navarre voulurent tenir sur les fonts baptismaux le premier-né du vicomte de Juliac. Il vint au monde le 6 avril 1582, au château de Pau, où il fut baptisé et reçut le nom d'Henri. Quant à son frère cadet, Louis, il eut aussi un parrain et une marraine illustres. Ce furent Louis de Bourbon, prince de Condé, et la reine Margot.

En 1585, Henri étant revenu dans le pays, la ville de Mont-de-Marsan, secrètement attachée à la réforme, lui rouvrit ses portes. Enchanté de cette soumission, il lui donna pour gouverneur Pierre de Camon-Talence, excellent officier, et qui avait fait ses preuves au service de son maître.

La guerre continuait avec des alternatives fréquentes de revers et de succès. Plus d'une fois le caractère aventureux d'Henri l'exposa à des dangers qui eussent effrayé tout autre que lui. C'est ce que témoigne une de ses lettres :

« A M. de Batz, gouverneur d'Eauze.
11 mars 1586.

« Monsieur de Batz, ils m'ont entouré comme la beste et
« croient qu'on me prend aux filets. Moi, je leur veux passer
« au travers ou dessus le ventre. J'ai élu mes bons et mon
« faucheur en est. Grand damné, je te veux bien garder le
« secret de ton cotillon d'Auch à ma cousine, mais que mon
« faucheur ne me faille en si grande partie et ne s'aille amuser
« à la paille quand je l'attends sur le pré.

« Ecrit à Hagetmau, ce matin 10 heures.
« HENRI. »

Tout le caractère du Béarnais est dans ces quelques lignes, les commenter ce serait les affaiblir.

Il paraît que le danger pressait, car Manaud de Batz reçut le lendemain le billet suivant :

« Mon faucheur, mets des ailes à ta meilleure beste. J'ai dit
« à Montespan de crever la sienne. Pourquoi ? Tu le sauras
« de moy à Nérac. Haste, cours, viens, vole, c'est l'ordre de
« ton maître et la prière de ton ami.
« HENRI. »

Peu de temps après cette situation périlleuse, Henri quitta le pays, rappelé dans la Saintonge et l'Angoumois par quelques échecs de Condé. Il emmenait avec lui ses fidèles amis, Jean de Mesmes, Gaston du Lyon, Manaud de Batz, les d'Aubijoux, etc. Avec cette escorte il rejoignit ses cousins, le prince de Condé et M. de Soissons, et se trouva ainsi à la tête de forces imposantes. Le roi de France lui opposa un de ses mignons, le jeune duc de Joyeuse, qui n'avait ni talents militaires ni esprit de commandement. Les deux armées se rencontrèrent à Coutras le 19 octobre 1587 ; les catholiques furent mis en déroute complète. Le roi de Navarre en revanche perdit beaucoup de ses meilleurs gentilshommes, et parmi eux Jacques d'Amboise, comte d'Aubijoux, et Blaise de Pardaillan, beau-frère du vicomte de Juliac.

Les troubles qui agitaient l'Armagnac durèrent encore plusieurs années. Henri se méfiait toujours de Poyanne, continuellement prêt à profiter de son absence pour se mettre en campagne (1587). C'est dans cet ordre d'idée qu'il écrit à Manaud de Batz, il lui recommande de veiller sur les gens de Barcelonne et de St-Justin, « qui sont de vilains remuants. » Il le remercie d'avoir purgé ceux d'Eauze et regrette que la blessure reçue à Coutras le prive de son faucheur.

C'est aussi à cette époque qu'Henri procéda au partage de ses terres d'Armagnac et en confirma la possession légale à tous les vaillants officiers qui l'avaient si bien servi. Labastide d'Armagnac offrait à cette époque le curieux spectacle d'une véritable pépinière de capitaines. Les d'Aubijoux n'avaient pas seulement exercé une influence religieuse sur cette petite cité, ils ne s'étaient pas contentés d'en faire un des ardents foyers du protestantisme, mais grâce à leur protection, tous les jeunes gens de famille bourgeoise avaient embrassé la carrière des armes.

Parmi eux se trouvait au premier rang le célèbre capitaine Malartic, dont nous aurons l'occasion de reparler à propos de Fondat et de raconter les hauts faits. Sous les ordres de Malartic servait Jean Ducom, dont les aïeux possédaient depuis 1497 le domaine de Ribère. Il y avait aussi Jacob Tortoré, le capitaine Dufau, dont les ancêtres remontent à la fondation de Labastide d'Armagnac, Joseph Marquet, qui possédait la terre de Bourgade.

Au milieu de ces bouleversements de territoire, le domaine de Juliac était toujours aux mains de Clarianne d'Orty, veuve pour la seconde fois ; Alidus de Los était mort en 1576.

Le dernier représentant de la maison de Panjas, Charles de Pardaillan, portait encore en vertu du testament de son frère le titre de vicomte de Juliac. Il se décida enfin à vendre ce domaine dont il ne tirait aucun revenu. En 1588, la vicomté de Juliac (Betbezer, Mauvezin, Créon et La Grange) passe de Charles de Pardaillan-Panjas aux mains de Jehan de Los, beau-frère de Madame d'Orty, ancien capitaine des gardes d'Henri III.

C'est ainsi que Juliac sortit définitivement de la glorieuse maison de Pardaillan qui, sauf une interruption de quarante années, l'avait possédé depuis 1346.

SOURCES HISTORIQUES :

1. — La Chesnaye des Bois : Dictionnaire.
2. — Moréri : Dictionnaire.
3. — P. Anselme : Grands officiers de la Couronne, tome V.
4. — D'Hozier : Armorial.
5. — Mémoires de Jean d'Antras.
6. — Recueil de la Société des bibliophiles de Guyenne.
7. — Mémoires de Montluc.
8. — Archives du château de Juliac.
9. — Archives de l'abbé Tauzin.
10. — Dupleix : Tome III, page 668.
11. — Monlezun : Histoire de Gascogne, tomes III et IV.
12. — Mergy : Mémoires sur la St-Barthélemy.
13. — Lettres du vicomte d'Orthe, publiées par Tamizey de Larroque.
14. — Collection des lettres d'Henry IV (Bibliothèque nationale).
15. — Communay : Les Huguenots en Béarn et Navarre.
16. — Durier : Les Huguenots en Bigorre.
17. — Archives de l'abbé Ducruc (Cazaubon).
18. — Cauna : Armorial des Landes.
19. — M. de Laplaigne : Sceaux gascons, tome II, page 437.
20. — Archives du grand séminaire d'Auch.
21. — Documents inédits de la maison de Pardaillan, tome Ier, folio 288.
22. — Archives des notaires de Valence (Gers), Dupont, notaire (1571).
23. — Minutes des notaires de Gondrin.
24. — Archives des Landes, des Hautes-Pyrénées et des Basses-Pyrénées.
25. — Histoire de Castelnau, par l'abbé Légé.
26. — Dufourcet : Histoire des Landes.
27. — Archives de M. de St-Aigne.
28. — Archives du Ribouillet.
29. — Archives de M. Craman.
30. — Archives de la ville de Toulouse.

CHAPITRE Vᵉ.

La Vicomté de Juliac sous les de Los.

La famille de Los habitait depuis longtemps la vicomté de Juliac et y possédait des terres dans la juridiction d'Arouille. Cette ancienne et illustre maison avait pour blason : d'azur à neuf étoiles d'or, 3, 3, 3. Marc de Los, en 1530, avait eu cinq enfants : Jehan, Alidus, Jehanne, Isabelle et Gabrielle. En 1549, Jehanne de Los épousa François de Came de St-Aigne, gentilhomme de la plus haute naissance. En 1563, Gabrielle de Los fut mariée à Jean de Mesmes, seigneur de Patience, que nous avons vu s'illustrer dans la défense de Mont-de-Marsan.

Alidus de Los épousa Clarianne d'Orty, dame de Gaillères et de Juliac, veuve de Renaud de Pardaillan ; il en eut deux filles, Claude et Marie, et un fils, Jehan. En 1576, Madame de Los restait au château de Béroy, veuve pour la seconde fois, avec ses trois enfants, placés sous la surveillance paternelle de leur oncle Jehan de Los.

C'est à ce dernier, et pour mettre fin à une situation de propriété bizarre, que Pardaillan vendit Juliac en 1588.

Le nouveau vicomte de Juliac, Jehan de Los, est une figure des plus curieuses et intéressantes. Les mémoires du temps nous apprennent qu'il était grand, maigre et fort barbu. Cet extérieur un peu don quichottesque, cachait une âme de soldat, loyale, généreuse et pleine de sensibilité. Il avait été, jeune encore, le mentor et le gouverneur d'Henri de Navarre ; plus tard, il entra au service du roi de France et fit partie de la célèbre compagnie de gentilshommes gascons qu'on appelait les Quarante-cinq. En 1578, il devint capitaine des gardes, fonction importante et délicate à la cour. Nous avons vu avec quel dévouement il avait réussi à faire échapper la reine Jeanne des mains de Montluc ; dans une circonstance analogue, il parvint à favoriser l'audacieuse évasion d'Henri IV.

C'était quelque temps après le mariage de mademoiselle de Cossé-Brissac et de François d'Espinay St-Luc. Henri de Navarre, auquel séjour du Louvre semblait toujours pesant, voulut s'affranchir un peu de la surveillance de son royal beau-frère et demanda à s'absenter pour aller chasser à Saint-Germain.

Les courtisans parlèrent aussitôt à voix basse de conspiration et de fuite ; Henri III qui cédait facilement à toutes les influences, et qui d'ailleurs recourait aux moyens violents quand il s'agissait de sa tranquillité, défendit au Béarnais de sortir du Louvre.

La nuit suivante, à une heure du matin, le roi en proie à l'insomnie se leva, fit appeler M. de Los et une vingtaine d'archers écossais, et lui-même, son bougeoir à la main, se rendit à travers les corridors du palais suivi de son escorte à la chambre de son beau-frère. Henri de Navarre est rudement réveillé et le soupçonneux monarque commence une perquisition dans les papiers; il alla jusqu'à fouiller lui-même le lit du Béarnais. Enfin, las de ne rien trouver et mécontent de son expédition, il se retira en ordonnant à M. de Los de garder à vue son prisonnier et de ne le laisser communiquer avec personne.

Le roi parti, M. de Los avait la larme à l'œil, mais n'osait encore parler à cause de la présence des archers. Henriot s'aperçut du trouble de son vieux serviteur et, s'approchant de lui, il le pria de demander pour lui au roi de permettre à sa femme de partager sa captivité. M. de Los s'exécuta joyeux et rapporta la permission demandée. Un quart d'heure après, Marguerite entrait chez son mari toute troublée et se jetait dans ses bras en pleurant. La vue de cette scène acheva d'émouvoir M. de Los; il fit éloigner les archers et, s'approchant, dit au Béarnais : « Sire, il n'y a bon français dont le cœur ne saigne de voir ce que nous voyons ici. J'ai été trop bon serviteur du roi votre père pour ne pas sacrifier ma vie pour ses enfants. » Il se retira dans une anti-chambre voisine. L'intrépide Marguerite, comprenant qu'elle avait une complicité tacite, ne perdit pas un instant. Une corde nouée à la fenêtre permit au roi de Navarre de sortir du Louvre et de s'évader la nuit même. Mais, au moment décisif, l'alarme est donnée; sans perdre la tête, Marguerite appelle ses femmes et la corde est vivement jetée dans la cheminée. On allume du bois pour la faire brûler, mais dans une précipitation bien naturelle, on met le feu à la cheminée. M. de Los accourt aussitôt avec ses archers pour éteindre ce commencement d'incendie. Il trouva Marguerite à demi-vêtue, entourée de ses femmes en émoi, mais il feint de ne pas remarquer la disparition du prisonnier. L'incendie éteint cependant, il s'approcha de Marguerite et lui dit à demi-voix : « Hélas Madame, je ne sais comment finira tout ceci. »

On comprend que M. de Los ne conserva pas ses fonctions de capitaine des gardes; il ne les perdit cependant qu'en 1580, et nous le retrouvons à cette époque en Armagnac en compagnie de son maître Henri de Navarre.

C'est à ce séjour du Béarnais que se rapporte la plupart des charmantes légendes restées dans l'imagination populaire et qui donnent un caractère si pittoresque à la personnalité du roi de Navarre.

Il nous a été donné de recueillir de la bouche d'une personne très véridique, l'historiette suivante, de tradition dans sa famille. Nous espérons que le lecteur voudra bien excuser ce qu'elle pourrait avoir d'un peu gaulois.

Un jour, le roi emporté par l'ardeur de la chasse, s'était égaré dans la lande avec ses compagnons. La nuit venait et, dans ces lieux presque déserts, pas une habitation ne s'offrait pour lui donner asile. On chevauchait à l'aventure, lorsqu'à travers les hautes bruyères et les ajoncs une lumière apparut. La troupe se dirige de ce côté et bientôt se trouve en face d'une hutte de charbonniers. Le roi y pénètre, s'assied devant le foyer et avisant parmi ses hôtes rustiques une jeune et jolie charbonnière :

« Allez, dit-il à ceux de sa suite, allez prendre gîte ailleurs, moi j'ai trouvé ce qu'il me faut. »

Quelques mois après, un paysan pauvrement vêtu et à la figure toute noire de charbon, frappait à la porte du château de Nérac.

Introduit auprès d'Henriot : « Que veux-tu carbouè, dit le roi en patois gascon. Sire, commença notre homme d'un air embarrassé en tournant son béret dans ses mains, vous souvient-il de l'hospitalité qu'il vous a plu de prendre un soir dans notre pauvre hutte ? Le seigneur a béni votre visite et je viens vous demander le nom qu'il convient de donner au maynatjoun né ce matin ? — Ventre saint gris, s'écria Henri mis en belle humeur, tu es un joyeux compère ! »

Puis, réfléchissant un moment, il ajouta en riant de plus belle : « Hé bien, pour qu'il n'oublie jamais lui et ses descendants, comment il est venu, nous l'appellerons Dudevant. » Ainsi fut fait : l'enfant, baptisé de la sorte, fut la souche d'une famille qui conserva religieusement son nom. Cette famille est-elle celle à laquelle s'est alliée Georges Sand ? On le dit, mais nous ne saurions l'affirmer. Quant à la personne de qui nous tenons cette histoire, elle se fait honneur d'être un rameau de cette tige illustre, mais n'en tire point vanité. Elle se contente d'avoir gardé, avec le grand nez traditionnel, la verve gasconne et l'esprit de son royal aïeul.

Une autre légende du pays, moins piquante que la précédente, nous a été racontée sur le bon roi si populaire dans nos contrées.

Henri avec une petite troupe à cheval parcourait l'Armagnac, alors infesté de partisans. Il arrive à Barbaste et s'arrête devant le pont jeté sur la rivière ; en face de lui se trouvait un vieux moulin, propriété de la famille d'Albret, dont le tic-tac paisible et monotone ne semblait présager aucun danger dans cette calme solitude. Pourtant les catholiques avaient passé là une heure avant. Se sachant serrés de près par les huguenots, ils avaient miné le vieux pont de bois. De cette manière, ils comptaient précipiter dans la rivière le roi de Navarre lorsqu'il s'y aventurerait avec sa suite. Le meunier, un vieux bonhomme à barbe grise aurait bien voulu avertir Henri du danger qui le menaçait, mais il avait juré de ne point révéler la présence des catholiques. Cependant, voyant son maître s'avancer sur le passage périlleux, il eut une inspiration subite et lui cria de l'autre rive avec toute la force de ses poumons : « *Preigne garda* « *à té, lou moulié de Barbaste : la gate qué ba gatoua.* » (Prends garde à toi, meunier de Barbaste : la chatte va faire ses petits).

Le Béarnais s'arrêta court et comprit l'avertissement ; il s'éloigna du pont avec le même empressement qu'on s'écarte d'une chatte défendant sa progéniture, et il traversa la rivière à gué sur un autre point.

Revenons à M. de Los, que Marguerite de Navarre aimait beaucoup et dont on trouve souvent le nom dans ses mémoires. Plus d'une fois elle parle de ce « bon homme qui avait connu feu le roi mon père et qui m'aimait comme sa fille. » Henri lui-même appréciait fort les services du vieux vicomte de Jullac, jadis son précepteur, bourru mais dévoué jusqu'à la mort.

Il lui écrivait le 3 mai 1572, au milieu des troubles de la guerre civile, la lettre suivante, où l'on peut voir quelle confiance et quelle sûreté d'affection le vicomte de Juliac lui avait inspirées :

« A M. de Los,

« Monsieur de Los j'ai reçu vos lettres du 3 du mois dernier
« passé ; je voudrais bien vous avoir près de moi, connaissant
« de longue main combien de bonne affection vous me portez
« et à tout ce qui concerne le bien de mon service. Je vous
« prierai donc de diligenter, de mettre ordre à vos affaires
« dans votre maison pour venir me trouver au plus tôt. Et si,
« davantage vous vous acheminiez par avant d'entendre notre
« délogement vers la Rochelle, donner ordre que les gentils-
« hommes mes vassaux que vous aurez trouvé de bonne volonté
« de m'accompagner dans ce voyage se tiennent toujours prêts
« pour se rendre la part que je leur ferai savoir. Aussi serez
« vous bien, Monsieur de Los, et d'aussi bon cœur que je prie
« Dieu de vous avoir en sa sainte garde.

« De Paris, ce 3 décembre 1572.

« Vostre bon maistre et amy,

« HENRY. »

Dans une autre circonstance, Henri confia au vicomte de Juliac une mission très délicate. On sait que Madame, sœur du roi, s'était éprise d'une romanesque passion pour le comte de Soissons. En 1592, pendant qu'Henri IV était occupé au siège de Rouen, le comte quitta précipitamment et secrètement l'armée et se rendit en poste à Pau, où Catherine de Navarre l'attendait prête à l'épouser. En apprenant ce départ, la colère du roi fut terrible ; ne sachant au fond à qui s'en prendre, il se rejeta sur le premier président du Parlement de Béarn, et écrivit à Pierre de Mesmes de Ravignan la lettre qui suit :

« Monsieur de Ravignan,

« J'ay receu du déplaisir de la façon que le voyage de mon
« cousin le comte de Soissons s'est entrepris. Je ne vous en
« diray autre chose sinon que s'il se passe rien où vous con-
« sentiez ou assistiez contre ma volonté, vostre teste m'en res-
« pondra.

« HENRY. »

En recevant une pareille dépêche, M. de Mesmes déploya aussitôt la plus grande activité. Le Parlement de Pau et le Conseil souverain du Béarn furent convoqués par ses soins. Des mesures énergiques furent prises. Le comte de Soissons dut repartir sur-le-champ, et la princesse, qui eut été capable de le suivre, fut soigneusement gardée à vue au château de Pau. En outre, d'après les instructions d'Henri IV, Jehan de Los, vicomte de Juliac, reçut la mission secrète d'accompagner le comte de Soissons d'étape en étape, et de ne pas le quitter de crainte qu'il ne fît un coup de tête et ne retournât en Béarn.

Ce zèle désarma le courroux d'Henri IV, et la lettre qui suit montre qu'il était revenu à des sentiments plus doux. Il écrit en effet à M. de Mesmes :

« Monsieur de Ravignan,

« J'advoue ce que vous avez fait à Pau comme un des plus
« signalés services que vous m'eussiez seu faire et vous prie
« de continuer vous asseurant que je serai toujours bon
« maistre et qu'il ne se présentera occasion que je ne vous
« face paraistre la volonté que j'ay de reconnaistre vos services.
« Sur ce, Monsieur de Ravignan, que Dieu vous ait en sa
« garde.

« HENRY. »

Ce fut là le dernier service rendu par Jehan de Los à Henri IV. Il revint finir ses jours à Béroy, entouré de ses neveux et nièces. Son filleul, Jehan de Los, était âgé de dix-neuf ans, et servait déjà sous les ordres du capitaine Malartic. Marie de Los n'était point encore mariée. Sa sœur, Claude, avait épousé en 1590 Marc-Antoine de Cours, seigneur d'Espalais (1).

Le vicomte de Juliac mourut en 1592, et quelques mois après le jeune Jehan de Los, son héritier, le suivait dans la

---

(1) Antoine de Cours acquit la terre du Vignau en 1652 par son mariage avec Isabeau de Sarraute. Les de Cours devinrent seigneurs de Gontaut par donation de François-César-Phœbus de Ferron d'Ambrutz. Ils achetèrent St-Martin de Noë en 1766 à Jacques de St-Julien de Maumuy.

tombe. La vicomté devenait l'apanage d'une orpheline, Marie de Los, placée sous la tutelle de son beau-frère, Marc-Antoine de Cours. Le premier soin de ce dernier fut de marier sa pupille. Les partis qui auraient pu prétendre à la riche héritière de Juliac étaient nombreux dans la contrée, mais bien peu avaient la noblesse suffisante pour songer à épouser Mademoiselle de Los. D'ailleurs M. de Cours avait des terres qui touchaient à celles d'une des plus grandes familles du Condomois : les Pujolé. Une alliance fut décidée ; le 6 septembre 1593, dans le château de Béroy, maître Jehan de Baldy, notaire royal, passa le contrat de mariage de Marie de Los, vicomtesse de Juliac, et de noble François de Pujolé, seigneur de Fieux en Albret, en présence d'un brillant entourage de gentilshommes d'Armagne. Les Pujolé devaient posséder la terre de Juliac pendant cent quatre-vingt-dix-huit ans et brillèrent au premier rang parmi la noblesse des Landes.

SOURCES HISTORIQUES :

1. — Cauna : Armorial des Landes.
2. — Marguerite de Valois : Mémoires.
3. — Collection des lettres d'Henri IV.
4. — Archives de Juliac.
5. — Archives des Landes.
6. — Archives de M. Craman.
7. — Olhagaray et les mémoires historiques du xvie siècle sur les guerres religieuses.

CHAPITRE VIe

La Vicomté de Juliac sous les Pujolé.

Les Pujolé, qui portaient de gueules au porc-épic d'or, étaient une très ancienne famille du pays d'Albret. Jehan de Pujolé y possédait déjà en 1416 la terre de Fieux ; il faisait sa résidence habituelle du magnifique château de La Salle, construit au XIIe siècle par ses ancêtres. De plus, il acheta la seigneurie de Vaupillon, située dans le Condomois.

Ses descendants s'allièrent aux Montesquiou, aux de Preissac, et enfin en 1556, Jehannot de Pujolé, qui fut tué au siège de Mont-de-Marsan, laissa de sa femme, Jeanne de Montamat de Roquelaure, cinq enfants, quatre filles et un fils, François de Pujolé, qui épousa Marie de Los, vicomtesse de Juliac.

Bien que les Pujolé fussent extrêmement riches, l'apport du futur époux était loin d'égaler la dot de sa fiancée. La terre de Fieux était en effet tout ce qu'il possédait, puisque Vaupillon appartenait à son oncle, Guiraud de Pujolé. Il avait ensuite doté une de ses sœurs cadettes, Bertrade, et lui avait donné 3,500 livres tournois lors de son mariage avec Arnaud de Lavardac, seigneur de Lagardère.

François de Pujolé ne jouit pas longtemps de sa haute

situation (1) ; il mourut trois ans après son mariage, au mois de mai 1596, laissant un fils, Jean-François, encore au berceau. Il fallait une main ferme pour administrer les vastes domaines de Juliac. On avait non-seulement à mener des vassaux indociles et pleins d'exigences, mais encore à surveiller les empiètements de voisins peu scrupuleux. La plupart d'entre eux avaient gagné leurs terres en faisant le métier de chef de partisans. Pour eux nul respect du bien d'autrui. Il n'était donc pas étonnant qu'ils eussent conservé l'habitude de s'emparer de ce qui leur convenait, terres, dîmes, impôts ou droits de toute nature.

Le tuteur du jeune Pujolé, Arnaud de Lavardac, qui était en même temps son oncle, eut à lutter contre toutes ces difficultés. Mais préférant sa tranquillité aux soucis d'une gestion aussi compliquée, il laissa aller à la dérive les affaires de son pupille et se confina dans son splendide château de Lagardère, près de Valence, dans le Gers. Il en résulta que Marie de Los, dame de Juliac, eut seule à faire face à tous les procès et toutes les discussions. Il fallut transiger avec les plus récalcitrants. Au milieu de ces embarras, se sentant frappée d'une grave maladie, elle songea à pourvoir à la sûreté de ses domaines. Le 3 novembre 1599, elle fit son testament et y déclara formellement qu'elle ne voulait plus que son fils eût pour tuteur M. de Lavardac, qui avait laissé dépérir et ruiner son patrimoine. Elle ne doutait pas que ce seigneur se démît volontiers d'une charge qu'il avait toujours regardée comme onéreuse, et qu'il n'avait pas voulu remplir. Elle désignait un ami de la famille, le capitaine Jehan Ducom, jadis vaillant homme de guerre dans les armées protestantes et qui vivait à cette époque dans sa maison de Ribère, près Labastide d'Armagnac. D'où venait la confiance de Madame de Juliac, et pourquoi choisir un vieux huguenot qui n'avait avec elle aucune parenté ? Il est probable que le capitaine Ducom et Jehan de Los, servant tous deux la

(1) En 1595, François de Pujolé figure au rôle des gentilshommes de la compagnie de M. de Fonteuilles.

cause de la réforme, s'étaient connus autrefois. Peut-être même des services rendus avaient-ils établi entre ces deux compagnons d'armes une amitié aussi forte que les liens du sang.

Quoi qu'il en soit, Marie de Los rendit le dernier soupir au château de Béroy, le 16 décembre 1599, et on l'inhuma dans l'église de Betbezer. Aussitôt Jehan Ducom, seigneur de Ribère, accepta les fonctions de tuteur qui lui furent bénévolement cédées par M. de Lavardac. La gestion de ce dernier avait été simplement négligente; celle de Ducom fut un gaspillage effréné.

De comptes à rendre il n'en fut pas question. Les revenus des terres affluaient dans la caisse de Ducom et étaient dépensés à mesure. Le capitaine, que ses anciennes habitudes de soldat pillard et prodigue rendaient incapable d'économie, s'enrichit au détriment du vicomte de Juliac. En 1609, il se trouvait assez en fonds pour acheter et payer comptant à messire Hector du Lau la terre et seigneurie de Tachouzin, avec haute, moyenne et basse justice, greffes, baylies, maisons, terres labourables, vignes, prés, bois, hautes futaies, moulin bâti sur l'étang, bief, censives directes, rentes de poules et de grains, lods et ventes, droits de prélation, herbages, droits de palommes et de ramiers, etc., etc.

Sur tous ces désordres il n'y avait aucun contrôle; le jeune Pujolé n'habitait point le château de Béroy; sa tante, Rose de Pujolé, mariée à Estienne d'Ollivier de Verquin, l'avait emmené dans son manoir de Verquin. Elle n'avait point eu d'enfants de son mariage; la gaieté et la gentillesse de Jean-François de Pujolé, alors âgé de six ans, recréaient les longues heures de solitude de la châtelaine. M. d'Ollivier était au service du roi, par conséquent toujours absent, et sa femme trouvait un plaisir et une distraction à s'occuper de l'éducation de son jeune neveu. Elle s'inquiétait donc peu de ce qui pouvait se passer pendant ce temps à Juliac, où le capitaine Ducom régnait en maître.

Bientôt arriva la mort de M. d'Ollivier, et sa veuve se

consola plus que jamais dans l'affection de l'enfant qu'elle avait recueilli. Elle voulut lui laisser toute sa fortune et le constitua son héritier universel. A son décès, le 24 janvier 1613, la lecture du testament excita la colère des héritiers frustrés. Les trois tantes du jeune Pujolé firent valoir leurs droits à la succession de leur sœur. L'une était Madame de Lavardac, l'autre la comtesse de Faudouas et la troisième Anne de Pujolé, qui n'était pas encore mariée.

Jean-François de Pujolé, âgé de dix-neuf ans, se trouvait capable de débattre lui-même ses intérêts. Il se rendit à Condom devant maître Bézian, notaire, et, pour ne pas avoir de démêlés avec ses parents, il transigea et leur abandonna le château de Verquin avec les biens-fonds, gardant seulement quelques créances et de l'argent comptant. Malgré la générosité de cet accommodement, il se trouva dès lors brouillé avec ses tantes, et l'une d'elles, Anne, le déshérita complètement quelques années après de la part qui lui revenait.

Jean-François de Pujolé vint alors s'installer chez lui à Béroy et put se rendre compte par ses propres yeux de la déplorable gestion de son tuteur. Après une scène violente d'explications, Jehan Ducom dut recourir aux tribunaux pour se justifier, et un procès fut entamé. Il dura environ une dizaine d'années, tant la procédure était embrouillée. Au bout de ce temps, les deux partis ne se trouvaient guère plus avancés ; Jehan Ducom était mort à la peine et son fils, Isaac, voyant ses affaires prendre très mauvaise tournure, proposa une transaction. Elle fut passée dans la paroisse d'Arouille, en la maison de Courallet, qui appartenait à un noble gentilhomme de Labastide, Annibal de Came de St-Aigne, ami intime de la famille Ducom (17 juin 1627).

Devant Arnaud Dupont, notaire royal, Isaac Ducom de Ribère se déclara prêt à verser entre les mains du vicomte de Juliac une somme de 12,000 livres tournois pour la liquidation complète et absolue de toutes les créances de son père. Mais cette somme énorme n'éteignait pas le quart de la dette de

Ducom; elle était, même à titre de compensation, tellement insuffisante, que Jean-François de Pujolé se fit livrer en outre la seigneurie de Tachouzin avec tous ses droits et dépendances, telle que le capitaine l'avait achetée en 1609 à Hector du Lau. Il était juste, en somme, qu'un bien acheté avec l'argent de Juliac revînt s'annexer gratuitement à la vicomté.

Afin d'acquitter le surplus de la dette, Isaac Ducom fut obligé encore de vendre le domaine de Ribère qui lui venait de ses ancêtres. Il songeait si peu, quelques années auparavant, à se défaire de son patrimoine, qu'il en avait promis la moitié à son fils Jean en 1608, lors de son mariage avec Judith Dufau. Mais à cette époque le capitaine Ducom vivait encore et, grâce à la tutelle de Juliac, il pouvait faire prospérer sa famille.

Ribère fut acheté par Jacques Duffort, ministre protestant de Labastide, qui en fit sa résidence. Ce Duffort, parent par alliance du poète Théophile de Viau (1), paraît avoir été un important personnage dans le pays. Il devait sa considération non pas seulement à son titre de propriétaire foncier, mais encore à son caractère de ministre de la religion réformée.

Vers cette époque (1615-1630), les huguenots, paisibles jusqu'alors, avaient peu à peu relevé la tête. Les vieux chefs calvinistes étaient morts ou végétaient dans l'oubli; mais toute une nouvelle génération se levait à leur place, prête à revendiquer ses droits et ses libertés. Seulement ce n'était plus la même ardeur, le même élan pour la lutte. Cela tenait à une double raison. En premier lieu, les Pujolé, établis depuis peu dans le pays, étaient catholiques et, sans observer une grande tolérance, cherchaient à propager leur religion. Ils avaient soigneusement exclu de leurs domaines tout ce qui de près ou de loin pouvait sentir l'hérésie.

En second lieu, ce qui acheva de paralyser les huguenots bien plus que l'influence des Pujolé, ce fut la vente des baronnies d'Bauzan: Le seigneur de Cazaubon et de Labastide

(1) Il avait épousé Suzanne de Viau, sœur du poète.

8

d'Armagnac, Georges d'Amboise, comte d'Aubijoux, était un des plus brillants gentilshommes de la cour de Louis XIII. Son mariage avec Louise de Luxembourg l'avait allié aux meilleures familles de l'entourage royal. Mais son goût insatiable de plaisirs, son luxe effréné, sa passion malheureuse pour le jeu, avaient épuisé ses coffres-forts. Aussi, pour subvenir à ses prodigalités, il vendit en 1614 les seigneuries de Cazaubon, Mauléon, Labastide d'Armagnac, Monclar et Marquestau à Jean de Maniban, président à mortier au Parlement de Toulouse, issu d'une ancienne et noble famille de robe.

C'était un grand changement, une véritable révolution religieuse et sociale qui s'opérait dans le pays d'Armagnac. Les d'Aubijoux et les Pardaillan n'avaient créé parmi leurs vassaux que des huguenots et des soldats; toutes les familles bourgeoises de Labastide eurent leur capitaine ou leur officier dans les troupes du roi de Navarre. Les Maniban et les Pujolé, au contraire, ne firent éclore que des catholiques, des procureurs, des juges et des prêtres. Après l'ère des guerriers et des combats, s'ouvre la période des magistrats et de la procédure.

La réaction fut d'abord assez violente; un prétexte futile lui donna naissance. On sait qu'aux Etats généraux de 1614 fut agitée la question des mariages espagnols. Louis XIII devait épouser l'infante Anne d'Autriche, et sa sœur Elisabeth le fils de Philippe III.

Quand cette décision fut connue, les provinces du Midi se soulevèrent, le prince de Condé lança un manifeste violent, accusant la reine de trahir la France, et appela autour de lui tous les protestants de la Gascogne. La cour, qui s'était transportée à Bordeaux, effrayée de ces troubles et de ce déploiement de forces, n'osait s'aventurer dans un pays infesté de huguenots (octobre 1615). Louis XIII écrivit alors à Jacques de Camon, baron de Laharie (1), et gouverneur de Tartas (21 octobre). Il le prévient qu'il fait partir sa sœur vers la frontière avec une

---

(1) Il était fils de Pierre de Camon-Talence et de Roquette de Marsan.

escorte suffisante. Néanmoins, il prie M. de Camon de s'employer à protéger la marche de cette princesse contre les rassemblements de factieux.

Jacques de Camon, vieux gentilhomme qui avait servi avec gloire six rois de France, depuis Henri II jusqu'à Louis XIII, déploya une activité juvénile. Il réunit de toutes parts des troupes sur tout le parcours. Condé ne fit cependant aucune tentative pour enlever Elisabeth de France, et M. de Camon en fut quitte pour un déploiement de forces parfaitement superflu.

Même au mois de mai 1616, Condé constatant que l'enthousiasme de ses partisans se refroidissait beaucoup, se rendit à Loudun, où il consentit à traiter avec la cour.

Les troubles de cette guerre avaient extrêmement agité l'Armagnac et jeté la désunion dans plus d'une famille. C'est ainsi que les Barbotan de Laballe et les Barbotan de Mormès étaient adversaires irréconciliables. Bertrand de Barbotan s'étant trouvé en face de son frère Nompar, seigneur de Laballe, se porta sur lui à des voies de fait avec une brutalité tellement révoltante, que messire Jean de Maniban, seigneur des baronies d'Eauzan, se prévalut de sa qualité de haut justicier pour intervenir dans la querelle. Il confisqua le domaine à son profit et ne le rétrocéda au comte de Barbotan que deux ans après, sur les prières instantes du duc de Guise.

Quelques années après ces événements, le roi et la reine-mère s'étant réconciliés, le 1er août 1620, au château de Brissac, une expédition en Béarn fut décidée. Sous prétexte de restituer au clergé catholique les biens qu'il avait perdu, on voulait imposer silence aux protestants du Midi.

Le maréchal Bassompierre fut chargé de préparer le passage au roi et de déblayer le pays d'Armagnac. Il passa la Garonne les 10 et 11 octobre et vint coucher le 14 à St-Justin. Il y reçut un courrier de Louis XIII très satisfait de sa diligence. M. du Maine avait dit qu'il fallait douze jours pour franchir la Garonne, et Bassompierre n'avait mis que vingt-quatre heures.

Le roi s'avançait à l'ouest avec quelques régiments qu'il voulait mettre en garnison dans le Béarn. Cette marche parallèle avait pour but de ne pas affamer à l'avance le pays que le roi traversait.

Bassompierre séjourna à St-Justin. Il allait visiter ses officiers logés aux environs, à Labastide, Cazaubon, Barbotan, et était ravi de voir qu'ils se tenaient tranquilles et paisibles à leur poste. Le 22 octobre, arriva le maréchal de Praslin avec ordre du roi d'envoyer les troupes dans leurs garnisons. Les affaires du Béarn étaient arrangées. Le 23, Praslin et Bassompierre quittèrent St-Justin pour aller rejoindre la cour à Bordeaux. Le pays restait stupéfait de cette promenade militaire. Les huguenots reprirent courage et se crurent tout permis; on verra avec quelle ardeur ils iront plus tard se ranger sous les drapeaux de Condé.

Louis XIII, très mécontent du succès de son expédition, s'en vengea en ordonnant le siège de Montauban. Le marquis de La Force, le prince de Rohan et Josué de Camon, qui fut plus tard un des meilleurs lieutenants de Condé, organisèrent la défense. Leur courage intrépide fit lever le siège de la place, et le roi accorda la paix aux protestants.

Jean-François de Pujolé demeura tout-à-fait étranger à cette guerre; il était resté dans sa vicomté de Juliac, maintenant ses vassaux dans le devoir et agrandissant ses domaines. Il avait été épouser le 8 juin 1626, à Bordeaux, la fille d'un conseiller au Parlement, Marie de Raguenau, veuve de messire Gabriel d'Arrérac, trésorier des finances en la généralité de Guyenne. Elle avait environ trente-cinq ans, et était par conséquent, beaucoup plus âgée que M. de Pujolé; mais comme elle apportait une dot de 34,000 livres tournois, une alliance aussi riche était de nature à lever toutes les hésitations.

Trois enfants naquirent de ce mariage: un fils, Jean-Olivier de Pujolé, et deux filles, Agnès et Françoise. Cette dernière se fit religieuse au couvent de Ste-Catherine de Sienne, à Bordeaux. Quant à la seconde, Agnès, elle ne voulut point se marier.

Marie de Raguenau mourut le 1ᵉʳ mars 1639, instituant son fils comme héritier universel et laissant 7,000 livres seulement à chacune de ses filles. Ce testament fut le point de départ de grandes divisions de famille, et Jean-François de Pujolé étant mort quelques années après son épouse, son fils, seul maître d'une immense fortune, commença une série de procès avec ses sœurs. L'aînée était en religion et fit peu valoir ses droits, mais la seconde, Agnès, le démon de la famille, quitta la maison paternelle et se réfugia chez sa grand'mère, Madame de Seurin. Malheureusement les ressources de l'aïeule étaient fort modestes et la jeune fille dut entrer en accommodement avec Olivier de Pujolé. Il est probable que la détresse de sa sœur le toucha, car il lui fit jusqu'en 1657 une pension de 4,000 livres qui représentait dix fois le capital auquel elle avait droit.

Olivier de Pujolé pouvait facilement être généreux ; il avait fait comme son père un mariage d'argent, en épousant le 22 juin 1642 Quitterie-Paule de Bezolles, fille de Jean, comte de Bezolles, baron de Beaumont, Lagraulas, Ayguetinte et autres lieux. Cette union fut bénie dans la chapelle du château de Mouchan en Armagnac, en présence de toute la noblesse du pays : les de Montlezun, de Brossier, les de Batz, les de Mesmes de Ravignan, tous parents ou amis des nouveaux époux.

Olivier de Pujolé fut le type du gentilhomme altier et dédaigneux. Susceptible à l'excès dans le maintien de ses privilèges, orgueilleux et fier de sa noblesse, dur et cruel pour ses grands vassaux, autant qu'il était humain et charitable pour les petits et les faibles, il se plaisait à humilier les uns et à exalter les autres. Le cours de ce récit fera ressortir le grand fond de justice de M. de Pujolé, chose rare à cette époque. Qu'y avait-il sous cette écorce si rude aux grands ? Sans doute un esprit droit et une âme ouverte aux plus nobles sentiments.

Une aventure de chasse, dans laquelle Pujolé tua un chien appartenant à M. de Barbotan, faillit amener une lutte sanglante (1649). Mais les deux rivaux, calmés par des amis communs, ajournèrent leur querelle. Toutefois, ils continuaient à chasser sur les limites de leurs terres respectives, chacun d'eux cherchant à prendre son adversaire en délit de braconnage. Dans ses parties de plaisir, Pujolé invitait ses amis à venir narguer les gardes de M. de Barbotan, et tuer à l'occasion quelques pièces de gibier au-delà des frontières de Juliac.

Un jour, un jeune gentilhomme, Julien de Lorgeril, escolier, s'étant égaré en dehors du terrain de chasse de M. de Pujolé, fut rencontré par Hector de Barbotan et un de ses gardes. Que se passa-t-il ? Y eut-il provocation, accident ou simple assassinat ? Un coup de fusil, tiré par Barbotan, tua sur place le malheureux escolier.

L'affaire fit grand bruit et scandale dans la contrée. Le père de la victime, Jacques de Lorgeril, procureur au Parlement de Rennes, porta sa plainte au Parlement de Toulouse. L'arrêt prononcé le 22 mai 1649 fut impitoyable. On s'étonnera en le lisant de la rigueur avec laquelle on frappait en plein siècle de Louis XIV un des plus hauts et puissants barons de l'Armagnac. Le Parlement déclarait Hector de Barbotan atteint et convaincu de meurtres, sacrilèges, violements, impiétés, assassinats, voleries en plein chemin, larcins et extorsions. La liste des méfaits du brigand gentilhomme est longue comme on voit, et l'assassinat de Julien de Lorgeril n'était que l'anneau d'une interminable chaîne de crimes. En conséquence, Hector de Barbotan, comte de Barbotan, seigneur de Laballe, Mormès, Maupas et autres lieux, devait être livré à l'exécuteur de la haute justice, placé dans un tombereau, en chemise et la hart au cou, et promené en cet appareil par toutes les rues et carrefours de Cazaubon. Enfin, on devait le conduire sur un échafaud dressé au milieu de la place publique, lui rompre les reins et les jambes et l'exposer attaché sur une roue « la face tournée vers le ciel
« pour y vivre tant qu'il plaira à Dieu, en deuil et repentance
« de ses méfaits. »

La cour de Toulouse confisquait tous les biens de Barbotan, moins un tiers qui restait à sa veuve et à ses enfants, et allouait

16,000 livres d'indemnité à M. de Lorgeril. Elle ordonnait en outre de raser le château de Laballe, en marque perpétuelle d'infamie, et de couper au ras de terre tous les bois de hautes futaies. Elle faisait « défense à toute personne de rebâtir la dite « maison à peine de punition corporelle, afin que la force en « demeure au roi et à la justice. »

Hector de Barbotan n'eut garde de se soumettre à ce terrible arrêt. Enfermé dans son château de Laballe, il y soutint un véritable siège contre les gens de justice. Quand la résistance fut devenue impossible, il ordonna d'entasser dans son avenue de la paille et des branchages; il y fit mettre le feu et, s'élançant sur son meilleur cheval, il s'enfuit au galop se dérobant par ce rideau de flammes à la poursuite de ses ennemis.

L'histoire ne dit pas dans quel pays il se réfugia. Nous avons seulement voulu rapporter dans tous ses détails ce drame de la lutte d'un grand seigneur contre la justice. De tels exemples sont certainement rares, même à cette époque, mais ils donnent une idée de l'action indépendante et libre des Parlements. Il y avait aussi dans cette affaire l'éternelle question religieuse, et c'est peut-être pour cela qu'on y mit tant de passion. C'est parce que Hector de Barbotan était huguenot, qu'Olivier de Pujolé le poursuivit avec tant de haine et que le Parlement le condamna avec tant de sévérité. Cet événement eut un grand retentissement; les protestants y virent une sorte d'injure personnelle, et le vicomte de Juliac fut particulièrement désigné à leur vengeance.

La Fronde venait d'avoir son contre-coup en Armagnac. Condé retiré en Guyenne, appelait à lui tous les amis des princes contre le Mazarin. Les huguenots voyant dans le vainqueur de Rocroy l'ennemi du gouvernement, c'est-à-dire le protecteur de la religion réformée, s'enrôlèrent en foule sous ses drapeaux. La lutte fut presque circonscrite dans l'Agenais. Néanmoins les lieutenants de Condé firent irruption dans l'Armagnac, pillant et saccageant au hasard.

Le plus terrible de ses officiers fut Balthazar. Voici le portrait qu'en trace un historien du temps : « Balthazar est si
« puissant et si cruel que tout le monde le craint ; il est
« allemand et point noble, sinon pour les armes ; il n'a
« aucune religion ; on le dit magicien ; il ne parle familière-
« ment à personne, mais parle toujours de tuer ou de prendre ;
« tout le monde le craint et ceux qui sont sortis de ses prisons
« disent qu'ils ont été au purgatoire. »

Un tel personnage, semant partout l'effroi, était digne de renouveler les exploits de Montluc et de Montgommery. Il ne s'en fit point faute.

Le 21 septembre 1652, il quitta Roquefort et se jeta en plein Armagnac. Son premier soin fut de venger la cause du protestantisme en ravageant les terres d'Olivier de Pujolé. Arrivé au château de Béroy, il le prit d'assaut après une courte résistance et y installa comme garnison son lieutenant, M. de Lasserre, avec soixante hommes de pied. Quant à lui il partit le jour même avec ses cavaliers pour aller coucher à St-Maurice.

Lasserre resté seul au milieu d'une contrée sourdement agitée par les rebelles, se trouvait dans l'impossibilité de s'y maintenir. Au bout de quelques jours, la situation fut intolérable ; des bandes de partisans se réunissaient sur tous les points de la contrée pour aller délivrer Juliac de sa garnison.

Lasserre évacua donc le château de Béroy et, pour ne pas laisser ce point d'appui à l'ennemi, il le livra aux flammes après avoir détruit tout ce qui y était renfermé de précieux.

Cet exploit accompli, Lasserre fit également incendier Fondat. Son propriétaire, Jean II de Malartic, qui habitait Laroqué, ne fut pas inquiété dans sa demeure ; Lasserre, satisfait de lui avoir brûlé sa maison sous ses yeux, marcha sur Villeneuve et fit subir le même sort au château de Ravignan ; le seigneur du lieu, Alcibiade de Mesmes, attirait les représailles par sa haute situation de sénéchal des Landes.

Les armées royales se mirent enfin en mouvement pour

protéger l'Armagnac. Le chevalier d'Aubeterre à la tête de cinq cents chevaux, se dirigea de Mont-de-Marsan vers Roquefort. Il n'y avait pour défendre cette place qu'un lieutenant de Balthazar, M. de St-Micaud, qui se barricada dans les faubourgs de la ville pour empêcher le gouverneur de se rendre. D'Aubeterre ne voulant pas entreprendre un siège en règle, se repliait sur St-Justin, lorsque Balthazar fut averti par ses coureurs. Il était aux portes de Tartas ; sur-le-champ il part avec M. de Prugue et, après une marche de nuit d'une rapidité foudroyante, il arrive à neuf heures du matin à Roquefort, installe St-Micaud dans l'église et dans le château avec ordre de se défendre à outrance ; puis il se jette à la poursuite du chevalier d'Aubeterre suivi de 2,000 fantassins et de 20 cavaliers, l'attaque et le poursuit en déroute sur Villeneuve. La lutte se concentra avec des retours offensifs entre Labastide d'Armagnac et St-Justin. Ces deux petites villes furent alternativement prises et reprises, saccagées et brûlées comme au temps des guerres de la ligue. Finalement (11 janvier 1653), Balthazar était maître de St-Justin. De son côté, d'Aubeterre cerna avec toutes ses troupes la ville de Labastide et l'emporta d'assaut. Quelques faits d'armes héroïques signalèrent ce succès. Jean de Batz, seigneur de Gontaut, et son frère, Charles de Batz, seigneur de Laubidat, montèrent les premiers aux retranchements de Labastide d'Armagnac à côté de M. d'Aubeterre. Charles de Batz conduisait l'épée à la main, sa compagnie qui faisait partie du régiment de Jonzac ; il fut grièvement blessé au bras et à la jambe. Jean de Batz se comporta aussi si héroïquement, que le 12 janvier 1666, M. d'Aubeterre leur donnait à tous deux un certificat constatant qu'ils s'étaient battus comme gens de cœur dans toute cette affaire (février 1653).

D'Aubeterre se dirige alors de Labastide sur Villeneuve, et en passant il ordonna aux gens du Frêche de fournir des soldats à Gabriel de Brocas, seigneur de Tempony « pour fortifier sa maison et l'advertir. » Les habitants effrayés, avaient amenés tous leurs bestiaux dans les fossés du château, le vieux manoir avait été barricadé et quelques intrépides s'étaient chargés de la défense. Charles de Batz de Laubidat, qui avait vu récemment sa maison de St-Justin incendiée par Balthazar, Jehan de Léglize, notaire royal au Frèche, Jean Rémazeilles, premier jurat, se trouvaient là pleins d'une ardeur belliqueuse. Les frondeurs avaient pris une grande quantité de bétail et lui faisaient passer la rivière pour le conduire à Roquefort, qui était leur quartier général. Gabriel de Brocas fit une sortie, dispersa l'escorte et ramena les troupeaux. Les frondeurs surpris se rallièrent et vinrent l'assiéger en force. Mais le vieux manoir de Tempony tint bon et triompha de toutes leurs attaques (27 février 1653).

Pendant ce temps, d'Aubeterre battait la campagne aux environs de Villeneuve, ayant avec lui quelques compagnies, dont une commandée par Eraste de Camon, baron de Talence. Il envoya ce capitaine assiéger le château de Cauna, mais on n'en trouva que les quatre murs, les habitants s'étant enfuis avec meubles, armes et bagages à Tartas.

M. de Camon rejoignit donc en hâte d'Aubeterre et l'atteignit entre St-Justin et Villeneuve. Comme il arrivait, une députation de notables de St-Justin apportait les clefs de cette ville au lieutenant du roi. Cette soumission coûta cher aux habitants de St-Justin ; quelques jours plus tard, prise d'assaut par Balthazar après une résistance héroïque, elle fut détruite de fond en comble. Gédéon de Camon, fils de celui que nous avons vu tout-à-l'heure sous les ordres d'Aubeterre, et qui servait sous Balthazar en sa qualité de protestant, se distingua par sa valeur. Charles de Batz de Laubidat, capitaine au régiment de Poyanne, déjà blessé au siège de Labastide, acheva dans cette circonstance de se faire estropier au service du roi, et fut plus tard pensionné pour ses hauts faits d'armes.

Ces ravages marquèrent la fin de la lutte. Balthazar, chassé de Tartas, se soumit après la paix des Princes (1659), et devint un des meilleurs lieutenants généraux de Louis XIV.

Tous ces troubles apaisés, Olivier de Pujolé s'occupa de

faire reconstruire le château de Béroy. Il respecta à peu près l'ancien plan et, sauf quelques arrangements, le vieux manoir se releva de ses ruines vers 1662, date qu'on peut lire encore sur le fronton de la porte d'entrée principale.

Les guerres avaient épuisé le pays, et depuis vingt ans les villes de l'Armagnac étaient à bout de ressources ; dans cette extrémité, les communautés ruinées et en déficit avaient emprunté de l'argent aux seigneurs. C'est ainsi qu'Henri de Nouaillan avait prêté 200 livres à Gabarret ; Olivier de Pujolé fournit 1,090 livres à Cazaubon en 1650. Il n'était pas encore payé en 1664, et les membres du corps de jurade réunis en assemblée, ne pouvaient que constater le délabrement de leurs finances dû au perpétuel logement des gens de guerre (1).

Les passages de troupes étaient de véritables fléaux pour les localités traversées. Il y a cependant à noter comme point remarquable que plusieurs communautés parvinrent au moyen de sacrifices considérables à s'exempter de cette onéreuse obligation. C'est ainsi qu'en décembre 1692, les jurats rassemblés à Mauvezin devant le porche de l'église paroissiale, déclarent qu'au moyen d'une somme de 42 livres, payée à l'avance à l'intendant de la province, Mauvezin et La Grange seront dispensés de recevoir des soldats. Les consuls sont autorisés en cette conjoncture à vendre des vacants pour se procurer la somme nécessaire.

Les désordres de la Fronde, les usurpations de toute nature qui se produisirent dans ces temps troublés, donnèrent lieu à la révision des titres de noblesse de diverses seigneuries (1665). M. de Rimez, intendant de la province, était chargé de ce travail. Pujolé n'ayant pu trouver ceux de Tachouzin, les réclama aux Ducom, descendants d'Issac Ducom, qui avaient vendu ce domaine à Jean-François de Pujolé. Les Ducom

(1) Les communautés devaient en effet, chaque année, pourvoir au logement d'un certain nombre de soldats et les fournir d'ustensiles. On dressait des listes où l'on menaçait les retardataires après un délai de vingt-quatre heures de leur imposer deux fusiliers pendant cinq jours.

étaient alors représentés par deux filles, placées sous la tutelle de Jehan de Laffargue, seigneur de l'Hostallet. Après des recherches minutieuses, Laffargue se convainquit qu'en 1609 Hector du Lau, vendeur de Tachouzin, n'avait remis aux Ducom aucune des pièces relatives à cette seigneurie. En conséquence, il assigna à Labastide devant Guillauma, notaire royal, messire François-Bernard du Lau, qui lui donna les titres de noblité en question. Ils furent ensuite remis à M. de Pujolé.

Bien que la Fronde fût terminée, une lutte sourde se continuait entre huguenots et catholiques. Le foyer du protestantisme était Labastide d'Armagnac. Toutes les familles nobles et bourgeoises de cette petite cité pratiquaient la religion réformée, et leurs membres possédaient un grand nombre de terres et de fiefs dans la vicomté de Juliac. Les Marquet avaient Bourgade et Bouillon; les Laffargue habitaient l'Hostallet et détenaient le Sensin, la Teulère; les Dufau occupaient Paguy et ses alentours; les Ducom, Menauton; les Came de St-Aigne, Courallet et Ribéron; les Tortoré, le Hillot; les Lacroix, la Poutchette et Pédeluc, etc.

Plusieurs nobles familles s'étaient également fixées vers cette époque dans cette contrée, et y apportaient l'influence d'un grand nom ou d'une belle fortune. C'est ainsi que Jean de Camon, baron de Talence, était venu habiter Labastide, où il avait épousé Léa Duvignal, fille de maître Jean Duvignal, notaire royal, propriétaire de grandes terres en St-Julien. Jean de Camon ne donnait à sa fiancée qu'un nom célèbre dans les annales militaires et un blason illustre. Quant à Léa Duvignal, elle recevait en dot huit métairies situées en Arouille, Vielle, Soubiran, St-Julien et Labastide, métairies qu'elle avait affermées à Tobie Malartic.

Joseph de Mesmes, propriétaire de Pavichat, avait également une maison à Labastide; les de Compaigne, originaires de Roquefort, les de Guichené, venus de Geaune, y résidaient aussi à la suite d'alliances avec les Malartic et les Laffargue de l'Hostallet.

Tous ces nouveaux arrivants, qui eurent bientôt un pied dans la vicomté de Juliac, causèrent mille ennuis à Olivier de Pujolé. Ils soutenaient les vassaux protestants du vicomte de Juliac, et ce dernier avait à subir des luttes sans trêves. S'agissait-il d'une saisie, d'une créance, d'une réclamation quelconque, le vassal protestant criait à tue-tête qu'il était persécuté par son suzerain à cause de ses croyances, et tous les huguenots de la contrée prenaient fait et cause pour lui (1660-1670).

Pujolé laissait faire presque toujours et réprimait rarement, surtout quand il s'agissait de gens de peu d'importance et de mince condition. Un jour, il fallut procéder à une saisie générale des fruits des biens de Georges Rémazeilles, seigneur d'Augeron (1). Un grand nombre d'habitants de Mauvezin et La Grange avaient été établis séquestres pour sauvegarder les intérêts du seigneur. Ils se présentèrent pour recueillir les premiers fruits, mais en furent empêchés par les consuls de Mauvezin, qui se trouvaient là accompagnés de soldats, par ordre de l'intendant de la province. Les impôts étant arriérés, il était naturel que cette créance eut d'abord satisfaction. Le 12 octobre, aux vendanges, les séquestres arrivèrent de nouveau pour prendre le vin et le millet. Ils avaient déjà chargé une barrique, quand la dame Rémazeilles accourut armée d'un énorme bâton. Elle se jeta au milieu d'eux, distribuant à droite et à gauche coups de poings, coups de pieds et coups de bâton, criant qu'on la persécutait parce qu'elle était protestante, mais qu'elle préférait mourir plutôt que de se voir enlever sa récolte. Les séquestres, n'osant frapper une femme, se retirèrent tout meurtris. Huit jours après ils revinrent. Cette fois, la dame Rémazeilles apparut avec un long couteau de cuisine escortée de trois servantes armées de fléaux. Elles administrèrent une formidable raclée aux arrivants et éventrèrent tous les sacs de grains, pour empêcher qu'on ne les emportât. Cette

(1) Métairie de la paroisse du Frêche.

fois, les séquestres craignirent d'exciter la colère des protestants du pays; d'ailleurs bon nombre d'entre eux, partisans de la réforme, sympathisaient avec leur victime. Ils se rendirent donc au château de Béroy, exposèrent à M. de Pujolé les circonstances où ils se trouvaient et déclarèrent renoncer à leur mission. Le vicomte de Juliac n'insista pas, et l'affaire n'eut pas d'autres suites (1667).

Cette aventure détruit un peu les idées trop souvent adoptées aujourd'hui sur l'omnipotence et la tyrannie des anciens seigneurs. On voit que dans les saisies, le fisc représenté par l'intendant primait tous les autres droits, et les consuls procédant contre le débiteur se faisaient payer en première ligne. Cette indépendance des magistrats de communauté mérite d'être signalée à l'occasion.

La longanimité d'Olivier de Pujolé enhardit ses vassaux. Ils se plaignirent des vexations du seigneur et des tailles qu'il exigeait sur les biens roturiers. Les habitants de Mauvezin et de La Grange furent les plus ardents à protester. Quelques riches et turbulentes familles bourgeoises, les Duvignal, les Darrozin, les Jaurey, refusèrent de payer désormais si on ne leur faisait une réduction. Philibert de Coby de Labère, procureur juridictionnel de la vicomté de Juliac, se fit l'écho de leurs réclamations. Philibert de Coby, seigneur du château de Briat, était un haut personnage dans le pays; sa famille était originaire de Parme, en Italie, et son père, Jean de Coby, venu dans le midi de la France avec les Médicis, avait acheté une maison à Mauvezin. Or, nous avons vu qu'Olivier de Pujolé était d'autant plus sévère avec ses vassaux qu'ils occupaient un rang plus élevé. Il manda au château de Béroy, le sire de Briat et lui fit subir un long interrogatoire, dont il ne se tira qu'à grande peine; il partit même sous la menace d'être déchiré par les dogues du seigneur. Le malheureux, en butte à une infinité de vexations et de tracasseries, dut se démettre de ses fonctions de juge et se faire oublier en vivant à l'écart dans son château de Briat.

Ennuyé de ces difficultés, qui tenaient au fond à la question religieuse, M. de Pujolé fit part à son voisin, le marquis de Maniban, de l'état où se trouvaient les choses, et le pressa de venir en Armagnac en imposer par sa présence à tous ces bourgeois indociles.

En juin 1668, Jean-Guy de Maniban, président au Parlement de Toulouse, annonça qu'il allait faire un voyage dans ses baronnies de l'Eauzan pour connaître la situation d'esprit de ses vassaux. Il débuta par Cazaubon, où il arriva avec sa femme, Marie-Marguerite de Fieubet, et une nombreuse suite. Les jurats de la ville s'étant réunis, décidèrent qu'un cadeau de cent louis d'or serait offert à M. de Maniban, à titre de bienvenue. Ce fut Estienne Vacquier-Labarthe qui remit ce présent à la marquise de Maniban en sa qualité de premier jurat, et fit la harangue de circonstance. Les consuls avaient donné trois cents livres pour les frais de la couchée pendant deux jours ; afin de suffire à ces dépenses, il fallut des taxes extraordinaires, et la ville ajourna la construction d'un pont qui avait paru jusqu'alors indispensable.

Jean-Guy de Maniban ne se laissa pas prendre à ces démonstrations. Suffisamment édifié, il ne poussa pas son excursion jusqu'à Labastide d'Armagnac, au grand regret de M. de Pujolé, qui aurait bien voulu l'y voir morigéner les protestants. M. de Maniban remporta seulement la conviction qu'il fallait travailler avec ardeur à extirper la religion réformée. Dans ce but, il fit prêcher des missions ; ceux de ses agents qui étaient soupçonnés d'hérésie, furent immédiatement remplacés par de fervents catholiques. Quelques années plus tard, le marquis de Maniban fit mieux encore : il envoya à Labastide d'Armagnac le père Augustin de Narbonne et, quittant ses occupations si importantes de président au Parlement, il vint lui-même suivre les prédications à Labastide. Il donnait l'exemple de l'assiduité aux offices, poussant avec zèle à la conversion de ses vassaux. Au sortir de la messe, tout le monde pouvait voir le marquis Jean-Guy de Maniban se promener sur la place publique avec un paquet de chapelets et de catéchismes qu'il distribuait en disant à haute voix : « Mes amis, si vous « voulez être heureux, craignez Dieu, adorez et aimez Jésus-« Christ dans le saint sacrifice de la messe, et honorez le roi, « votre maître et le mien. »

Une importante affaire, qui eut pour héros un simple notaire et sergent royal de la vicomté de Juliac, montrera à quel point les passions religieuses envenimaient le plus léger incident.

Jehan de Léglize était notaire royal au Frêche depuis 1642, époque à laquelle il avait succédé à son père, Bertrand de Léglize. C'était un homme rusé et cauteleux ; querelleur et hargneux avec ses voisins, il parvint en quelques années à s'entourer d'un cercle de haines formidables qui faillirent lui coûter la vie. En 1655, il fut appelé à exercer son office de sergent royal par Alcibiade de Mesmes, seigneur de Ravignan. Il s'agissait d'une créance de 15,000 livres, créance fort aventurée, et la débitrice, Jeanne de Tallières, marquise de Castelnau, refusait absolument de payer. M. de Ravignan, plein de galanterie, n'avait point voulu encore de poursuites judiciaires, et le 21 février 1655 il avait chargé Léglize de faire le recouvrement des deniers à l'amiable. Mais Léglize, désireux sans doute d'humilier une puissante dame, fit saisir six mois après les biens de Montagne et de Bourdalat, appartenant à la marquise de Castelnau. D'où une brouille entre les Castelnau et les Ravignan, un échange d'explications aigres-douces et enfin une double haine contre l'imprudent Léglize, qui ne voyait pas l'orage s'amasser sur sa tête.

Une autre fois, il s'avisa d'aller réclamer de l'argent à des métayers et vignerons du Frêche, dépendant de la communauté des Clarisses de Mont-de-Marsan. L'abbesse était alors (1649) Marie Leblanc de Labatut, fille du vicomte d'Argelouse. Informée des agissements du sergent royal, elle lui écrivit une courte lettre où l'on sent percer l'orgueil dédaigneux d'une noble et antique race en même temps que la confiance altière qu'elle avait dans sa situation. Assise sur le fauteuil célèbre où avait siégé cent ans avant Marie d'Albret, sœur du roi François Ier, l'abbesse de Ste-Claire de Mont-de-Marsan écrivit ces lignes :

« Sieur Léglize, je suis bien aise davoir aprins que vous
« vous êtes autorisé de faire païé cotise à nos métayers et
« vignerons et le reste du bien qu'ils travaillent et tiennent de
« nous est noble ; il vous est bien défandu d'y toucher, car
« nous en avons de très valables excautions, je les ay défandu
« d'en payer rien et si vous fêtes rien à leurs préiudices, vous
« devés crère que nous somes aces puisantes pour les défandre ;
« ainsy les menaces ne nous agrent pas et vous agirés comme
« vous savés que vostre devoir vous y oblige, et je seré, sieur
« Léglize,
                « Vostre très humble servante en Dieu,
            « De Labattut, abbesse. »
« Ce 12 février 1649. »

On comprend qu'après une pareille lettre, Jehan de Léglize n'avait qu'à s'incliner sans murmures. D'ailleurs dès l'année 1646, il avait eu des démêlés sérieux avec l'autorité ecclésiastique. Grâce à ses fonctions administratives, il s'était acharné principalement contre Guillaume Garos, vicaire de la paroisse du Frêche, et lui avait causé tous les ennuis possibles. Un soir, 6 mars 1646, Léglize se trouvant devant sa porte, en conversation avec des voisins, un inconnu de mauvaise mine, sortant de la maison du vicaire se présenta, déclarant qu'il était parent de l'abbé Garos et somma Léglize de se mesurer en duel contre lui. Léglize refusa, appelant à témoin ceux qui l'entouraient en raison des ordonnances royales. L'homme se mit à jurer et blasphémer, et se retira montrant le poing à son adversaire et disant qu'il aurait sa vie.

La nuit venue, le même personnage revint heurter à la porte de Léglize, frappant à grands coups de pied et criant des menaces de mort. Au bruit, quelques habitants accoururent et l'agresseur s'enfuit pendant que Léglize faisait demander aux jurats du Frêche aide et protection contre ce furieux.

On ouvrit une enquête : le vicaire Garos incriminé, se plaignit à son évêque ; l'official d'Aire fut saisi de l'affaire et Léglize, menacé des foudres de l'excommunication, dut faire amende honorable publiquement dans l'église du Frêche. Le scandale fut assoupi et les querelles semblèrent un instant terminées.

Cependant, d'après un arrêt formel, il était interdit d'exercer à la fois les fonctions de notaire et de sergent royal. Aussi Jehan de Léglize dut opter entre ces deux offices. Il opta pour celui de notaire qui est, dit-il, le plus noble. Le 13 août 1667, en présence de l'avocat du roi à Mont-de-Marsan, il se démet de la charge de sergent et la transmet, sous le bon plaisir du roi, à son neveu Jacques Dartigues, praticien, qui est de bonnes vie et mœurs, capacité suffisante et de religion catholique, apostolique et romaine. On sait que ce dernier point était capital sous Louis XIV.

D'ailleurs Léglize produisit un certificat des notables du Frêche, constatant « qu'il a exercé sans aucun reproche ni autrement qu'il ait fait aucune action violente. » Ont signé : Jean Rémazeilles, premier jurat du Frêche ; Jean Soubiran, jurat ; Jean Cassaigne, procureur du roi ; Dominique Buron, curé du Frêche.

Depuis quelques années déjà, le vicomte de Juliac appréciant l'intelligence et l'activité de Jean de Léglize, l'avait chargé de ses affaires dans plusieurs petites paroisses des environs du Frêche. Assuré d'une aussi puissante protection, le notaire royal ne se gênait plus avec personne et il commençait à terroriser le pays, quand la comtesse du Lau résolut de donner un terme à ses exploits. Elle mit en avant deux individus de sac et de corde, nommés Lagarenne et Laforest ; nous n'avons pu savoir de quelle scélératesse ils chargèrent le malheureux Léglize, mais ce devait être assez grave, puisque l'accusation portée contre lui entraînait condamnation à mort (juin 1669).

Lagarenne et Laforest se rendirent chez M. de Broqua, exempt de la maréchaussée, pour obtenir l'arrestation de Léglize et établir les charges qui pesaient sur lui. Broqua, qui tenait les deux dénonciateurs en très mince considération, s'empressa de faire prévenir le notaire du Frêche, et celui-ci un peu alarmé écrivit à Olivier de Pujolé la lettre qui suit :

« A Monsieur le viscomte de Julliac, à Béroy.

« De Tampoy, ce 28 de juin 1669.

« Monsieur, je viens d'estre adverty par ung de mes amis
« d'Esteng, que le sieur de Lagarenne a esté chés le sieur de
« Broqua, exempt, pour luy demander une comission aux
« finx de me capturer prisonier pour l'affaire que vous sçavés,
« et à la sollicitation de Laforest et comme Monsieur je pris
« la liberthé de me promener et faire la fonction de mon
« office sur l'honneur que vous m'avés faite de me donner
« vostre protexsion je vous en demande la continuation et
« vous suplie très humblement d'en escripre au dit sieur
« Broqua et Laforest pour leur faire coignoistre la considéra-
« tion que vous avés pour moy et si vous me faites ceste
« grâce je reprendrés la liberthé que vous m'avez promise pour
« faire la fonction de mon office, et c'est de vous, Monsieur,
« que j'attends ceste protexsion puisque je suis avec tout de
« respect et soubzmission en quallité de, Monsieur,

« Vostre très humble et très obéissant serviteur,

« Léglize. »

« Je vous suplye aussy Monsieur, d'en escripre à Madame du
« Lau pour en parler audit sieur Broqua et de bailher les letres
« au donneur de la présence que je fairay rendre et vous en
« fairez raporter les responses. »

Monsieur de Pujolé était, comme tous les gentilshommes, très chatouilleux de ses droits, et il estimait que toucher du bout du doigt à un seul de ses vassaux, officiers ou tenanciers, était un outrage absolument personnel. Aussi répondit-il en ces termes :

« A Monsieur Léglize, au Frêche.

« Monsieur je n'escris pas à Laforest parce que c'est un
« coquin que je n'eime pas, mais je de quoy en mein le metre
« à la reson toutes les fois qu'il vous plairra ; je le fairé
« capturer pour avoir bateu ung consul de Teixosin lui deman-
« dant les deniers royaux ; vous n'avez qu'à me le fere scavoir.
« J'escris à Broqua, Lagarenne et Madame de Lau selon que
« vous le désirez, je vous servirré en toutes occasions et si on
« attente contre votre personne ce sera mon affaire autant que
« la vostre. Je suis, Monsieur, vostre très humble et très
« obéissant serviteur,
« JULIAC. »

Puis fidèle à sa promesse, Olivier de Pujolé écrivit les trois lettres suivantes :

« A Madame la comtesse de Lau, à Esteng.

« Madame, je prie estant chés vous le sieur de Broqua pour
« la liberthé d'un de mes officiers de Tascosin nommé Léglize,
« il heust la bonté de m'acorder de n'entreprendre pas contre
« sa personne ; comme Madame il est condemné à vostre
« requeste et à celle du sieur Vavriac, j'espère cette grâce de
« vous, Madame, qu'il aura liberthé pour sa personne et que
« les bons sentiments que vous fittes la grâce de me marquer
« en alors ne seront pas perdus. J'auray plaisir de vous marquer
« ma recoignoissance par tout ce quy pourra vous persuader
« que je suis avec plus de passion et de respect que personne
« au monde, Madame, vostre très humble et très obéissant
« serviteur.
« JULIAC. »
« Ce 28 de juin 1669. »

« A Monsieur de Broqua, exempt de la maréchaussée.

« Monsieur vous scavez que vous avés heu la bonté de me

« promettre de neu prendre pas sur la liberté du sieur Léglize.
« Je croys que vous ne voudrés pas détracter l'obligation que
« vous m'avez donnée ; c'est mon officier syndic, je vous
« suplie qu'il soit en liberté et en seuretté pour sa personne,
« tout comme vous ayés heu la bonté de me le prometre et je
« vous en marqueray ma recoignoissance comme estant parfai-
« tement, Monsieur, vostre très humble et très obéissant
« serviteur. « Juliac. »

« A Monsieur de Lagarenne,

« Monsieur, l'on m'a dit que vous avés esté à la prière de
« Laforest mandier de M. de Broqua des pièces contre Léglize.
« C'est ung home qui a esté mon officier et que je considère
« vous ne pouviés luy faire de déplésir sans m'en rendre, ainsy
« je vous prie de ne rien faire à son préjudice vous m'obligerés
« parfaitement et de me crère, Monsieur, vostre très humble
« très obéissant serviteur. « Juliac. »

Le ton de ces trois lettres est merveilleusement gradué selon les destinataires. Le billet adressé à Madame du Lau est respectueux, ferme, et se termine par une pointe de galanterie digne d'un courtisan du grand siècle. La missive envoyée à Broqua est digne mais pleine de condescendance et d'égards pour un officier au service du roi. Quant à celle de Lagarenne, c'est l'ordre impérieux d'un maître à son valet et elle respire le plus parfait mépris.

Les résultats ne se firent pas attendre : la comtesse du Lau se défendit vivement d'avoir voulu inquiéter Léglize ; Broqua s'empressa de se justifier par la lettre suivante :

« A Monsieur le viscomte de Julliac, à Béroy.

« Monsieur, bien loing que j'aye en aulcune fasson entreprins
« de faire prendre Léglize car tous au contraire les commissaires
« quy sans luy aurait fait entrevue à l'induction de doat et par

« l'acistance du sieur Lagarenne de l'entreprier en mon ab-
« sance et ma femme l'ayant descouvert elle envoia le fils de
« Poumadère quy est son amy et compère l'advertir comme
« Léglize vous pourra dire et certiffier, mais quand bien ils
« auraient comis cet atamptat je vous assure, Monsieur, que
« j'ai reprise d'eux je l'eusse fait relâcher, car ils n'ont aulcune
« comission contre luy. Vous debvés bien craire, Monsieur,
« qu'après vous avoir donné ma parolle que pour quoy que ce
« soit je n'y eusse pas contrevenu ; Poumadère, son compère
« et moy avons trouvé un détour pour le sortir de cet em-
« barras ; votre considération, Monsieur, me faira tout faire ;
« pour ce quy regarde l'affaire contre Larrouzin je vous assure,
« avec vérité, Monsieur, qu'il n'y a aulcune intelligence entre
« lui et moy et si vous voulés que la procédure soit remise
« devant M. de St-Luc il faut avoir son ordonnance pour le faire
« car pour m'en déffaire il ne se peult sans courir hazard de
« ma vie ; mon intérest seul n'y est pas ; le roi et le public s'y
« treuve intéressés pour le crime de contremistion, vous assu-
« rant Monsieur, je vous tesmoigneré que je suis avec tout
« respect et partout, Monsieur, votre très humble et très
« obéissant serviteur.
                                    « BROQUA. »

Quant à Lagarenne, il se garda bien de répondre au vicomte
de Juliac, mais continuant ses menées ténébreuses il se rendit
auprès de M. d'Espinay St-Luc, intendant de la province, pour
lui dénoncer toutes ces intrigues. Léglize de son côté, écrivit
le 2 juillet la lettre suivante :

« A Monsieur le viscomte de Julliac, à Béroy,

« Monsieur je vous envoye la response des lettres que vous
« m'avez faict l'honneur d'escripre à Madame de Lau et au
« sieur de Broqua et Lagarenne, de quoy je vous suis infini-
« ment obligé vous demandent Monsieur, la grâce de me
« continuer vostre protexsion sans laquelle je me voy obligé
« de n'oser paraître pour faire la fonction de mon office. Mais

« Monsieur j'espère sy fort en l'honneur de vostre bienveil-
« lance que vous ne me la refuzerés pas et c'est Monsieur la
« grâce que j'attends de vous puisque je suis avec tout le
« respect et soubzmission que vous doibts votre très humble
« et très obéissant serviteur.

« Léglize. »

« Monsieur j'avais envoyé la response des lettres à Julliac
« mercredy dernier, mais le porteur vous trouva absent ; c'est
« pourquoy je vous les renvoye et je vous diré aussi que le
« sieur Broqua pendant vostre absence a esté au Freixo pour
« m'obliger à composer, me demander que je ne volu point
« escouter aulcune proposition que je n'aye sceu vostre senti-
« ment. Le dit sieur Broqua a ouvert luy-mesme la lettre qu'il
« vous escript. »

Léglize se croyait hors d'atteinte ; il habitait à Augeron, petite métairie de la paroisse de St-Vidou, chez un de ses amis, Jean Rémazeilles. Il s'y occupait à régler quelques affaires du vicomte de Juliac qui avait des terres dans cette commune, lorsqu'un jour un enfant de dix ou douze ans, accourant en hâte, l'avertit que la maréchaussée venait le saisir pour le conduire en prison. L'enfant, fils d'un métayer de M. de Broqua, venait de la part de son père conseiller à Léglize de s'échapper pendant qu'il en était temps encore. Le rusé notaire voulut payer d'audace, et se composant un visage serein, il attendit les exempts de pied ferme.

Lagarenne en était venu à ses fins et avait obtenu une ordonnance de l'intendant de la province (14 juin 1669), portant ordre d'arrêter le sieur Léglize. Ce dernier fit observer qu'en sa qualité de notaire royal il avait le droit de rester en liberté provisoire moyennant des garants. Son hôte Rémazeilles, Jean Cassaigne, procureur du roi au Freche et Pierre Darroya, jurat de la commune, se déclarèrent aussitôt répondants.

L'affaire fut vite instruite et M. de Juliac tenu au courant, se hâta d'écrire à Léglize.

« A Monsieur Léglize.

« Monsieur, vous n'avés rien à craindre du cotté du sieur
« Broqua, ni Madame de Lau, mès comme vous estes condagné
« si vous voulés sortir d'affères comme je vous le conseille et
« comme je vous le propose, je tacheré à vous faire convenir
« avec le sieur Broqua pour vostre instruction ; vous n'aurés
« qu'à me faire savoir vostre volonté et je vous rendré service
« asseurément ; vostre neveu a veu les lettres de Madame de
« Lau et de Lagarenne et vous dira la teneur et le prétexte que
« prand ledit Lagarenne. Vostre neveu m'a dit qu'on avait
« vouleu vous surprandre, je vous assure que tout ce qu'il
« vous dict sont des mensonges, je cré que m'avant obligé
« vous me continuerez tousjours vos bons santimants et moy
« je serai toute ma vie, Monsieur, votre très humble serviteur.

« JULIAC. »

L'abbé de Prugue voulut aussi intercéder pour le malheureux notaire ; bref, nombre de personnages influents et hauts placés s'en mêlèrent. On envenima la question, une polémique religieuse s'engagea, et Léglize fut déclaré libre par un jugement définitif. Il est difficile d'apprécier dans cette curieuse affaire la part des responsabilités de chacun, cependant il est certain que le prestige du nom de Juliac couvrit d'une ombre tutélaire tous les méfaits du notaire royal du Frèche. La justice, alors comme aujourd'hui, se gardait souvent de s'attaquer aux plus puissants et aux plus riches.

Pendant ce curieux procès, l'Armagnac avait encore été troublé par de continuels passages de troupes. Le 4 juillet 1674, sur un ordre donné à Dax par le maréchal d'Albret, une troupe nombreuse composée de gentilshommes du Condômois traversa la vicomté de Juliac depuis Mauco jusqu'à St-Julien. Ils y séjournèrent vingt-quatre heures. On armait par prévision les milices communales de l'Armagnac et le 5 juillet, Mathieu Lasauvajeu, premier consul de Mauvezin, recevait de Jean Dufau quarante-quatre fusils pour armer les milices de Mauvezini Le rôle fut dressé par Jean-Augustin de Boubée, granger de Juliac.

Cependant de tels ravages furent commis, que M. de Pujolé après avoir vainement protesté auprès du commandant des troupes, Jean de Marches de Cellerier, présenta une requête à l'intendant de la province. Il se plaignait de dégâts commis par les soldats et réclamait une indemnité pour le dommage causé à ses champs et à ses vignes ; néanmoins cette demande ne fut pas prise en considération (1674).

Quelques années après (1680), un différend s'éleva entre Olivier de Pujolé et Charles de Lobit, prêtre, docteur en théologie et curé de Betbezer. La querelle était relative aux prérogatives honorifiques que les seigneurs recevaient alors du pasteur de la paroisse.

Suivant la coutume ancienne, les dimanches et jours de fête le curé de Betbezer devait offrir l'eau bénite au seigneur et à tous les membres de sa famille, il leur donnait le baiser de paix et les recevait les premiers à l'offrande et la bénédiction du pain avait lieu avant le canon pendant la messe afin qu'on put le présenter au seigneur le premier. Pendant la durée de la messe paroissiale et aux vêpres durant le Magnificat, l'officiant devait encenser par trois fois le seigneur de Juliac en se tournant du côté de son banc.

Olivier de Pujolé se plaignit que M. de Lobit négligeait de remplir ses devoirs à son égard. Le curé, issu d'une très noble et illustre famille d'épée, prit des attitudes belliqueuses vis-à-vis du châtelain. L'évêque intervint et naturellement donna raison à M. de Pujolé ; il tenait à ménager cet orgueilleux seigneur, dont l'influence et les magnifiques alliances avec toute la noblesse gasconne pouvaient lui être souvent utiles.

Charles de Lobit, blâmé par une lettre épiscopale, tomba dans une fureur voisine du délire ; il déclara que puisque le haut clergé catholique était impuissant à défendre ses subordonnés, il n'avait qu'à embrasser la religion réformée. En effet, il se fit protestant, se maria (1686) et épousa à Mont-de-Marsan, Claire de Sébie, dont il eut plusieurs enfants.

Olivier de Pujolé eut encore un long procès avec Jean du Lin, baron du Lin-Marsan. Le baron du Lin, créancier de quelques sommes d'argent prêtées à son voisin, Pujolé fit saisir en septembre 1683 tous les revenus du moulin de Mauvezin. Quatre cultivateurs, habitants du Saumon, furent établis comme séquestres pendant qu'on instruisait une enquête. Les séquestres firent signifier à Jean Laberdolive, meunier, de ne pas se dessaisir des revenus sans ordre de justice ; mais eux-mêmes se trouvaient fort embarrassés des sacs de grains saisis. Ils firent sommer le baron du Lin de leur donner de l'argent pour louer un grenier à Labastide. Le baron n'aquiesça point à cette requête. Il fut condamné à ne recevoir que strictement son dû ; la saisie fut levée à son détriment, les frais qu'il avait fait restèrent à sa charge. On voit que la justice de cette époque n'était pas toujours d'une impartialité scrupuleuse.

L'année suivante (1684), Olivier de Pujolé mourut en son château de Béroy, entouré de sa femme et de ses enfants, après avoir exprimé ses dernières volontés devant maître Pierre Labeyrie, notaire royal. Il n'avait que 57 ans. Selon son désir, il fut enterré dans l'église de Betbezer à côté de son père et de son aïeule maternelle.

Il laissait deux filles, Jeanne et Henriette, et un fils, Jean-Marie de Pujolé, qui devait exagérer encore le caractère impérieux et dominateur de son père.

Jeanne de Pujolé, qui était l'aînée, se maria de bonne heure, et épousa Charles de Barbotan, seigneur de Carritz, fils de Jacques de Barbotan et de Charlotte de Malvin. Il est assez bizarre de rapprocher ces divers noms. Madame de Barbotan vivait encore lors du mariage de son fils et dut éprouver une certaine émotion en franchissant le seuil du château de Béroy, construit par ses ancêtres. Ce pays, d'où ses aïeux avaient brusquement disparu on ne sait pourquoi au xive siècle et où elle se retrouvait aujourd'hui, était plein de souvenirs pour elle. Malgré les fureurs des guerres religieuses, il y avait encore sur les bords de la Doulouze une vieille tour ruinée, enguirlandée de lierre autour de laquelle un village se groupait ; c'étaient les restes de l'antique donjon féodal des Malvin, vicomtes de Juliac en 1160.

La seconde fille, Anne-Henriette de Pujolé, épousa le 16 décembre 1668 Paul de Batz de Castelmore, écuyer, gouverneur de Navarreins, fils de Bertrand de Batz et de Françoise de Montesquiou ; il était le frère du célèbre Charles de Batz de Castelmore, comte d'Artagnan, baron de Ste-Croix, capitaine à la première compagnie des mousquetaires, emporté par un boulet de canon au siège de Maëstricht (1673).

Jean-Marie de Pujolé se maria quelques années après ses sœurs. Il épousa le 20 mai 1692 une orpheline, Marie Leblanc de Labattut, vicomtesse d'Argelouse, fille d'Henri Leblanc de Labattut et de Marie de la Ville. Ce mariage réunissait à la vicomté de Juliac tout un domaine considérable, jadis aliéné par Jacques de Pardaillan ; les baronnies d'Arouille, Argelouse et Saubouères. Les deux époux furent unis dans la petite église d'Argelouse ; les de Barbotan, les de Mesmes y assistèrent en qualité de proches parents, ainsi que les de Bezolles. Ces derniers habitaient Labastide depuis quelques années. Jean-Louis de Bezolles, cousin-germain de Pujolé, avait épousé Henriette Leblanc de Labattut, sœur de la nouvelle vicomtesse de Juliac.

Paule de Bezolles, restée veuve jeune encore, eut beaucoup à souffrir des procédés de son fils et de sa belle-fille. Le caractère emporté et violent de Jean-Marie de Pujolé rendait le séjour du château de Béroy insupportable. Peut-être aussi Madame de Juliac ne recevait-elle pas de sa bru tous les égards qu'elle en attendait. La naissance d'un héritier du nom de Pujolé ne calma pas les discordes de famille, mais flatta la vanité de la grand'mère. Quelques mois après, Paule de Bezolles qui avait gardé jusque-là la direction de Juliac afin d'avoir ses enfants sous son autorité, fit donation entière de tous ses biens à son petit-fils, Joseph de Pujolé. Elle s'en réserva cependant l'administration, et jusqu'à un âge assez avancé elle paraît avoir beaucoup tenu à recevoir et à donner des fêtes au château de Béroy. Elle se faisait acheter les plus belles étoffes à la mode de Paris pour s'en confectionner des toilettes de gala.

En général, elle chargeait de ce choix le seigneur de Briat, Joseph de Coby-Labère, fils de ce Philibert de Coby, que nous avons vu si rudement malmené par M. de Juliac. Joseph de Coby avait été récemment nommé par Louis XIV commandeur de l'Epée rouge à l'hôpital St-Jacques de la ville de Manciet. Ces hautes fonctions l'appelaient fréquemment à Paris et il en profitait pour faire les emplettes de Madame de Juliac. Il paraît même que celle-ci ne se pressait guère de le rembourser, car à la mort du commandeur, on trouva à Briat un plein tiroir de papiers où étaient mentionnées les sommes dues par Paule de Bezolles, pour nombre d'achats de point d'Angleterre et de dentelles de Malines.

Madame de Juliac mourut en 1699, laissant le pays dans la tristesse et la désolation, car elle était fort généreuse malgré sa fierté et avait contribué à la restauration de plusieurs églises, notamment celle de Créon, près de La Grange. Elle fut inhumée dans l'église de Betbezer.

Jean-Marie de Pujolé, plus remuant encore et plus intrigant que ses aïeux, n'ayant d'ailleurs aucune occupation sérieuse à Béroy, où sa mère avait eu la haute main jusqu'à sa mort, troubla tout le pays de ses prétentions. Il cherchait quelque poste important et lucratif qui lui permit de faire grande figure en Armagnac. Grâce à ses alliances, il ne lui fut pas difficile d'arriver jusqu'à la faveur royale. Ses parents et ses amis étaient en situation de l'y aider, aussi fut-il nommé grand sénéchal des Landes par la démission volontaire de Louis de Pardaillan, marquis de Gondrin, ce qui lui attribuait la présidence de la noblesse d'Armagnac. Les lettres furent données à Marly le 13 mai 1715, signées Louis et plus bas Phélippeaux.

Trois mois après, il faisait sa première entrée en séance solennelle du Parlement de Bordeaux. Mais il ne faudrait pas exagérer l'importance de la charge de sénéchal qui venait d'être accordée à Pujolé. C'était un titre purement honorifique depuis que le chancelier de l'Hospital avait ôté aux sénéchaux la majeure partie de l'administration de la justice. Sage mesure du reste, car les hommes d'épée n'ont en général aucune idée de la jurisprudence.

Jean-Marie de Pujolé mourut le 18 avril 1718, à l'âge de 55 ans et fut inhumé à Betbezer par le curé Lagarde. Son beau-frère, Charles de Barbotan, et un de ses amis, Raphaël Castera de Seignaux, assistèrent à ses obsèques.

M. de Pujolé avait ajouté au domaine de Juliac trois métairies en St-Gor, une à Estigarde, deux avec un moulin à Estampon, deux en Arouille avec le vignoble de Perrin, quatre en Vielle-Soubiran, parmi lesquelles celle de Toumilot, qui lui fit avoir de longues difficultés avec Joseph de Coby-Labère.

Jean-Marie de Pujolé avait écrit son testament au château de Béroy le 2 février 1713, en même temps que sa femme, Marie Leblanc de Labattut. Dans l'expression de ses dernières volontés, Pujolé fait preuve de générosité envers ses vassaux ; il déclare qu'il les tient quittes des arrérages des fiefs qu'ils lui doivent jusqu'à concurrence de sept cents livres. Il laisse à sa femme l'usufruit de Gaillères et de Tachouzin et déclare qu'il est en procès pour le bien de Labattut. En cas de décès de ses héritiers sans enfants mâles, il substituait ses neveux de Barbotan pour les terres de Fieux, Gaillères et Tachouzin. Il lègue deux mille livres à sa nièce de Bezolles et manifeste son désir de finir ses jours à Bétharram avec sa femme.

Il ajoute enfin : « Et cas avenants que je n'eusse pas fait
« bâtir un hôpital à Betbezer, je veux que mon héritier bas
« nommé le bâtisse dans l'année de mon décès, composé de

« sept à huit lits garnis de toutes pièces avec des tours de lits
« de Bergame et autres étoffes propres pour cet usage ; et pour
« l'entretien et la nourriture desdits pauvres, je charge mon
« héritier de donner deux barriques de vin, deux charrets de
« seigle et je laisse de plus tous les dépens du conseil que les
« habitants de La Grange et de Mauvezin me doivent, dont ils
« feront imposer l'intérêt tous les ans si mieux ils n'aiment se
« libérer, auquel cas il faudra placer cet argent en mains aussi
« sûres qu'il se pourra, lequel hôpital je fonde pour les
« pauvres de nos terres hors d'état de gagner leur vie. »

Marie Leblanc de Labattut s'associait également aux intentions de son mari.

« Mon mari voulant fonder un hôpital à Betbezer, je suis
« bien aise de contribuer à l'entretien des pauvres et pour cet
« effet je charge mes héritiers de payer annuellement un
« charret de froment et quatre barriques de vin. »

Enfin M. de Pujolé dit en terminant : « Au cas où il n'y ait
« ni mâle ni filles, je lègue et laisse la terre de Gaillères en
« augmentation pour l'entretien des pauvres de l'hôpital de
« Betbezer, pour le régime et administration duquel je prie le
« possesseur de la vicomté de tenir la main qu'il n'y ait pas
« d'abus et au cas qu'il y en eut je charge le curé du lieu d'y
« remédier et d'en avertir le seigneur-évêque comme le père
« des pauvres pour faire exécuter de point en point notre
« dernière volonté. »

L'hôpital fut en effet fondé ; mais les intentions du testateur ont été étrangement méconnues. Après avoir été pendant un siècle et demi le bien des pauvres, l'hôpital a été vendu par le conseil municipal de Betbezer présidé par le maire, M. Victor Ducung. Ni la tradition, ni la donation formelle de Jean-Marie de Pujolé n'ont été respectées.

Marie Leblanc de Labattut restait veuve avec son fils unique, Joseph de Pujolé. Il avait vingt-quatre ans et se sentait possesseur d'un immense domaine, d'une fortune telle qu'il y en avait peu dans le pays qui pussent se comparer à la sienne. Son caractère n'avait rien de sociable, il joignait le tempérament violent des Pujolé à l'orgueil dominateur des Bezolles. Sa mère dut renoncer à vivre avec lui et, préférant la solitude aux emportements de ce fils unique qu'elle avait probablement trop choyé, elle se retira à Labastide d'Armagnac. Un bourgeois de la ville, Jean Dufau de Lassalle, lui offrit sa maison, heureux d'abriter sous son toit une amie aussi illustre. Jean Dufau était l'arrière-petit-fils du capitaine Dufau qui servit sous la Ligue avec Malartic. Il avait même épousé Marie de Malartic, petite-fille de ce célèbre homme de guerre. Madame de Juliac accepta d'être marraine de la fille de son hôte et vécut fort paisiblement au milieu de la société de Labastide, respectée des bourgeois et souvent honorée de la visite des gentilshommes du pays. Peu à peu, elle transforma le logis de Dufau en un véritable hôtel de Rambouillet. Parmi ses assidus se trouvait François de Came de St-Aigne, écuyer, récemment marié à Mademoiselle de Caumale, et qui venait fréquemment mettre ses hommages aux pieds de Marie Leblanc de Labattut. Elle avait encore pour société quelques-uns de ses parents qui habitaient Labastide, Joseph de Mesmes, son cousin par alliance, Jean-Louis de Bezolles, filleul de la vicomtesse de Juliac, sa belle-mère. On voyait aussi les de Batz, François de Guichené, qui résidait à Paron, l'ancien pied-à-terre des comtes d'Aubijoux, les de Malartic de Fondat, etc. Mais le courtisan le plus empressé de ce petit cénacle était Louis de Camon, baron de Talence, qui était venu épouser à cette époque Jeanne-Marie Jaurey, fille d'Antoine Jaurey du Saunion (1). Il avait récemment abjuré le protestantisme devant le vicaire de Roquefort (1709), et son union avait été bénie à Labastide par l'église catholique. Il

---

(1) Louis de Camon, fils de Jean IV de Camon et de Léa Duvignal, renonça au protestantisme en ces termes : « Je soussigné déclare avoir fait abjuration de l'hérésie de Calvin entre les mains du sieur Jean Sentez, vicaire de Roquefort, et avoir embrassé la religion catholique romaine, dans laquelle je veux vivre avec la grâce de Dieu. »

9 juin 1709. Signé : Louis Talence-Camon.

poussait la galanterie jusqu'à faire pêcher ses étangs les jours où Madame de Juliac manifestait le désir d'avoir du poisson.

La bourgeoisie de Labastide était fort riche alors et bien plus nombreuse qu'elle ne le fut au xixe siècle. La révolution diminua de beaucoup l'importance de cette petite cité jadis siège de la juridiction du marquisat de Maniban. Elle logeait une foule de hauts fonctionnaires : le juge civil et criminel, le commissaire aux saisies réelles, des procureurs, des avocats, des sergents et des huissiers royaux, les fermier du roi et des seigneurs, deux notaires et plusieurs médecins. Beaucoup parmi ces diverses personnes n'étaient point originaires du pays ; c'étaient pour la plupart des cadets de bourgeoisie appelés par leur charge à résider à Labastide. Ils s'y fixaient définitivement et se mariant à des héritières de la contrée fondaient de nouvelles familles. C'est ainsi que nous verrons Anne Ducom, dame de Ribère, épouser un jeune lieutenant de juge du marquisat de Maniban, Jean Papon. En 1700, Françoise Papon, née de ce mariage, épousait Capraise-Corrent, fils de Louis Corrent, bourgois de Cazaubon ; telle est l'origine des Corrent de Ribère qui jouèrent un rôle important dans l'histoire de Labastide. Un autre magistrat, M. de Laprade, ayant épousé une demoiselle Jaurèy du Saumon, fut la tige d'une famille dont les descendants vivent encore.

Telle fut en partie la cause de la prospérité de Labastide d'Armagnac au xviiie siècle. La révolution la réduisit aux simples proportions d'une modeste commune ; en même temps elle nivelait l'ancienne administration si supérieure à bien des points de vue. On n'étudie pas d'assez près en général l'organisation politique des communautés du Midi, et on est facilement porté à croire que la liberté ne date que de 1789. C'est une grave erreur, car jamais les villes de notre pays ne furent aussi indépendantes que sous l'ancien régime.

La prospérité des vassaux de M. de Juliac et des bourgeois de Labastide eût été complète sans les divisions religieuses. Néanmoins la période aiguë semblait passée. Jean-Guy de

Maniban était mort en 1709, et son fils, Joseph-Gaspard de Maniban, premier président au Parlement de Toulouse, continuait l'œuvre commencée par son père. Quand il avait quelques loisirs il parcourait ses baronnies ou résidait à son château du Busca, splendide habitation qui donna lieu par le nombre de ses fenêtres à ce dicton populaire :

> *Au castel de Maniban*
> *Y a'stan de frinestos*
> *Qué de jours en l'an.*

Le marquis de Maniban fut un des plus acharnés destructeurs du protestantisme en Armagnac. Il en avait fait une sorte de croisade et écrivait à ses voisins pour les exciter à la lutte. C'est dans ce sens que le 24 juillet 1721 il adressait une lettre à Joseph de Pujolé, pour lui signaler plusieurs de ses agents qui étaient entachés d'hérésie. Parmi eux se trouvait Joseph Dufau, fermier des dîmes de Lagrange, St-Julien et Créon. Ce Dufau, homme fort négligent, s'occupait peu de ses affaires ; il avait des sous-fermiers, comme par exemple Jean Villepinte, de Betbezer, auquel il avait donné la ferme de St-Julien. Il ne s'occupait que d'aller très irrégulièrement verser entre les mains de F. Jean-Michel Dahye, prémontré de St-Jean de la Castelle, alors granger de Juliac, les sommes qu'il lui devait.

Il y eut à cette époque d'assez fortes grêles et Dufau s'en prévalut pour ne rien payer ; or, comme il n'avait point fait déclaration du dommage dans les neuf jours qui suivaient le sinistre, F. Dahye se contenta de lui retirer sa ferme. D'où contestation et procès ; Joseph de Pujolé intervint. La lettre du marquis de Maniban l'avait sans doute fortement irrité contre ce huguenot qui semait le trouble dans ses domaines. Le juge de la vicomté fut saisi de l'affaire et condamna Dufau à mille livres d'amende.

D'autres exécutions se firent en même temps. Le marquis de

Gourgues, seigneur de St-Julien, signifiait à Françoise Duvignal, demoiselle de Poutet, qu'il lui retirait sa ferme de St-Julien à cause de sa tiédeur dans les exercices de la religion catholique. Gaspard de Maniban donnait ordre à ses agents de veiller scrupuleusement sur les idées religieuses de ses vassaux. Luimême donnait l'exemple. Comme son royal maître Louis XIV, il avait voulu s'affilier à la confrérie des pénitents bleus, et il assistait pieusement aux offices revêtu du costume couleur azur et du ruban bleu et blanc de l'ordre.

On sait avec quelle fougue M. de Maniban entraîna le Parlement de Toulouse dans le procès des Jésuites et dans les fameuses affaires de Calas et de Sirven. Mais là, il se heurta à plus puissant que lui. On sait que Voltaire s'empara de ce drame et fit retentir l'Europe de son indignation (1).

Joseph de Pujolé, vicomte de Juliac, était entré en 1710 dans la carrière des armes comme cornette au régiment de Berry. Il devint capitaine au régiment d'infanterie du Maine, puis sénéchal des Landes comme son père. Deux ans après, le 5 mars 1712, il épousa au château de Campréal en Périgord, Marguerite de Belrieu, fille d'Alexandre de Belrieu, seigneur de Dommartin, Laplanchette, Campréal et autres lieux, et de Jeanne Le Sobre. La future apportait en dot d'immenses domaines dans le Périgord, autour de Malbernac, sur les bords de la Dordogne.

En 1719, après sept ans de mariage, Pujolé eut une fille qu'on baptisa Radegonde (2), mais qu'il perdit au bout de peu de temps. Il lui en était née une autre, Catherine-Marie de Pujolé; elle eut pour marraine sa grand'mère, Marie Leblanc de Labattut, qui consentit à quitter Labastide pour assister au

(1) Gaspard de Maniban fit enterrer Louis Calas comme martyr au cloître Saint-Étienne.

(2) Née le 11 mars 1719. Le 25 décembre 1715 naquit Marie-Catherine, baptisée à Béroy par Jeanne Pradin, sage-femme de Labastide. Marraine : Marie-Philippe de Guleen de Sacriste, devant Alexandre de Beaumont de Bezolles et Pierre-Paul de Prugue.

baptême ; mais elle ne voulait plus habiter le château de Béroy et, après avoir fait à sa filleule un don de 2,000 livres, elle revint chez son ami, M. Dufau de Lassalle, pour y passer tranquillement le reste de ses jours.

En 1723, Joseph de Pujolé fut nommé comme son père grand sénéchal des Landes. Toutefois, la différence de son caractère donna lieu pour son installation à une série de scènes assez curieuses.

Avec son arrogance habituelle, le vicomte de Juliac voulait être reçu à Dax avec les plus grands honneurs. Il exigeait que la bourgeoisie fut sous les armes, que les cloches fussent sonnées à toute volée, que l'on chantât un *Te Deum* et que le corps de la ville fut présent aux portes pour le recevoir. Les jurats assemblés pour délibérer sur ces divers points, se refusèrent à toutes ces prétentions, et M. de Pujolé entra à Dax simplement suivi d'une vingtaine de gentilshommes de l'Armagnac et du Marsan.

Cependant le futur sénéchal ne négligea pas les formules et les habitudes du cérémonial usité. Dès dix heures du matin, il alla rendre visite à M. de Borda, le doyen du chapitre de l'évêque, et le pria de vouloir bien assister ainsi que ses collègues à sa réception qui aurait lieu le surlendemain.

Le 27 janvier, le chapitre se réunit et ayant appris la visite officielle de Pujolé, les chanoines « ont conclu qu'il fallait « répondre à l'honnêteté de M. de Juliac, et ont renvoyé au « lendemain 28 pour déterminer avec plus de réflexion la « manière dont il fallait y répondre. »

Rien de curieux comme cette séance du 28 janvier 1723 au chapitre épiscopal. M. de Borda représente à ses collègues que les places sont préparées au Palais dans la chambre de l'audience et réservées pour les personnes de distinction. Aussi le chapitre déclare qu'une délégation pourra s'y rendre à condition qu'on lui marque des places convenables. Seulement la cérémonie était à neuf heures du matin, heure de l'office divin.

Une discussion s'engagea à ce sujet et les chanoines faillirent avancer l'heure de la messe pour ne pas manquer à la fête.

D'ailleurs le chapitre eut toute satisfaction ; le lieutenant-général de la sénéchaussée pria les chanoines de choisir eux-mêmes leurs places.

Le lendemain à 9 heures précises, la cérémonie commença. Des bancs disposés en carré avaient été placés dans la salle. A droite, siégeaient sur le premier rang, les trois chanoines délégués, en chapeau et manteau court ; derrière eux se tenaient d'autres ecclésiastiques de la ville et de la campagne. A gauche, quatre ou cinq bancs parallèles étaient occupés par les gentilshommes du pays. Au fond de la salle, debout, se trouvait le corps de ville en robe et au grand complet. Au centre, les trois officiers de la prévôté et devant eux le vicomte de Juliac, en manteau noir et rabat, plumet au chapeau et l'épée au côté.

D'après le compte-rendu de la séance, les lettres de sénéchal furent plaidées par un avocat ; puis le procureur et l'avocat du roi « prononcèrent quelques paroles avec une dignité convenable. »

M. de Pujolé se leva alors, et ayant prêté le serment se rendit à la maison de ville où deux jurats l'attendaient à la porte de la rue. Deux autres jurats le reçurent à l'entrée de la chambre du conseil ; il prit place sur un fauteuil qu'on lui avait préparé et assista à la discussion de quelques affaires avec les magistrats présents, puis tout le corps de ville le raccompagna en masse jusque chez lui.

Cependant les Dacquois ne tardèrent pas à être blessés de l'attitude quelque peu hautaine du vicomte de Juliac. Les jurats étaient très susceptibles et fort soucieux de leur dignité. Les manières de M. de Pujolé ayant froissé leur orgueil, ils portèrent plainte au Parlement de Bordeaux, se fondant sur ce que le nouveau sénéchal ne respectait pas leurs coutumes et privilèges. Ils obtinrent gain de cause en cette affaire et, ravis de ce succès, ils l'attribuèrent particulièrement à la bienveillance de M. de Lavie, un des seconds présidents du Parlement de Bordeaux.

Séance tenante, le corps de jurade reconnaissant, décida à l'unanimité d'envoyer à cet honorable magistrat un cadeau de douze jambons. Nous n'hésitons pas croire que M. de Lavie n'ait été fort sensible à ce présent gastronomique.

En 1724, Joseph de Pujolé fournit au bureau des finances de la généralité d'Auch le dénombrement des biens de la vicomté de Juliac. Ce document, que nous reproduirons en entier aux pièces justificatives, donne l'énumération des terres nobles de Juliac à cette époque. Ce sont : le château de Mauvezin avec le moulin de cette localité, la métairie de la Salle, l'étang de Lescasse, le Sablé, Jourdan, le château de Béroy « avec le vol d'un chapon, » les moulins de Betbezer et Créon, Argelouse, le Sourd, Arouille, Laheuguère en Tachouzin, Lasalle en Gaillères, etc. Pujolé déclare en outre avoir la haute justice de St-Julien et les hommages des fiefs nobles de Joutan, Briat et Séridos.

Parmi les droits que possédaient les seigneurs de Juliac, nous en avons vu déjà plusieurs d'assez curieux : celui de la vente du vin au détail pendant tout le mois de mai à Créon et à Betbezer, et le guet qui se faisait annuellement à Mauvezin par tous les chefs de famille de la vicomté la veille de la St-Loup. Il y avait aussi la rente annuelle d'une paire de poules ou poulets par chaque feu allumant et d'une mesure d'avoine par paire de bœufs, les péages de la vicomté dont le principal se trouvait en Arouille au lieu appelé Laslangaches, le droit de marso sur chaque troupeau de pourceaux se nourrissant sur la terre de Juliac. Ajoutons-y le droit de souchet pour la vente du vin, le droit de manœuvre pour le travail des vignes et charrois de bois de chauffage.

Le fief se tenait dans la vicomté de Juliac à raison de seize deniers par journal de terre, et le seigneur touchait sur les ventes de biens le douzième denier du prix. Il avait enfin le droit de prélation, pacage, banalité, choix des consuls, troncage, chasse aux palommes, ramiers et autres, sonnerie des cloches pendant neuf jours au décès des vicomtes de Juliac, etc.

Le dénombrement de M. de Pujolé souleva de vives réclamations parmi ses vassaux. Le granger de Juliac, Jean-Guillaume de Lafforgue, se plaignit d'être contraint de rendre hommage au seigneur ; il écrivit au prieur de St-Jean de la Castelle, et F. Marc-Antoine Gervoise, syndic de l'abbaye, adressa une requête au Parlement de Bordeaux. Ils obtinrent seulement que La Grange serait déchargé des journées de manœuvres et de l'obligation de faire moudre au moulin de Mauvezin.

Jeanne Solmignac de Labarrère, dame de Joutan, héritière de son père, Jacques de Solmignac, déclara que ses terres ne relevaient que du roi et parvint à se faire rayer du dénombrement.

D'autres réclamations furent formulées par le comte de Barbotan, les héritiers Darrozin, le procureur du roi d'Arouille touchant la mouvance de leurs terres, mais Pujolé ayant produit des titres authentiques, le Parlement de Bordeaux le confirma dans ses prétentions.

En 1727, Marguerite de Belrieu mourut pendant un voyage qu'elle était allée faire à Campréal près St-Martin-de-Bergerac, château qu'elle avait reçu en dot par contrat de mariage. Elle laissait deux filles et un fils. L'aînée, Catherine de Pujolé, épousa un gentilhomme compatriote de sa mère, Jean-François de Ferragut, baron de Montes (1). La seconde, Louise de Pujolé, née en 1722, avait eu pour parrain Alexandre de Bezolles, seigneur de Beaumont, et pour marraine sa cousine Louise de Barbotan. Elle se maria le 5 février 1738 à Mont-de-Marsan, à l'âge de seize ans, avec dispense de deux bans et épousa Pierre-Gaston du Lyon de Campet, fils d'Alexandre, marquis du Lyon et de Corisandre de Lons. Enfin, Joseph-Marie de Pujolé, né en 1723, était le seul héritier mâle du magnifique domaine de ses ancêtres (2).

(1) Catherine de Pujolé se maria à Betbezer le 11 janvier 1729, à l'âge de 14 ans, en présence de Jean de Ferragut, Jacques de Barbotan, Jean de Barry, Frix et Pierre de Ferragut, Dufau curé de Betbezer.

(2) Pujolé eut le 8 août 1720 un fils, Charles de Pujolé, qui eut pour marraine Catherine du Lin-Marsan, et mourut en 1721.

l'eu d'années après la mort de sa femme, Joseph de Pujolé perdit sa mère. Marie Leblanc de Labattut s'était éteinte à l'âge de 72 ans, loin de son fils et de ses petits-enfants, dans la maison de Dufau-Lassalle à Labastide, et il n'y eut à son lit de mort que quelques fidèles amis qui ne l'abandonnèrent pas à ses derniers moments. Louis de Camon, baron de Talence, et noble François de Came de St-Aigne, accompagnèrent seuls à l'église de Betbezer la dépouille mortelle de la vicomtesse de Juliac. Elle y fut enterrée dans le caveau de ses ancêtres (30 mars 1739).

Son fils eut-il pour elle des regrets bien sincères ? Il serait téméraire de l'affirmer. Aux deux défauts dominants de sa race, l'orgueil et l'ambition, Joseph de Pujolé joignait la cruauté et l'égoïsme. Ajoutons-y une duplicité sans bornes, un esprit de rancune et de jalousie extraordinaire, tel est son portrait peu flatté en vérité, mais malheureusement trop ressemblant.

Presque aussitôt après la mort de sa femme, le vicomte de Juliac se remaria avec Jeanne Solmignac de Labarrère, dame de Joutan, qui lui apporta cette seigneurie (1732). C'était là un moyen simple et avantageux de régler toutes les difficultés qui s'étaient élevées devant le Parlement au sujet de ce domaine. De cette union naquit une fille, Marie-Madeleine de Pujolé, qui fut tenue sur les fonts baptismaux par Jean de Malartic de Fondat. Dans sa première enfance elle éprouva un accident qui la rendit boiteuse pendant toute sa vie. Cette infirmité ne l'empêcha pas de faire un brillant mariage. Elle épousa François de Lassalle, seigneur de St-Gor, Caneux, Lugaut, Cachen et Castelmerle, premier chevalier d'honneur au Parlement de Bordeaux, et reçut en dot le fief noble de Joutan (1).

Jean de Malartic, parrain de Madame de Joutan, gentilhomme d'esprit cultivé et aimable, quoique un peu aggressif, ne resta

(1) Marie Solmignac de Labarrère mourut au château de Béroy, le 22 septembre 1735, à l'âge de 38 ans, cinq jours après la naissance de son second enfant, Antoine-Joseph de Pujolé, qui eut pour parrain Antoine de Pardaillan-Gondrin, et marraine Françoise de Lassalle.

pas longtemps en bons termes avec M. de Juliac. Une circonstance futile amena la brouille entre les deux familles. Joseph de Pujolé avait offert à son emphytéote de lui acheter pour la somme de mille livres les prés qui sont à la queue de l'étang d'Argelouse. M. de Malartic s'y était obstinément refusé. Toutefois les hostilités ne commencèrent pas immédiatement, Joseph de Pujolé, qui avait ajourné sa mauvaise humeur, mourut en 1750 sans avoir eu la satisfaction d'humilier son adversaire. Il laissa ce soin à son fils Joseph-Marie de Pujolé, qui hérita du caractère de son père et l'exagéra même sous tous les rapports. Lieutenant de la compagnie de Valence, capitaine des dragons de Bartillac, et plus tard chevalier de St-Louis, le vicomte de Juliac eut une brillante carrière militaire. Il avait chargé les Anglais à la tête de son régiment à la bataille de Fontenoy, sous les ordres de Maurice de Saxe. Nous le retrouvons avec le maréchal dans la campagne du Brabant, aux batailles de Raucoux et de Lawfelt. Il quitta l'armée en 1748, au moment où le traité d'Aix-la-Chapelle assurait la paix entre la France, l'Angleterre et la Hollande. On le combla de faveurs à la cour de Louis XV ; la protection du maréchal de Saxe était toute puissante et Marie-Joseph de Pujolé put jouir de l'insigne honneur de monter dans les carrosses du roi. On lui promit également de lui faire avoir la charge de sénéchal des Landes, dont son père et son aïeul avaient été titulaires.

Le vicomte de Juliac revint tout glorieux dans ses terres où ses affaires étaient dans le plus grand désarroi. Sa femme, Jeanne-Jaquette Cazenave de Gaujac, qu'il avait laissée administrer ses domaines, n'avait su que gaspiller les revenus, et il se trouvait aux trois quarts ruiné.

Madame de Juliac qui avait beaucoup d'esprit, mais qui était très superficielle en affaires, aimait le luxe et les fêtes. Dépensant toujours sans compter, grâce à la complaisance des hommes d'affaires, elle empruntait les jours où ses coffres étaient vides. C'est ainsi qu'en 1752, elle se fit prêter 12,000 livres par Madame de Bouglon (1). Cette créance dont les intérêts furent scrupuleusement payés jusqu'en 1789, n'était pas encore remboursée à cette époque. En 1826, M. de Bouglon réclama à M. de Caubotte, héritier du dernier des Pujolé, les 10,000 livres en question. Dans une de ses lettres, M. de Bouglon fit valoir que M. de Caubotte ne pouvait accepter l'hérédité de Pujolé sans en défalquer cette dette, et que s'il y avait par exemple 100,000 livres, il ne devait prétendre par le fait même qu'à 90,000. Il paraît que la famille de Bouglon ne recouvra jamais cette créance, ce qui est extraordinaire, puisque l'indemnité de Juliac comme bien d'émigré fut réglée à 1,200,000 francs.

Revenons à Madame de Juliac et à ses folles prodigalités. Son mari au lieu de chercher à enrayer cet état de choses, se préoccupa de la charge de sénéchal qui lui avait été promise. Il s'adressa pour suivre cette affaire au fils de l'ancien ennemi de son père, Jean V de Malartic.

Malartic occupait une haute situation à Paris dans les finances. Enrichi par l'agiotage et la spéculation, il était à même de rendre des services au vicomte de Juliac et ce dernier, cachant ses ressentiments sous des compliments et des amabilités, lui écrivit la lettre suivante :

« St-Sever, 12 février 1753,

« J'espère que vous ne désapprouverez pas mon cher pays
« que je m'adresse à vous pour vous envoyer trois procurations
« de mes trois sœurs que vous ferez remplir de votre nom
« pour donner quittance au bureau de M. Douin en leur nom
« de ce qu'elles pourraient prétendre sur un brevet de retenue
« sur la charge de sénéchal de 10,000 livres que le roi avait
« accordé à feu ma mère, ce sont des formalités qu'on exige
« avant d'expédier mes provisions. Je vous envoie de plus un
« autre acte que l'on demande aussi pour faire voir que je suis
« seul héritier. Je vous serais bien obligé si vous vouliez vous

(1) Marie Maurisset, fille de Jacques Maurisset et d'Elisabeth Dupont, épousa Jean de Bouglon, procureur du roi, commissaires aux saisies réelles de la ville d'Eauze.

« donner la peine d'aller à Versailles pour finir cette affaire-là.
« J'ai reçu une lettre du ministre, par laquelle il conte que la
« charge m'a été accordée avec brevet de retenue de 10,000
« livres, et que l'on n'attend que les pièces que je vous envoie
« pour m'expédier le tout. Je me flatte que vous voudrez bien
« me faire ce plaisir-là ; selon ce que vous me dites de Paris,
« je serais à portée de vous renouveler mes remerciements ce
« printemps. Je le désire aussi bien de trouver des occasions à
« vous témoigner mon attachement sincère avec lequel j'ai
« l'honneur d'être, mon cher pays, votre très humble et très
« obéissant serviteur.
« JULIAC. »

« Bien mes respects, je vous prie, à Madame de Malartic. Si
« vos affaires vous le permettent, je vous prie de ne pas perdre
« de temps. »

Grâce à M. de Malartic, Joseph-Marie de Pujolé obtint son brevet, mais l'attachement sincère dont il parle à la fin de sa lettre ne fut qu'une décevante illusion.

La chasse était un des passe-temps favoris des deux adversaires. Un jour, le garde de Juliac ayant rencontré dans une lande les chiens de Jean de Malartic et n'ayant pas aperçu leur maître, dont ils s'étaient sans doute éloignés, les abattit à coups de fusil. Malartic furieux réclama en vain, et ne pouvant avoir satisfaction, il fit embusquer ses gardes qui surprirent ceux de M. de Pujolé sur un terrain prohibé. Procès-verbal fut dressé et les gardes de Juliac condamnés par la maîtrise des eaux et forêts à payer 300 livres d'amende.

La fureur de Joseph-Marie de Pujolé ne connut plus de bornes ; il était naturellement irascible et ne supportait pas d'avoir eu l'infériorité dans la lutte qu'il soutenait contre son vassal de Fondat. Aussi se hâta-t-il d'engager un procès absurde où il faisait valoir ses prétentions sur les vacants d'Arouille comme dépendant de la métairie de Marugue. Pourtant les Malartic en jouissaient depuis cinquante ans et ces vacants relevaient de St-Martin de Noë. Le seigneur de cette terre intervint. C'était alors Jacques de St-Julien de Maumuy, placé sous la tutelle de sa mère, Elisabeth de Cès. Madame de Cès, très soucieuse de faire respecter ses droits, reprocha vivement au vicomte de Juliac d'empiéter sur ses terres. Pujolé était assez embarrassé vis-à-vis de sa puissante voisine, quand un brassier du sieur Viaute, fermier de Juliac, lui apporta un matin un papier qu'il avait trouvé dans le chemin de Fondat. Ce papier était une copie informe du livre-terrier d'Arouille. Il avait été perdu par Malartic, qui faisait un échange de landes avec Laborde-Pébéré, et qui voulait se rendre compte de la contenance des terrains. Pujolé s'empressa de proclamer que son ennemi était d'accord avec Madame de Cès, et qu'il avait fait lever cette copie pour fomenter de nouveaux troubles dans le procès pendant entre eux (1758).

Il n'y eut pas alors de vexations qu'il n'infligea à Malartic. Les gardes de Juliac prirent deux fois les brebis de Marugue, et le métayer eut trente livres d'amende, mais comme ils avaient conduit le bétail à deux lieues de là avec violence, il en périt plus de cinquante têtes. Ils prirent aussi ceux de Vielle-Soubiran par mégarde en croyant saisir ceux de Fondat, d'où procès avec Gaston Gillet, marquis de La Caze. Enfin, pour couronner cette série d'exploits, un garde de M. de Pujolé vint à Fondat même tuer à coups de fusil les deux chiens qui gardaient la maison (1758).

En présence de ces excès, Jean de Malartic n'était que médiocrement tranquille ; il écrivit à son cousin Martin de Mesmes, avocat au Parlement, pour lui demander conseil. M. de Mesmes joua le rôle de pacificateur en cette circonstance ; il répondit le 4 mai 1759 une lettre fort sensée, exhortant à la modération. M. de Malartic resta alors sur la défensive, se bornant à observer son rival.

Mais Pujolé une fois entré dans la voie des violences, ne s'arrêtait pas facilement. Rassuré par la tranquillité apparente de son vassal, il fit exhausser les chaussées de l'étang d'Argélouse et les prés de Malartic, ces fameux prés, cause première de lutte, furent inondés de plus de trois pieds d'eau bourbeuse. Cette fois, Malartic se plaignit vivement, mais son adversaire répondit insolemment qu'il n'avait que quatre ou cinq quintaux de poissons par an et que cela ne suffisait pas à sa consommation. Le 13 juin 1761, Jean de Malartic fit assigner le vicomte de Juliac pour lui payer le préjudice causé par le débordement de l'étang. Pujolé répondit en envoyant ses meutes et ses gardes ravager les vignes et les champs de Fondat. Il fit prendre dans la grande prairie d'Argelouse, fauchée depuis trois mois, le bétail des métairies de Cavin et Lespitalé. Sans prévenir Malartic ni ses métayers, le vicomte de Juliac retint la plus belle génisse et la fit vendre pour 45 livres le 26 octobre 1761 devant le porche de l'église de Betbezer.

L'insulte était trop forte et Malartic fit condamner les gardes qui avaient pris les bestiaux. Pour toute réplique, le vicomte de Juliac fit faire une information pour action de chasse en temps prohibé remontant à plusieurs années contre Jean de Malartic. Les parties comparurent et Pujolé mit en avant cinq faux témoins qui affirmèrent par serment avoir vu chasser le seigneur de Fondat. Heureusement, M. de Malartic produisit plusieurs lettres datées constatant qu'il se trouvait à Paris à l'époque indiquée pour le délit. M. de Juliac en fut pour sa courte honte et ses faux témoins. Mais il ne se découragea pas et, faisant une brusque volte-face, il déclara impudemment que le délit de chasse en question, remontant à quatre ans déjà, concernait seulement Guillaume Meuilh de Maignas, neveu de M. de Malartic, et qui avait habité Fondat pendant sa jeunesse. Les mêmes témoins qui avaient déjà fait un faux serment contre M. de Malartic, n'osèrent pas se parjurer de nouveau. Ils dirent qu'ils avaient bien vu chasser M. de Maignas, mais que c'était sur le territoire de la communauté de St-Justin et non sur la vicomté de Juliac.

Joseph-Marie de Pujolé se retira fort mécontent de la justice et de lui-même et rêvant d'accabler son adversaire par quelque formidable coup de jarnac. Cette vengeance lui fut enlevée, car le 23 septembre 1761, Jean de Malartic mourait dans son château de Fondat. Ne pouvant atteindre son ennemi vivant, Pujolé le poursuivit jusque dans la tombe. On sait qu'autrefois quand le seigneur d'une terre ou baronnie avait rendu le dernier soupir, les cloches de l'église paroissiale devaient sonner pendant neuf jours consécutifs après son décès. C'était le métayer de Pandelé qui était sonneur à Argelouse. Il s'apprêtait à remplir son devoir, quand le vicomte de Juliac lui fit interdire sévèrement, sous peine de châtiment grave, de faire résonner les cloches, et la funèbre cérémonie s'écoula tout entière dans le plus lugubre silence.

Après un pareil outrage, il ne pouvait être question d'accommodement, aussi la guerre se poursuivit-elle sans trêve ni merci.

Les amis de M. de Pujolé cherchèrent à l'apaiser. Joseph Corrent de Ribère, un des familiers de l'irascible seigneur, s'y employa principalement. Nous aurons plus loin l'occasion d'apprécier le caractère bizarre de ce personnage. La vanité nobiliaire était le seul et unique mobile de ses actions. Souple et insinuant, il s'était fait le commensal habituel du château de Béroy. Il ne recherchait que la société des gentilshommes, comme s'il eût espéré que leur contact allait lui jeter sur les épaules les seize quartiers de noblesse qui lui manquaient. Gaston du Lyon, beau-frère de Pujolé, acheva de vaincre les dernières résistances de son orgueilleux et entêté parent. On décida une transaction.

Le 16 juillet 1763, Jean V de Malartic et son cousin, Guillaume Meuilh de Maignas, se présentèrent à l'hôtel de la rue des Carmélites, à Bordeaux, appartenant au marquis du Lyon. Ils y trouvèrent les notaires Perrens et Biran, ainsi que Madame de Cazenave de Gaujac, représentant son mari par procuration. Pujolé s'était refusé à venir en personne pour ne pas avoir l'air de s'humilier devant son vassal. Le sacrifice lui coûtait trop.

Il fut convenu que tous les griefs, délits de chasse, saisies de bestiaux, etc., seraient oubliés, moyennant les deux clauses suivantes : M. de Malartic restituerait les trois cents livres versées entre ses mains par les gardes de Juliac en vertu de leur condamnation par la maîtrise des eaux et forêts. En second lieu, M. de Malartic vendait à M. de Juliac les deux journaux de prés, source de la querelle, moyennant le prix de mille livres ce qui fut convenu et arrêté.

Délivré des soucis du procès Malartic, Joseph-Marie de Pujolé fit de fréquentes absences, allant tantôt à Paris, tantôt à St-Sever pour son office de sénéchal. Pendant ce temps, Madame de Cazenave de Gaujac continuait à se ruiner le plus galamment du monde en fêtes et en parures de luxe. Son principal homme d'affaires, Louis Dubrutz, notaire à Labastide d'Armagnac, ne cherchait pas à la retenir sur cette pente. Il fut le mauvais génie des Pujolé par les dépenses de son administration et les conseils néfastes qu'il donna.

Pendant un des voyages de son mari, Madame de Juliac acheta la seigneurie de St-Martin de Seignaux, près Bayonne, en sorte que son domaine devint un des plus grands et des plus beaux de l'Armagnac, tout en restant un des plus grevés.

Joseph-Marie de Pujolé revint bientôt dans le pays et son retour rouvrit l'ère des querelles et des procès. Ce fut d'abord un différend avec le jeune Bacon, dont le père était un des hommes d'affaires de la vicomté, puis avec le métayer de Maisonneuve, Leconte, dont il avait tué le chien dans son propre jardin. Leconte se plaignit et M. de Pujolé dut conclure un arrangement à son désavantage, car il lui cédait comme soulte en toute propriété une pièce de terre au bord de la Doulouze. On prit aussi le jeune Meuilh de Maignas pêchant aux écrevisses dans le ruisseau de *Marugat*. En vain il se nomma et voulut exciper de sa qualité de noble, on le condamna à trente livres d'amende.

Les empiètements de Pujolé sur les vacants de St-Martin et de Vielle-Soubiran soulevèrent les réclamations des seigneurs voisins et trois procès furent entamés simultanément avec Gaston Gillet, marquis de La Caze, premier président au Parlement de Bordeaux, François-Joseph de Gourgues, comte de St-Julien, et Jacques de Maumuy, baron de St-Martin de Noë. Tous les torts étaient du côté du vicomte de Juliac. Disons pour l'excuser, s'il est possible, qu'il était particulièrement exaspéré des déférences et des politesses de ces personnages pour son ancien ennemi Malartic, dont le caractère aimable et mondain était fort goûté.

S'il faut en croire les traditions, Joseph-Marie de Pujolé n'était rien moins qu'indulgent pour les maraudeurs pris chez lui en délit de chasse ; il leur faisait impitoyablement couper le poing. Ces cruautés d'un autre âge n'arrêtaient pas le braconnage, très fréquent non-seulement sur les terres de Juliac, mais partout aux environs. Cette passion était alors ce qu'elle est aujourd'hui, enracinée dans les mœurs du pays où tout paysan est doublé d'un braconnier.

C'est à peu près à cette époque (1773), qu'eut lieu la vente de la justice de la ville d'Eauze. Déjà, sous Louis XIV, les finances du grand roi étant un peu délabrées, la Monarchie avait vendu pour se créer des ressources, les justices de St-Justin, de Roquefort, de Villeneuve, etc., en un mot de toutes les bastilles du Marsan, malgré leurs réclamations. Ces réclamations avaient souvent pris le caractère d'une révolte. A St-Justin, où Pierre Dufour et Jean de Laffargue avaient acheté des justices, on avait vu les consuls furieux assemblés en jurats dans la salle des délibérations, après en avoir fait scier l'escalier pour que le seigneur engagiste ne put y entrer au moins sans risquer de s'y rompre le cou.

Sous les règnes suivants, les justices furent aussi vendues. Quand on arriva à celle d'Eauze, les bourgeois protestèrent avec énergie. Pujolé avait chargé Louis Dubrutz d'acheter pour son compte. Marie-Christine de Maniban, marquise de Livry, héritière des baronnies d'Eauzan à la mort de son père, le président Gaspard de Maniban, donna le même ordre à ses hommes d'affaires. Plusieurs gentilshommes manifestèrent aussi cette intention. Le nombre des amateurs créa une sorte de conflit qui, retardant la vente, permit aux habitants d'Eauze de faire des réclamations auprès du roi et d'obtenir que leur justice ne serait pas aliénée. Il est probable que si la marquise de Livry avait été seule, la vente eut été faite de suite à son profit. Aussi la grande dame fut-elle fort contrariée ; elle garda contre son principal compétiteur dans cette affaire, Jean de Bouglon, une animosité dont elle devait lui donner la preuve.

M. de Bouglon, ainsi que quelques propriétaires des environs, François de Guichené, Joseph Corrent de Ribère, avait la liberté de chasser sur les terres du marquisat de Maniban. Le gibier constituait alors un des revenus des forêts, et dans les conventions passées avec les fermiers, ces derniers étaient tenus d'envoyer à Toulouse, chaque semaine, à tour de rôle, un certain nombre de perdreaux, lièvres, bécasses, etc., de la Noël au carême. Sous prétexte que les envois se faisaient avec trop de parcimonie et de négligence, M. de Campistron, à l'instigation de Madame de Livry, interdit un beau jour la chasse sur toute l'étendue de ses domaines.

Il est évident que M. de Bouglon était visé dans cette occasion, puisque avis lui fut donné par M. Laborde, procureur juridictionnel du marquisat, que s'il chassait, les gardes avaient ordre de le prendre. Au contraire, François de Guichené et Joseph Corrent de Ribère furent informés discrètement que les défenses de chasses ne les concernaient pas. M. de Bouglon, blessé de ce procédé, écrivit une lettre où la fierté et la dignité n'excluaient pas une pointe d'ironie. Il dit « que s'il a chassé « sur les terres de M. de Maniban, c'était beaucoup moins « dans son intérêt que dans celui de Madame la marquise de « Livry, à qui il envoyait chaque année des pots de compotes « de perdreaux qu'elle appréciait infiniment. » Il faut croire que depuis que la noble dame en voulait à M. de Bouglon ses perdreaux n'étaient plus aussi savoureux, et que chez elle une vengeance, fut-elle mesquine, primait la satisfaction d'un estomac jusqu'alors reconnaissant.

Quant à M. de Pujolé, bien qu'il fut, comme nous l'avons vu, très jaloux de sa chasse, il s'empressa d'écrire à M. de Bouglon en le priant d'user de ce droit chez lui tant qu'il lui plairait. Il y ajoutait le privilège de pêcher sur la Doulouze en reconnaissance des services rendus par sa famille à Juliac. Cette amabilité n'était au fond que la traduction de l'inimitié profonde de Pujolé pour la marquise de Livry. Il ne lui pardonnait pas de lui avoir enlevé par ses compétitions les justices d'Eauze, et pourtant en ce moment même, l'altière marquise était en grande détresse financière. Elle s'était bâti à Soisy-sous-Étiolles près Paris, un château splendide; pour subvenir à cette dépense elle vendit en 1773 les seigneuries de Toujouze et de Montguillem. Toujours à court d'argent, elle écrivait lettre sur lettre à son agent d'affaires, M. de Chauliac, et ce dernier dut venir lui-même à Cazaubon avec M. Laborde pour faire saisir les fermiers récalcitrants.

Au commencement de 1781, Jeanne-Jaquette Cazenave de Gaujac mourut à Paris, où elle était allée achever de dépenser l'argent qui lui restait. Sa succession ne se composant que de dettes, Pujolé dut recourir à la répudiation d'hérédité. Elle avait eu de son mariage une fille, Suzanne de Pujolé, et un fils, Pierre-Orens de Pujolé, né le 4 janvier 1765, et ondoyé à Béroy par le curé Lavergne. Agé de seize ans à la mort de sa mère, déjà sous-lieutenant au régiment du Roi-Infanterie, il était doué d'un caractère tranquille et paisible. L'aménité de ses manières et l'esprit délicat de sa conversation formaient un contraste frappant avec les allures rudes et turbulentes de son père. Il n'avait rien des Pujolé, ni leur orgueil ni leur humeur belliqueuse. Malgré cela, il devait porter la peine de toutes les fautes commises par ses aïeux et de toutes les violences qui leur avaient aliéné l'esprit des populations.

Depuis longtemps Joseph-Marie de Pujolé, chose extraordinaire, n'avait point eu de querelles avec ses voisins. Il ne tarda pas à s'en créer une.

Il y avait sur le territoire de Vielle-Soubiran un château nommé Cazaubon, qu'habitait de temps à autre la famille de Mibielle. Les de Mibielle étaient de noble race et seigneurs de Serbué en Ste-Meille au xvie siècle. En 1680, Olivier de Mibielle, écuyer, possédait une maison à Gabarret qu'il vendit plus tard au chevalier de Podenas, et les seigneuries de Blancastet et d'Arx ; c'était donc une famille fort riche. Noble Joseph de Mibielle, conseiller du roi, juge de Montréal, résidait dans cette dernière ville en 1730 pour y remplir sa charge, et avait épousé une riche héritière de la vicomté de Juliac, Madeleine de Brizac. La dot de la future consistait en une somme de 15,000 livres tournois, plus le château de Cazaubon en Vielle-Soubiran, donné par ses parents. En 1761, Gérard de Mibielle, fils des précédents, écuyer et seigneur de Losse, épousait Marie-Agathe Genous de la Roque, dont le père, Michel Genous, était propriétaire du Bégué.

Gérard de Mibielle habitait la plupart du temps Montréal avec sa famille, mais vers 1781, ayant perdu sa femme, il vint se fixer au château de Cazaubon, pour surveiller le défrichement d'une certaine quantité de landes avoisinantes. On sait que les terres défrichées avaient des privilèges. Par l'édit de 1760, Louis XV accordait aux propriétaires l'exemption de la dîme pendant une durée de quinze années.

Toutes les semaines, Gérard de Mibielle se rendait à Labastide pour assister au marché. Au lieu de suivre la route qui traversait le village de Betbezer, il raccourcissait son chemin en longeant les fossés du château de Béroy, passait dans l'avenue bordée de chênes pyramidaux et rejoignait au bas du coteau la route de Labastide. Si l'on en croit la tradition, Suzanne de Pujolé aimait à se promener à l'ombre des grands arbres et le seigneur de Losse n'était pas indifférent aux beaux yeux de Mademoiselle de Juliac. M. de Pujolé, soit que ce manège de coquetterie lui fut connu, soit qu'il s'impatientât de voir passer son voisin sur ses terres, lui fit signifier de changer d'itinéraire. Gérard de Mibielle n'en tint aucun compte. Le vicomte de Juliac était prompt à la riposte. S'armant de son fusil, il descendit dans son avenue, apostropha rudement M. de Losse et lui tira un coup de feu qui ne l'atteignit pas. M. de Losse était sans armes ; il prit la fuite en criant : « Tu m'as manqué Juliac, mais nous nous rencontre-« rons sur un terrain neutre, et je ne te manquerai pas. »

En effet, peu de jours après, Nasse, qui était le barbier commun des deux adversaires, apporta au château de Béroy un cartel de M. de Mibielle invitant Pujolé à venir à sa rencontre. Le vicomte de Juliac n'eut garde de manquer au rendez-vous ; à l'heure dite il monta à cheval et se dirigea suivi de quelques valets vers la lande (18 février 1781).

Comme il s'engageait dans le chemin creux qui conduit à la métairie de Piquemille, il vit arriver M. de Losse. Tous deux fondirent à la fois l'un sur l'autre, et Pujolé tomba frappé à mort.

On le rapporta respirant encore au château de Béroy. Ses amis accoururent à son chevet. Son médecin de Labastide, Jean-Baptiste Abadie, mandé en toute hâte, ne put donner aucun espoir. Joseph-Marie de Pujolé, en véritable gentilhomme qu'il était, garda tout son sang-froid et, ayant appelé le notaire Soubiran, il fit son testament avec une lucidité d'esprit étonnante devant ses deux amis, Joseph Corrent de Ribère et Jean-Baptiste de Ridders, bourgeois de Labastide. Il nomma pour exécuteur testamentaire et tuteur de ses enfants Clair-Joseph de Barbotan, son cousin. Il léguait mille livres aux pauvres de la vicomté de Juliac et n'oubliait aucun des valets et domestiques qui l'avaient bien servi.

Le 21 février, à trois heures de l'après-midi, Joseph-Marie de Pujolé ayant reçu les derniers sacrements du curé Lavergne, se fit habiller du riche costume de gala qu'il portait à St-Sever, alors qu'il présidait, en sa qualité de sénéchal, toute la noblesse des Landes. On le porta dans la grande cour du château de

Béroy et il y mourut debout, l'épée au côté, la croix de St-Louis sur la poitrine et entouré de tous ses serviteurs et tenanciers.

La mort violente de Joseph-Marie de Pujolé excita vivement l'opinion publique. Le roi ordonna au duc de Mouchy, gouverneur de la province, de faire une enquête. La scène du meurtre avait eu de nombreux témoins. C'est en vain que l'on fit valoir les provocations qui la précédèrent et jouèrent le rôle principal ; cette défense ne fut pas écoutée. Gérard de Mibielle, condamné à l'exil, vit ses biens confisqués. Son château de Cazaubon en Vielle-Soubiran et celui de Goaillard près de Losse, furent rasés au niveau du sol par autorité de justice.

La légende, toujours gracieuse et poétique, veut que Suzanne de Pujolé soit morte de chagrin de l'exil de son amant. On disait autrefois à voix basse, les soirs de veillées, que de temps à autre à minuit, au clair de la lune, l'ombre de la noble damoiselle vêtue de blanc et couronnée de roses, vient errer mélancoliquement sous les chênes séculaires de la grande avenue de Juliac.

La réalité, moins idyllique que la légende, nous apprend que Suzanne de Pujolé mourut en Angleterre, pendant un voyage qu'elle fit à Londres avec son frère en 1786.

Clair-Joseph de Barbotan, tuteur d'Orens de Pujolé, était un homme d'une sagesse et d'un bon sens remarquables. Point brillant en conversation mais très versé dans les affaires, il apporta dans l'administration de Juliac une prudence et une fermeté merveilleuses. Son frère, M. de Carritz, l'aidait dans sa lourde tâche et gérait en son absence ses propriétés de Mormez et de Maupas. En 1782, M. de Barbotan agissant pour son jeune pupille, acheta la terre et seigneurie de St-Julien, dont les Pujolé n'avaient été jusqu'alors que hauts justiciers. Moyennant le prix de 100,000 livres, il en fit l'acquisition au marquis François-Joseph de Gourgues, chevalier, comte de Castets et de Castelmeyrant, baron de St-Julien, Blancfossés, Athis-sur-Orge et autres lieux, qui habitait Paris, rue Neuve, paroisse St-Paul. Le marquis Pierre du Lyon de Campet, fut chargé de représenter M. de Barbotan dans cet acte, passé devant Liénard, notaire au Châtelet de Paris. Pour payer les 100,000 livres, M. de Juliac dut vendre ses terres de Malbernac et de Campréal en Périgord, qui lui venaient de sa grand'mère, Marguerite de Belrieu. Ces terres étaient si éloignées et les domaines de Juliac déjà si vastes, que l'administration en devenait presque impossible. Elles furent achetées par François de Foucault, vicomte de la Renaudie, qui en versa le prix entre les mains du marquis de Gourgues.

L'année qui suivit, M. de Pujolé arrivant au château de Béroy, fut pris pour arbitre d'une querelle assez singulière qui s'était élevée entre deux familles de Labastide, les Came de St-Aigne et les de Bouglon. L'origine de cette dispute ne nous est pas connue, mais le prétexte est assez pittoresquement raconté dans un acte de requête présenté en 1783 à M. le lieutenant de juge du marquisat de Maniban. En voici la teneur abrégée :

« Il est dit que sieur Chrysostome Came de St-Aigne se
« permit des excès inouïs contre les troupeaux et les gens de
« dame Marie Maurisset, veuve de Jean Bouglon, conseiller du
« roi, commissaire aux saisies réelles et procureur du roi de la
« ville d'Eauze. Il paraît que Came se permit de faire égorger
« des brebis par ses dogues, d'en tuer plusieurs à coups de
« fusil, d'attacher des clous à la queue d'un cheval et de lui
« tirer un coup de fusil, de donner des coups de pieds à la
« mère du pâtre et de se faire gloire de ses exploits sur la place
« de Labastide. La dame Bouglon demande dix mille livres
« comme indemnité et compensation. »

Came de St-Aigne écrit à M. de Camon-Talence, son ami et parent, qu'il le prie d'être l'intermédiaire d'un arrangement; il consent à payer les frais du procès, mais il ne veut pas satisfaire aux exigences de Madame de Bouglon et refuse le droit de passage qu'elle réclamait sur son avenue de St-Aigne.

M. de Camon ne voulut pas accepter le rôle d'arbitre qu'on

lui proposait, et il offrit de faire trancher le différend par le vicomte de Juliac. Orens de Pujolé se prêta de la meilleure grâce du monde à cette médiation et, par son esprit et ses amabilités, il fit en un mois plus que n'auraient fait dix procureurs en dix années, car les parties se retirèrent réconciliées et M. de Came écrivit à M. de Juliac pour le remercier de la manière courtoise et gracieuse avec laquelle il avait arrangé ses affaires.

Pendant que M. de Barbotan se livrait à l'administration de Juliac, Orens de Pujolé, jeune et de tournure brillante, dédaignant la société des vieux amis de son père, s'était installé dans une confortable résidence à St-Martin de Seignaux. Il se trouvait là, écrit-il à son tuteur, à portée de la société de Bayonne, qui est fort agréable et de bonne éducation. Dans toute la contrée il y avait unanimité d'enthousiasme pour ce superbe jeune homme, digne en tous points d'admiration. Il était d'une haute taille, le front large, les yeux bruns très foncés, de longs cheveux châtains brillants, la figure un peu massive et presque carrée par la base, les épaules effacées, la démarche aisée et majestueuse d'un gentilhomme.

Presque tout son temps se passait en fêtes et en plaisirs à St-Martin, et de temps en temps il venait se faire verser par M. de Barbotan l'argent nécessaire à sa vie de luxe et de prodigalités. Aux mois d'octobre et novembre, à l'époque des vendanges et des récoltes, M. de Juliac passait à Béroy quelques semaines, mais ses séjours étaient de peu de durée. Il donnait quelques fêtes, éblouissait la société du pays par la grâce de ses manières et le charme de son esprit, puis il repartait pour Paris, Bordeaux ou Bayonne.

Cependant M. de Barbotan était aux prises avec des difficultés sans nombre. Il avait rencontré l'homme le plus processif des Landes, Joseph Bié, dit Bié cadet, négociant à Mont-de-Marsan. Joseph Bié était issu d'une famille bourgeoise, dont les premiers représentants habitaient Estang et portaient le nom de St-Loubert. L'un d'eux acheta en 1712 la métairie de Bié. Une branche de la famille porta dès lors le nom de St-Loubert de Bié. Le père de Joseph Bié, Jacques St-Loubert-Bié, vint s'établir à Mont-de-Marsan en 1732 ; il épousa Marie Laurens et acquit par le commerce une grande fortune qui ne fit que s'accroître par la suite.

En 1787, Bié cadet possédait les métairies de Lapouchette et de Jeanblanc, achetées par lui aux héritiers d'Israël Lacroix. Sous prétexte qu'il lui manquait quelques journaux de terre, il entama un procès ou plutôt une série de procès qui durèrent vingt-trois ans. Pendant ce temps, il eut l'occasion d'entrer en relations d'affaires avec les Barbotan. Comme il avait besoin de ces deux seigneurs fort influents et aimés dans le pays, il les accablait de politesses. Une de ses lettres, datée du 29 novembre 1787, adressée à M. de Carritz, débute ainsi :

« Monsieur, toujours en attente de vos ordres pour m'ac-
« quitter des avances que vous avez bien voulu me faire, je
« vous dois et vous fais mes continuels remerciements pour
« toutes les bontés dont vous ne cessez de m'honorer. Appuyé
« sur elles, j'ose me flatter que vous voudrez bien agréer
« vingt-cinq bouteilles de bon et fidèle vin de Malaga dont j'ai
« reçu une barrique d'un ami d'Espagne. Obligez-moi de
« charger quelqu'un de votre maison de me fournir l'occasion
« de vous les faire passer à Mormez ou ailleurs à votre gré.
« J'espère que Monsieur votre frère en voudra agréer autant
« pour lui et pour M. de Juliac. »

A la fin de cette lettre si gracieusement commencée, Joseph Bié demande à M. de Carritz de lui faire avoir à des conditions avantageuses les deux métairies de Sensin et de la Teulère que M. de Guichené veut vendre. Bié n'entendait pas que son malaga et ses compliments fussent prodigués en pure perte.

Quelques années plus tard, pour satisfaire au goût du jour, le même Joseph Bié déclamait dans ses requêtes au Directoire « contre la tyrannie et les exactions des ci-devant nobles de « Juliac. » Le temps des vingt-cinq bouteilles de vieux et fidèle malaga était désormais oublié.

Les premières années de la révolution se passèrent tranquillement. Orens de Pujolé se trouvait alors à Paris. M. Dubrutz, qui le servit bien mal à cette occasion, et M. Nègre, son autre homme d'affaires, lui écrivirent pour lui conseiller d'émigrer. Ils lui représentaient l'impopularité de son nom et les dangers qu'il courait. M. de Juliac se laissa convaincre et partit pour Coblentz. Il s'enrôla dans l'armée de Condé avec quelques gentilshommes du pays : Simon de Bouglon, lieutenant de génie à l'école de Mézières, et Chrysostome Came de St-Aigne, lieutenant au régiment des chasseurs nobles du comte de Damas, qui fut blessé le 5 juin 1796 au pont de Munich, où il se signala par son héroïsme (1).

Le grand tort de M. de Pujolé fut précisément d'avoir quitté le château de Béroy, où nul ne serait venu l'inquiéter. On va voir en effet, par le récit qui va suivre, que la révolution à Labastide ne présenta point un caractère de violence.

Ce n'est qu'au 6 juin 1793 que la société populaire des Jacobins de Labastide commença à s'émouvoir de la présence dans cette ville de quelques ci-devants nobles ou bourgeois. Les gentilshommes d'ailleurs ainsi que les roturiers, Messieurs Abadie, Corrent de Ribère, Came de St-Aigne, Bouglon et Camon-Talence, s'étaient jetés franchement en avant dans le mouvement social, et leur rôle leur fit pardonner leurs titres nobiliaires. Jean-Chrysostome de Came de St-Aigne fut officier municipal jusqu'en 1793 ; il donna sa démission et demeura simple grenadier de la garde nationale. Son jacobinisme contre-balançait son alliance suspecte avec Marguerite de Camon-Talence. Corrent de Ribère se concilia l'estime publique par un don volontaire de 754 livres sur l'autel de la Patrie. Capraise Abadie, jadis employé au service du roi d'Espagne et qui touchait une pension de retraite sur le trésor espagnol, eut de la peine à prouver son civisme. Il prêta le serment de fidélité à la nation (23 avril 1793); M. de Malartic et M. Marquet de

(1) Décoré en 1814 de l'ordre du Lys.

Bourgade, mis par erreur sur la liste des émigrés, furent rayés par des amis complaisants.

Cependant, malgré les dénonciations envoyées au district et au département, il n'y avait encore eu aucune mesure de rigueur. Le 6 juin 1793, Dejean, procureur, fit un réquisitoire tendant à faire consigner chez lui Jean Rufin de Bouglon, dont les fils avaient émigré. Enfin le 6 octobre, Dubrutz, commissaire du département, et Bacon aîné, se présentant à la maison commune, vinrent requérir le maire de poser les scellés sur les armes et les papiers de Messieurs de Bouglon, Corrent de Ribère et Abadie. Le maire se rendit à cette invitation et remplit toutes ces formalités. Les trois personnes que nous venons de nommer furent mises en état d'arrestation provisoire (1).

Les prisonniers n'eurent pas de longues inquiétudes sur leur sort. Le représentant du peuple, Dartigoeyte, apprenant cet acte arbitraire que rien ne justifiait, envoya son rapport au comité de surveillance de Nogaro, pour demander l'élargissement des prisonniers. Le comité, par un arrêté du 13 floréal an II, déclara illégales les arrestations opérées par Bacon et s'empressa de les annuler. Tous furent aussitôt mis en liberté. Néanmoins on mit sous séquestre les biens de Joseph-Marie Corrent de Ribère, émigré, et de Pierre de Camon-Talence. Il en fut de même de ceux de M. de Bouglon, ce dernier comme les autres, recevait une pension viagère de 4,000 livres pour compenser la perte de ses revenus.

La main-levée des biens-saisis fut prononcée le 26 pluviose an XI.

Le comte Joseph de Barbotan fut moins heureux que les nobles et bourgeois de Labastide d'Armagnac. Saisi et arrêté à Mont-de-Marsan, jugé par le tribunal révolutionnaire, il monta sur l'échafaud le 4 floréal de l'an III.

(1) Noms des gardes nationaux qui procédèrent à l'arrestation : Latané, Page, Dufau, Lavergne, Camo de St-Aigne, Laffargue, Albesbeyres, Jégun, Tarride.

Orens de Pujolé, après avoir vaillamment servi la cause de l'émigration, passa en Angleterre et vécut à Londres pendant la Terreur, le Directoire et le Consulat. En 1794 il n'avait plus ni argent ni crédit, et se trouvait dans un affreux dénuement. M. Nègre, son homme d'affaires, se rendit à Paris pour tâcher de lui expédier de quoi vivre, mais dénoncé et arrêté, il fut guillotiné dans les premiers jours de prairial 1794.

Pour comble d'infortune M. de Pujolé tomba malade. Il fallut transporter à l'hôpital de Middlesex, le dernier descendant d'une race illustre. Ni ses parents, ni ses plus intimes amis ne s'occupèrent de le tirer de cette cruelle situation. Une seule personne qui n'avait avec lui aucun lien de famille, Jean Rufin de Bouglon vint le visiter dans cet asile de la pauvreté. Ce ne fut que grâce aux démarches généreuses de MM. Soubiran père et fils, que l'ancien vicomte de Juliac put quitter Londres et venir à Paris (1800). Le 2 ventôse an X, muni d'un passeport en règle, M. de Pujolé arrivait à Labastide d'Armagnac et pouvait contempler de ses yeux les ruines de son immense fortune.

La nation avait vendu ses grands domaines qui s'étendaient dans 25 communes : Betbezer, Arouille, Argelouse, Saubouères, Mauvezin, Créon, St-Julien, La Grange, Estigarde, Vielle-Soubiran, Estampon, Mont-de-Marsan, Mazerolles, St-Jean-d'Août, Nonères, Gaillères, Ste-Foix, Arthez, Perquie, St-Joannet, St-Martin de Seignaux, Fieux, Tachouzin, Bretagne et Souprosse. Tout cela avait été dépecé, divisé et vendu à vil prix. Jean-Baptiste St-Marc était allé à Mont-de-Marsan se porter acquéreur de biens nationaux pour Dominique Péré, avocat à Plaisance (Gers), et Gabriel de Tursan d'Espaignet. Il acheta pour le compte de M. Péré le château de Béroy et quelques dépendances, et La Grange de Juliac pour M. d'Espaignet. Le reste des biens de Pujolé émigré, fut acquit par Joseph Bié. Il eut pour 238,000 francs les métairies de Béroy, Ribéron, Pignoas, Pichott, Maisonneuve, Marrugat, Lamoullette, Gimbert, le Sablé et la Heuguère en Tachouzin.

Il acheta le reste de seconde main à différents acquéreurs et se trouvait en 1810 en avoir pour près de 1,100,000 francs.

Dominique Péré l'avocat, était fils d'un notaire de Plaisance (1). Il vint s'installer au château de Béroy et se fit aménager les communs pour y habiter avec sa famille. Pour donner satisfaction aux Jacobins de Labastide, il eut l'idée bizarre et stupide de faire couper à deux mètres du sol tous les magnifiques chênes-cyprès qui ombrageaient l'avenue. Ayant ainsi réduit ces malheureux arbres au niveau égalitaire, il put vivre en paix dans sa nouvelle demeure. Sa femme refusa toujours de venir y habiter, et on ne s'en étonnera point en apprenant qu'elle s'appelait Marthe-Marie Lafitte de Montus, et que sa mère, née Ferragut, était la fille de Catherine de Pujolé. Quant elle vit le château si déchu de son ancienne splendeur, elle ne voulut point y entrer et, s'étant assise au pied du grand orme qui se trouve au centre de la cour, elle coupa ses longs cheveux en signe de deuil.

Orens de Pujolé fut témoin de toute cette désolation ; il vit St-Marc de Labastide, Jean Beyris de Betbezer, Fourcade de Mont-de-Marsan, Joseph Bié et Dominique Péré, possesseurs du sol de ses ancêtres, et, se promenant mélancoliquement sous les chênes de l'avenue déshonorés par la brutale faux égalitaire, il versa des larmes en se souvenant des splendeurs d'autrefois.

> ...*Nessun maggior dolor*
> *Che ricordarsi del tempo felice*
> *Nella miseria*...

« Il n'est pas de plus grande douleur, dit le poète, que de se souvenir dans l'infortune du bonheur passé. »

En quittant Labastide d'Armagnac, Pujolé se rendit à Mont-de-Marsan où il reçut l'hospitalité de son parent, le marquis Antoine du Lyon de Campet. Il y vécut pauvre et toujours

---
(1) Il avait deux frères, l'un, Jean Péré, notaire, franc-maçon et rose-croix de l'ordre ; l'autre, Pierre Péré, prêtre, docteur en théologie, chanoine titulaire de la cathédrale de Tarbes.

fier dans la solitude ; les malheurs avaient altéré sa raison et une maladie de consomption l'entraîna rapidement vers la tombe. Il expira le 20 août 1817, à l'âge de 52 ans. Ses cendres ne furent point rapportées auprès de celles de ses ancêtres, et c'est dans un coin ignoré du cimetière de Mont-de-Marsan que reposent les restes du haut et puissant seigneur messire Pierre Orens de Pujolé, vicomte de Juliac et d'Argelouze, comte de St-Julien, baron de Fieux, Gaillères, Tachouzin, St-Martin de Seignaux et autres places, grand sénéchal des Landes, lieutenant au régiment du roi (1).

Le vicomte de Juliac n'eut pas la douleur d'apprendre que trente ans après la révolution qui l'avait dépossédé, son beau château de Béroy était si complètement démoli, qu'il n'en reste plus rien de nos jours. Dominique Péré avait religieusement respecté le vieux manoir, il habitait dans les communs avec ses six enfants. L'aîné, Nicolas Péré, mourut sans postérité à Argelouse, en l'an XI ; sa sœur, Louise, avait épousé Joseph de Malartic de Beauregard. Une autre, Marie Péré, épousa Lafeuillade de Plaisance. Andrée Péré mourut jeune en 1814 à Juliac. Théodore Péré exerça la profession de docteur en médecine à Labastide d'Armagnac, et eut pour gendre Dominique Duclerc, notaire à St-Justin. Enfin, Antoine Péré fut, en 1813, héritier de Juliac.

Antoine Péré, maître de la fortune paternelle, la dépensa avec une grande prodigalité, et se trouva bientôt réduit aux expédients. Son voisin, Romain Bié, s'offrit à le tirer d'embarras. Romain Bié, fils cadet de Joseph Bié, habitait le presbytère de Betbezer, acheté par son père, pour 3,200 livres. Bié acheta le château de Béroy, la métairie de Baylet, et la

(1) La sépulture des vicomtes de Juliac était dans l'église de Betbezer, mais le caveau, situé dans le chœur, ne contient que les trois cercueils suivants : 1° Jean-Marie de Pujolé (1713) ; 2° Marie Leblanc de Labattut (1739) ; 3° Joseph-Marie de Pujolé (1783). Dans la chapelle de la Madeleine (emplacement actuel du cèdre du Liban) ont été enterrés Jean de Pardaillan ; Jeanne de Caumont-Lauzun (1491) ; Jacques de Pardaillan (4 août 1532) et peut-être aussi les premiers Pujolé.

brasserie de Bouhében, en tout une vingtaine d'hectares, dont on estima la valeur à 5,500 francs.

Le contrat fut passé devant maître Soubiran, notaire à Labastide d'Armagnac, le 13 juin 1827, et Antoine Péré dut quitter les domaines vendus à son père par la nation. L'affaire fut conclue au nom de Romain et Jean Bié, qui étaient associés de commerce.

Le premier soin de Romain Bié fut de faire démolir le vieux château, devenu sans doute inhabitable après 35 ans d'abandon. Les ronces, les lierres et les plantes grimpantes avaient rongé les tours et les murailles. Une grande pièce, autrefois la salle d'armes, aujourd'hui la salle à manger, servait depuis longtemps d'école pour les enfants de Betbezer. Sous cette voûte où jadis à la veillée les écuyers et les pages se racontaient au coin du feu les exploits des sires de Juliac, un magister faisait réciter le *ba, be, bi, bo, bu*, aux enfants du village.

Dans son œuvre de destruction, Bié conserva la porte d'entrée principale donnant sur l'avenue. Les communs agrandis et flanqués de deux tourelles servirent dès lors de maison d'habitation. L'ancienne chapelle dédiée à Ste-Madeleine, toute ornée de sculptures en bois doré suivant le goût espagnol, fut rasée et remplacée par une pelouse où s'élève aujourd'hui un cèdre du Liban. Le colombier, dernier reste des droits féodaux, disparut et on planta sur le terrain une vigne de chasselas de Fontainebleau.

C'est ainsi que vers 1830 furent anéanties les dernières splendeurs du vieux château seigneurial de Béroy en la vicomté de Juliac.

SOURCES HISTORIQUES :

1. — Baron de Cauna : Armorial des Landes.
2. — Dufourcet : Histoire des Landes.
3. — Archives des Landes, des Basses-Pyrénées et des Hautes-Pyrénées.
4. — Archives du château de Juliac.
5. — Archives de M. Craman.
6. — Archives de l'abbé Ducruc (Cazaubon).
7. — L'abbé Légé : Histoire de Castelnau.
8. — Mémoires de Mademoiselle de Montpensier.
9. — Archives de l'abbé Tauzin (St-Justin).
10. — Archives du Ribouillet-Talence.
11. — D'Hozier : Armorial général.
12. — Archives de Labastide.
13. — Livre-terrier de Betbezer.
14. — Archives d'Arouille, St-Julien, La Grange, Créon et Mauvezin.
15. — Dom Prieur de Sauvlac : Chroniques de la ville d'Acqs.

CHAPITRE VIIe.

La baronnie d'Arouille se composait autrefois de trois paroisses distinctes, dont l'ensemble constituait un fief de la vicomté de Juliac : Arouille, Argelouse et Saubouères. Sur tout ce territoire, les officiers de la juridiction exerçaient les justices haute, moyenne et basse. En outre, anciennement, on rattachait à Arouille les terres de Paguy, Bourgade, Pailléou, Marsoulan, Portèteny, Jouannisson, Maisonneuve, l'Hostallet et Nasse. L'église, placée sous le vocable de S. Sever, est actuellement démolie ; son emplacement ainsi que celui du presbytère était aux environs de Bialé. Saubouères avait aussi son église, placée sur le bord de la route nationale de Périgueux, entre la métairie de Cavin et celle de Martinat ; elle fut desservie jusqu'en 1699 par les curés d'Arouille, puis par ceux de St-Justin. Enfin, l'église d'Argelouse subsiste encore dans toute sa pureté de style et constituerait un intéressant échantillon d'architecture sans l'affreux badigeon qui la défigure à l'intérieur. Elle avait pour desservants les curés de Labastide.

L'importance de la seigneurie d'Arouille était considérable. Il y avait d'abord au lieu appelé Las Langaches, où passait l'ancienne route royale, un droit de péage, perçu au profit de la vicomté. A Millet, se trouvait un bureau de contrôle ; car les bureaux de contrôle pour les exploits étaient établis non seulement dans les bourgs et les villes où il y avait une justice, mais dans d'autres lieux, de distance en distance, selon ce qu'il plaisait aux intendants. Enfin, au Baylet résidaient les procureurs juridictionnels héréditaires de la vicomté de Juliac, les Latané.

L'antiquité d'Arouille ne saurait être mise en doute ; la forteresse ou donjon de Rulhia (ancien nom d'Arouille), fut construite en 1162, par les ordres du roi d'Angleterre. Dans une charte il déclare que ce château, bâti par lui pour défendre la limite de ses possessions, lui appartient en propriété pleine et exclusive. C'est vers cette époque que les Templiers, établis à Géou, à Gontaud et à Laroqué, terrifiaient le pays par leurs exactions et empiétaient de toutes parts sur leurs voisins. Le roi d'Angleterre dut ériger en fief la terre d'Arouille pour se protéger contre ces guerriers aussi turbulents qu'agressifs.

Nous avons ignoré longtemps à qui le roi d'Angleterre avait accordé la baronnie d'Arouille. Les archives de la Tour de Londres et un curieux monument héraldique donnent la clef du mystère. Il existe en effet dans l'église d'Argelouse un vieil écusson de pierre portant le blason suivant :

« D'argent à deux fasces : 1 à un écureuil de gueules, 2 à
« un pin arraché de sinople avec une terrasse de sinople où
« reposent trois pommes de pin de gueules entourées d'une
« bande de sable. »

Or, ce fut précisément à Gauthier d'Argel (Walther d'Argel), noble seigneur écossais, qu'Henri II Plantagenet donna à fief la baronnie d'Arouille en 1175. On sait de plus qu'Argel (Argal) est le sobriquet populaire de l'écureuil en Ecosse ; le mot anglais *house* signifie maison, d'où Argelhouse, qui veut dire en propres termes maison d'Argel ou maison de l'écureuil.

Le premier hommage fut rendu par Gauthier d'Argel au roi

pour le donjon d'Arouille en 1175 ; pour le reste du fief, il le tenait d'Odon de Malvin, vicomte de Juliac.

Gauthier d'Argel (1184) suivit le roi d'Angleterre son suzerain dans les différentes luttes qu'il eut à soutenir contre la France. Il accompagna Richard Cœur de Lion en Palestine et périt peut-être dans un combat d'outre-mer, car à partir de 1192 il n'est plus fait mention de lui.

Son fils, Guillaume-Loup d'Argel, baron d'Arouille, reconnaît le 10 avril 1210 tenir du roi son château de Rulhia et divers casals situés à Géou, confinants au domaine des chevaliers du Temple (1210).

Loup d'Argel était bien digne du prénom significatif qu'il portait. Longtemps il se rendit terrible par sa cruauté, principalement envers les gens d'église. Il incendiait les abbayes, massacrait les religieux et détruisait les chapelles élevées par la piété des fidèles. Un jour, au retour d'une de ses razzias favorites, il se senti saisi d'un mal étrange qui le dévorait comme un feu intérieur. Il se crut châtié par la justice divine et se décida plein d'effroi à faire pénitence. Il fit vœu de partir à pied et en habit de pèlerin pour la Terre sainte afin d'y expier ses crimes. En foi de quoi il se dépouille de tous les biens meubles et immeubles qu'il possède tant en Angleterre qu'en Gascogne, et les partage entre ses trois filles : Berthe, Aliénor et Loyse. Le contrat est passé au prieuré de Warwick, par-devant le scribe des religieux, le 5 mars 1226. Loup d'Argel énumère dans cet acte les monastères, églises et chapelles qu'il a brûlés et pillés, les voleries et meurtres qu'il a commis, et supplie Dieu de l'avoir en sa miséricorde. Puis, ayant pris le manteau de bure, le bourdon et la panetière, le bon chevalier se mit en route pour Jérusalem sans espoir de retour.

Ses filles procédèrent au partage des biens. L'aînée, Loyse d'Argel, mariée à messire Arnaud Gausbert, écuyer, seigneur de St-Laurent d'Auranet, eut pour sa part une moitié de la baronnie d'Arouille. Cette moitié fut érigée en fief et on y construisit une maison seigneuriale à laquelle on donna le nom d'Argelouse dans la vassalité de la vicomté de Juliac. L'emplacement de cet ancien manoir est aujourd'hui à cent mètres de la route de Saint-Justin et occupé actuellement par la maison de M. Craman (1).

Aliénor d'Argel fut dame d'Arouille et épousa peu d'années après Guillem-Ramon de Lasserre, damoiseau, seigneur de Beydessan. Il paraît que ce personnage se distingua par sa piété et sa générosité; en effet, en 1231, nous le voyons favoriser le développement d'un ordre religieux récemment fondé, St-Jacques de l'Epée rouge. On sait que le vicomte de Gabarret, le sire de Ravignan et plusieurs autres, avaient comblé de largesses les nouveaux chevaliers ; Ramon de Lasserre ne resta pas en arrière et se dépouilla en leur faveur de tout ce qu'il possédait à Pouy ; il ajouta même une maison qu'il avait à Pontonx.

Il mourut probablement vers l'année 1239, puisqu'en 1240 le roi d'Angleterre reçoit l'hommage de Guillaume son fils. Nous ne connaissons de ce dernier que sa fin tragique rapportée par dom Clément dans « *l'Art de vérifier les dates.* »

Guillaume de Lasserre avait été dans sa jeunesse gouverneur d'Amanjeu d'Albret. Il resta toujours fort attaché à la personne de ce prince et l'accompagna en Bordelais à la cour du roi d'Angleterre (1250-1254). La présence du monarque était le signal d'une série de fêtes, jeux, tournois et passes d'armes, divertissements très goûtés des barons de Gascogne. Un jour, Guillaume de Lasserre s'esbattant à la chasse avec quelques chevaliers anglais, tua par inadvertance un chambrier d'Henri III. Le roi, inconsolable de la perte d'un de ses favoris, fit trancher la tête aussitôt au seigneur d'Arouille. Amanjeu d'Albret en fut si vivement affecté qu'il mourut de douleur,

(1) Il existe encore dans le chai de M. Craman les fondations d'une vieille tour, de forme circulaire, d'environ trois mètres de diamètre. C'est le seul reste du donjon d'Argel.

dit-on, quelques mois après ce tragique événement. Dans son testament il pourvoit lui-même à la tutelle du fils de Guillaume-Arnaud-Loup de Lasserre, encore mineur à la mort de son père.

Vers cette époque (1256), Guillaume Gausbert, baron d'Argelouse, vendit une partie de ses fiefs d'Armagnac. Il avait du chef de sa mère, Nā Gazen de Beyris, une immense étendue de terre dans la paroisse du Frêche. Or, Gausbert, était un des gentilshommes servants du roi d'Angleterre; pour briller dans cette fastueuse cour il lui fallait beaucoup d'argent. Il vendit donc en mai 1256 à Gaston VII de Béarn, la terre et château de Beyris. Contrat fut passé, moyennant 6,400 sols morlaas, en présence de Géraud, comte d'Armagnac, de Pierre Espanh, archevêque d'Auch, de Pierre Pocq, évêque d'Aire, de Gaston et de Nā Mathe, sa femme.

Cette acquisition fut d'ailleurs une œuvre de piété. Gaston de Béarn fit réparer le château, y annexa une maison dite Mazon de Diou, et donna le tout aux religieuses de Ste-Claire « a honor de Diou et a servitut dous praubes. » Gillette de Béarn, fille de Gaston, fut d'ailleurs la première abbesse du Frêche.

Peu d'années après (1261), Gaston ayant encore acheté la seigneurie d'Estigarde à Nā Seguin de Monterabeau et à ses fils, Vidau, et Ramon de Pès, pour 1,100 livres morlaas, la donna aux clarisses avec tous les droits seigneuriaux.

En 1273, Arnaud-Loup de Lasserre et Guillaume Gausbert se trouvaient l'un et l'autre à la Teste de Buch, près Bordeaux, pour rendre hommage au roi d'Angleterre en qualité de vassaux de la vicomté de Juliac.

Arnaud-Loup de Lasserre, chevalier, seigneur de Beydessan, déclare tenir avec Pierre d'Aubinton de Lissa et avec sa sœur, la seigneurie de Beydessan, le vieux château d'Arouille, paroisse de St-Sever d'Arouille, les redevances qui sont auprès de Villeneuve, excepté six casals appelés au Selder, qu'il tient du seigneur de Marsan. Gausbert tient Argelouse, St-Julien, Géou, St-Laurent d'Auranet, du côté de Mauvezin, et St-Pierre de Juliac, à raison de treize deniers par fief.

En 1272, lorsque Philippe le Hardi vint lui-même dans le pays de Gaure mettre à la raison ses vassaux rebelles, les comtes de Foix et d'Armagnac, il trouva derrière les bannières des révoltés Gausbert et Lasserre. Le baron d'Arouille et le sire d'Argelouse avaient suivi leur suzerain Malvin, vicomte de Juliac. Ils partagèrent son châtiment (1273). Juliac et toutes ses baronnies furent réunis à la couronne de France. Mais comme c'étaient '¦ des possessions en litige, et détenues alors par de fidèles suje de l'Angleterre, Philippe donna toutes ces terres du Gabardan bloc au comte de Foix qu'il venait de dépouiller, et auquel pardonna généreusement sa rébellion.

Arouille et Argelouse devinrent alors le théâtre de la lutte entre Français et Anglais. D'une part, Arnaud-Loup de Lasserre fort de l'appui du roi d'Angleterre, combattait pour défendre ses possessions ; de l'autre, le comte de Foix soutenu par le roi de France voulait gagner, l'épée à la main, les domaines qu'on lui avait octroyés.

Pour mieux y arriver, le comte de Foix céda tous ses droits sur Arouille et Argelouse à un de ses bâtards, Raymond-Arnaud, et ce fut ce dernier qui entama avec Arnaud-Loup de Lasserre une série de combats dont les péripéties nous sont demeurées inconnues.

Enfin en 1290, le triomphe de l'envahisseur est définitif ; Lasserre, réfugié dans le donjon d'Arouille, est expulsé de ses domaines, et le roi d'Angleterre lui donne en compensation le fief de La Caze. Raymond-Arnaud, bâtard de Foix, a conquis ses seigneuries et pris le titre de baron d'Argelouse ; il est la tige de cette noble famille qui porta orgueilleusement dans son blason pendant trois cents ans les armes de la maison de Foix avec la barre d'illégitimité et le cri de guerre.

C'est alors qu'en souvenir de sa victoire, due originairement à la faveur du roi de France, le bâtard de Foix fit sculpter comme clef de voûte de l'église d'Argelouse un écusson portant les trois fleurs de lys, mais renversées pour indiquer qu'il devait plutôt ce fief à sa bonne épée, et qu'il n'entendait ne relever de personne, pas même de son monarque légitime (1300).

C'est dans l'ancien manoir des d'Argel que Raymond-Arnaud d'Argelouse fixa sa résidence ; ce n'était probablement alors qu'une maison carrée, flanquée à son extrémité nord d'une tour circulaire crénelée. C'est là aussi que le 8 février 1312 le bâtard de Foix rendit son âme à Dieu ; d'après sa volonté expresse on l'enterra dans l'église d'Argelouse auprès du maître-autel, dans un caveau de famille où tous ses descendants vinrent reposer auprès de lui.

Trois enfants, deux filles et un fils, se partagèrent l'héritage assez considérable du bâtard de Foix.

Carbonnel d'Argelouse eut la seigneurie de St-Etienne du Frèche et de Houeillede. Condor d'Argelouse, mariée à Bernard de Toujouze, lui apporta en dot le Saumon et les droits sur quelques fiefs de Géou. Enfin, Miramonde eut Arouille et ses dépendances ; elle avait épousé Arnaud d'Ognoas, seigneur d'Eyres et d'Arthez.

Arnaud d'Ognoas, nouveau seigneur d'Arouille, loin de suivre les traces de son beau-père, se jeta franchement dans le parti anglais. Il assista sans doute à la rédaction des coutumes que le roi d'Angleterre donna en 1316 à la vicomté de Juliac, et prit à ce moment différents arrangements avec son suzerain. Le roi établit un baile ou officier chargé de rendre la justice dans toute l'étendue de la baronnie. Ce baile résidait au vieux château d'Arouille que le roi d'Angleterre fit fortifier de nouveau à cette occasion et où il mit une garnison de quelques hommes d'armes (1316) (1).

(1) Le 14 juin 1320, Arnaud d'Ognoas entre en paréage avec Jeanne d'Artois, femme de Gaston de Foix, pour la construction de la bastide d'Arthez-Gaston ; acte renouvelé à Arthez même le 7 février 1323 par le jeune Gaston de Foix, en présence du baron d'Ognoas.

Ce château se trouvait situé comme on sait entre les deux plateaux de Marié et du Castagnet ; il était entouré de remparts doubles sur une circonvallation de près de trois cents mètres de tour et bordé de fossés de treize mètres de large. M. l'abbé Tauzin, curé de St-Justin, dit avoir retrouvé les traces de la motte féodale et les fondations de l'ancienne église.

La puissance des Anglais faisait à ce moment de grands progrès. Le roi venait de fonder les villes de Montguillem (1319) et Montaigut (1320). Bernard de Toujouze et le sire d'Estang y avaient même largement contribué.

Le roi de France, de son côté, avait fait choix d'un terrible homme de guerre, Arnaud-Guillem d'Armagnac, qui gouvernait pour son compte Marquestau, Monclar et Villefranche ou Labastide d'Armagnac. Ce personnage, serré de près par les entreprises militaires des Malvin, du sire d'Estang et autres, tous du parti anglais, se mit en campagne résolument au printemps de 1321 ; il marche contre Estang, ville anglaise, s'en empare et met tout à feu et à sang.

Aussitôt Arnaud d'Ognoas, baron d'Arouille, Bernard de Toujouze, seigneur de Cauquebanes et du Saumon, et le seigneur d'Estang, se réunissent et signent tous trois un traité d'alliance défensive et offensive. Puis ils arment leurs vassaux, et telle était l'étendue de leurs possessions que toute la contrée depuis Cazaubon et Sainte-Christie jusqu'au Houga et Grenade fut sur pied prête à marcher au combat.

De part et d'autre la guerre fut des plus meurtrières, au point que les deux adversaires fatigués de ces luttes stériles convinrent de s'en rapporter à l'arbitrage du comte Jean d'Armagnac.

Le 7 des ides de février, Arnaud d'Ognoas, baron d'Arouille, et Bernard de Toujouze, se trouvaient à Labastide d'Armagnac en compagnie de l'évêque de Lavaur, de l'archidiacre d'Anglès et de Pierre de Brac, docteur ès-droit. Le notaire, Jean Gourgues, devait rédiger les articles et conditions de l'accord mutuel.

Voici quelles furent les bases posées : le comte se réserve en sa qualité d'arbitre de vider le débat le jour qu'il lui plaira, dans la semaine de l'octave de Pâques 1322.

Toute infraction d'une des parties sera punie d'une amende de mille marcs d'argent, dont moitié au comte, moitié à la partie restée fidèle. Si un des belligérants vient à reprendre les armes au mépris de la foi jurée, il devra se battre en champ clos, seul, armé d'une lance et d'un bâton long de deux rases, contre deux champions choisis par l'autre, montés à cheval et munis de telles armes qu'il lui plaira de leur donner.

Les parties feront connaître avant la mi-carême ceux de leurs sujets qui refuseraient de souscrire à la paix, et les désigneront au comte d'Armagnac ou à son baile de Mauléon. Le futur traité laissera subsister dans toute sa vigueur celui précédemment conclu entre le seigneur d'Estang, le baron d'Arouille et Bernard de Toujouze.

Ces conditions ayant été lues et discutées, Arnaud-Guillem d'Armagnac et ses trois adversaires jurèrent d'y rester fidèles.

Le 7 avril 1322, le comte d'Armagnac se rend de nouveau à Labastide, convoque les contractants et témoins et leur fait connaître sa décision : il est dit que Bernard de Toujouze et Arnaud d'Ognoas ne pourront entrer de vingt ans dans Estang sans le consentement du sénéchal et des habitants ; ils devront abandonner leurs vassaux rebelles et payer une indemnité de guerre qui sera réglée ultérieurement.

Alors le baron d'Arouille et le seigneur de Toujouze s'approchèrent de l'évêque de Lavaur qui tenait ouvert sur sa poitrine le saint évangile, et, la main posée sur le livre sacré, ils prêtèrent le serment. Puis ils échangèrent avec leur ennemi, Arnaud-Guillem d'Armagnac, le baiser de paix (avril 1322).

Arnaud d'Ognoas se jeta alors dans les aventures lointaines ; on trouve de lui de vagues traces, tantôt en Béarn, tantôt en Bordelais et même en Limousin, aux extrémités de la Gascogne.

Le fief d'Arouille était donc abandonné au baile royal, résidant au château et qui, appuyé par les gouverneurs anglais de Juliac, percevait les revenus intégralement. A partir de 1340, époque où la vicomté rentra sous l'autorité de Pardaillan, l'influence des bailes diminua. La domination française devint prépondérante ; un instant ébranlée en 1355 par le rapide passage du Prince Noir, qui brûla le donjon d'Arouille, elle ne tarda pas à se consolider tout-à-fait.

L'organisation féodale reprit alors ses droits. Les seigneurs commençaient à chercher et à démêler les fiefs qui leur devaient hommage. Vers 1360, le comte de Foix, Gaston Phœbus, se souvint que la baronnie d'Arouille avait été l'apanage d'un bâtard de sa famille et il en réclama la suzeraineté.

Miramonde d'Argelouse était fort avancée en âge à cette époque ; elle ne voulut probablement pas ouvrir une ère de difficultés et, n'ayant point d'enfants, elle céda tous ses droits par transaction du 8 mars 1359 à son neveu, Amadon d'Argelouse, fils de Carbonnel, seigneur du Frèche.

Amadon d'Argelouse déclare orgueilleusement à Gaston Phœbus que la terre d'Arouille est un fief libre et qu'il n'en doit à qui que ce soit. A cet effet il rédige une longue requête où il fait valoir entre autres arguments que son aïeul, le bâtard de Foix, a fait sculpter dans l'église d'Argelouse les armes de France renversées en signe d'indépendance (1360).

Il est à peu près certain que le comte de Foix eut gain de cause ; mais il semble qu'il ait pris à tâche d'humilier les membres de cette puissante famille d'Argelouse, oublieux du sang qui coulait dans leurs veines et qui était un peu le sien.

En effet, nous le voyons intervenir dans les affaires d'Arnaud d'Ognoas. Miramonde mourut vers 1360 ; par son testament elle dit n'avoir pas d'enfants et être propriétaire de la moitié de la terre et seigneurie d'Ognoas ; l'autre moitié revenant après elle à son époux. Elle dispose de la moitié qui lui appartient pour payer les créanciers de la maison, fort nombreux paraît-il. Elle lègue deux cents florins pour un obit perpétuel au couvent des Frères-Mineurs de Mont-de-Marsan, voulant que la première messe soit chantée tous les jours pour elle et tous ceux de son lignage. Pour assurer ce legs elle donna la terre de Lomareilles à Ognoas.

Arnaud d'Ognoas, de son côté, avait vendu sa portion d'héritage à Guillem Lagreu, bourgeois de Mont-de-Marsan. Gaston-Phœbus de Foix, agissant alors en qualité de suzerain, fit saisir Ognoas, en donna la moitié à Bernard d'Aydie, exécuteur testamentaire de Miramonde d'Argelouse. Le reste fut vendu le 16 mai 1372 « *a corn et à cride*, » et acheté pour neuf cents florins par le même Bernard d'Aydie devant Johan de Claverie, baile de Mont-de-Marsan.

Revenons à la baronnie d'Arouille qui se trouvait en ce moment entre les mains d'Amadon d'Argelouse, écuyer (1372). Nous avons constaté que ce seigneur mourut vers cette époque et qu'il fut inhumé dans l'église paroissiale à côté de noble demoiselle Marguerite de Lautrec, décédée le 11 avril 1369, et qui devait être sa femme.

Arouille passe alors à l'aîné de la famille, Odet d'Argelouse, chevalier, qui depuis longtemps guerroyait au loin avec le connétable Duguesclin. Nous ignorons les hauts faits de notre héros gascon, mais il est permis de penser qu'en pareille compagnie les aventures ne lui ont pas manqué. Il mourut en 1402, laissant de sa femme, Béatrix de Brocas, trois enfants : Manaud, seigneur de la Prèle, Ramon-Guillem, qui hérita d'Arouille, et une fille, Florette, mariée au seigneur d'Estang (1402).

Ramon-Guillem d'Argelouse hérita successivement de tous les biens de son frère mort en 1432, et de sa sœur décédée quelques années auparavant ; il s'allia à l'une de nos anciennes et nobles familles de Labastide d'Armagnac en épousant Yolande de Came, fille de Bernard de Came, seigneur de l'Artigolle et du St-Aigne, premier gentilhomme du comte de Foix. Yolande de Came était belle-sœur de Jacques de Vignolles et alliée ainsi au célèbre capitaine de Charles VII, le gascon La Hire.

Ramon-Guillem d'Argelouse se trouvait hors de France en 1.436, « engagé dans longue et périlleuse adventure, » comme le dit un acte qui relate le partage définitif des biens de son père.

Quelle pouvait être cette adventure ? Sans doute une entreprise de guerre à la suite du sire d'Albret ou du comte d'Armagnac.

Bernard d'Argelouse, écuyer, est seigneur d'Arouille après son père en 1458. Nous savons seulement que sa femme se nommait Reine de Barbotan, et qu'elle fit son testament le 25 avril 1470, demandant à être enterrée dans l'église d'Argelouse.

Comme on le voit, l'histoire est restée muette sur les faits et gestes des seigneurs d'Arouille, malgré leur illustre origine et les alliances magnifiques qu'ils ont contractées. Bernard d'Arlouse pourrait être identifié cependant avec un certain Bernard d'Argelose, écuyer et homme de grand lignage, puisqu'il avait une suite nombreuse de varlets et de pages, et dont nous avons constaté la présence en Italie au milieu des capitaines gascons de Charles VIII.

Son fils, Roger d'Argelouse, baron d'Anchisas et d'Arouille, obtint la charge de maître de l'hôtel du roi Louis XII. Il avait épousé le 20 février 1488 Yseult de Navailles, dont la famille passe à bon droit pour une des premières du midi de la France et dont les aïeux siégèrent à la fameuse Cour-Mayour.

De ce mariage naquit une fille unique qui se trouva héritière de toute la fortune amassée depuis deux siècles par ses ancêtres : les baronnies d'Arouille, Argelouse et Saubouères en Armagnac, celle d'Arras en Bigorre, d'Anchisas et de la Prêle étaient réunies sur la tête de Diane d'Argelouse.

Roger d'Argelouse obtint pour sa fille un époux tel qu'elle le pouvait ambitionner. Il s'agissait de Jean, seigneur de Montfort, fils bâtard de Jacques de Pardaillan, vicomte de Juliac (1508).

Le notaire royal, Jehan de Capdizé, dressa le 6 avril 1508 le contrat. Dans cet acte, Roger d'Argelouse donne à sa fille en dot deux mille livres et lui assure après son décès son hérédité tout entière. Sur la demande du vicomte de Juliac, présent avec sa sœur, il fait ses preuves de noblesse par pièces authentiques et déclare être le sixième descendant en ligne directe et masculine de Raymond-Arnaud, fils illégitime de Roger-Bernard de Foix.

C'est au château de Béroy et dans la chapelle de la Madeleine que fut bénie par l'archevêque d'Auch, le 10 avril 1508, l'union de Jean, bâtard de Pardaillan, et de Diane d'Argelouse.

L'année suivante un fils, Jacques d'Argelouse, filleul du vicomte de Juliac, vint assurer l'avenir de cette noble maison (1509).

Diane d'Argelouse mourut peu de temps après, mais ne laissa pas son mari inconsolable. En effet, le 1ᵉʳ mars 1526, Soubère, notaire royal de Labastide d'Armagnac, dresse le contrat de mariage du bâtard de Pardaillan avec Marie-Anne Lacroix, fille de Peyre-Lacroix, seigneur de Pavichat, issu d'une famille très anciennement établie dans la contrée.

De cette union ne vinrent que deux filles, Louise et Isabelle, destinées à jouer, comme nous le verrons, un rôle important dans l'histoire locale.

Le bâtard de Pardaillan se flattait que son fils Jacques serait un jour l'héritier de l'immense fortune du vicomte de Juliac; mais peut-être sa mésalliance avait-elle mal disposé l'orgueilleux et puissant seigneur, ou la cupidité de Jean d'Argelouse avait-elle excité sa méfiance ? Toujours est-il que M. de Pardaillan ne manifestait plus autant de bienveillance pour ce fils auquel il avait vendu le 18 avril 1514 des fiefs sur sa terre de Juliac. Comment le bâtard de Pardaillan eut-il connaissance des volontés secrètes de son père ? Nul ne le sait, mais il n'hésita pas, comme nous l'avons vu dans l'histoire de Juliac, à l'empoisonner.

Le crime fut découvert et ses auteurs aussitôt traduits en justice devant le Parlement de Bordeaux. Le bâtard de Pardaillan et son complice, l'astrologue Vimie, furent pendus haut et court en place publique (1532).

Les biens du défunt se composaient non-seulement de la terre d'Arouille, mais encore de domaines situés dans le Bordelais, et provenant de l'héritage maternel. Devenu majeur, Jacques d'Argelouse vendit sa part à ses sœurs et s'établit à Labastide où il acheta une maison. Louise eut dans son lot la baronnie d'Arras. Isabelle fut dame d'Arouille, de Montfort et d'Anchisas.

Les descendants mâles du bâtard de Pardaillan végétèrent pendant près d'un siècle à Labastide d'Armagnac ; son arrière-petit-fils, Pierre d'Argelouse, y vivait dans la pauvreté en 1636 ; le dernier représentant, Georges d'Argelouse, y était menuisier en 1680.

Isabelle d'Argelouse ou plutôt Mademoiselle d'Argelouse, comme on l'appelait dans le pays, était une des riches héritières de la contrée; elle s'était convertie de bonne heure à la religion réformée et contribua de ses deniers à soutenir la cause calviniste (1560). Elle faisait une rente au ministre protestant de Labastide, pendant que son voisin, messire Lancelot de Lalanne, seigneur de Laroqué, abandonnait toutes ses dîmes et tous ses droits pour l'entretien du curé d'Arouille. Aussi une haine inextinguible s'était élevée entre Mademoiselle d'Argelouse, protestante active, et son voisin, catholique endurci. Tous deux rivalisaient de zèle chacun pour sa religion.

Le 6 mai 1577, M. de Lalanne fit équiper à ses frais vingt-cinq gens d'armes pour servir dans une compagnie catholique. La risposte ne se fait pas attendre : Isabelle d'Argelouse se fait taxer à un impôt de 1,200 écus-sols par Jehan de Laffargue, ancien de l'église de Labastide, chargé par le comte d'Aubijoux de lever des subsides sur les propriétaires huguenots d'Armagnac. Mais au moment de payer elle verse la somme de 2,000 écus, alléguant qu'elle veut soutenir le plus possible la cause de la religion.

Le 14 décembre 1578, M. de Lalanne, à son tour, accorde des droits de prélation à deux ou trois personnages catholiques de la région. Huit jours après, le ministre protestant de Labastide recevait d'Argelouse une somme de cinq cents livres pour les réparations à faire au temple.

Isabelle d'Argelouse habitait son château avec sa plus jeune sœur, Louise. Cette dernière, loin de posséder les attraits et les charmes de son aînée, était bossue, et cette difformité l'avait rendue d'un caractère jaloux, sauvage et méfiant. Avec une grande noblesse de sentiments, Isabelle d'Argelouse se sacrifia pour la pauvre enfant déshéritée ; elle refusa de se marier pour mieux assurer l'établissement de Louise, jugeant que ce n'était pas trop de son immense fortune et de son héritage à venir pour faire accepter les défauts physiques de sa sœur.

Ce généreux calcul ne fut pas trompé, car Louise d'Argelouse épousait en juillet 1572 Georges Cassin de Castets, fils de Georges de Castets, juge royal à Mont-de-Marsan, et de Romaine de Mesmes ; ces Castets étaient une très noble famille du Condômois portant « d'azur au cheval gai galopant d'argent. » Ils avaient fourni au pays de vaillants guerriers pendant toute la durée du XVIe siècle, et le frère de Georges, François de Castets, était capitaine au régiment de Picardie ; un de ses cousins, Bernard de Castets, fut un des plus fidèles lieutenants d'Henri de Navarre.

Le mariage eut lieu à Mont-de-Marsan ; l'original du contrat existait aux archives des Castelnau-Robert, au château de Classun, mais il a été brûlé, dit-on. Il paraît seulement que l'épouse y était simplement désignée sous le nom de sa terre, Louise d'Arras, sans doute par déférence pour sa sœur aînée qui jouissait du titre seigneurial d'Argelouse.

Georges de Castets avait eu de puissants protecteurs, entre autres ses parents les de Mesmes. Grâce à eux il devint en 1574 conseiller et maître d'hôtel ordinaire de la reine-mère, Catherine de Médicis. Cet emploi n'absorbait pas tout son temps. A de fréquents intervalles il revenait à Mont-de-Marsan et à Arouille, sans doute pour jeter un coup d'œil sur le futur héritage de sa belle-sœur.

Fidèle à ses promesses, Isabelle d'Argelouse laissa sa fortune entière à Louise d'Arras. Le 8 septembre 1579 elle fait appeler maître Labarchède, notaire royal, et lui dicte son testament. Elle meurt dans la religion réformée, mais par une singulière idée de fierté elle veut que son corps soit déposé dans l'église à côté de celui de son frère. Il est possible que le curé du lieu n'est pas acquiescé à cette dernière volonté.

Elle instituait Louise d'Arras sa légataire universelle et lui recommandait tous ses fidèles serviteurs et vassaux. Ayant relu son testament et l'ayant signé et scellé, la noble dame Isabelle d'Argelouse rendit son âme à Dieu le 21 septembre 1579, à trois heures du matin.

Georges de Castets, devenu baron d'Arouille, laissa à sa femme la gestion des propriétés et reprit son service auprès de la reine. Nous le trouvons qu'en 1583 dans les Flandres ; il y reçut en témoignage de ses mérites la somme de 20,000 écus de Mgr fls de France, frère unique du roi et duc de Brabant.

En 1589, Georges de Castets recevait d'Henri IV la commande de l'abbaye de Selles-en-Berry ; il se trouvait alors à Tours, mais il n'entra jamais en possession. Le don du roi fut révoqué et on nomma un autre titulaire. Le seigneur d'Arouille, fort mécontent, quitta le service et rentra en Armagnac (17 juin 1589).

Il y fit un séjour de plusieurs mois ; le 21 septembre de la même année il achète une partie de la métairie de Mamousse à Guitton Renbot, fils d'Antoine Renbot, bourgeois de Labastide ; l'acte fut passé au château noble d'Argelouse, résidence habituelle des de Castets. Veuf en 1591, Georges de Castets s'était remarié avec Paule d'Armantieu, veuve de Jacques de Cassaignet, seigneur de Beaulac près Riscle. Il se trouvait par suite de ses secondes noces extrêmement riche, et il le devint encore davantage par le décès de son frère François, dont il était l'unique héritier.

Le capitaine François de Castets mourut en effet à Tours

en 1592, et l'inventaire de ses biens meubles et immeubles fut fait en 1596. Les créances de la succession étaient si nombreuses que les hommes de loi purent se complaire à loisir dans un embrouillage inextricable. Il fallut entamer plusieurs procès, mais le seigneur d'Arouille n'en vit pas la fin. Tombé gravement malade à Bordeaux chez son parent et ami, M. de Guichené, il fit son testament le 28 août 1597 et mourut peu de jours après.

De sa première femme, Georges de Castets avait eu cinq enfants, trois garçons et deux filles. Il n'en survécut qu'un seul, une fille encore mineure, Louise de Castets. De son union avec Paule Armantieu était née une fille unique, Catherine.

En raison de la grande fortune du seigneur d'Arouille et des difficultés de la situation présente, on nomma deux tuteurs pour ses filles. Ce furent deux proches parents, Bertrand de Poyanne, gouverneur de Dax, et Pierre de Mesmes, baron de Ravignan, premier président au Parlement de Pau.

Ils firent immédiatement procéder à un inventaire de la succession, qui fut dressé à Bordeaux par le notaire Jean de la Ville le 20 août 1597. Entre autres détails curieux, remarquons que le seigneur d'Arouille devait avoir un goût prononcé pour le luxe des vêtements et surtout pour les bijoux. On trouva en effet dans un bahut une véritable collection de gemmes et de pierres précieuses richement montées. Citons par exemple :

1° Un pourpoint de velours noir garni de dix-sept boutons d'or ;

2° Une enseigne d'or émaillée garnie de six pierres blanches au milieu de huit rubis ;

3° Une chaîne d'or avec une perle et un pendant de musc ;

4° Une autre chaîne de vingt-huit grains de musc couverte de gerbes d'or ;

5° Onze bagues d'or garnies de quatre petits diamants chacune, etc., etc.

Dans son contrat de mariage avec Louise d'Arras, Georges

de Castets avait introduit la clause suivante : au cas où lui Castets prédécéderait à sa femme, la moitié de tous ses biens était acquise à l'aîné de ses enfants survivants, garçon ou fille. Or Louise d'Arras étant morte avant son mari, contrairement aux prévisions, la donation aurait dû être caduque. Il n'en fut rien cependant ; en vertu du testament de son père, Louise de Castets fut déclarée propriétaire de la seigneurie d'Arouille. M. de Mesmes joua un rôle important dans cette affaire : sa situation au Parlement fit certainement pencher la balance de la justice du côté de la jeune héritière. Paule d'Armantieu, très consolée de son veuvage et qui ne voyait en tout cela que la question d'intérêt, garda rancune à M. de Ravignan d'avoir frustré sa fille d'une partie de l'héritage.

Pour assurer à cette enfant un avenir brillant et surtout une sûre protection, elle résolut de la marier et fit choix de Pierre de Castelnau, baron de Jupouy. La fiancée, Catherine de Castets, avait alors neuf ans et son futur époux vingt-huit. Ces unions disproportionnées avaient pour but de maintenir les grandes fortunes contre les déprédations des tuteurs infidèles. Fréquentes à cette époque, elles soulevaient toujours de vives oppositions.

Les préliminaires du mariage furent rapidement menés, et le 8 janvier 1600, à Mont-de-Marsan dans la maison de Georges de Mesmes, le contrat fut passé devant Lalanne, notaire royal, en présence de Paule d'Armantieu et de Jean de Durfort, baron de Montestruc.

En apprenant cette nouvelle, M. de Ravignan, outré d'indignation, s'empressa de porter plainte au Parlement de Bordeaux. Il demandait que l'enfant fut enlevée à sa mère et remise entre les mains de sa cousine, Mademoiselle de Foix-Candale, et que le sieur Jupouy fut décrété de prise de corps pour être jeté en prison.

Malheureusement, M. de Ravignan n'était pas très bien en cour auprès d'Henri IV, tandis que le nom de Castets, ancien compagnon d'armes du Béarnais, sonnait plus favorablement aux oreilles royales. Une supplique de Paule d'Armantieu fut envoyée à Paris, et le roi écrivit à Pierre de Mesmes la lettre suivante :

« Monsieur de Ravignan,

« Le sieur de Castelnau m'a faict entendre comme s'est passé
« le mariage de la fille du sieur d'Arouille avec le fils du sieur
« Jupouy, et qui a esté du consentement de la mère et des
« parents maternels. Je vous ai bien voulu faire ce mot de
« ma main pour vous prier et commander de vous désister de
« ces poursuites. Croyés-moi qu'en ce fesant vous faites service
« très agréable, d'autant que le sieur Jupouy est gentilhomme
« de mérite et que j'aime, tant en considération des services
« que j'ay receu des siens et de ceux que j'espère advenir.
« Sur ce, Dieu vous ait, M. de Ravignan, en sa garde.

« 8 avril 1600, à Paris. « Henry. »

M. de Mesmes s'inclina devant la volonté royale si nettement exprimée. D'ailleurs ses fonctions de tuteur étaient terminées.

Louise de Castets avait épousé en 1596 un des compagnons d'armes de son père, Alcibiade Leblanc de Labattut, fils de Guillaume Leblanc de Labattut et d'Anne de Baylenx.

Les Leblanc de Labattut étaient originaires de Tartas. Ils portaient : « écartelé au 1 et 4 de gueules à une botte éperonnée
« d'or et posée en barre, au 2 et 3 d'azur, à un chevron d'or
« accompagné en chef de deux têtes de lion du même, lampassé
« de gueules et en pointe d'un cygne d'argent. »

Le représentant actuel de la famille, Alcibiade, compagnon de plaisir d'Henri IV, avait suivi les équipées romanesques du Béarnais dans tout le pays gascon. Il lui vendit un de ses chevaux en 1579 et, à plusieurs reprises, son escarcelle bien garnie vint au secours de celle du roi de Navarre. Les landes d'Arouille, dont il devint propriétaire, avaient déjà été parcourues maintes fois par lui au temps joyeux où Henri venait passer huit jours en chasse au château de Briat.

Alcibiade Leblanc de Labattut fut un de ces gentilshommes attachés à la fortune d'Henri IV et qui avaient pour ce monarque un dévouement sans limites. Le roi ne l'ignorait pas, et plus d'une mission de confiance fut donnée au seigneur d'Arouille.

En 1596, au camp de Castillon, Henri IV voulant attirer à lui le célèbre Bertrand de Poyanne, avait chargé Alcibiade Leblanc de cette délicate négociation. Il lui remit donc une lettre, véritable bijou d'esprit gascon :

« Monsieur le baron de Poyanne,

« Je vous dépêche le sieur de Labattut-d'Argelouse pour
« vous dire de ma part mes intentions ; comme il est votre
« parent et ami particulier, vous aurez plus de créance en lui
« qu'en tout autre. Au demeurant je voudrais que le bien de
« mes affaires vous permissent de venir me trouver pour voir
« si nous faisons aussi bien la guerre que vous la faites du côté
« de delà, mais si vous ne le pouvez pas, allez vous faire
« lanlaire.
                                            « HENRY. »

Alcibiade Leblanc échoua ce jour-là dans sa mission diplomatique contre l'invincible entêtement de Poyanne.

Après son mariage, le nouveau seigneur d'Arouille habitait tantôt une maison que les Castets possédaient à Condom, tantôt le château d'Argelouse. Il s'y trouvait le 9 avril 1607 quand il vendit la maison de Fondat au capitaine de Malartic. Il ne vendit jamais d'autre portion de ses domaines. Quant à ses relations de voisinage, il n'en avait que fort peu, étant très infatué de sa noblesse. Cet orgueil fut même cause de sa mort. Un jour, étant entré en discussion avec son voisin, Isaac de Pons, marquis de La Caze, au sujet d'une futile question de quartiers héraldiques, il se prit de querelle avec lui. Séance tenante les deux adversaires mirent flamberge au vent, et M. de Labattut fut tué net par le plus élégant des coups d'épée qu'un gentilhomme puisse offrir à un autre (1638).

Alcibiade Leblanc avait été marié deux fois ; veuf de Louise de Castets, il convola avec Anne de Verduzan. De ces deux unions étaient nés quatre enfants : un fils, Joseph, qui fut l'héritier de la baronnie d'Arouille, et trois filles : l'une, Françoise Leblanc, épousa en 1633 Alexandre de Biaudos ; l'autre, Catherine, fut mariée en 1636 (3 juin) à Pierre de Batz, lieutenant au siège de St-Sever (1) ; la troisième, Marie, religieuse au couvent de Ste-Claire, devint plus tard abbesse de Beyris au Frêche.

Joseph Leblanc de Labattut, chevalier, baron d'Arouille, d'Argelouse, de Labattut et d'Arras, n'avait hérité ni de l'esprit d'aventure, ni de l'orgueil paternel. En plusieurs circonstances il se montre assez pacifique, vidant paisiblement ses affaires devant la justice au lieu de dégainer comme le faisait son père. Il s'occupait très sérieusement de ses domaines et y faisait souvent acte d'administration.

Parmi les pièces conservées à ce sujet, citons un arrêt du Parlement de Bordeaux du 11 février 1641, signé Pontac, et confirmant une sentence des officiers d'Arouille. Ces derniers avaient condamné à la question un nommé Jean Fitère, usant comme on le voit du droit de haute justice, qu'on avait essayé en vain de leur dénier.

Le 7 mars 1647, Loque, juge d'Arouille, fait une information pour faits de chasse constituant des contraventions aux ordonnances royales.

Toutes ces affaires sont dirigées par Joseph Leblanc de Labattut en personne, qui soutient les droits de ses officiers et fait même dans ce but un voyage à Bordeaux (1642).

Le seigneur d'Arouille s'occupait aussi d'améliorer ses domaines par de nombreux défrichements. En 1645, il se décide à faire construire un moulin à Argelouse. Le 29 mars, il échange des parcelles de terre avec Jean-Louis de Malartic,

---

(1) Ce Pierre de Batz serait de la branche de Diusse. Mais leur extraction est roturière, malgré tous leurs efforts pour acquérir la qualité de noble. D'Hozier a reconnu tous leurs papiers comme faux authentiques.

seigneur de Laroqué, pour l'emplacement de sa future construction. Tous les gens possédant un tènement quelconque en Arouille sont obligés de contribuer de leurs deniers à ce travail. Ainsi par exemple, Charles de Batz, seigneur de Laubidat, bourgeois de St-Justin, et qui avait 149 journaux de terre chez M. de Labattut, fut taxé à 63 livres, qu'il paya en nature avec ses mules et ses transports de cailloux. Le moulin fut affermé par les seigneurs d'Arouille à divers particuliers. C'était une source notable de revenus.

Il est probable que Joseph Leblanc de Labattut mourut vers 1657 ; la dernière cérémonie à laquelle nous le voyons assister est le baptême de sa petite-nièce, Marie de Batz, baptême qui eut lieu à Bégaar (1655). Le seigneur d'Arouille, présent, fut parrain de l'enfant.

Joseph Leblanc de Labattut avait épousé en premières noces Magdeleine de Fos, fille de Pierre de Fos, seigneur du Vai ; il eut de cette union Henri Leblanc, qui hérita d'Arouille et d'Argelouse, et une fille, Catherine Leblanc, restée célibataire. De sa seconde femme, Marie de Capfaget, naquirent Jean-Marie Leblanc et Marie-Henriette Leblanc, qui épousa Jean-Joseph de Mesmes de Patience.

Ces deux mariages amenèrent de nombreuses difficultés.

Marie de Capfaget habitait Mont-de-Marsan pour ne pas voir sa belle-fille, Catherine, restée au château d'Argelouse, et avec laquelle fut entamé dès 1663 une affaire litigieuse. Il s'agissait de l'héritage de Jean Leblanc de Norton, seigneur de Monbrun, oncle de Catherine, et qui lui avait laissé la somme de 12,000 livres payables en biens-fonds ; Joseph Leblanc, héritier de son frère, s'était bien gardé de payer ce legs, et sa fille, qui n'avait osé réclamer du vivant de son père, était trop contente de pouvoir maintenant susciter des procès à sa marâtre. Elle la laisse aussi se défendre contre l'action intentée par Pierre-Joseph Leblanc, son cousin, toujours au sujet de la succession de Norton.

Henri Leblanc de Labattut termina cette affaire en réglant

définitivement le partage des biens laissés par son père, qui se composaient, outre Arouille et Argelouse, de la vicomté d'Aurice et des baronnies d'Arras et de Labattut. Arouille échut à l'aîné Henri ; quant aux autres fiefs, Labattut, Aurice, Arras, ils furent partagés entre Jean-Marie Leblanc, cadet des deux garçons et Henriette, sa sœur. Nous ne suivrons pas les dédales du procès successoral qui s'en suivit depuis 1658 jusqu'en 1664, procès dans lequel se distingua notamment le beau-frère du seigneur d'Arouille, Jean-Joseph de Mesmes, seigneur de Patience. Laissons les scribes noircir des montagnes de papier et revenons à Henri Leblanc, qui fait son hommage au roi, le 30 décembre 1661, par devant maître Loyard, commissaire, et pour lequel Louis XIV érigea la terre d'Argelouse en vicomté.

C'était un brillant et spirituel cavalier, disent les mémoires du temps, et pendant quelques années on le vit briller à la cour de Versailles. Une singulière affaire le rappela en Armagnac en 1665.

L'année précédente (1664), Arouille avait été le théâtre d'une querelle ecclésiastique peu importante au début, mais qui finit par prendre des proportions exagérées.

Le héros de l'histoire est Mathias Condou, curé d'Arouille. Ce personnage avait affermé à Michel Giraud, prieur de Gabarret, des dîmes qui lui appartenaient dans sa paroisse, et au mois de septembre 1664 s'était mis en devoir de les recueillir. Ce ne fut pas du goût de Jean Condou, oncle du curé d'Arouille, et qui se trouvait, par un hasard curieux, curé de Betbezer ; Jean Condou, déclara qu'il s'opposait à la levée des dîmes par son neveu. Aussi un matin le voilà parti accompagné de Pierre de Brizac, seigneur de Perruc, son voisin, et armé d'un formidable gourdin. Les deux adversaires se rencontrèrent devant la métairie de Lamoulette, où Mathias Condou se faisait tranquillement délivrer du vin. Transporté de fureur, le curé de Betbezer brise d'un coup de bâton la cruche avec laquelle on mesurait le piquepoult. Puis il veut bâtonner son collègue ; son neveu, plus robuste, lui tenant les bras, il lui déchira la chemise avec les dents ; puis il tira un couteau et en frappa un des bœufs. Enfin il ordonna au métayer de décharger la barrique, menaçant de prendre son fusil et de tuer les bœufs si on emportait le vin.

Mathias Condou déposa une plainte contre son irascible parent ; mais Olivier de Pujolé, vicomte de Juliac, n'admettait pas que quiconque vivait sur ses terres put être condamné sans son intervention. Henri Leblanc de Labattut, de son côté, tenait à ce que justice fut rendue. Bref, cette simple querelle ecclésiastique dégénéra en une rivalité terrible entre les deux seigneurs voisins. Le vicomte d'Argelouse, moins intraitable que son adversaire, vint probablement à composition. En 1667 l'affaire était définitivement réglée.

Henri Leblanc de Labattut se maria en 1664, et épousa Marie de la Ville, fille de Pierre de la Ville et de Marie de Bordessoules. Elle lui rapporta en dot des terres assez considérables, appelées au Prad, dans la juridiction de Mano. Cet accroissement de fortune en biens-fonds obligea Henri Leblanc à affermer le plus possible ses domaines. Les années 1665 et 1666 furent consacrées à la recherche de gens honnêtes et capables qui pussent prendre à bail toutes ces seigneuries ; nous voyons le moulin d'Arouille donné à Jacques Bernèdes (6 février 1665), le Prad de Mano (21 avril 1665), la baronnie d'Arras en Bigorre (9 juillet 1665), pour 693 livres, quitte des fiefs dus au roi et à l'évêque de Tarbes.

Enfin, le 19 juin de l'an 1666, le vicomte d'Argelouse eut à satisfaire les réclamations de la famille de Batz de St-Sever.

Depuis le 3 juin 1636, époque du mariage de Pierre de Batz et de Catherine Leblanc de Labattut, la dot de l'épouse n'avait pas été versée. On juge à quel chiffre se montaient trente ans après les dettes des Labattut envers les de Batz. Pour les acquitter, Henri Leblanc fut obligé d'abandonner à Pierre de Batz la vicomté d'Aurice, par contrat du 19 juin 1666. Telle est l'origine d'ailleurs des Batz d'Aurice, qui, de très basse extraction, n'ont aucune parenté avec les véritables de Batz, issus des vicomtes de Lomagne.

Quand on apprit avec quelle générosité Henri Leblanc acquittait les engagements de feu son père, les réclamations se multiplièrent partout. Jean de Prugue, capitaine de mousquetaires, et Jean-Jacques de Prugue, lieutenant particulier au siège de Marsan, exigèrent d'Henri Leblanc la cession totale de ses droits sur la maison de Fos. Les de Prugue, descendants d'une Madeleine de Fos, sœur de M. de Labattut, étaient les cousins-germains du vicomte d'Argelouse.

Pour se débarrasser d'eux, Henri Leblanc offrit une transaction et leur paya comptant une somme de 1,000 livres pour éteindre toute contestation (6 janvier 1668).

Au moment de jouir enfin tranquillement de sa fortune, Henri Leblanc de Labattut mourut le 5 février 1670, laissant une veuve et trois filles mineures.

Marie de la Ville était parfaitement capable d'administrer les biens de son mari défunt. Très entendue en affaires, aimant peu les procès, elle avait une activité incroyable ; pendant vingt ans nous la retrouverons tantôt à Prad, tantôt à Arouille, décidant tout elle-même et entrant dans les moindres détails.

Argelouse fut donné à un homme d'affaires, Jean Belloc ; au point de vue administratif, Bernard Latané, procureur juridictionnel d'Arouille, avait toute la confiance de Marie de la Ville. Le 14 octobre 1679, la vicomtesse d'Argelouse fit son aveu et dénombrement devant M. de la Chenèze, commissaire en Guyenne. Elle dit posséder noblement le château des d'Argel et la seigneurie d'Arouille avec la haute, moyenne et basse justice, lods et ventes, droit de prélation et de colombier, droit de créer et d'instituer des offices de judicature, droit à deux bancs dans l'église d'Argelouse (plus un à Arouille et un à Saubouères). Elle dîme tous les fiefs à raison de seize deniers par journal, sauf à Coulicat, qui appartient au granger de Juliac.

Les recherches nécessitées par ce dénombrement firent connaître à Marie de la Ville que beaucoup de personnages nobles des environs avaient des droits sur certains fiefs de son domaine, et qu'ils n'avaient rien payé depuis longtemps.

Aussi, désirant mettre ordre à toutes ces irrégularités, la vicomtesse d'Argelouse consacre les années 1682 et 1683 à de nombreuses réclamations, toutes d'ailleurs faites à l'amiable.

Le 3 juillet 1682, Jean-Louis Lacroix de Laroqué avoue devoir le paiement de la taille de certaines terres situées au bas de sa propriété, et qu'Alcibiade Leblanc de Labattut avait cédées à son prédécesseur, Jean-Louis de Malartic, le 7 novembre 1645. Depuis 37 ans il n'en a pas été payé un centime, et bien qu'il ne s'agisse que de 33 lattes, la somme est devenue assez ronde.

Vint ensuite Charles de Batz de Laubidat qui, depuis 1677, ne donnait rien pour la métairie de Betjean. La vicomtesse d'Argelouse le convoque chez elle pour règlement définitif; elle refuse les espèces sonnantes et se contente d'un cadeau de deux mules de la valeur de trente livres « quand son débiteur en aura de propres. »

Il y eut ensuite Pierre Dufour, baron d'Ognoas, habitant St-Justin, et qui, depuis 29 ans, n'avait pas payé les fiefs des métairies de Lespaigó et de Martinat, dont il avait hérité de Jacques de Vaqué de Commedema (7 juin 1683).

Enfin, ce fut Daniel Darroya, avocat, en retard de la même période pour les tènements des métairies de Gachon et de Porquera (25 octobre 1683).

Marguerite de Capin, veuve de messire Annibal de Came, seigneur de Couralet, doit 600 livres tournois; feu son mari, empruntant la garantie du vicomte d'Argelouse, lui avait extorqué de l'argent et au lieu de se libérer avait tout dissipé. Les créanciers venaient alors en cette année, 1683, de faire saisir les terres de Lavedan et d'Arras en Bigorre, et il avait fallu que Marie de la Ville payât 600 livres pour délivrer son fermier, décrété de prise de corps et qu'on avait jeté en prison (28 avril 1683).

Une des plus fortes sommes dues à la vicomtesse d'Argelouse

était de 2,750 livres, qu'il fallait faire payer par la communauté de Mont-de-Marsan. Cet argent avait été prêté à la ville par Jean de Capdeville, écuyer, seigneur de Cazaneuve, au moment où la Fronde ruina toutes les finances de l'Armagnac (20 mai 1657).

Marie de la Ville tirait parti de tout ce qui pouvait donner un revenu et ne négligeait rien. Le 5 avril 1683, elle loue pour six ans la pêche du port de Mont-de-Marsan, droit qui lui appartenait depuis le pont de pierre du bourg jusqu'au moulin de la Barthe, propriété des Ursulines. Cette location est faite moyennant quarante-cinq livres et le premier collac de l'emprisée annuelle, ainsi qu'une quantité fixe de six douzaines d'anguilles. Le fermier pouvait se servir des réservoirs pour garder le poisson, et devait entretenir soigneusement les nasses.

Le 12 décembre de la même année, la vicomtesse d'Argelouse se rend à St-Etienne de Cachen et y afferme les métairies de Martinon et de Simon-Guiraud avec le moulin pour cinq cents livres tournois. La partie prenante est Marie de Fos, veuve de Laurent de Persillon, seigneur de Lassalle. Marie de la Ville stipule qu'il ne sera coupé aucun arbre et garde son droit de bailliage sur Cachen.

Cependant vers la fin de l'année 1684, Madame d'Argelouse rencontra sur son chemin un adversaire au moins aussi plein de son autorité qu'elle l'était elle-même, Jean-Olivier de Pujolé, vicomte de Juliac. Pujolé avait fait afficher aux portes des églises dans toutes les paroisses de la vicomté, des placards où il déclarait être à la veille de faire son aveu et dénombrement. Entre autres choses, il se bornait à n'indiquer que d'une manière générale et trop vague les limites qui le séparaient d'Arouille, et annonçait ses droits au péage de Las Langaches ainsi qu'à l'hommage de la vicomtesse d'Argelouse. Ces derniers points froissèrent beaucoup Marie de la Ville, et le 31 décembre 1683 elle charge Dubrutz de signifier à M. de Juliac qu'elle met opposition à un dénombrement aussi inexact.

Par malheur, Pujolé avait des titres fort en règle, et la demanderesse fut déboutée de son instance.

Il faut croire que cet échec lui rendit insupportable le séjour d'Argelouse, car elle se rend, quelques mois après, au Prad, décidée à ne plus revenir en Armagnac.

C'est là, qu'en 1687, elle afferma sa baronnie d'Arouille à un marchand de Labastide, Bernard Dubuc, ce qui lui suscita de nombreuses difficultés. En effet, en octobre 1691, la vicomtesse d'Argelouse signifie à Dubuc qu'elle entend lui retirer sa ferme, à cause de sa négligence et de son incurie. Dubuc laisse les métairies sans les animaux pour les cultiver, il n'a pas fait couper de tuies et il a abattu tous les bois de futaie qui environnent le château. Un tel état de choses est intolérable et des experts sont nommés pour estimer les dégâts.

Marie de la Ville montra également une habileté remarquable pour établir ses trois filles et leur faire contracter de belles alliances.

Deux d'entre elles furent mariées à quatre jours de distance (16 et 20 mai 1692), à St-Justin. Pierre Labeyrie, notaire royal de la vicomté de Juliac, dressa successivement les deux contrats. Henriette Leblanc de Labattut, épousait Jean-Louis de Bezolles, comte de Bezolles, fils de Dominique de Bezolles et d'Elisabeth d'Aulin d'Andissas. Marie Leblanc de Labattut, épousait messire Jean-Marie de Pujolé, vicomte de Juliac, baron de Fieux, Gaillères et Tachousin, propre cousin-germain de M. de Bezolles. Tous les de Bezolles, le comte de Barbotan, Jean de Mesmes de Patience et autres se trouvèrent présents.

Il est probable que sauf l'argent comptant, aucune dot ne fut donnée aux deux jeunes femmes ; mais en 1694, à la mort de Marie de la Ville, la succession fut partagée en trois. La baronnie d'Arras échut à Jeanne Leblanc, qui avait été mariée à M. de Junca, du Mont-de-Marsan ; Henriette eut la terre noble de Pléou, en Labastide (1), et le moulin construit par son

---

(1) Son fils, Joseph de Bezolles, vendit Pléou en 1727 ou 1732 à Jean de Bouglon.

aïeul à Argelouse. Enfin, Marie hérita de la baronnie d'Arouille.

Malgré le caractère difficile de M. de Pujolé, Marie Leblanc ne fut pas malheureuse ; elle avait des goûts fort simples, mais aussi un grand orgueil nobiliaire, ce qui s'accordait parfaitement avec l'arrogance de son époux.

Après la mort de M. de Pujolé (1718), Marie Leblanc de Labattut se retira à Labastide, dans la maison Dufau, où elle resta jusqu'à sa mort. Dans cet exil volontaire, elle conservait cette dignité et cette fierté superbe qui la distinguèrent toujours, et les familles nobles du voisinage se trouvaient très honorées d'être admises à lui rendre visite.

Enfin, le 30 mars 1739, elle s'éteignit à l'âge de 72 ans. Les obsèques eurent lieu à Betbezer, et la dépouille mortelle de la vicomtesse d'Argelouse fut placée dans le caveau de l'église. Elle y repose encore de nos jours, à côté de Jean-Marie de Pujolé, son époux, et de Joseph-Marie de Pujolé, son petit-fils.

Dans son testament, daté de 1713, Marie Leblanc de Labattut avait laissé tous ses biens-fonds à Joseph de Pujolé, à condition qu'ils seraient toujours l'apanage des aînés de la famille, et resteraient toujours attaché à Juliac.

Désormais Arouille et Argelouse n'ont pas été séparés de la vicomté, et aucun fait saillant ne se passa dans ces deux baronnies. Citons cependant, pour terminer cette monographie, un mémoire rédigé le 27 août 1741, et qui permet de faire une intéressante comparaison entre le présent et le passé.

Dans cet acte fourni à titre de document par la communauté d'Arouille à M. de Biat, il est dit en substance :

1° Le nombre des habitants est de 560, savoir : 110 hommes, pour la plupart brassiers et journaliers, 110 femmes, 40 domestiques et servantes, 300 enfants ;

2° La taille est de 5 sols 5 deniers par journal ;

3° En raison de la nature sablonneuse du sol et de la rareté du fumier, on ne fait presque pas de vignes, et les revenus sont le seigle, le panis et un peu de millet ;

4° La communauté est pauvre, on ne trouve même personne d'apte à remplir les fonctions consulaires ; il n'y en a que cinq ou six qui se succèdent alternativement, ce qui est une cause de ruine ;

5° Chaque tenancier paye au seigneur 16 deniers par journal, indépendamment des poules et corvées.

Actuellement Arouille a beaucoup perdu en population ; le dernier recensement ne donne que 395 habitants ; mais en revanche, la communauté se rattrape sur le chiffre des impôts et paye 2,946 francs, pour 1,808 hectares.

Nous laissons au lecteur le soin d'apprécier cette proportion. Arouille n'a peut-être gagné à la grande révolution de 89 qu'une diminution de territoire et une écrasante augmentation de charges et d'impôts.

SOURCES HISTORIQUES :

1. — Archives de la Tour de Londres (fonds de Guyenne).
2. — F. Bouillier : Rôles gascons.
3. — Annales de Warwick (monastère de St-Georges).
4. — Archives du peerage (Londres).
5. — Dom Clément : Art de vérifier les dates.
6. — Gallia Christiana : Diocèse d'Auch.
7. — Pouillé du diocèse d'Aire.
8. — Archives de la famille Bureau.
9. — Bibliothèque nationale, fonds français, J. (18.004).
10. — Manuscrit de Wolfenbüttel, folio B., 1273.
11. — Rymer : Fœdera.
12. — Abbé Cazauran : Brochures diverses.
13. — L'abbé Légé : Histoire de la Castelle.
14. — Revue de Gascogne, passim.
15. — Archives des Landes, des Basses-Pyrénées, des Hautes-Pyrénées et du Gers.
16. — Archives de Labastide, d'Arouille, et de St-Justin.
17. — Archives de l'abbé Tauzin.
18. — Archives de l'abbé Ducruc.
19. — Archives du grand séminaire d'Auch.

CHAPITRE VIIIe.

Bourgade.

La maison noble de Bourgade est aujourd'hui une humble métairie, située sur l'un des coteaux dominant Labastide d'Armagnac, et non loin du château de Juliac. Elle a été pendant plus de 300 ans la propriété de la famille Marquet.

Les Marquet, établis à Labastide de temps immémorial, faisaient partie, comme on va le voir, de la meilleure bourgeoisie de cette petite ville. Ils habitaient la rue de la Chaussée ; leur demeure comprenait les maisons actuelles du docteur Dibos, de M. Lapeyrère et celles comprises entre ces deux propriétés.

Les Marquet se prétendaient nobles depuis le xve siècle, et leurs armes étaient : d'argent à la fasce d'azur, accompagnée en chef d'un croissant renversé de gueules et en pointe d'un lionceau de même. La vérité est qu'en 1450, ils étaient simplement bourgeois et marchands à Labastide. Dans le xvIII^e siècle, ils devinrent tellement riches, qu'il leur fut facile d'acheter la noblesse. D'ailleurs ils contractèrent dans le pays de belles alliances, et s'unirent aux familles les plus nobles de la contrée, comme les Malartic et les Came de St-Aigne. Ils firent surtout une fortune aussi rapide que scandaleuse sous le règne de

Louis XV, et durent à l'agiotage et aux spéculations de banque la plus grande partie de leur prospérité. De nos jours il n'existe plus en Armagnac de membres de la famille Marquet, mais il y en a encore à Paris qui portent ce nom quelque peu modifié.

Le premier propriétaire de Bourgade fut Joseph Marquet, qui vivait vers 1460, et qui fut capitaine dans les bandes gasconnes. Nous le trouvons en 1491 avec Philippe de Lobit de Perquie, accompagné d'une troupe d'aventuriers, suivant le roi Charles VIII en Italie. Peut-être avait-il confiance dans cette lointaine conquête, et croyait-il pouvoir se tailler des fiefs et des royaumes au-delà des Alpes. En tous cas, le capitaine Joseph Marquet et sa femme, Anne Lestage, étaient morts l'un et l'autre en 1514, laissant trois enfants : Jeanne, Catherine et Annibal. Jeanne Marquet épousa le 1er février 1514 Guillaume de Came de St-Aigne ; Catherine fut unie en 1515 à Laurent Ducom, seigneur de Ribère. Annibal possesseur de Bourgade, se maria six ans après, en 1520, avec Marie Dufau, dont la famille très ancienne, comme on le sait, remontait à la fondation de Labastide d'Armagnac.

Lorsque les prédicateurs de la Réforme commencèrent leur propagande en Armagnac, Annibal Marquet et son fils Jean embrassèrent des premiers le protestantisme. Ils avaient conservé intacte toute leur fortune, et Jean Marquet l'accrut encore, en épousant le 1er mai 1550 Anne Ducom, fille de Jean Ducom, seigneur de Ribère et de Marie Sardaings.

C'est à partir de cette époque que s'ouvre l'ère de gloire des Marquet ; les trois enfants de Jean Marquet devaient jouer les rôles les plus importants dans le pays. L'aîné, Joseph, dit le capitaine Marquet, prit du service dans les armées de Jeanne d'Albret. Enrôlé sous le drapeau calviniste, il parcourut le Béarn et l'Armagnac avec Montgommery. Son frère Joseph se voua aux spéculations commerciales, préludant ainsi à la destinée future de ses petits-neveux, financiers et économistes du règne de Louis XV. En 1568, âgé de 17 ans, il avait épousé une protestante de Labastide, qui traînait dans la pauvreté un grand nom et un blason célèbre. Sarah de Malartic, fille de François de Malartic et de Catherine de Moncade.

Joseph Marquet, bourgeois et marchand à Labastide, s'enrichit en affermant une partie des terres du comte d'Aubijoux ; il achetait et revendait des métairies, et prêtait sur hypothèque ; il entassait ainsi une fortune magnifique qui, faute d'héritier, allait passer toute entière à ses neveux, les fils du capitaine Marquet.

Joseph Marquet fut le tuteur de sa sœur, Perside Marquet. Il fit valoir dans son commerce la somme de 6,000 livres, qui représentait la part d'héritage de la jeune fille. Cet argent fructifia si brillamment entre ses mains, que la dot était devenue de 10,000 livres, quand Perside Marquet épousa Jean Duvignal, notaire à Labastide.

Le capitaine Marquet, las d'aventures, revint à Bourgade vers 1585 ; cette longue absence du pays expliquerait pourquoi il n'est pas porté sur le rôle des protestants de Labastide taxés pour frais de guerre en 1578. Pouvait-on demander de l'argent à ceux qui versaient leur sang pour la réforme ? De retour en Armagnac, le vieil officier de Jeanne d'Albret put goûter à loisir les joies de la famille, entouré qu'il était de quatre enfants nés de son union avec sa cousine, Anne Ducom (1).

L'héritage de l'oncle Marquet dut venir à propos pour cette nombreuse postérité ; l'époux de Sarah de Malartic, veuf en 1601, vivait encore en 1604, puisqu'à cette époque nous le trouvons à Labastide. Il se qualifie superbement encore bourgeois et marchand, pendant que son frère non moins glorieux se pare du titre d'écuyer et capitaine. Le 26 juillet 1604, il assiste à l'acte de donation de la prébende de Labastide, faite par Augier Lamarque à Georges St-Orens.

En 1607, époque où le temple de Labastide fut reconstruit en dehors de la ville, sur l'emplacement que l'on connaît

---

(1) Elle était fille d'Isaac Ducom de Ribère et de Jeanne de Laffargue de l'Hostallet.

actuellement, Joseph Marquet, est ancien de l'église réformée. C'est lui qui, avec ses collègues, et Jean Sylvius, ministre de Labastide, acheta la maison et le terrain où l'on devait bâtir le nouveau temple.

Ce n'est donc vraisemblablement que vers 1610 que les enfants du capitaine recueillirent l'immense succession ardemment convoitée sans doute.

Quant à Joseph Marquet, leur père, il fait son testament à Bourgade, en 1615, léguant ce qu'il possède à ses quatre héritiers.

Jean Marquet, l'aîné, eut Bourgade, qui était la vieille maison patrimoniale. Éraste Marquet eut Bouillon et les terres qui dépendaient de cette métairie, sise en Betbezer ; quant aux deux filles, elles n'étaient pas moins bien assurées contre l'avenir ; Marie avait épousé Jean Dufau, et Perside était unie à Jacob Tortoré, capitaine, qui avait servi longtemps sous Jeanne d'Albret.

Nous n'avons rien à dire d'Éraste Marquet, dont les descendants vécurent à Labastide. Leur dernier représentant, Joseph, était premier consul de cette ville en 1764. Nous suivrons donc pas à pas Jean Marquet, de Bourgade, dont la postérité a laissé des traces plus brillantes dans l'histoire du pays.

Comme son père, Jean Marquet fut écuyer et capitaine, et obtint en 1610 l'office de lieutenant des chasses au pays de Guyenne. Le brevet fut signé par Henri IV, quelques semaines avant sa mort ; sans doute c'était la dernière récompense que le Béarnais envoyait à un de ses fidèles serviteurs et compagnons. Peu de temps après, Marquet s'enrôla sous la bannière de Condé à l'époque des premiers troubles, mais cette nouvelle lutte trop parsemée de conciliabules et de politique, ne convenait plus au fils d'un vieux capitaine huguenot.

Il habitait Bourgade en 1629, et y mourut en 1630, laissant sa veuve, Marie Tortoré, aux prises avec l'administration d'une fortune considérable. Le tuteur de ses deux jeunes enfants fut Jacob Tortoré, qui ne mit pas le moindre scrupule à les dépouiller. La brèche faite par cet infidèle mandataire fut tellement forte, que les deux enfants du capitaine Scipion et Jehanne allaient se trouver dans une gêne relative. Heureusement, une succession importante leur arriva tout à point pour combler le déficit.

Marie Tortoré, mère des deux jeunes gens, était la petite nièce de Jacques Duffort, ministre protestant de Labastide d'Armagnac ; ce personnage possédait plusieurs métairies, entre autres Pébaqué et le domaine de Ribère qu'il avait acheté à la famille Ducom.

Jacques Duffort avait pour héritiers Marie Tortoré, les enfants d'un nommé Pierre Ferrand et Pantaléon Gibert, son neveu à la mode de Bretagne. C'est entre ces collatéraux que le vieux pasteur calviniste partagea ses biens.

En 1650, Scipion Marquet se qualifiait seigneur de Bourgade et de Ribère. Quant à sa sœur, elle n'avait rien à lui envier ; un beau mariage l'avait mise à l'abri de toute inquiétude d'avenir. Le 23 mars 1637, elle épousait Jean de Malartic, écuyer, seigneur de Fondat et de Laroque.

Scipion Marquet fut en butte à la jalousie de ses cousins, les Marquet de Bouillon ; ils lui suscitèrent des procès continuels. Aussi pour fuir le séjour de Ribère et de Bourgade, troublé par le voisinage de ses parents, il prit du service aux armées royales (1640).

Il ne quitta le métier militaire que pour se marier, et épousa le 27 juillet 1645, Anne Lasserre, fille de Samuel Lasserre et de Marthe Dubedat. Cette union fut bénie à Nérac par le ministre de la religion réformée.

Scipion Marquet avait laissé en quittant les camps, d'excellents souvenirs de sa discipline et de son courage. Aussi ses chefs ne perdaient point d'occasions de lui rappeler jusque dans sa retraite de Bourgade leur estime et leur considération.

En 1649, le marquis de Poyanne lui écrit « qu'ayant reçu ordre de M. d'Epernon de l'aller trouver avec la noblesse de l'étendue de sa charge, il le prie de l'aller trouver à Grenade le

4 du mois de novembre suivant, et qu'il donnera par là de nouvelles marques de son affection au service du roi. »

A cet appel, Scipion Marquet sentit se réveiller en lui son ancienne ardeur belliqueuse ; le vieux sang huguenot le jette de nouveau dans la lutte. Le voilà, l'épée au poing, dans la compagnie de M. d'Aubeterre ; ses scrupules de conscience ne l'empêcheront pas de frapper à coups redoublés sur les soldats de Balthazar, ses coreligionnaires.

La Fronde apaisée, Scipion Marquet rentre dans sa maison de Bourgade ; de toutes ses aventures glorieuses, il n'a rapporté qu'une balafre qui lui a crevé l'œil droit, et la pension que lui sert Sa Majesté ne l'empêche pas de songer mélancoliquement aux hasards des combats (1660).

Deux enfants étaient nés à Bourgade avant les premiers troubles de la guerre civile, Jean et Marie Marquet. Cette dernière fut mariée le 24 août 1662 à Paul Meuilh, seigneur de Rouzac ; les témoins de cette union furent les oncles de la jeune fille : Jean Duvignal, seigneur de la Salle ; Jean Dufau, capitaine au régiment de Navailles ; Amos, seigneur de Poutet, capitaine au régiment de Monpouillan ; Joseph Ducom, seigneur de Las Fosses, et Balthazar Duvignal, son cousin.

La dot de la future se composait des deux métairies de Peyre et de Moucheta, situées à Estigarde.

Nous ne saurions préciser exactement l'époque de la mort de Scipion Marquet, qui disparaît de l'histoire vers 1675.

Son fils, Jean Marquet, seigneur de Bourgade et de Ribère, resta attaché au sol d'Armagnac, et l'exemple glorieux de son père ne l'entraîna pas au loin. Constamment nous le trouvons à Labastide depuis 1681 jusqu'à 1690.

Le 1ᵉʳ janvier 1683, il avait épousé Marie de Compaigne, fils de Maurice de Compaigne et de Marie Tortoré. Ces Compaigne étaient une famille noble qui occupait un rang élevé à Roquefort, leur lieu d'origine. Ils portaient « d'or à la rose de gueules chargée d'une bande de sable. »

En 1687, Jean Marquet résolut de rétrocéder Ribère à la

famille Ducom qui avait autrefois possédé ce domaine. Il revendit donc le tout à Anne Ducom et à son mari Jean Papon, lieutenant de juge au marquisat de Maniban (1687).

Du mariage de Jean Marquet étaient nés cinq enfants au sujet desquels il eut beaucoup de difficultés. Marquet avait gardé enracinées en lui les croyances calvinistes, et la révocation de l'édit de Nantes le trouva d'abord inébranlable.

Maurice et Jean, ses deux aînés, furent élevés dans la religion protestante, mais en 1688, à la naissance de sa fille Catherine, il se laissa fléchir peut-être sur les instances de ses parents les de Compaigne, et l'enfant fut baptisée dans l'église de Labastide. Sa troisième fille, Marthe, venue au monde en 1691, fut aussi portée devant le prêtre catholique.

Enfin, au printemps de 1692, Jean Marquet tombe gravement malade ; le 25 mai il fait son testament et déclare mourir dans la religion réformée, seulement deux jours plus tard, le moribond pressé par ses amis, abjurait devant le curé de Labastide et rendait le dernier soupir quelques heures après.

L'héritier de Bourgade, Maurice Marquet, fut une des plus remarquables personnalités de cette famille. Fixé à Bordeaux, il y avait épousé la fille d'un riche bourgeois, Anne Mercier (13 février 1711). Avant de quitter définitivement Bourgade, il prit des mesures nécessaires pour que cette propriété ne fut pas abandonnée à la merci de fermiers peu soigneux. Des amis de la famille, les Espaignol, s'y installèrent à la place du maître absent.

Les Espaignol, bourgeois huguenots de Labastide, embrassèrent le catholiscime en 1707 ; ils ont vécu à Bourgade très nombreux, et probablement un contrat de ferme ou de redevance quelconque les liait à Maurice Marquet. En 1700, Jean Espaignol y résidait avec sa femme, Marie Frétard de Gauzères ; leur fils Samuel s'y mariait en 1723 avec Catherine Labat.

Cette affaire ainsi réglée, Maurice Marquet repartit pour Bordeaux, où il était aide-major de la capitainerie garde-côtes

Mais de telles fonctions ne pouvaient suffire à son ambition, et en 1717 il se rendait à Paris.

Paris était alors en proie au plus colossal vertige financier qu'on eût vu jusqu'alors ; les opérations de banque, les folles spéculations travaillaient tous les esprits.

Maurice Marquet n'avait d'autre ami à Paris que l'abbé Terrasson, un des familiers de Dubois, et qui, pour débuter, le présenta au roi du jour, l'écossais Law. Law qui venait de créer coup sur coup la compagnie des Indes et celle de l'Occident, achetait pour cinquante-deux millions le bail des fermes générales. Etourdi par le charlatanisme de ce prodigieux banquier, Marquet se jette dans l'arène financière. Il court à la rue Quincampoix où il retrouve son protecteur, l'abbé Terrasson ; mais l'élève y dépasse le maître, et Marquet se plonge dans l'agiotage ; il prend des billets de la banque royale pour les revendre à prime ; enfin, grisé par la vue de l'or, il va proposer à Law d'établir à Bordeaux une succursale de sa compagnie dans laquelle on accumulerait les capitaux de tous les grands armateurs et négociants de cette ville (1718).

Law lui-même fut effrayé de la hardiesse des projets de son interlocuteur ; il refusa net son nom et sa garantie. Maurice Marquet dut se retirer furieux de perdre une si belle occasion, car en décembre 1719 il se range audacieusement parmi les adversaires du système.

On revenait peu à peu du premier vertige causé par le succès de Law. L'Ecossais avait contre lui maintenant une ligue de financiers décidés à le battre en brèche. Les chefs de cette ligue étaient les frères Pâris ; Maurice Marquet s'unit à eux, apportant le concours efficace des millions qu'il avait gagnés à la rue Quincampoix. D'Aguesseau, Beaufort de Boulongue, le président de Mesmes ajoutèrent leur influence politique (décembre 1720). La banque de Law s'écroula, ensevelissant sous ses ruines une partie des finances françaises.

Les frères Pâris furent alors les héros du jour ; ils associèrent Maurice Marquet à leur triomphe. Sous leur direction, Marquet fut chargé de la vérification des comptes du système et de l'opération du visa, fonctions épineuses, car il fallait passer sous silence les honteuses déprédations du régent, de l'abbé Dubois et des princes du sang eux-mêmes.

Maurice Marquet avait eu d'Anne Mercier trois enfants qu'il éleva à son école dans les secrets du métier. Profitant de ses relations avec tous les grands manieurs d'argent de Paris, il les maria fort habilement.

L'aîné, Daniel Marquet, épousa Edith de Michaux, fille d'un financier bien connu (1740). La même année, le cadet, Louis Marquet, demanda et obtint la main de Michelle Pâris-Duverney, dont le père et l'oncle avaient si puissamment protégé Maurice Marquet.

Le troisième fils, Jacques Marquet, était le favori de son père qui l'avait initié tout spécialement à ses affaires, et espérait en lui son successeur. Il ne voulut jamais se marier, et reçut en 1746 le domaine de Bourgade.

Après s'être occupé de l'établissement de ses fils, Maurice Marquet songea à ses amis d'Armagnac. La fortune n'avait eu aucune influence sur la générosité de son cœur et l'aménité de son caractère. Depuis longtemps il prêtait de l'argent à différents bourgeois de Labastide d'Armagnac, heureux de trouver un ami chez lequel coulaient le Pactole et ses affluents. Presque tous avaient eu l'idée d'imiter leur compatriote, et tous les jours M. Marquet recevait un flot de lettres d'Armagnac où on lui demandait les moyens de faire fortune. Plusieurs bourgeois de Labastide, pleins de suffisance en eux-mêmes, partirent pour Paris ; la plupart, soit par imprudence, soit par incapacité, y consommèrent une ruine complète, loin de pouvoir égaler le succès de M. Marquet. Un d'entre eux, brasseur d'affaires s'il en fut, Jacques Maurisset, vint perdre à Paris tout ce qu'il lui restait, et sombra dans le désastre de la compagnie des Indes (1)

(1) Henry Dufau, écuyer, seigneur de Paguy, vendit en 1699 les Bayles à Henri Lattané, pour aller agioter à Paris. Il fut assassiné au sortir de l'hôtel de Nevers où il était allé vendre des billets de la compagnie des Indes. Son compatriote, Pierre Duvignal, était le secrétaire du fameux Lamothe.

Cependant Maurice Marquet, par exception, écrivait à son ancien voisin et ami M. de Malartic de Fondat, en lui demandant avec instance de lui confier son fils. Nous avons vu qu'après de longues hésitations, M. de Malartic céda : le jeune homme protégé par M. Marquet, fut nommé caissier chez le contrôleur général, M. de Boulonge (1757).

Trois ans après, M. Marquet lui faisait épouser une cousine de ce riche financier, et le mariage fut célébré à Neuilly, dans l'hôtel du contrôleur général (1760).

Maurice Marquet mourut âgé de 73 ans, en 1761. La fortune immense due à la banque de Law, fut partagée en trois. Les enfants eurent environ 1,500,000 francs chacun, sans compter les terres.

Jacques Marquet de Bourgade, célibataire, doubla encore ce capital ; quand il mourut à Paris en 1775, il laissait un portefeuille de plus de trois millions.

Ses héritiers en revanche étaient nombreux. Son frère, Louis Marquet, mari de mademoiselle Pâris-Duverney, receveur général à Bordeaux, fut appelé comme exécuteur testamentaire à recueillir la succession. Les ayants-droit étaient : Daniel Marquet de Montbreton avec ses cinq enfants; Daniel Marquet; Isaac Marquet de Peyre et leurs trois sœurs ; la comtesse du Dreneu ; la marquise de Montigny et mademoiselle Walbois du Metz. Il y avait aussi une arrière-petite-nièce, fille de M. de la Guillaumie, qui se nommait mademoiselle Palmerini ; enfin deux autres cousines, mademoiselle de Calonne, et la princesse de Chalais, belle-mère du grand Talleyrand, et qui étaient toutes deux des demoiselles Marquet.

Les trois millions de Jacques Marquet furent donc dispersés aux quatre coins de la France. Bourgade échut à Louis Marquet de Montbreton, puis en 1780 à son fils Maurice Marquet des Grèves. Ce dernier remplaça son père dans son poste, mais lassé de la vie sédentaire, il partit un beau jour pour l'Amérique (1789), après avoir vendu Bourgade et tous ses droits à son oncle Daniel Marquet de Montbreton.

Ce dernier était resté à Paris pendant que son frère devenait receveur à Bordeaux; continuant les traditions paternelles, il s'était faufilé dans l'intimité du contrôleur général des finances, Pierre Soubeyran, dont il fut l'agent principal. Mieux encore, il fit épouser à son fils aîné Daniel, Esther Soubeyran, ce qui acheva de resserrer les liens réciproques des deux familles.

Daniel Marquet possédait donc Bourgade en 1791 lorsque son cousin partit pour les Etats-Unis en réalisant son patrimoine. Depuis cent ans les Marquet n'avaient pas paru en Armagnac, et en 1793 le citoyen Dulau était à Labastide le représentant de Daniel Marquet. On l'avait porté sur la liste des émigrés avec M. de Malartic, mais leurs amis de Mont-de-Marsan attestèrent leur présence en France et parvinrent à les faire rayer. C'est ainsi que Bourgade ne fut pas mis sous la main de la nation. Les Espaignol qui l'habitaient en 1720 avaient définitivement quitté la maison, et la famille Marquet au commencement de ce siècle vendit Bourgade à M. Labarchède, qui depuis a passé ce domaine à son gendre, M. Druillet de Buros.

SOURCES HISTORIQUES :

1. — D'Hozier : Armorial général.
2. — Archives de l'abbé Ducruc (Cazaubon).
3. — Archives de M. Craman.
4. — Registre de l'état-civil de Labastide.
5. — Mémoires divers sur le règne de Louis XV.
6. — Bibliothèque nationale, Archives, Mss.

CHATEAU DE BRIAT, PRÈS MAUVEZIN (LANDES)

CHAPITRE IXe

Briat.

Le manoir de Briat, construit au XVIe siècle par les d'Albret, a gardé avec jalousie les secrets de son passé. Les archives ont disparu et presque aucun des documents qui le concernent n'a subsisté dans le pays environnant. Silencieux et calme comme le château de la Belle au bois dormant, il jette un impénétrable défi à la curiosité de l'antiquaire et du chercheur.

Cependant, que de choses pourraient répéter les échos de ces vieux murs. Que de gasconnades, de récits de chasse, d'aventures galantes, de joyeux coups d'épée peut-être quand Henri de Navarre amenait à Briat son escorte habituelle de gais et intrépides compagnons.

Rien de tout cela n'est venu jusqu'à nous que de vagues traditions. Pourtant le poète et l'archéologue peuvent rêver à l'aise devant cet antique château, si intact et si bien conservé dans sa coquette architecture de la Renaissance. La mousse et l'herbe, la patine du temps auraient bien permis à Sir Walter Scott d'y évoquer le laird de Ravenswood et son fidèle Caleb.

Briat fut construit probablement vers 1540 ou 1550, à l'époque où le protestantisme se propagea dans l'Armagnac. Les d'Albret qui possédaient alors la moitié de la vicomté de Juliac, jugèrent utile d'avoir un pied-à-terre au milieu de leurs domaines. Nous ignorons cependant si Briat fut jamais habité par la reine Jeanne. La tradition l'affirme, mais nous n'en avons pas de preuves historiques.

A partir de 1574, Henri IV faisant en Armagnac de fréquents voyages, venait se reposer à Briat. Cette charmante résidence était pour lui le point de départ de chasses et de courses dans les environs. Tous les seigneurs du pays, les de Batz, les de Mesmes, les Pardaillan, les Leblanc de Labattut, venaient y rejoindre alors le roi de Navarre.

Nous trouvons fréquemment Henri IV dans nos régions depuis 1580 jusqu'en 1587 ; il passe tantôt un jour, tantôt deux jours à Labastide, où il soupe et couche chez le capitaine Malartic. Il est probable qu'à chacun de ses passages il n'oubliait pas son château de Briat.

Parmi les capitaines gascons qui suivirent fidèlement le Béarnais, un surtout mérita particulièrement les faveurs de son maître. C'était Pey-Arnaud de Matines, sieur du Martinet en St-Justin, et qui possédait à Labastide une terre au bord de la Doulouze, appelée la Peyrère. M. de Matines prêtait souvent de l'argent au roi de Navarre. Non content d'être son banquier, il fut aussi son sauveur, et à la bataille de Coutras, Henri ayant son cheval tué sous lui, Matines le dégage vivement, lui donne son propre cheval et se rejette dans la mêlée.

En récompense d'un aussi beau dévouement il reçut en don le château de Briat avec les métairies qui dépendaient de ce domaine sur les territoires de Mauvezin, St-Julien et La Grange (1589).

En 1592, Arnaud de Matines, premier seigneur de Briat, était installé dans le magnifique château des d'Albret, goûtant le repos bien dû à ses héroïques faits d'armes. Il y vivait avec sa femme, Louise de Laffargue de l'Hostallet, fille ou nièce du fameux Laffargue qui fut le chef de la Réforme dans nos contrées.

Pey-Arnaud de Matines mourut en 1604 ; il laissait deux

enfants : un fils, Bernard, qui hérita de Briat, et une fille, Marguerite, qui épousa le 12 novembre 1618 Bernard de Bezolles, seigneur de Cauderone près Nérac. Quant à Bernard de Matines, nous le voyons figurer dans plusieurs actes et contrats passés en 1617 et 1620 par des bourgeois de Labastide. Il se maria en 1635 avec noble Jeanne de Came, fille de Joseph de Came de St-Aigne. Les deux époux appartenaient à la religion réformée.

A partir de 1640, les de Matines disparaissent complètement de l'histoire locale ; ils ont dû vendre leurs propriétés puisque à dater de ce moment Briat appartient à une famille bourgeoise du Cazaubonais, les Darrozin, établis depuis le XVIe siècle à Mauvezin et au Saumon.

Leur premier représentant, Pierre Darrozin, était notaire royal et procureur de la vicomté de Juliac, en 1588. Une de ses filles, Catherine, avait épousé Jean-Bernard Jaurey, et son fils, Jean-Michel, qui fut juge de Juliac, devint vers 1660 maître du château de Briat.

Il avait épousé Marie Labeyrie, fille d'un lieutenant de juge de l'Eauzan, et en sa qualité d'officier judiciaire de M. de Pujolé il résidait presque constamment à Briat. Catholique ardent, il s'attira les bonnes grâces du marquis de Maniban qui voulut tenir sur les fonts baptismaux son fils aîné. Cet enfant nommé Jean-Guy, dut à la protection puissante de son illustre parrain d'arriver à de hautes fonctions.

En 1670, Jean-Guy Darrozin, conseiller du roi, contrôleur à la cour des aides et finances de Guyenne, possédait une fort belle fortune. Il avait trois sœurs, dont deux prirent le voile et se firent religieuses à Gondrin. La troisième, Isabeau, vivait à Briat avec son frère.

Jean-Guy Darrozin perdit son père en 1673, et en 1678 il maria sa sœur Isabeau à Louis de Brossier, sieur de Jourdan, maire perpétuel de la ville de Gabarret, fils de Joseph de Brossier et de Madeleine de Brizac. Le mariage fut célébré à St-Justin et béni par le curé du lieu avec le consentement de

Jean Marchand, granger de Juliac, et du vicaire d'Escalans.

Les Brossier étaient une famille bourgeoise des environs d'Escalans. Ils n'étaient point nobles, mais en 1696, moyennant la somme de 50 livres, Louis de Brossier se fit attribuer par les commis de M. d'Hozier les armes suivantes : fascé d'argent et de gueules, à un lion d'or brochant sur le tout.

Louis de Brossier s'installa à Briat avec sa jeune femme (1678). C'était un homme fort capable et très entendu en toutes sortes d'affaires : aussi Jean-Guy Darrozin, très absorbé par sa charge de contrôleur en Guyenne, lui abandonna complètement l'administration de ses biens (1680). De nombreux défrichements furent exécutés dans les principales métairies ; M. de Brossier se lançait dans les spéculations ; c'est ainsi qu'il acheta les créances des de Bordes de Séridos contre la famille Tortoré. En 1687, il contracte un engagement avec Jean Dufau, seigneur de Lassalle, afin que ce dernier fasse construire à Briat une glacière semblable à celle du Tounédou. Enfin sa dernière affaire ne fut pas la moins heureuse : en 1697, il vendit Briat à titre de réméré à Joseph de Coby-Labère.

Depuis longtemps il y avait une intimité étroite entre la famille de Coby et les Darrozin. Les de Coby étaient des Italiens très nobles, originaires de la ville de Parme. Au XVIe siècle, ils vinrent en France avec les Médicis, et à la suite de péripéties que nous ignorons, messire Jean de Coby vint acheter à Mauvezin une maison appartenant à Pierre Mauriet (1641). Les Coby portaient d'azur à la montagne d'argent surmontée de trois cyprès.

Philibert de Coby, marié à Marie Jaurey du Saumon, se lia avec les Darrozin et succéda même à Jean-Michel Darrozin dans ses doubles fonctions de notaire royal à Mauvezin et de procureur juridictionnel de la vicomté de Juliac (1668).

Aussi en 1680, lorsque M. de Coby maria sa fille Marie à Louis Jaurey, fermier des fermes de M. de Maniban, et aussi très protégé par ce seigneur, Jean-Guy Darrozin voulut que le mariage fut célébré au château de Briat, et les jeunes époux furent installés comme chez eux dans des appartements qui leur avaient été réservés tout exprès.

Briat était donc habité en 1690 par trois ménages différents : il y avait Jean-Guy Darrozin avec sa femme Marguerite Duprat et sept joyeux bambins, dont l'aîné avait treize ans ; Louis de Brossier son beau-frère avec ses deux fils ; enfin Louis Jaurey avec deux fils et une fille ; au total douze enfants échelonnés depuis l'âge de treize ans jusqu'à celui de dix-huit mois, et qui devaient faire résonner à pleine voix les échos du vieux manoir.

Cette vie patriarcale dura jusqu'en 1696. A ce moment la désunion se mit entre les habitants de Briat. Jean-Guy Darrozin mourut ; lui seul était le trait d'union entre M. de Brossier et Louis Jaurey. Il ménageait l'orgueil et la susceptibilité de ces deux hommes si remarquables par leur intelligence et leur capacité, et passait sa vie à les réconcilier.

D'autre part, les enfants qui jouaient si gaiement dans les charmilles et les jardins de Briat avaient grandi ; la rivalité s'élevait aussi entre eux. Il fallut donc une dipersion générale, qui se fit assez rapidement.

L'aîné des Darrozin, Joseph, avait épousé à Labastide, le 15 août 1697, Madeleine Lalanne. Il était âgé de vingt ans et sa fiancée de vingt-trois. Le mariage fut béni par M. de Vergès, vicaire de Créon, avec dispense de deux bans ; François Larroche, procureur juridictionnel de Juliac, remplaçait en cette circonstance le père de famille mort un an auparavant.

Joseph Darrozin habita quelque temps Briat, mais la vie commune avec son oncle et Louis Jaurey devint impossible. Jaurey s'installa à Labastide ; Darrozin quitta aussi Briat et M. de Brossier fixa sa résidence à Gabarret, après avoir vendu le château et les terres à titre de réméré à Joseph de Coby (1698).

Joseph de Coby, fils de Philibert de Coby, était déjà propriétaire de plusieurs métairies dans la paroisse de St-Julien ; il avait acheté Labère à son beau-frère Jaurey, et les Lasauvajeu lui avaient vendu Gourgues. Il possédait aussi Longin, Couton, La Pravende, Pellehuys, les dîmes de Manciet et de Saubouère, ainsi que de nombreuses gazailles, entre autre à Goubillon, métairie qui appartenait à Jacques Maurisset, bourgeois et marchand à Labastide.

Le 8 février 1694, le roi avait conféré à messire Joseph de Coby la commanderie de l'Epée rouge de l'hôpital St-Jacques de la ville de Manciet, vacante par le décès du dernier titulaire, Alexandre de Verduzan. C'était une charge importante ; les insignes honorifiques, très riches et de valeur considérable, étaient l'épée à poignée d'or et la croix de commandeur, médaillon orné de deux diamants accolés et représentant en miniature le portrait du roi.

Joseph de Coby jouissait de la considération de toute la noblesse du pays. Familier assidu du château de Béroy, il se chargeait volontiers dans ses voyages à Paris de faire les achats de la vicomtesse de Juliac et de lui rapporter les étoffes et dentelles à la mode du jour. A Mauvezin il avait le privilège seigneurial de posséder à perpétuité un banc dans l'église. On connait d'ailleurs aussi ses excellentes relations avec ses voisins, les Camon du Ribouillet et les St-Loubert de Séridos.

Le 1er avril 1712, le commandeur de Coby gravement malade, fait son testament dans son château noble de Briat. Il dit avoir été marié avec Cécile de Persillon, et n'avoir qu'un fils unique nommé Joseph comme lui et qu'il confie aux bons soins de M. de St-Loubert de Séridos. Il laisse 500 livres à sa sœur Marie de Coby, mariée à Louis Jaurey du Saumon, et 500 livres à sa seconde sœur qui avait épousé M. Desbaratz de Seichas. Il lègue 250 livres aux enfants de M. Demolié son neveu, habitant Cazaubon.

Ce testament fut signé par Joseph de Coby, qui expira quatre jours après, le 5 avril 1712. Son neveu Antoine Jaurey, ainsi que ses deux fidèles amis, Louis et Capraise Corrent de Ribère, assistèrent à ses derniers moments (1712).

Le testament fut ouvert le 7 avril, et la veuve, Cécile de

Persillon, déclara qu'elle voulait aller vivre à Gabarret dans sa famille. En conséquence, grâce au pacte de réméré fait en 1698, le château de Briat fut rétrocédé, moyennant le prix convenu à la famille Darrozin.

Les Darrozin étaient alors représentés par Joseph Darrozin, que nous avons vu épouser Madeleine Lalanne en 1697. Joseph Darrozin habitait alors Labastide. En 1736, il est qualifié seigneur de Briat, et dans le dénombrement de Joseph de Pujolé (1724), il est compris parmi les vassaux qui doivent foi et hommage au vicomte de Juliac.

Hippolyte Darrozin, fille unique de Joseph Darrozin, apporta Briat en dot à son mari, Joseph Lafitte de St-Cyrille (1742).

Son gendre, Joseph du Barry, seigneur du Perron et de Briat, cédait en 1772 aux habitants de Mauvezin la marne de de ses marnières, à condition qu'on lui rendrait autant de blé qu'il en fallait pour ensemencer la partie marnée.

D'ailleurs, il n'habita jamais Briat ; sa résidence était Mezin, et il avait affermé tous ses domaines. Le château même fut loué 3,200 livres à Pierre Ducos, bourgeois de Créon, qui n'y commit heureusement que très peu de dégradations.

Par vente, Briat passa en 1780 entre les mains d'Alexandre de Claye, qui émigra le 28 vendémiaire an IV. Ses terres furent adjugées en deux lots, l'un à son frère aîné, l'autre à un sieur Castera qui s'empara de tous les bois de chênes, les exploita et les vendit à vil prix pour la somme de 2,000 livres.

Briat fut alors acheté par Jean-Charles de Chanceaulme-Clarens ; sa petite-fille, Nathalie de Chanceaulme-Clarens, l'a apporté en dot à Raoul de Pichon de Longueville.

SOURCES HISTORIQUES :

1. — Archives de M. l'abbé Broconnat, curé de Bezolles.
2. — Comptes du roi de Navarre (Nérac).
3. — Archives des Hautes-Pyrénées, des Basses-Pyrénées et des Landes.
4. — Archives de M. Craman.
5. — Archives du château de Jullac.
6. — Registre de l'état-civil de Labastide.
7. — Archives de l'abbé Ducruc (Cazaubon).
8. — Archives de l'abbé Tauzin (St-Justin).

TOURELLE DU CHATEAU DE BRIAT

CHAPITRE X^e.

Couralet.

Au commencement du xve siècle il existait dans la juridiction d'Arouille un fief noble appelé Couralet. Cette terre jouissait de prérogatives particulières dues sans doute à la haute extraction de ceux qui la possédaient. Elle ne releva jamais des vicomtes d'Argelouse ni des barons d'Arouille, et se considérait comme vassale directe de Juliac. L'hommage consistait en une paire d'éperons que le seigneur de Couralet était tenu d'apporter annuellement à son suzerain.

Où est situé actuellement Couralet ? Les plus anciens du pays ne pourraient le dire, et ce nom prononcé devant eux n'évoque aucun souvenir. C'est qu'en effet Couralet a disparu au commencement du xviiie siècle ; à la place de l'habitation des sires de Couralet on a bâti une auberge qui est ensuite devenue une simple métairie, au bord de la route de Labastide, tout près de la Doulouze. C'est aujourd'hui Maisonneuve, qui appartenait à la famille Lecomte.

Nos plus anciens documents sur Couralet remontent au xive siècle et il est probable que cette terre fut le berceau de la famille qui l'habitait à cette époque : les Came, seigneur de l'Artigolle et du St-Aigne.

Les Came sont de la plus ancienne noblesse du pays d'Armagnac. Ils remontent au xiii⁰ siècle, et nul doute que l'un d'eux n'ait assisté du fond de son manoir à la fondation de la ville de Labastide, qu'ils n'ont d'ailleurs jamais quittée jusqu'à nos jours.

Les Came portent : « au 1 d'argent, aux lettres C. D. S. T. de sable entrelacées, au 2 d'argent à un dragon au naturel, au 3 d'argent à un château donjonné de trois tours d'azur posé sur une terrasse de sinople et sénestré de cinq étoiles de gueules en sautoir, au 4 d'argent à deux fers de lances posés en pal l'un à côté de l'autre.

Quant à leur origine, voici ce que les traditions et les documents écrits ont pu nous apprendre.

En 1295 environ, les armées chrétiennes avaient éprouvé de tels revers en Occident qu'elles avaient dû quitter la Tripolitaine et l'Egypte. La plus grande partie de ces armées était composée de chevaliers du Temple. Dès lors qu'ils n'étaient plus occupés à combattre les infidèles, c'étaient de vrais brigands faisant la terreur des populations. Le Pape pour en débarrasser la Sicile qu'ils venaient de mettre en coupe réglée, les envoya en Grèce. Mais ils n'y séjournèrent point, et, traversant l'Europe arrivèrent par diverses routes en France, impatients de jouir des biens considérables que possédait l'ordre. Parmi ceux qui vinrent s'établir en Gascogne se trouvait un Bohémien de nationalité, Arsias de Came, qui se fixa aux environs de Labastide d'Armagnac (1300).

Quand l'ordre des Templiers fut aboli par Philippe le Bel, Came, relevé de ses vœux, se maria et fut la tige d'une nombreuse postérité. Il acquit Couralet qui appartenait aux Templiers et faisait partie de cette portion de territoire tant disputée par les Malvin de Juliac (1310).

La race des Came avait dans les veines du sang magyar et quelque chose de cette fougueuse indépendance, de cet orgueil indomptable qui caractérise encore les Tsiganes de nos jours. Presque tous les descendants d'Arsias furent de rudes batailleurs.

On ne les vit pas seulement en Gascogne, mais en Flandre et en Bourgogne, aux extrémités de la France, partout où il y avait à donner quelques bons coups d'épée.

En 1363, Jehan de Came, fils d'Arsias, se trouve dans l'église St-André de Bordeaux présent à l'hommage rendu au Prince Noir ; on sait que dans cette cérémonie fameuse la dame de Juliac fit jeter son gant par un héraut au pied du trône royal. Jehan de Came ne suivit pas sa suzeraine dans cette audacieuse révolte. Il se mit du côté des Anglais et les servit avec fidélité.

Ses services ne restèrent pas sans récompense. Le roi d'Angleterre d'ailleurs ne pouvait être sûr du concours des seigneurs gascons qu'à force de largesses, et c'est en leur distribuant des terres et des fiefs en quantité qu'il les maintenait dans le devoir. Il donne à Jehan de Came les domaines de Mastandet et la Calle, qui étaient probablement dans les environs de Bordeaux (1369).

Jehan de Came avait épousé Clarianne de Berguen. Ce nom ne se retrouve nulle part en Guyenne, mais il est probable qu'il y a à ce sujet une erreur de manuscrit ; il faudrait lire Verguen : alors nous aurions affaire à une famille écossaise éteinte aujourd'hui dans nos contrées, mais dont les descendants vivaient encore dans le comté de Stirling au XVe siècle.

Arnaud-Bernard de Came, fils de Jehan, se lassa de combattre pour l'Angleterre. N'y trouvant pas sans doute une rémunération suffisante de ses services, il vint se ranger sous la bannière du roi de France ; aussi rentra-t-il en grâce auprès de son suzerain, Pardaillan, vicomte de Juliac. La terre de Couralet, précédemment confisquée, lui fut rendue et il y ajouta celle du St-Aigne qu'il tint à fief du comte d'Armagnac (1387).

A peu près à la même époque, il est qualifié seigneur de l'Artigolle, petit domaine de Chalosse sous la suzeraineté de l'évêque de Dax.

C'est la période la plus brillante de l'histoire des Came de

St-Aigne. A ce moment apparaît dans notre monographie locale le héros de la famille, Hector de Came de St-Aigne, qui fut à sa manière homme de guerre aussi illustre que Barbazan et La Hire, ses compatriotes.

C'est une odyssée dont malheureusement nous n'avons que des lambeaux épars, que la vie d'Hector de Came, vie d'aventures, de tournois, de passes d'armes, de guerre sans trêve ni merci.

Quel intrépide chevalier ce devait être que cet homme qui fut trois fois prisonnier des Anglais, à deux reprises captif du comte de Foix, et qui expira enfin dans les cachots de la Tour de Londres.

En 1398 et en 1404, Hector de Came deux fois tombé aux mains des Anglais s'en tira moyennant rançon. En revanche, parcourant le Limousin en 1410, il fit pendre par les pieds aux branches des arbres quarante Anglais ou routiers qu'il avait pris dans une embuscade.

Cet acte de cruauté et d'autres encore que les documents anglais ne spécifient pas en détail, le forcèrent à quitter momentanément le théâtre de la guerre. Il s'attacha à la fortune du comte d'Armagnac, qui le prit pour écuyer (1415).

Enfin, nous le voyons pour la dernière fois sur le champ de bataille d'Azincourt. Là, il reste captif des Anglais ; on l'emprisonne à la Tour de Londres, rigueur à nulle autre pareille, et qui l'assimilait aux gentilshommes les plus illustres. Était-ce le souvenir des cruautés exercées jadis en Limousin et en Gascogne ?... Muré dans ces sombres cachots où se déroulèrent les drames les plus tragiques de l'histoire, Hector de Came, seigneur de Courallet, de l'Artigolle et du St-Aigne, disparut à jamais.

La date de sa mort à la Tour de Londres nous est inconnue, les registres ne mentionnant que son entrée dans ces terribles prisons d'État.

Toutefois, il laissait un fils, Bernard, marié à Romaine de

Mesmes, noble héritière du pays d'Armagnac. C'est lui que nous trouvons à la cour des ducs de Bourgogne ; c'est le sire de Couralet, fidèle compagnon du comte de Foix, qui se fait remarquer du duc René de Lorraine ; il assista aux fêtes de Metz (1445) ; il était de tous les tournois et de toutes les cours d'amour. C'est peut-être lui, ce gentilhomme gascon dont la chronique ne nous dit pas le nom, et qui jetta son manteau de brocart sous les pas dédaigneux de la reine de Beauté, la célèbre Agnès Sorel. C'est lui qui, sous le nom de seigneur de l'Artigolle, est inscrit au livre d'or de la chevalerie pour ses prouesses et ses exploits dans les joutes en champ clos par le légendaire Toison d'Or, héraut d'armes de Bourgogne.

Et cependant, tant de splendeurs n'effaçaient pas chez les Came de St-Aigne l'attachement au sol d'Armagnac ; en 1460, le fils de Bernard, Guillaume de Came, se marie dans le pays avec Herminie de Cours. En 1490, Antoine de Came figure parmi ceux qui prirent casaque et banderolle à la montre de Beaumont de Lomagne. De son union avec Françoise de Barbotan, il eut un fils unique, Guillaume de Came, qui hérita à sa mort (1499) des terres de St-Aigne, Couralet, l'Artigolle, etc.

Dans notre histoire locale, Guillaume de Came de St-Aigne fait le pendant exact de son aïeul Hector, l'écuyer du comte d'Armagnac : c'est dans son siècle le gentilhomme routier aussi amoureux de gloire que de fortune, et quittant pays, femme, enfants, domaines, pour courir les aventures.

L'objet de son ambition fut l'Italie, cette contrée d'au-delà des monts où l'imagination des Gascons du XVe siècle crut voir tant de richesses illusoires. Chacun se figurait pouvoir ramasser un royaume, un duché, une souveraineté dans ce pays merveilleux qu'on ne connaissait que par ouï-dire. Came fit comme les autres : il se ruina à moitié pour s'équiper dans cette malheureuse expédition.

C'est en compagnie d'Annibal Marquet dont il avait épousé la sœur Jeanne, de Frix de Laffargue, seigneur de l'Hostallet, son cousin, de François de Malartic, que Guillaume de Came de St-Aigne fit les guerres d'Italie. Il revint pauvre comme Job à Labastide d'Armagnac, et pour vivre il dut exercer un métier. Il se fit marchand.

Ce n'était pas le seul qui eut à subir cette honte ; ses compagnons la partagèrent, et son frère d'armes, François de Malartic, fut aussi réduit à prendre un métier déshonorant pour un gentilhomme.

Aussi la noblesse des Came de St-Aigne fut attaquée à plusieurs reprises, notamment au xviiie siècle. Ils produisirent à cette époque leur généalogie régulière depuis 1549, mais on les accusa d'avoir obtenu des vicaires de Labastide la falsification des actes de l'état-civil et en particulier du registre des mariages. La qualité de marchand prise par Guillaume de Came fut principalement mise en avant pour démontrer à l'intendant de la province que les Came étaient d'une famille d'artisans. Les Came de St-Aigne produisirent alors leurs preuves de noblesse de 1549 et leur filiation ininterrompue depuis Arsias de Came, ancien chevalier de l'ordre Teutonique en 1294. Il fallut se rendre à l'évidence, et le 10 septembre 1701, François Legendre, seigneur de Lormoy, intendant en la généralité de Montauban, reconnut par décision solennelle la haute extraction des Came de St-Aigne. Plus tard, en 1764, un des Came fut admis à l'école militaire, d'après un procès-verbal de d'Hozier qui clôt toute discussion à ce sujet :

« Nous, Antoine-Marie d'Hozier de Sérigny, chevalier, juge
« d'armes de la noblesse de France en survivance et en cette
« qualité commissaire du roi pour constater à S. M. la noblesse
« des élèves de l'école royale militaire, certifions au roi,
« qu'Amable-Jean-Joseph-Chrysostome de Came de St-Aigne
« a la noblesse nécessaire pour être admis au nombre des
« gentilshommes que S. M. fait élever dans l'hôtel de l'école
« militaire, ainsi qu'il est justifié par les actes énoncés et visés
« dans le procès-verbal que nous avons dressé et signé à Paris
« le 23 novembre 1764. Signé : « D'HOZIER DE SÉRIGNY. »

La question nobiliaire que nous venons d'exposer fut agitée en 1549, à l'époque où Guillaume de Came voulut marier son fils François avec Jeanne de Los, fille de Marc de Los et de Marie-Anne d'Arthos. La fiancée, étant de famille très ancienne, n'entendait pas se mésallier, et les Came furent obligés de faire leurs preuves. Ce fut chose facile, et d'ailleurs le témoignage public de toute la contrée rendait hommage à la haute naissance des Came et aux exploits des sires de Couralet.

Le mariage fut célébré le 1er février 1549 à l'église de Labastide d'Armagnac, et grâce à la fortune des de Los, les Came purent reprendre un peu de leur antique splendeur. De cette union naquirent deux fils, Barthélemy et Joseph ; mais ni l'un ni l'autre ne suivit la carrière des armes. Malgré l'effervescence religieuse et les passions politiques de cette époque, ils se souvinrent sans doute que leur aïeul s'était ruiné dans le métier militaire ; aussi vécurent-ils paisiblement l'un à Couralet, l'autre dans une maison de Labastide d'Armagnac.

Barthélemy reçut en dot la terre de Couralet ; il épousait le 17 mai 1579 à Lacassaigne, près Barcelonne d'Armagnac, Françoise de Labarrière, dont le père, docteur ès-droit, était juge de Bigorre et maître des requêtes du roi de Navarre. Nous voyons figurer à ce contrat tous les parents et amis de l'époux qui lui font un magnifique cortège : Pierre de Mesmes de Ravignan, premier président de Béarn ; Jean de Mesmes, gouverneur de Tartas ; le capitaine Ducom ; le capitaine Dufau ; Jehan de Malartic ; les Duvignal, etc. Les de Los ne paraissent point dans cette brillante réunion ; sans doute la mère de Barthélemy de Came était morte à cette époque. Quant à ses cousins, ils étaient au service du roi de Navarre et probablement engagés au loin dans de périlleuses aventures.

Querelleur, hargneux et processif, tel était Barthélemy de Came ; il vécut en fort mauvaise intelligence avec son frère Joseph, et passa sa vie à lui susciter des procès dans les intervalles desquels il trouvait moyen de lui emprunter de l'argent.

Joseph de Came, grâce à son mariage avec une riche héritière de Nérac, Marie de Labroue, était arrivé à une haute situation. D'abord fermier des comtes d'Aubijoux pour la baronnie de Labastide, il avait acquis la charge de conseiller du roi, puis de receveur des tailles au pays d'Armagnac, et enfin de greffier civil et criminel à la Chambre de Guyenne. Son frère qui n'avait d'autre titre à ajouter à son nom que celui de seigneur de Couralet, se montrait fort jaloux de cette rapide fortune et faisait des dettes innombrables pour marcher de pair avec lui.

Une telle situation devait amener de graves désordres. Aussi à la mort de Barthélemy de Came son héritage était tellement grevé qu'il y aurait peut-être eu plus d'avantage à répudier la succession qu'à l'accepter. Les héritiers légitimes étaient les six enfants de Joseph de Came. L'aîné, Cyprien, eut plus tard en partage le St-Aigne ; le second, Joseph, fut seigneur du Vidon ; Marie de Came avait épousé un nommé Gueysse de Cazaubon, et Jeanne de Came, mariée à Bernard de Matines, seigneur de Briat, devint châtelaine de l'un des plus beaux manoirs de la contrée.

Aucun d'entre eux ne se souciait de Couralet. Leur père, Joseph, très âgé à cette époque, n'en voulait pas non plus, mais avec un entêtement sénile, il gardait obstinément ses droits sur ce domaine, les offrant du reste à celui de ses fils qui les accepterait. Tous les enfants se trouvèrent d'accord pour céder leur part à leur dernier frère encore mineur, Annibal de Came.

En raison de l'inexpérience de ce dernier et du grand âge de son père, on lui donna un tuteur pour cette affaire. Ce fut David de Vaqué, avocat au Parlement, originaire de St-Justin. Il fallait répondre à la fois à Joseph Marquet, à Jean Duvignal, à Michel Vimie, seigneur de Fontaine, et au vicomte de Juliac, qui tous auraient voulu avoir le domaine de Couralet en paiement de leurs créances (1623).

Michel Vimie était un des plus âpres aux poursuites, et peu de temps après le décès de Barthélemy de Came, il procéda par voies judiciaires et fit saisir le mobilier de Couralet. Nous n'entrerons pas dans le détail du procès formidable qui s'en suivit. Il dura près de vingt années, et les parties dépensèrent certainement en frais de justice le double des sommes dues primitivement.

Vimie, propriétaire de la métairie de Fontaine en Créon, descendait de ce fameux Cyprien Vimie, pendu à Bordeaux, pour avoir empoisonné Jacques de Pardaillan, vicomte de Juliac. C'était un spéculateur effréné; quoiqu'il ne fut pas juif, il aurait mérité d'appartenir à la secte de ces banquiers avares et rapaces décrits dans les romans contemporains. Il prêtait de l'argent à tous ceux dont il espérait tirer de gros intérêts. On le voyait sans cesse à Gabarret, à Mont-de-Marsan, à Cazaubon, occupé à courir d'huissier en huissier et de procureur en procureur. On le croyait aussi un peu magicien comme son arrière-grand-père ; pas un paysan de la contrée n'aurait osé passer devant l'avenue de Fontaine à la nuit tombante. C'est ce qu'indique un fragment de lettre datée de 1624, où il est accusé à mots couverts de maléfices diaboliques. En tous cas il aurait bien dû mettre en œuvre ses sortilèges pour gagner son procès, car ayant eu l'imprudence d'assumer les créances de M. de Pujolé et de se porter caution pour Joseph de Came, il se trouva bientôt obligé de payer 600 livres au vicomte de Juliac. Quant à Joseph de Came, un arrêt de la cour le dégagea des dettes de son frère, et le tint quitte envers Vimie de 2,000 livres que ce dernier avait avancées pour lui.

En définitive, la propriété de Couralet revint à Annibal de Came, qui y passa le reste de ses jours dans l'obscurité. Son éducation première avait été fort négligée, puisqu'il ne savait même pas écrire. C'était le privilège de la haute noblesse, au XIVe siècle, mais en 1645, sous le règne de Louis XIV, les grands seigneurs se piquaient d'être lettrés et d'avoir même une certaine érudition ; aussi Annibal de Came était-il fort en retard sur son époque.

Il mourut probablement vers 1650. Son fils, nommé Annibal

comme lui, avait décidément rompu toute amitié avec ses cousins de St-Aigne. Comme il s'était mésallié en épousant Marguerite Capin, fille d'un artisan de Labastide, la branche aînée de la famille le considérait comme un gentilhomme déchu (1662). D'ailleurs les controverses religieuses les séparaient aussi. Les St-Aigne étaient protestants, tandis qu'Annibal de Came était resté fort bon catholique, très pratiquant, et en excellents termes d'amitié avec le curé d'Arouille. Cet ecclésiastique chaque fois qu'il se rendait à son église ne manquait pas de s'arrêter chemin faisant à Couralet. Souvent même il faisait appel à la bonne volonté de M. de Came pour servir de parrain à un baptême ou de témoin à un mariage.

Annibal de Came mourut en 1675, et fut enterré sans plus de cérémonies et de pompes religieuses que le dernier des paysans de la localité. Sa veuve, Marguerite Capin, et Jean Laffargue de l'Hostallet suivirent seuls la dépouille mortelle du gentilhomme d'autrefois. Encore Laffargue n'était-il présent à ce triste convoi que par haine contre les Came de St-Aigne bien plus que par amitié pour le défunt.

La misère des Came de Couralet était telle, que le curé d'Arouille réclama en vain le prix de la messe d'enterrement. Il ne put se le faire payer. D'ailleurs Marguerite Capin mourut elle-même le 22 juin 1685, à l'âge de 55 ans. Il ne restait plus qu'un fils, Bertrand de Came de Couralet, réduit à la plus entière détresse (1690).

Cependant tel avait été le glorieux prestige du nom des Came qu'une auréole de respect entourait toujours le dernier débris de cette race. On blâmait hautement les St-Aigne d'abandonner ainsi leur jeune parent. Des familles illustres du pays cherchèrent à lui donner des marques d'estime et de sympathie. Le 30 janvier 1696, Henriette Leblanc de Labatut, comtesse de Bezolles, ayant eu deux jumeaux, on prévint immédiatement d'une part Jean-Marie de Pujolé, vicomte de Juliac, et de l'autre Bertrand de Came de Couralet, afin qu'ils fussent parrains des deux nouveau-nés. M. de Came accepta et fut présent au baptême donné par le curé de Labastide dans l'église du lieu. Son filleul fut nommé Jean, et on ignore s'il parvint à l'âge d'homme.

Quant à Bertrand de Came, sa situation empirant de plus en plus, il prit un parti désespéré. Le 5 février 1697, un an après avoir tenu sur les fonts baptismaux le fils du comte de Bezolles, il fit son testament, disposant de biens qui ne lui appartenaient pour ainsi dire plus, et se tua dans la salle basse de sa maison de Couralet. Le suicide avait été presque public, et malgré l'amitié de l'abbé Dupeyré, curé de Labastide, on ne put inhumer en terre sainte le dernier sire de Couralet.

Les Came de St-Aigne avaient la plus grande partie des créances sur Couralet. Mais, se souciant peu de ce domaine de famille, ils le firent vendre. Le vieux logis seigneurial passa aux mains de Jacob Lecomte, habitant d'Argelouse, qui vint s'y établir avec sa mère. La maison fut démolie pièce par pièce et on construisit un cabaret qui prit le nom de Maisonneuve (1708).

Depuis le commencement du xviiie siècle, les Lecomte ne cessèrent d'occuper ce qui jadis avait été Couralet. En 1789, c'était encore à Jean Lecomte qu'appartenait ce domaine si célèbre autrefois et aujourd'hui complètement oublié et disparu.

SOURCES HISTORIQUES :

1. — Registre des finances de Guyenne (bibliothèque de Wolfenbüttel).
2. — Livre-terrier de Gascogne (archives de Londres).
3. — Rôles gascons (1363) (Public record office).
4. — Archives de la ville de Limoges.
5. — Ordonnances des rois de France, collection Bréquigny.
6. — Titres de la famille de St-Aigne (archives privées).
7. — Archives de l'abbé Ducruc (Cazaubon).
8. — Monlezun : Histoire de la Gascogne.
9. — Archives de M. Craman.
10. — Archives du château de Juliac.
11. — Livre-terrier et état-civil de Labastide d'Armagnac et d'Arouille.
12. — Registres de la généralité de Montauban (intendance de Guyenne).
13. — Archives de Ribouillet-Talence.
14. — Registres d'écrou de la prison de la Tour (Londres, 1300-1500).

CHAPITRE XIe

L'Hostallet.

Située autrefois en Argelouse, la petite propriété de l'Hostallet fait aujourd'hui partie de la commune de Betbezer. C'est une humble métairie dont l'aspect ne semble évoquer aucun souvenir intéressant dans le passé. Pourtant, sous ce toit vécurent au XVIe siècle de nobles bourgeois qui s'allièrent aux grandes familles de la contrée. Le but de l'histoire est de ranimer et de faire revivre pour quelques instants ces figures oubliées et qui jouèrent un rôle si important dans la vie du pays d'Armagnac.

Les premiers propriétaires de l'Hostallet ont été les Laffargue, riches bourgeois de Labastide d'Armagnac, dont ils sont probablement originaires.

Nous trouvons en 1398 Anne de Laffargue de l'Oustallet mariée à messire Hector de Camé de l'Artigolle, écuyer. Un siècle après, en 1488, nous commençons une filiation régulière à partir de Frix de Laffargue, écuyer, capitaine dans les bandes gasconnes qui suivirent Charles VIII en Italie. Il avait épousé Anne Lestage. En 1520, Clément de Laffargue, fils du précédent, se qualifiait noble et écuyer, et habitait la maison de l'Hostallet avec sa femme Jeanne Vimie, fille de Cyprien

Vimic, seigneur de Fontaine en Créon. Son fils, Jehan de Laffargue (1), se convertit des premiers à la religion réformée et en devint même un apôtre des plus ardents. D'ailleurs, le pays entier était protestant et pour longtemps, puisqu'un siècle plus tard une assemblée de jurats de la ville de St-Justin affirmait qu'il n'y avait dans cette ville que quatre ou cinq anciens catholiques, les autres étant de nouveaux convertis. Aussi, en voyant les progrès de la réforme, le comte d'Aubijoux, qui ne cherchait qu'à les favoriser, écrivit le 3 janvier 1552 à Jehan de Laffargue pour lui annoncer qu'il sera construit un temple protestant à Labastide d'Armagnac, et qu'on lui enverra de Nérac un ministre pour prêcher le nouveau culte.

C'est donc vers 1552 et non pas vers 1535 que fut construit le temple de Labastide, et c'est en 1560 au synode de Clairac que Labastide fut comprise dans le colloque des Landes.

Plus tard, à l'époque où le fléau des guerres religieuses se déchaînait avec le plus de fureur, le comte d'Aubijoux voulant organiser une résistance énergique en Armagnac, s'adressa de nouveau à Jehan de Laffargue de l'Hostallet (15 février 1578). Il le pria de dresser un recensement fidèle des réformés du pays afin de repartir exactement entre eux une contribution de guerre. Laffargue se fit aider dans ce travail par quatre de ses amis, anciens de l'église de Labastide : Arnaud Dupont, Jean Dufau, Pierre Papon et Jehan Tortoré. Ils firent un état sommaire de tous les grands propriétaires protestants du territoire de Labastide et de la vicomté de Juliac. Chacun y était désigné nominativement avec la contenance de ses domaines et un impôt proportionnel à leur étendue. Laffargue eut grand soin de ne pas s'y laisser inscrire, estimant sans doute que son travail pour la bonne cause valait bien l'argent qu'il aurait dû verser.

(1) Il y a dans le Béarn une famille noble portant le nom de Laffargue. Nous croyons que c'est à elle qu'il faut rapporter Amathe de Laffargue qui épousa en 1524 noble Pierre de Batz. La famille de Batz-d'Aurice a la prétention de descendre de ce Pierre de Batz, mais il est avéré que Pierre de Batz et Amathe de Laffargue n'eurent point d'enfants.

D'ailleurs, bon nombre de protestants refusèrent de payer, s'offrant à servir avec leur épée sans exiger d'autres gages que le butin pris en pays conquis. C'est ainsi que les subsides réclamés par le comte d'Aubijoux ne produisirent en réalité que des sommes insignifiantes.

Le 13 octobre 1597, un consistoire fut tenu à Labastide d'Armagnac, et le ministre Jean Sylvius, venu pour le présider, arriva la veille dans cette petite ville. Nous retrouvons le nom de ce Sylvius dans toutes les délibérations de l'église réformée, à Nérac, Casteljaloux, Miremont, etc., où il figure toujours en qualité de pasteur de St-Justin et de Labastide. Il maria même sa fille dans cette dernière localité en 1603. Quant au consistoire, le sujet des délibérations portait sur les discussions survenues depuis 1592 entre les catholiques et les réformés. Jehan de Laffargue de l'Hostallet, que son grand âge et sa haute expérience désignait à tous les suffrages, fut élu pour représenter les trois églises de Roquefort, Labastide et St-Justin de Marsan au colloque de Nérac. On sait que c'est dans cette importante assemblée que les protestants décidèrent qu'il ne serait plus fait de prières publiques dans les temples pour le roi Henri IV.

Ce fut la dernière mission officielle de Jehan de Laffargue pour la cause de la religion réformée dont il avait été le champion pendant de longues années.

Jehan de Laffargue avait épousé en 1559 Marie Tortoré, issue d'une famille de huguenots, très riche à cette époque, et habitant Labastide d'Armagnac. Les Tortoré étaient fort nombreux et possédaient entre eux une belle fortune territoriale. Ils avaient le Hillo et le Hartuc en La Grange, Pichott et Créon, Bères, Brana, Cayeton, etc.

Jehan de Laffargue laissa trois fils, dont l'aîné, Lugasault, après être longtemps resté célibatair[e]
de 55 ans Marie Tortoré, fille d'un bour[ge]ois

(1) Le dernier descendant de la branche de Lugasault, en 1666 au mariage de son cousin Gabriel de Camon-B[...] d'Abère.

Le second Laffargue hérita de l'Hostallet ; le troisième eut le sort des cadets de famille, et comme il ne restait plus rien à distraire de la succession paternelle, il devint officier de fortune.

La faveur des comtes d'Aubijoux contribua puissamment à la prospérité de Jean II de Laffargue. Il acheta au moment des guerres de religion des terres dans la commune de Créon, et nous devons à la vérité de dire qu'il n'employa pas toujours pour ses acquisitions des moyens honnêtes. Il extorqua à un pauvre laboureur, Manaud Daspe, un cinquième de la métairie de Guichères, que celui-ci avait indivise avec ses frères ; en même temps, les quatre autres vendaient leur part à Michel Vimie, seigneur de Fontaine, cousin de Laffargue, et qui était son complice dans l'affaire. Le cinquième appartenant à Manaud Daspe avait été compris dans la vente. Vimie et Laffargue en réclamaient la possession au détriment des héritiers, d'où un procès que nous nous garderons bien de suivre, car il dura 31 ans, depuis 1598 jusqu'en 1629. Jehan de Laffargue mourut d'ailleurs au cours de cette instance (1604).

Il avait été marié deux fois : en premières noces à Bertrande Ducasse de Roquefort, et en second lieu à noble demoiselle Josèphe de Mesmes, fille de Jean de Mesmes, seigneur de Patience, capitaine de Tartas, et de Gabrielle de Los.

Jean II de Laffargue, outre ses deux frères, avait eu aussi une sœur mariée en 1586 à Isaac Ducom, fils du capitaine Jehan Ducom et de Marie de Batz. Les Ducom, qui avaient fait fortune aussi, grâce aux guerres de religion, possédaient depuis le XVe siècle, le domaine de Ribère, près Labastide d'Armagnac (1).

De son premier mariage, Laffargue laissait une fille mariée à

---

(2) Ribère ou Rivière appartenait en 1497 à Joseph Ducom, dont le fils Laurent Ducom, aïeul du capitaine, épousa en 1520 Catherine Marquet. Ribère resta dans la famille jusqu'en 1627, époque à laquelle Isaac Ducom, privé d'argent, le vendit à Jacques Duffort, ministre protestant de Labastide.

David de Vaqué, conseiller du roi, maître des requêtes du roi de Navarre et juge du Gabardan.

Du second mariage il n'y avait que trois enfants mineurs, Jean, Marthe et Jeanne de Laffargue, placés sous la tutelle de leur mère et de Pierre et Jean Tortoré, cousins-germains. On remarque que dans le testament du défunt, daté du 13 mars 1604, il n'est nullement question des deux frères de Jean II de Laffargue : l'aîné était probablement mort à cette époque, le second engagé dans l'armée et lancé à travers de longues et périlleuses aventures.

Jean III de Laffargue ne prit part ni aux troubles religieux de 1620, ni aux discordes de la Fronde. Ses parents, les de Mesmes, lui firent épouser vers 1640 Catherine de Landrieu, dont le père, Joseph de Landrieu, notaire royal de St-Justin, était allié au seigneur de Patience.

Quelques années plus tard, en 1659, Joseph de Mesmes, cousin des Laffargue de l'Hostallet, mourut en son manoir seigneurial de Lacquy. Il laissait deux filles qui ne se marièrent ni l'une ni l'autre ; la fortune n'alla point aux Laffargue de l'Hostallet, mais bien à la branche cadette des Laffargue, habitant St-Justin. Le vieux proverbe qui dit que l'eau va toujours à la rivière trouve ici son application, car en 1711, à la mort de la dernière des filles du seigneur de Lacquy, les richesses des de Mesmes allèrent grossir la fortune déjà trop considérable de Madame Elisabeth de Laffargue, vicomtesse d'Ambrutz.

A la mort de Jean Ducom de Ribère, Jean III de Laffargue, à cause de son intimité avec cette famille et des liens de parenté qui les unissait, avait été choisi comme parrain de Marie Ducom, et ce fut lui qui s'occupa de la marier. Les Ducom étaient annoblis et portaient le titre d'écuyer, aussi pouvaient-ils chercher une alliance dans la noblesse du pays. Le 11 avril 1660, dans la maison de l'Hostallet, fut célébrée l'union de Marie Ducom et de Samuel de Camé de St-Aigne, écuyer, fils de Cyprien de Camé de St-Aigne et de Marie Dufau de Menaudas. A ce mariage assistaient le capitaine Dufau, Elie

Dufau-Paignon, les de Mesmes, etc. Les nouveaux époux promirent respectivement de faire solenniser leur union au plaisir de Dieu en l'église de la religion prétendue réformée, au jour et à l'heure que l'une des parties en requerra l'autre. (Signé Sabarotz, notaire).

Samuel de Came fut le premier infidèle à la parole donnée, par ambition sans doute et pour obtenir une de ces charges lucratives refusées aux huguenots craignait aussi les persécutions exercées par le marquis de Maniban. Quoiqu'il en soit, il abjura la religion de Calvin dont ses ancêtres avaient été les soutiens les plus fermes (1). Les catholiques triomphants comblèrent de faveurs le gentilhomme néophyte, et, pour le prix de son abjuration, l'évêque d'Aire lui accorda le droit de sépulture pour lui et les siens à perpétuité dans une des chapelles de l'église de Labastide d'Armagnac. Aussi en 1679, Samuel de Came réclame l'exécution de la promesse épiscopale en demandant en outre que cette chapelle soit mise sous le vocable de St-Joseph.

Marie Ducom ne tarda pas à suivre l'exemple de son époux; et il est à croire que cette conversion fit un grand bruit et excita un grand scandale dans la contrée. En tous cas elle exaspéra presque également les Laffargue et les Ducom, qui se brouillèrent définitivement avec les Came de St-Aigne.

Les Dufau, parents à la fois des Came et des Ducom, envenimèrent les hostilités en se jetant franchement dans la lutte. Jacob Dufau de Menaudas, beau-frère de Jean Ducom de Ribère et oncle par conséquent des demoiselles Ducom, déploya le fanatisme le plus ardent (1662). Après une explication violente, un duel eut lieu et Jean Ducom tomba mortellement frappé par Jacob Dufau. Le meurtrier s'enfuit et quitta le pays pour se dérober à la justice. Jean III de Laffargue trouva l'occasion bonne de se venger des Dufau et des Came. Il se hâta de prendre chez lui et sous sa garde la veuve de la victime et sa

---

(1) Son père, Cyprien de Came, à son lit de mort, avait demandé à être enterré dans e temple protestant de Labastide.

fille encore mineure, Anne Ducom. Puis il fit commencer le procès de l'assassin, dont on n'avait pu encore retrouver les traces.

Dufau fut condamné à mort par défaut, et ses héritiers au nombre de six durent payer chacun 750 livres à la veuve. Ses héritiers, membres des familles Duvignal, Frétard, Dupont et Sardaings, se déclarèrent hors d'état de payer une aussi forte somme. Ils durent recourir à leurs parents qui s'obligèrent pour eux, en sorte que le versement des 4,500 livres fut fait par Jean Dufau, médecin, le Crésus de la famille, Israël Sardaings et Anne Frétard de Gauzères. Ces 4,500 livres furent remises à Jean Laffargue de l'Hostallet, tuteur d'Anne Ducom (1663).

Pendant ce temps, Jacob Dufau, que l'on croyait disparu à jamais, avait gagné Paris. Grâce à de puissantes recommandations, il avait fait parvenir une supplique jusqu'à Louis XIV. Reniant impudemment ses sentiments calvinistes, il avait argué de sa foi catholique et de son zèle en faveur de la vraie religion. Son crime ainsi présenté lui valut une amnistie pleine et entière. C'était le moment de la révocation de l'édit de Nantes ; Dufau obtint de la clémence royale des lettres de grâce, et une fois muni de ce sauf-conduit, il reparut un beau matin en Armagnac, narguant la justice et les gens de loi.

Le premier sentiment de Judith Dufau, veuve de Jean Ducom, fut dicté par la cupidité ; comprenant à merveille que la grâce accordée à Dufau l'obligeait à restituer l'indemnité de 4,500 livres, elle se hâta de faire dérober et de brûler le parchemin signé de Louis XIV. Privé de cette sauvegarde, Dufau disparut et se cacha de nouveau. Malheureusement des témoins oculaires avaient vu cette pièce, et, forts de ce témoignage, les héritiers Dufau demandèrent à grands cris qu'on leur rendît l'argent indûment versé. Jean de Laffargue de l'Hostallet n'aurait probablement cédé que devant un procès, mais il n'en eut pas le loisir et mourut en janvier 1664.

Son fils, Jean IV de Laffargue, héritier de tous ses droits et calviniste convaincu comme lui, fut le tuteur d'Anne Ducom ;

plus modéré au début, il consentit à un accommodement, et aidé de Joseph Dupont de Pomenté, fit une recherche minutieuse dans les papiers de son père. Aucune trace ne restait des 4,500 livres versées par les héritiers Dufau.

Une transaction termina cette affaire. Samuel de Came et Joseph Dupont se réunirent à Maisonneuve, paroisse d'Argelouse, et on passa un contrat par lequel on céda à Came une maison à Labastide ; maison qui est d'ailleurs restée jusqu'à nos jours dans cette famille (1676).

Malgré cet accord, les anciennes haines n'étaient qu'assoupies. Samuel de Came, le premier, retira sa jeune belle-sœur, Anne Ducom, de l'Hostallet où elle habitait, pendant une absence de son tuteur, et se mit en devoir de la convertir assez brutalement au catholicisme.

A son retour, Laffargue, outré, fait valoir ses droits et veut reprendre sa pupille. Came demande alors que Laffargue rende ses comptes de tutelle, prétendant qu'il gardait à son bénéfice la succession de Jean Ducom de Ribère. Puis, pour ne pas encourir les rigueurs de la loi, il enferma Anne Ducom au couvent de Monjoye. Laffargue, furieux des prétentions de son adversaire, se rendit à la maison religieuse des Ursulines, se fit délivrer sa pupille et la confia à M. de Guichené, un de ses amis qui demeurait à Geaune. Il se préparait à lui faire épouser un huguenot de ses amis, quand Samuel de Came fit enlever de nouveau la malheureuse jeune fille. Cette fois pour ne pas éprouver d'échec, Came s'adressa au comte de Montaigu, gouverneur de la province. Il n'eut pas de peine à lui démontrer qu'Anne Ducom était une jeune catholique tombée par mégarde entre les mains d'un protestant dangereux, sorte suppôt de de Satan, qui mettait son âme en perdition et dissipait en même temps sa fortune temporelle.

Les huguenots étaient si mal vus à cette époque, que le comte de Montaigu s'empressa de donner ordre que la jeune fille ne fut pas remise entre les mains de son tuteur. Toutefois, pour ne pas exciter trop de luttes de famille, il ne voulut pas la confier à Samuel de Came et la fit conduire à sa tante, Elisabeth de Ferron, vicomtesse d'Ambrutz.

Madame d'Ambrutz, née Laffargue de St-Gein, était veuve à cette époque et avait hérité de l'immense fortune domaniale de son mari, entre autre de la terre de Gontaut en St-Justin. Elle habitait l'hiver à Montauban son hôtel, rendez-vous d'une société élégante et choisie ; elle se consolait assez facilement de son veuvage en prêtant une oreille complaisante aux madrigaux amoureux d'un de ses parents, le marquis de Grossoles-Flammarens, jeune et beau cavalier, qui se montrait fort galant et empressé. L'arrivée de Mademoiselle Ducom fit sensation au milieu de tous les courtisans de Madame d'Ambrutz. La nouvelle venue était jeune et très jolie, et les hommages se tournèrent aussitôt de son côté. Le marquis de Flammarens lui-même ne put rester insensible à tant de grâce et de charme, et au bout de quelques mois la vicomtesse d'Ambrutz se trouva presque complètement délaissée, tandis que sa jeune parente traînait à sa suite tout un cercle d'adorateurs.

Jalousie de femme est la pire de toutes. Sous prétexte de surveiller l'administration de ses terres de Gontaut, Madame d'Ambrutz partit brusquement un matin, emmenant Anne Ducom avec elle, et toutes deux vinrent s'installer à St-Justin, dans une maison bourgeoise qui appartenait à la famille Laffargue. Là, dans la solitude et le silence, Madame d'Ambrutz comptait avec raison que les beaux yeux de sa nièce n'attireraient plus de tous côtés les papillons de cour.

Samuel de Came, inquiet probablement de voir que les choses allaient en rester là, adressa une supplique au duc de Roquelaure, gouverneur de la province, à la suite de laquelle ce dernier chargea un jeune magistrat, Jean Papon, lieutenant civil au marquisat de Maniban, d'interroger Mademoiselle Ducom sur les faits qui venaient de se passer.

Jean Papon, pendant le cours de l'interrogatoire, ne fut pas longtemps sans s'apercevoir qu'il avait devant lui la plus ravissante créature de la contrée. D'autre part, la jeune victime trouva son juge fort à son goût, et il en résulta qu'avant même que le rapport eut été adressé au gouverneur de la province, Jean Papon et Anne Ducom firent à Madame d'Ambrutz l'aveu de leurs sentiments réciproques. La vicomtesse, ravie d'être débarrassée d'une rivale qui l'éclipsait en beauté, se hâta de promettre son concours le plus favorable.

Jean de Laffargue, exaspéré de tout ce qui se passait, s'en prit à son irréconciliable ennemi, Samuel de Came.

Un dimanche matin, Samuel de Came se promenait dans son avenue du St-Aigne, philosophiquement et sans mauvaise pensée peut-être. A un détour il rencontre Laffargue qui vient à lui, et une explication orageuse s'engage. Les deux interlocuteurs gesticulent un quart d'heure durant, puis en viennent aux mains. Laffargue se jette sur Came, lui arrache son chapeau et son fusil et le roue de coups de bâton. Came s'enfuit en criant au secours, mais Laffargue avait aposté deux hommes non loin de là avec des épées et des pistolets pour lui prêter main-forte. Il s'élance sur son cheval et se met en devoir de poursuivre son ennemi. Le fugitif avait des ailes, malgré son âge et sa corpulence, il bondissait comme un lièvre ; mais son adversaire le serrait de près. Il allait l'atteindre, et cette poursuite grotesque allait avoir un dénouement tragique, quand Came arrivant au bord d'un fossé muni d'une haie les franchit d'un bond. Le cheval de Laffargue se défendit devant l'obstacle, et M. de St-Aigne eut le temps de se barricader chez lui.

Un grand esclandre s'en suivit, et Samuel de Came écrivit un mémoire de huit pages au duc de Roquelaure : il se plaint d'avoir été lâchement assassiné et déclare en termes virulents que les coups de bâton qu'il a reçus et dont tout son corps est meurtri sont la plus sensible injure faite à un gentilhomme de son lignage. Sa supplique se termine en demandant qu'il soit défendu à Laffargue de donner consentement au mariage d'Anne Ducom.

Malgré ses protestations on passa outre. Grâce à l'influence de la vicomtesse d'Ambrutz, il fut procédé au mariage de Jean Papon et d'Anne Ducom. Les nouveaux époux rentrèrent en possession de Ribère qui leur fut rétrocédé en 1688 par Jean Marquet de Bourgade, descendant d'un des héritiers du ministre Jacques Duffort.

Jehan de Laffargue (1) mourut quelques années après l'apaisement définitif de toutes ces discordes de famille. Des deux filles qu'il laissait, la cadette, Esther de Laffargue, avait épousé Dubourg de Bezolles, seigneur de Cauderonne ; l'aînée, Catherine, fut mariée en 1699, à Labastide d'Armagnac, à noble François de Guichené. A cette occasion, les nouveaux époux se convertirent à la religion catholique. Le 5 novembre 1699, ils se présentent à la bénédiction nuptiale avec un billet portant « qu'ils promettent vouloir vivre et mourir dans la
« religion catholique, apostolique, romaine, et d'y élever tous
« ceux qui dépendront d'eux, se soumettant de plus aux
« rigueurs des peines portées par les ordonnances royales au
« cas de récidive dans les erreurs qu'ils ont abjurées. »

Les Guichené étaient une famille noble, originaire de Bouloc, dans la commune de Geaune. Leur blason était d'azur au chevron d'or, accompagné de trois étoiles de même, et ils prenaient la qualification d'écuyer.

François de Guichené devint devint par son mariage propriétaire non-seulement de l'Hostallet, mais encore de Parron et des terres environnantes. Parron avait été le pied-à-terre et la résidence des comtes d'Aubijoux à Labastide d'Armagnac. Ils y avaient fait construire une maison de plaisance ; les anciens du pays se souviennent encore d'un vieux mur construit avec des débris de colonnes, garni d'anneaux en fer destinés à attacher les chevaux des nobles gentilshommes d'autrefois. C'était le dernier vestige du château de Parron. D'ailleurs, l'étang aujourd'hui desséché qui avoisine l'humble métairie porte

(1) Il avait épousé Noémie de Camon-Blachon.

encore le nom d'étang d'Aubijoux. Parron fut acheté en 1614 par les Laffargue, quand le comte d'Aubijoux vendit ses baronnies d'Eauzan à M. de Maniban ; ce fut le dernier témoignage de générosité de cette grande famille envers les Laffargue.

Les métairies de Sensin, Bouillon, Pailléou, Jambillon et la Teulère, faisaient également partie de la dot de Catherine de Laffargue, ce qui élevait M. de Guichené au rang des plus riches propriétaires fonciers du pays.

François de Guichené s'établit avec sa femme à St-Justin, où il mourut le 21 décembre 1741, âgé de 76 ans. Il laissait deux fils, Jean-François et Antonin de Guichené ; ce dernier hérita du domaine de ses ancêtres à Bouloc, dans la commune de Geaune.

Jean-François de Guichené, écuyer, seigneur de l'Hostallet, demeura comme son père à St-Justin, avec sa femme, Jeanne de Cès, fille du baron de Maumuy. De concert avec M. de Cours, son beau-frère, il acheta en 1766 les justices de St-Justin et de Villeneuve-de-Marsan. Il se réserva cette dernière bastide et en devint ainsi le seigneur engagiste.

M. de Guichené était un homme de relations très agréables et dont l'abord facile gagnait les sympathies. Il avait su se concilier les bonnes grâces de l'altière marquise de Livry, seigneuresse de l'Eauzan, et cette grande dame l'avait autorisé à chasser sur ses terres de Labastide d'Armagnac. Elle avait expressément recommandé à ses gardes de ne point parler de cette permission pour ne pas exciter la jalousie de certaines familles du pays auxquelles on refusait ce privilège.

M. de Guichené eut cinq enfants : Suzanne de Guichené, qui épousa Jean-Baptiste de Bezolles ; Marguerite, mariée à Michel d'Argelos ; Elisabeth, qui s'unit à M. de Laffitte, et Adriane, qui contracta alliance avec Pierre Cloche de Fargues.

Son seul fils, François-Thomas de Guichené, émigra pendant la révolution et vendit successivement presque tous ses domaines. Les métairies de Sensin, la Teulète, Pailléou, furent achetées par Joseph Bié et autres bourgeois du pays. Jambillon fut acquis en 1815 par Ernaud Vaterlo. Enfin, en 1850, la terre de Parron fut vendue à M. Esplendre de Villeneuve ; elle est aujourd'hui la propriété de M. Kabyline.

L'Hostallet, déchu de son ancienne splendeur, après avoir appartenu à la famille Lecomte, est à présent morcellé entre plusieurs propriétaires.

LES LAFFARGUE DE ST-JUSTIN

Nous ne pouvons terminer ce chapitre sans parler d'une autre branche des Laffargue, établie à St-Justin, et qui contracta aussi des alliances très illustres, bien qu'elle soit également tombée en quenouille à la fin du xviiie siècle.

Le chef de cette branche est Jean de Laffargue, écuyer, troisième fils de Jean de Laffargue de l'Hostallet et de Marie Tortoré. Il avait épousé à St-Justin une demoiselle de Landrieu, fille du notaire royal de cette ville, et était en 1612 fermier du commandeur de Caubin, chevalier de Malte. C'est en cette qualité qu'il reçut le prix de la vente de Laroqué du capitaine Malartic.

Son fils, Pierre-Jean de Laffargue, gentilhomme de la maison du roi, passa une partie de sa vie en procès, tantôt au sujet des droits acquis sur les terres qu'il achetait, tantôt pour soutenir les privilèges de communautés qui l'élevèrent à plusieurs reprises aux fonctions publiques. Nous trouverons au milieu de l'obscur fatras judiciaire de tous ces débats, des points très intéressants à noter sur la vie propre des bastilles du Marsan dans le courant du xviie siècle.

Les prétentions souvent exorbitantes de M. de Laffargue lui attirèrent l'animosité d'un seigneur très puissant, Thomas de Maniban, président à mortier au parlement de Toulouse, et dont le père avait acheté au comte d'Aubijoux les baronnies d'Eauzan. Il ne tarda pas à la lui faire sentir. En 1651, noble François de Gironde, marquis de Montelova, vendit les seigneuries de Cauquebanes et de Lannemaignan à Joseph de Compaigne. Laffargue, dont elles étaient réellement la propriété, se hâta de protester contre cette adjudication du bien d'autrui. Il mit opposition par acte notarié et fit répondre par Labarthe, son premier domestique, que cette procédure abusive n'était qu'un moyen de vexation dirigé contre lui, Laffargue, par le président de Maniban. Il disait que M. de Maniban se prévalait de son autorité dans son ressort à cause de son office pour faire valoir un droit imaginaire et contraire à toute justice. D'ailleurs, le président ayant fait signifier l'acte de vente dans la ville de Toulouse sans avoir la procuration de Joseph de Compaigne, la procédure est tortionnaire et rendue par juges incompétents, puisque Laffargue et Compaigne sont domiciliés dans le Marsan, ressort du parlement de Bordeaux. Ce procès fut néanmoins gagné par M. de Maniban.

Le 19 novembre 1653, Pierre-Jean de Laffargue acheta à Isabeau de Caucabanes les terres et seigneuries d'Hontanx et de St-Gein, et vint fixer sa résidence au château de Hontanx. Bien lui en prit d'avoir fait ce changement de domicile, car on sait que cette année-là précisément, les bandes de Balthazar et les troupes royales dévastèrent le pays d'Armagnac. La ville de St-Justin ne fut point épargnée, et la maison qu'habitait Laffargue fut aux trois quarts détruite. Il réclama même de ce chef au gouverneur de la province une indemnité, ainsi que l'autorisation de reprendre ses biens à ceux qui s'en étaient emparés. On la lui accorda en 1656.

Tous ces ravages avaient ébranlé la fortune de Laffargue ; en 1655, il devait encore 300 livres tournois, avec les intérêts échus de deux années, sur les seigneuries d'Hontanx et de St-Gein. Isabeau de Caucabanes était morte, laissant pour héritière Jeanne de Sarraute et le mari de cette dernière, Antoine de Cours, seigneur du Vignan, qui chargea tout bonnement l'huissier Léglize de saisir les biens de Jean de Laffargue.

Cette saisie porta sur trois cents gerbiers de seigle et cinquante de froment, provenant de 26 métairies éparpillées dans les communes du Frèche, St-Justin, Arouille, Cachen, Guinas et Vielle-Soubiran. En outre, on y ajoute 150 têtes de gros bétail, 500 brebis et 1,200 ruches de mouches à miel.

Les affaires de Laffargue se trouvèrent fort compromises à la suite de cette saisie. D'ailleurs, le pays tout entier était à court d'argent après le passage des gens de guerre. Laffargue de l'Hostallet seul aurait pu avec sa fortune prêter de l'argent à son cousin. Il est probable que de mesquines rivalités l'en empêchèrent.

Réduit aux expédients, Jean de Laffargue vendit le 8 avril 1663, à Moïse Larqué, la métairie dous Couillets, située en St-Martin et touchant aux terres de Malartic de l'Ondat. Il se défit également de plusieurs autres parcelles de terre et arriva peu à peu à se reconstituer quelques capitaux.

Vers cette époque, le roi fit vendre les justices des bastilles du Marsan et celle de St-Justin comme les autres. Deux compétiteurs, Pierre Dufour et Jean de Laffargue, se présentèrent pour couvrir les enchères ; Laffargue devint à prix d'or seigneur engagiste de St-Justin. Cette prise de possession ne s'effectua pas sans de grandes difficultés. Deux ans étaient à peine écoulés que les consuls de la ville, après délibération, adressèrent un mémoire consultatif à un avocat de Mont-de-Marsan pour faire valoir leurs droits. Voici en quels termes ils énumèrent leurs privilèges :

« Les consuls de Saint-Justin, qui de toute ancienneté et
« de temps immémorial ont exercé la justice criminelle, joui
« du pontage, plaçage et autres droits, et rendu l'hommage
« de ce au roi Louis XIII, de très glorieuse mémoire, protes-
« tent contre la vente faite au sieur de Laffargue, seigneur
« de Saint-Gein, du domaine royal de Saint-Justin. Ils pré-
« tendent que cet acte est une usurpation de leurs droits et
« que le sieur de Laffargue, qui a enchéri cette vente sur
« défunt Dufour, premier acquéreur, sait de science certaine,
« puisqu'il est natif de St-Justin, que les droits qu'il s'est fait
« adjuger par défaut n'ont jamais été du domaine royal,

« ce que ladite communauté peut faire vérifier par toutes les
« fermes du dit domaine.

« Qu'il y a deux ans, les consuls dudit St-Justin furent
« assignés pour rendre hommage devant les commissaires
« royaux sans qu'ils aient tenu compte de ce faire. Nonobstant
« qu'ils furent imposés, ils se sont livrés par acte de jurade à
« des affaires moins importantes, et par cette négligence donné
« lieu apparemment à l'instance dudit Laffargue, qui aurait eu
« garde de rien demander à la communauté, mais qui aurait
« rendu ledit hommage et fait vérifier.

« Les consuls de la présente année demandent s'ils ne pour-
« raient pas faire leur protestation contre les anciens consuls
« négligents et peu soigneux du bien de la communauté, faire
« prestation dudit hommage, les attaquer et faire acte d'oppo-
« sition. »

A cette réclamation s'en joignait une seconde non moins importante. Jean de Laffargue avait eu soin de se rendre en 1664 à Mont-de-Marsan et de rendre hommage en termes vagues et généraux pour les justices de St-Justin, à Jacob Darné, conseiller du roi et lieutenant royal, commissaire-député pour la réception des hommages. La communauté de St-Justin s'émut de cet acte, et le juge royal de cette ville, Jean de Batz, seigneur de Gontaut, s'empressa de rédiger une protestation. Il représente à M. Darné que le sieur Laffargue n'est qu'engagiste du domaine royal, que la justice civile est au roi et administrée sous son nom, et que la justice criminelle appartient à la communauté elle-même. Le commissaire du roi fit droit à cette requête dont il reconnaissait la parfaite justice; il ordonna en conséquence que l'hommage rendu par Laffargue serait déclaré nul, et il chargea les deux consuls de la signification de l'arrêt. Ces deux consuls étaient Jean de Malartic de Fondat et Isaac de Compaigne (1664).

A cet effet, le corps de jurade se réunit dans la salle commune; mais on apprit que Jean de Laffargue allait venir lui-même assister à la séance. Les consuls, émus, et craignant l'influence d'un personnage aussi important, firent aussitôt scier les marches de bois de l'escalier, afin d'empêcher d'entrer le seigneur engagiste.

Laffargue fit agir aussitôt ses parents, ses amis et mille influences occultes ; le 24 novembre 1665, il obtenait un jugement favorable rendu en l'Hôtel du roi.

St-Justin, par l'organe de Joseph de Compaigne, juge royal, interjeta appel, et, dans l'instance qui suivit, ce fut Jean de Malartic de Fondat, premier consul, qui représenta la communauté. Les jurats de St-Justin gagnèrent, et Laffargue, définitivement débouté de ses prétentions, tourna ses exigences contre Pierre Dufour, dont le père avait été engagiste de St-Justin. Il lui réclamait des dommages-intérêts qu'il ne put obtenir.

Une autre contestation moins importante donne une idée de l'exagération des prétentions des seigneurs engagistes à cette époque. Le 22 juillet 1665, Jean Couralet, consul de la ville de Roquefort, se plaint aux consuls de St-Justin. Il expose que les gens du pays de Marsan n'ont jamais payé de droit de péage dans les foires de la contrée, mais que cependant les agents du sieur Laffargue, seigneur engagiste de la présente ville, ont arrêté un grand nombre de bétail de la communauté de Roquefort lorsque les conducteurs n'avaient point voulu payer les droits réclamés. Cette prétention de Laffargue tirait à une dangereuse conséquence, puisqu'elle créait un droit non encore existant. C'est pourquoi Couralet termine en priant les consuls de St-Justin de respecter les privilèges des habitants du Marsan et de leur faire délivrer le bétail arrêté.

Ces démêlés et bien d'autres encore durèrent jusqu'à la mort de Jean-Pierre de Laffargue, qui expira à St-Justin le 14 janvier 1674. Il avait épousé Marie Dufour, fille de Pierre Dufour et de Catherine de Vaqué. Il laissait une fille unique, Barbe-Elisabeth, mariée l'année précédente à Jean de Ferron, vicomte d'Ambrutz (1).

(1) Il était fils d'Asdrubal de Ferron d'Ambrutz, baron de Cardes en St-Macaire, et d'Anne-Geneviève de Grossoles-Flammarens, marquise de Carbonieux.

C'est ainsi que s'éteignirent presque simultanément, au début du xviiie siècle, les deux branches issues de la noble maison des Laffargue de l'Hostallet.

SOURCES HISTORIQUES :

1. — Archives de M. Craman.
2. — Archives de l'abbé Tauzin (St-Justin).
3. — Archives des Landes.
4. — Archives de l'abbé Ducruc (Cazaubon).
5. — Archives de Labastide d'Armagnac.
6. — Archives du Ribouillet.
7. — Elie Benoit, Pièces justificatives, Ve volume, p. 54.
8. — Archives nationales, TT 269.
9. — Pouillé du diocèse d'Aire.
10. — Archives des Hautes et des Basses-Pyrénées.
11. — Archives de M. Came de Saint-Aigne.
12. — Minutes de Me Duclerc, notaire à St-Justin.

MAISON NOBLE DE JOUTAN EN JULIAC

CHAPITRE XIIe.

Joutan.

La maison noble de Joutan est fort ancienne, et il est regrettable que nous n'ayons pu retrouver des documents suffisants sur ses premiers propriétaires, car elle paraît avoir été l'apanage des plus nobles familles.

Son aspect extérieur n'éveille pas la curiosité de l'archéologue ; une vulgaire tourelle collée à un bâtiment carré et de construction peu ancienne, tel est le manoir de Joutan. Et pourtant c'était un fief noble relevant du roi et qui a eu ses seigneurs et son histoire.

En 1410, le connétable d'Armagnac avait dans son entourage de chevaliers gascons un écuyer nommé Arnaud de Joutan. De la famille de ce personnage et de son lieu d'origine, nous ne savons absolument rien. On ne connaît que le sceau dont il se servait et qui figure un dragon d'or sur champ de gueules. Il est certain, en tous cas, qu'il rendit au connétable des services signalés ; peut-être même lui sauva-t-il la vie dans un combat. Les occasions n'étaient pas rares à cette époque ; aussi le comte d'Armagnac lui donne en fief une étendue de domaines assez considérable situés sur Betbezer et Mauvezin dans la seconde moitié de la vicomté de Juliac accordée à son ancêtre par le roi Charles V (1410).

C'est là qu'Arnaud de Joutan se fit construire une habitation qui a pris dans la suite le nom de son propriétaire et fondateur.

Arnaud de Joutan continua le cours de ses exploits sur tous les champs de bataille. En 1429, il fait partie de cette pléiade de capitaines gascons qui se comportèrent si vaillamment sous l'étendard de Jeanne d'Arc. Il contribua à la délivrance d'Orléans et suivit plus tard son compatriote La Hire dans ses courses de guerre à travers la France.

Au commencement de l'année 1437, notre aventureux capitaine est en Agenais, où la destinée lui réservait une fin tragique. Comme il traversait une forêt avec les hommes de sa compagnie éparpillés de droite et de gauche, une flèche siffle à travers bois et vient lui traverser la poitrine de part en part. Était-ce vengeance de l'un de ses hommes d'armes ou exploit d'un reître embusqué derrière un buisson ? Ce point ne sembla pas avoir été éclairci (1437).

Arnaud de Joutan laissait trois filles : Éléonore, Florette et Alderine, qui eurent pour curateur leur plus proche parent Robert de Sariac. Cette famille de Sariac, fort connue dans le Fezensaguet, d'où elle est originaire, a fourni en 1675 un évêque au siège épiscopal d'Aire.

Le 17 avril 1437, M. de Sariac fait procéder à l'inventaire de Joutan. L'étendue des domaines était très belle, tellement belle même que M. de Sariac en fut séduit. Peu d'années après la mort du capitaine Joutan, il épousait sa fille Éléonore (1450).

Nous ne savons ce que devint Florette de Joutan ; quant à sa sœur Alderine, elle ne se maria jamais et vécut à Joutan sans vouloir quitter son aînée.

Vers 1480, le fils né de ce mariage, Antoine de Sariac, est propriétaire et seigneur de Joutan ; mais il reste aussi célibataire et meurt en 1496, sans avoir fait de testament. De toute la famille nombreuse qui avait habité Joutan pendant le XV° siècle, il ne restait plus alors qu'Alderine de Joutan. Âgée de plus de 80 ans, elle devait ressembler beaucoup à la vieille fée des contes de Perrault. D'ailleurs elle ne put jouir longtemps de l'héritage qu'elle venait de recueillir. Peut-être a-t-elle vu les premières années du xvi° siècle ; cela est fort douteux ; le testament de noble Alderine de Joutan est daté de la fin de l'année 1498.

A notre grand regret s'ouvre ici une lacune que rien n'a pu combler. Les hypothèses étant parfois permises en matière historique, nous penchons à croire que Joutan est revenu après la mort d'Alderine aux ayants-droit du comte d'Armagnac, c'est-à-dire au roi de France lui-même.

Joutan aurait donc été réuni à la couronne (1500). Il faut maintenant faire un saut de près de soixante années pour retrouver un seigneur de Joutan. Nous sommes en 1570, et nous rencontrons noble Jean-Rufin Bouglon, valet de chambre du roi de Navarre.

Nous avons cherché en vain l'origine de ce nouveau propriétaire de Joutan. Il est certain qu'il n'a aucun lien de parenté avec les anciens sires de la ville de Bouglon en Lot-et-Garonne. Ces derniers en effet étaient des cadets de la maison de Caumont, et la branche était éteinte au xv° siècle. Mais il y avait des Bouglon en Navarre et d'autres dans l'Eauzan. Serait-ce à l'une de ces deux branches qu'il faut rapporter notre seigneur de Joutan ? Aucun document ne nous permet de l'établir.

Quoiqu'il en soit, Jean-Rufin Bouglon était un des gentilshommes favoris du roi de Navarre. Il avait à plusieurs reprises prêté de l'argent à son noble maître, dont la bourse sonnait trop souvent un creux déplorable. Bouglon était aussi une des têtes du parti huguenot en Armagnac. En 1578, lorsque M. de Laffargue dressa le rôle des contributions de guerre pour les propriétaires protestants de Labastide et de la vicomté de Juliac, le seigneur de Joutan est inscrit le premier de tous sur la liste. Ses biens sont estimés de la valeur de 1,200 écus sols.

Jean-Rufin Bouglon déclara qu'il ne payerait pas la taxe ; faisant valoir sa qualité de gentilhomme du roi de Navarre, il prétendait que servant la réforme avec sa bonne épée, il était dispensé de la secourir avec son argent.

Il avait épousé Diane de Batz, peut-être parente du faucheur d'Henri IV. De cette union il ne naquit point d'enfants, et Jean-Rufin Bouglon mourut à Joutan sans postérité (1590).

Lorsque la succession s'ouvrit, il ne se trouva aucun proche parent pour la recueillir. Des collatéraux éloignés qui ne portaient pas même le nom et qui habitaient l'Agenais se disputèrent l'héritage. Nous croyons qu'il y eut vente pour éviter une indivision, et le domaine fut acquis par Louis de Solmignac, seigneur de Labarrère, qui l'habitait en 1602.

Louis de Solmignac, vaillant homme de guerre, fut un des plus braves capitaines d'Henri IV, et nous soupçonnons fort que le Béarnais qui aimait beaucoup ses compagnons d'armes favorisa de tout son pouvoir ce fidèle serviteur lors du partage de la succession de Jean-Rufin Bouglon. En 1586, Solmignac que l'on appelait communément le capitaine Labarrère, défendit héroïquement la place de Castets-sur-Garonne contre le fameux maréchal Goyon de Matignon. Une sortie désespérée qu'il fit à la tête de sa petite garnison découragea tellement Matignon que ce dernier battit en retraite, ayant avec lui 4,000 hommes de pied, 450 chevaux et 13 canons.

Les Solmignac de Labarrère possédèrent Joutan pendant plus d'un siècle ; mais ils n'y résidaient point et habitaient leur château de Labarrère, entre Montréal et Castelnau d'Eauzan.

En 1650, Joseph de Solmignac, seigneur de Joutan, prend part aux guerres de la Fronde ; il s'enrôle sous la bannière de Condé et périt dans un combat livré aux environs d'Astafort en Agenais.

Son fils, Jacques de Solmignac, rendit hommage en 1665 pour son fief de Labarrère. Il avait épousé Marie Cottin et en eut un fils, Pierre de Solmignac, écuyer. Ce dernier habitait Joutan en 1703 avec sa femme, Marie Dupeyret ; sa fille, Jeanne-Marie Solmignac de Labarrère, hérita de ce domaine qu'elle possédait en 1724. Lors du dénombrement de Joseph de Pujolé, elle fit opposition aux prétentions du vicomte de Juliac. Le parlement de Bordeaux ayant examiné longuement les pièces fournies par les deux adversaires, déclara la dame de Joutan vassale du roi. Pujolé termina la contestation en épousant Jeanne de Solmignac (1732).

Ils eurent une fille Marie-Madeleine de Pujolé qui fut tenue sur les fonts baptismaux le 20 novembre 1733 par Jean de Malartic de Fondat et Marie Leblanc de Labattut, vicomtesse d'Argelouse. A l'âge de cinq ans, un accident arrivé à cette pauvre enfant la rendit boiteuse, mais il paraît qu'elle rachetait cette difformité physique par un esprit agréable et enjoué et une beauté de figure vraiment remarquable. Un des amis et voisins du vicomte de Juliac, Jean de Cours, seigneur du Vignau, proposa pour la jeune fille un brillant mariage ; il s'agissait de François de la Salle, baron de Caneux et de Castelmerle, dont le frère était marquis de Roquefort. La haute naissance du prétendu et surtout la perspective de l'immense fortune du marquis de Roquefort, dont il était héritier, décidèrent M. de Pujolé.

Le contrat fut dressé au château de Béroy le 10 septembre 1750. Le vicomte de Juliac avait convoqué à cette occasion la noblesse des environs. Aussi voyons-nous figurer parmi les invités François de Cours, Joseph de Bezolles, Jean-Marie de Mesmes, les de Camon-Talence, les de Batz et une foule d'autres. Au milieu de cette superbe réunion s'était glissé également le parasite habituel de M. de Juliac, Joseph Corrent de Ribère. Ce vaniteux personnage n'aurait eu garde de manquer dans une société aussi choisie, où ses manies nobiliaires étaient pourtant l'objet de plaisanteries assez dédaigneuses.

Madeleine de Pujolé apportait en dot la seigneurie et caverie de Joutan, la baronnie de Labarrère, plus des terres situées dans les paroisses de Mesplede et de Départ, et des maisons à Orthez provenant de la succession de son grand-oncle, Antoine de Peyret. M. de Pujolé ajouta pour arrondir cette belle dot la métairie de Paillargues dans la juridiction de Fieux ; mais il se réservait l'usufruit sa vie durant.

Jean de Cours, agissant alors au nom de Pierre de la Salle, marquis de Roquefort, baron de Cachen, Lugaut, St-Gor et autres places, frère du futur époux, stipula qu'une somme de 120,000 livres serait comptée au seigneur de Joutan à la mort du marquis et de son épouse, Françoise de La Roque.

Douze jours après, le 22 septembre, l'union de François de la Salle et de Madeleine de Pujolé fut bénie à l'église de Mont-de-Marsan avec dispense de deux bans. Les témoins furent M. de Cours du Vignau et le baron de Castelnau de Jupouy (22 septembre 1750).

François de la Salle avait établi un fermier à Joutan et n'y venait qu'à de très rares intervalles ; l'immense étendue de ses domaines lui donnait des préoccupations d'une importance bien supérieure.

Il eut un fils, Julien, et deux filles, Jeanne et Françoise, qui se partagèrent la succession paternelle en 1764. Joutan échut à Jeanne de la Salle. Mariée plus tard à M. Laburthe de Grenade, elle avait confié l'administration de Joutan à Jean Bereil, qui fut plus tard régisseur de Fondat et homme de confiance de M. de Malartic. Mais ce Bereil administra la propriété le plus mal possible (1772). Madame Laburthe se plaint de son peu de délicatesse dans de nombreuses lettres adressées à M. de Malartic, dont elle était la cousine par la famille de Caumale.

Les ennuis de cette gestion la décidèrent à céder Joutan à sa sœur qui avait épousé M. de Cours-Gontaud (1).

Les de Cours, nouveaux propriétaires, étaient une très noble et illustre famille originaire de l'Agenais (2). Ils avaient pour armes : d'argent à un pin de sinople et un lion de gueules

---

(1) Jeanne de la Salle, sa sœur, épousa en secondes noces le 17 août 1777, au château de Canenx, François de Nouaillan, fils de Joseph de Nouaillan et d'Anne de Lalande.

(2) Ils descendent de Pierre de Cours (1020).

rampant contre le fût, partie au 2 d'argent à trois bandes de gueules.

François de Cours, seigneur de la Salle, et qui épousa le 15 avril 1569 Serène de Luppé, apparaît pour la première fois dans nos contrées, car nous le voyons assister dans la maison noble de Couralet au mariage de Marc-Antoine de Cours avec Claude de Los, une des nièces de François de Came de St-Aigne. Marc-Antoine de Cours, vaillant chef huguenot, fut l'aïeul d'Hector de Cours qui épousa à St-Justin Angélique de Ferron d'Ambrutz, marquise de Carbonieux. De ce mariage naquit François, seigneur de Joutan.

Cadet d'une nombreuse famille, car il avait neuf frères et sœurs vivants à cette époque, François de Cours ne pouvait occuper le rang élevé et la situation brillante de ses aïeux. Son peu de fortune ne lui permettait pas de supporter les charges d'un grade d'officier dans les armées royales et d'y faire bonne figure ; heureusement la fortune lui était arrivée brusquement en 1742 et il se trouvait être un des plus riches et puissants seigneur du pays, grâce à son oncle maternel.

Cet oncle était messire Henri-César-Phœbus de Ferron d'Ambrutz, marquis de Carbonieux, dont le portrait mérite d'être esquissé rapidement, car c'est une des silhouettes les plus remarquables de l'Armagnac au xviiie siècle. Dès sa naissance, deux noms illustres et de noblesse presque royales s'étaient rencontrés à son berceau (1) : Phœbus d'Albret, prince de Montaigne, maréchal de France, et Geneviève de Grossoles-Flammarens lui servirent de parrain et de marraine. Ces deux grands protecteurs poussèrent le jeune d'Ambrutz vers les plus hautes destinées. Il devint rapidement un des meilleurs officiers du maréchal de Villars, et son épée servit vaillamment la monarchie à Denain ; il fit preuve d'un tel héroïsme, que le maréchal voulut le présenter à Louis XIV. Quand on vit paraître dans les galeries de Versailles ce gentilhomme dont la taille hercu-

(1) Il fut baptisé à St-Justin, le 12 mars 1675.

léenne et les robustes épaules, auraient porté, sans faiblir l'armure de François Ier, les courtisans firent cercle autour de lui avec un murmure d'étonnement. Louis XIV adressa quelques paroles flatteuses au vicomte d'Ambrutz, et l'invita le soir même à son grand coucher.

Cette faveur royale était pour M. d'Ambrutz un présage des plus brillants ; mais il n'en profita pas, peut-être même fut-il disgracié, car en 1715 il retournait en Armagnac où il se maria trois ans plus tard (31 janvier 1718). Il épousa Marie de St-Julien d'Arsacq, seigneuresse de St-Martin de Noé. Le curé Ducastaing leur donna la bénédiction nuptiale malgré l'opposition de Madame d'Ambrutz, née Laffargue de St-Gein.

En 1723, la jeune vicomtesse d'Ambrutz eut une fille qui parut si faible et si chétive que le médecin déclara aussitôt qu'elle ne vivrait point. Le notaire Henri Duclerc qui se trouvait dans la chambre de l'accouchée, voyant qu'on n'aurait pas le temps de faire venir un prêtre, baptisa lui-même l'enfant qui expira quelques instants après.

La perte de cette unique héritière plongea M. d'Ambrutz dans une profonde tristesse ; il vieillissait dans l'oubli et, en 1742, se sentant profondément atteint par la maladie, il fit appeler à son lit de mort son neveu François de Cours. Il lui fit donation de la seigneurie de Gontaud et de toute sa fortune, sauf les fiefs et droits seigneuriaux de St-Martin de Noé qui, après la mort de sa femme étaient revenus à la maison de Maumuy. Cette immense succession faisait de François de Cours un des plus importants barons de la contrée. Quelques heures après avoir si généreusement disposé de ses biens, César-Phœbus de Ferron d'Ambrutz s'éteignait doucement dans sa vieille maison de Saint-Justin, âgé seulement de 67 ans.

François de Cours, seigneur de Gontaud puis de Joutan, acquit en 1764 le domaine de St-Martin de Noé qui lui fut vendu par Elisabeth de Cès et son fils, Jacques de St-Julien de

Maumuy (1). Il était chevalier de l'ordre royal et militaire de St-Louis et eut trois enfants, une fille qui mourut à l'âge de 19 ans et deux fils : l'un, Joseph, dit le chevalier de Cours ; le second, Antoine-Henri, qui hérita de Gontaud, Joutan et St-Martin de Noé.

Antoine-Henri de Cours, chevalier de St-Louis comme son père, officier d'infanterie au moment où éclata la révolution, émigra en 1792 et servit dans l'armée des princes avec les autres gentilshommes de la contrée. Quand les victoires de la République fermèrent aux émigrés le chemin de leur patrie, M. de Cours, las de servir sans résultat la politique tortueuse de M. de Calonne et la diplomatie perfide du comte d'Artois, se retira à Hambourg où il contracta en 1799 une haute alliance. Il épousa Éléonore-Christine de Bérustorff, veuve de M. de Wachenhusen, vice-directeur de la chancellerie de Mecklembourg-Schewerin, et devint ainsi le cousin du fameux général Bulow, si célèbre dans les guerres de l'empire. Cette union fut solennellement bénie dans la cathédrale de Hambourg par le prince-évêque de Hildesheim.

A la Restauration, M. de Cours revint en Armagnac et comme beaucoup de nobles du pays obtint main-levée du séquestre mis sur ses biens. Il faut remarquer en effet qu'à part la vicomté de Juliac dont nous avons vu le morcellement complet, presque tous les gentilshommes du pays purent conserver intactes les terres de leurs ancêtres. De retour dans ses foyers, Antoine-Henri de Cours veuf et sans enfants se remaria avec Marthe-Sophie Ducasse de Castelvieil. Il mourut en 1817, écrasé par la chute d'un pin pendant qu'il surveillait les travaux d'une coupe de bois dans les landes de St-Martin. Ses deux filles, Malvina et Anaïs de Cours, épousèrent, l'une M. Amédée de Nouaillan et l'autre Maximilien de la Roque-Ordan. Les immenses domaines de la famille de Cours ont été partagés

(1) Il y eut en 1778 un curieux procès entre François de Cours, écuyer, et les sieurs Abadie et Jusan, jurats de St-Justin et de Gontaud, qui avaient refusé de se rendre sur la place de l'église paroissiale pour entendre le dénombrement du seigneur.

entre ces deux branches, et, d'un commun accord, la terre de Joutan fut vendue à M. Victor Ducung, notaire de Roquefort, qui en est actuellement le propriétaire.

SOURCES HISTORIQUES :

1. — Archives des Landes.
2. — Bibliothèque nationale. (Manuscrits).
3. — Archives du Ribouillet.
4. — Archives des Hautes-Pyrénées.
5. — Glanage de Larches.
6. — Archives de Juliac.
7. — Archives de M. Craman.
8. — Archives de l'abbé Ducrue (Cazaubon).
9. — La Chesnaye des Bois. Dictionnaire.
10. — D'Hozier : Armorial.
11. — Bon de Cauna. Armorial des Landes.

CHAPITRE XIIIe

La Grange de Juine.

> C'était une humble église au cintre surbaissé,
> L'église où nous entrâmes ;
> Où, depuis trois cents ans, avaient déjà passé
> Et prié bien des âmes !

Il semble que ces vers de Victor Hugo aient été écrits pour l'église de La Grange. En y pénétrant, ils nous viennent tout naturellement à la mémoire. L'aspect en est humble et pauvre ; la nef, plafonnée de planches mal jointes et peintes à la colle, a été remaniée à une époque relativement moderne ; mais le chœur est ancien et a conservé tout son caractère, en dépit des peintures qu'on y a faites. La voûte en est soutenue par des piliers trapus, à moitié engagés dans la muraille, et surmontés de chapiteaux sur lesquels sont grossièrement sculptés des animaux fantastiques. Une belle fenêtre à plein cintre éclaire le fond et est encadrée à l'intérieur comme à l'extérieur d'un cordon de billettes finement exécutées. Cette partie de l'édifice est incontestablement de l'époque romane.

Une chose assez particulière, et qui se retrouve du reste à Betbezer, c'est qu'une partie de la toiture, celle qui regarde le nord, recouvre l'église, et que l'autre partie, celle qui regarde le midi, abrite la maison d'habitation.

Cela dit, quelle est l'origine de cette église ? D'où vient le nom que porte la commune ?

Vers la fin du XIe siècle (1084), il existait aux confins de la seigneurie de Juliac et du Gabardan, sur les limites du fief de La Caze, une petite paroisse nommée St-Pierre de Juliac. Elle se composait de quelques maisons très disséminées dans une vaste étendue de terres incultes et peu fertiles. Cette paroisse était celle qui portait le nom de La Grange.

St-Pierre de Juliac, englobé dans le domaine des seigneurs de Malvin, était un fief relevant des vicomtes de Gabarret, et c'est à eux certainement que l'on doit la construction de la belle et curieuse église dont nous faisions une courte description au début de ce chapitre.

De 1092 à 1115, époque où les croisades réveillèrent le sentiment chrétien, on vit sortir de terre de tous côtés des édifices religieux. Il fallait non seulement restaurer les monastères ruinés, mais pour avoir la protection du ciel pendant la guerre sainte, il était prudent de faire des fondations pieuses et de doter généreusement les abbayes. C'est pour obéir à des sentiments de cette nature que fut commencée vers 1092 la construction de l'église paroissiale de St-Pierre de Juliac.

L'architecture est du pur XIIe siècle, mais plus d'un détail révèle aux connaisseurs le ciseau du XIe siècle avec les réminiscences du goût arabe.

Pierre I de Gabarret, bienfaiteur des religieux de la Grande-Sauve (1), leur donna non seulement le prieuré de Gabarret qu'il venait de fonder, mais encore celui de N.-D. de Mauvezin et les dîmes d'Estigarde (1100).

Ce ne furent pas d'ailleurs les seules richesses territoriales qu'obtinrent les religieux de la Grande-Sauve. Sur l'autorisation et avec le concours de l'évêque d'Aire, des maisons leur appartenant furent édifiées vers 1115 à Perquie, St-Gor, Cachen et dans une partie du Gabardan.

(1) Ces religieux étaient des moines réguliers de l'ordre de Cîteaux, dont la rénovation fut entreprise avec tant d'ardeur au XIe siècle.

Les revenus de St-Pierre de Juliac furent également donnés par Pierre de Gabarret aux religieux, mais nous ne connaissons pas la date exacte de cette donation. Il est probable cependant que quelques-uns des moines de Citeaux habitaient la maison seigneuriale mitoyenne à l'église (1).

En 1125, St-Pierre de Juliac passa entre les mains de Pierre II de Gabarret, marié à Guiscarde, sœur de Centulle de Béarn, puis à sa fille, Marie de Gabarret, en 1170.

On sait qu'à cette époque la riche héritière du Gabardan fut obsédée par les sollicitations d'Henri Plantagenet, qui voulait l'épouser. Pour se soustraire à cette union, elle alla faire hommage de ses états à Alphonse d'Aragon et lui remit les châteaux de Manciet et de Gabarret. Enfin, pour plus de sûreté, elle épousa un espagnol d'origine, Guillaume de Moncade.

Les sujets de Marie de Gabarret ne voulant pas reconnaître l'autorité d'un étranger, s'empressèrent de se révolter. Malgré cette rébellion et les luttes qui s'en suivirent, le Gabardan retomba au pouvoir de Gaston de Moncade, fils de Marie (1210). Gaston confirma les donations faites par ses prédécesseurs à la Grande-Sauve des prieurés de Mauvezin, Estigarde et St-Pierre de Juliac. Il ajoute le tiers des péages du Gabardan, le sirmenage (2) de la ville de Gabarret, la chaudière judiciaire avec le marbre pour être seule employée dans toute la contrée.

Gaston mourut sans enfants en 1215. Son frère, Guillaume-Raymond de Moncade, le remplaça ; enfin, en 1225, le pays retrouva un peu de calme et de paix sous la domination tranquille de Guillaume II.

Au printemps de l'année 1227, Guillaume II de Moncade se mit en route pour visiter les uns après les autres ses vassaux de Gascogne qui ne l'avaient pas encore reçu comme suzerain. Après avoir employé quelques mois à cette occupation, il

(1) La maison seigneuriale ou cloître, fut plus tard aménagée et remaniée par les Prémontrés au XIII° siècle.

(2) Droit d'avoir un pignon sur rue.

s'arrêta le 4 des ides de septembre au monastère de St-Jean de la Castelle.

St-Jean de la Castelle était une ancienne abbaye de Bénédictins construite aux environs d'Aire, en 1150. Pierre, vicomte de Bigorre et de Marsan, y avait installé les disciples de St-Norbert, les Prémontrés, dont le renom de sainteté et la règle austère édifiaient alors tout le monde chrétien.

Le passage d'un personnage aussi illustre que le vicomte de Gabarret devait être marqué par un acte de générosité envers la maison religieuse qui lui offrait l'hospitalité. Aussi Guillaume de Moncade fit don à l'abbaye de neuf casals de la *Domenjadure* ou maison seigneuriale de St-Pierre de Juliac, avec les dîmes qui en relevaient dans les annexes de St-Julien et de St-Barthélémy (Créon, 1227).

C'est ainsi que sans cesser de faire partie intégrante de la seigneurie des Malvin, St-Pierre passa aux mains de l'ordre des Prémontrés. Les religieux de la Grande-Sauve ne furent pas dépossédés sans compensations ; il est probable qu'à titre d'échange le vicomte de Gabarret leur abandonna quelque autre partie de ses domaines.

Le monastère de St-Jean de la Castelle, enrichi par des fondations pieuses, était très prospère à l'époque où Guillaume de Moncade vint lui donner des fiefs dans le Gabardan. Il avait dans le pays de Marsan une maison religieuse à Lacquy et une autre à St-Rémy de Malabat (Maillères). On sait que ce dernier fief relevait des vicomtes de Malvin.

Les Prémontrés s'empressèrent de compléter à St-Pierre de Juliac l'installation de la maison adossée à l'église. L'aménagement intérieur correspondait aux sévérités de la règle : un corridor central et des cellules, une cour carrée entourée par un préau couvert ou cloître à arceaux soutenu par de gros piliers, abritaient sans doute les religieux contre les ardeurs du soleil de midi.

Les établissements ainsi fondés par les Prémontrés portaient le nom de Grange. Ainsi on disait La Grange de Maillères,

La Grange de Lacquy, etc. Quant à La Grange de Juliac, elle fut célèbre entre toutes, parce qu'elle donnait à l'abbaye de St-Jean plus de revenus que toutes les autres. C'est sans doute en raison de cette importance que vers le xvie siècle le village groupé autour du monastère perdit son nom de St-Pierre et s'appela communément La Grange.

Certaines personnes affirment que la règle des Prémontrés ne les autorisait à habiter que le fond des vallées et jamais les lieux élevés. Rien n'est moins exact que cette assertion. La preuve en est que l'abbaye de St-Jean de la Castelle domine une immense plaine près d'Aire, sur la rive gauche de l'Adour. Les Granges de Cazères et de Lacquy ne sont pas non plus dans les bas-fonds. La tradition veut que La Grange de Juliac, abritée des vents du nord et exposée au midi, ait été l'asile de retraite des vieux moines ou des malades. Il est certain d'abord qu'il n'y en eut jamais plus de quatre ou cinq à la fois. Des titres et documents authentiques nous permettent d'affirmer que telle était bien la destination de La Grange ; nous avons même constaté que quelques-uns des anciens prieurs de la Castelle, affaiblis par l'âge et les travaux, vinrent s'y reposer et finir leurs jours en paix.

Les grangers devaient l'hommage-lige aux vicomtes de Juliac pour toute l'étendue de leurs domaines (1) ; mais ils avaient des privilèges ; ils étaient dispensés de la moitié des journées de manœuvres et exempts de l'obligation du souchet, mais ils devaient faire moudre au moulin de Mauvezin. Ils avaient la seigneurie directe de la paroisse de St-Barthélemy, aujourd'hui Créon, et possédaient les dîmes de St-Johannet près Losse. Ils avaient aussi les droits de fiefs, lods et ventes sur le domaine de Coulicat dépendant de la vicomté d'Argelouse. Mais ils étaient assujettis à dire la messe dans la chapelle du château de Béroy pour le seigneur châtelain et sa famille.

(1) Pour leurs fiefs en St-Julien, les grangers à partir de 1350 devaient l'hommage aux comtes d'Armagnac, puis aux rois de Navarre et enfin aux de Gourgues, seigneurs de St-Julien jusqu'en 1782.

En 1231, nous trouvons St-Pierre de Juliac dans une charte du *Gallia Christiana*. Le pape Grégoire IX venait de confirmer solennellement l'ordre religieux et militaire de St-Jacques de l'Epée-rouge, créé en 1170, et qui s'engageait par vœu à défendre contre les infidèles le chemin du pèlerinage de Compostelle. Plusieurs seigneurs importants firent des donations à l'ordre naissant, et Guillaume de Moncade, vicomte de Gabarret, lui accorda la propriété des châteaux de Manciet et de Demul. Il y ajouta d'autres revenus parmi lesquels des dîmes prises sur St-Pierre de Juliac (1). Cette largesse est mentionnée dans une charte d'Amanjeu, archevêque d'Auch en 1231.

A cette époque, outre les dîmes de St-Barthélemy de Créon, St-Johannet et St-Julien, le monastère avait aussi des fiefs dans la mouvance directe des barons d'Arouille. C'est ce que nous apprend un hommage rendu en 1210 au roi d'Angleterre par Guillaume-Loup d'Argel pour deux pièces de terre noble à St-Pierre de Juliac.

De même en 1273, Guillaume Gausbert, seigneur d'Argelouse, déclare posséder des casals au même endroit.

Au commencement du xive siècle, de grands bouleversements modifièrent la situation de la vicomté de Juliac. Confisquée par Phillippe le Hardi, elle fut annexée au domaine royal. Plus tard, une moitié fut placée par Charles V sous l'autorité des comtes d'Armagnac ; c'était précisément St-Pierre de Juliac avec Créon et St-Julien.

En 1398, nous rencontrons le nom du premier granger de Juliac, Arnaud de Labarthe, qui rend son hommage au comte d'Armagnac pour l'abbaye et les terres qui l'environnent. En 1432, c'est F. Estienne Darribère qui est granger et signe diverses reconnaissances de fiefs. A cette époque et depuis 1335, le monastère payait comme droit de visite à l'évêque 50 sols morlans.

(1) Le texte porte *Juliacum* ; ce ne peut être Juliac ou Juillac du Gers, ni Julliac de la Gironde, ces deux terres ne pouvant relever vraisemblablement de la vicomté de Gabardan.

Pendant toute la durée du xv⁰ siècle, il n'y a à relever aucun document concernant St-Pierre de Juliac. Les peuples heureux, dit-on, n'ont pas d'histoire.

De même, ce monastère perdu dans la solitude, habité par de paisibles religieux, bienfaiteurs de la contrée, ne présente à notre récit aucun fait à enregistrer.

Le troisième granger dont il soit fait mention est Guillem Dupeyrou, qui vint en 1538 au Mont-de-Marsan rendre hommage à messire Jacques de Foix, lieutenant-général du roi Henri II de Navarre. A cet hommage, assistaient également Jean de Cazenave, granger de Maillères, et Jean Dutastot, granger de Lacquy.

Les guerres de religion vinrent cependant rompre la monotonie de la vie monastique à La Grange de Juliac (1569). Les capitaines Thoiras et Baudignan, dont nous avons vu la marche rapide à travers l'Armagnac, ne respectèrent pas l'habitation des Prémontrés. Une bande de soldats se disant les uns huguenots, les autres catholiques, et certainement composée de ce double mélange religieux, s'abattit sur la maison du granger, la saccagea et la livra aux flammes. Le feu se communiqua à l'église et en dévora une partie. F. Jacques de Castéras, granger, avait eu la vie sauve par miracle, et après le départ des reitres s'installa de son mieux dans les bâtiments en ruines en attendant des temps meilleurs.

En quittant La Grange, les compagnies protestantes se divisèrent en plusieurs groupes : l'un, commandé par Thoiras lui-même, alla piller Créon et St-Jullen ; l'autre, dirigé par les capitaines Molet, Piolan et Baudignan, suivit la Doulouze et arriva à Mauvezin. Le verbal de Charles IX rapporte qu'ils prirent dans l'église deux calices, une custode en argent, un pluvial, une chape avec les dalmatiques en damas rouge, trois chapes dont deux en velours et une en satin vert, une autre en satin rouge, etc. Cette description, que nous abrégeons, donne l'aperçu des richesses de la petite église de campagne au xvi⁰ siècle.

Les huguenots ne s'en tinrent pas là. Ils brisèrent les cloches et en emportèrent les débris ; le curé de Mauvezin, Pierre Gaillère, ayant cherché à s'opposer à ces violences, fut saisi et immédiatement massacré.

Nous avons déjà vu dans l'histoire de Juliac que presque toutes les églises de la contrée furent brûlées par les bandes de Thoiras. La composition de ces compagnies franches est assez curieuse à étudier ; pour elles, la question religieuse n'était qu'un prétexte, le vol et l'appropriation du bien d'autrui, le vrai but. La preuve en est, comme nous le disions plus haut, qu'il y figurait un tiers de protestants, un tiers de catholiques et un tiers de routiers, gens de sac et de corde, n'ayant à proprement parler aucune espèce de religion.

Au moment du passage de Thoiras, un certain nombre de capitaines catholiques, réunissant autour d'eux de petites bandes sans scrupules, se mirent à brûler les églises et à égorger les prêtres. Ils firent à peu près autant de ravages que les huguenots. L'histoire a d'ailleurs conservé leurs noms. Nous avons vu l'un d'eux, Barthélemy Roux, gouverneur de Roquefort, dévaster tout le Marsan. Jean Dagos ravagea Arue et ses environs ; Jean Dufour de Roquefort faisait des razzias sur les troupeaux à Cachen et à Perquie. Roquelaure et Roquépine s'attachèrent principalement à piller les couvents et monastères. Mais le plus remarquable fut Bernard de Labarchède, notaire catholique de Roquefort. Après avoir enlevé les cloches de l'église de Lencouacq, il s'établit à demeure dans la paroisse de Bergons, percevant les dîmes et fruits ecclésiastiques, et terrorisant la contrée.

Revenons à La Grange de Juliac, où régnait le plus profond désarroi. A cette époque, de graves désordres s'étaient introduits dans la plupart des abbayes, et on avait résolu de jeter les bases d'une réforme générale. Les troubles des guerres de religion ne le permirent pas. Une usurpation audacieuse venait de se produire dans l'ordre des Prémontrés (1570). Un laïque, M. de Mesmes de Roissy, maître des requêtes de l'hôtel du roi, avait mis la main sur l'abbaye de St-Jean de la Castelle, malgré les protestations de l'abbé Capdequy. Il y eut enquête et plainte des Prémontrés au roi. M. de Roissy prétexta que Capdequy avait résigné ses pouvoirs à Christophe de Foix-Candale, évêque d'Aire, qui venait de mourir : l'abbaye était donc vacante, disait M. de Roissy, et il la garda d'après le droit du plus fort. Il nomma son cousin, Pierre de Mesmes de Ravignan, économe, et le chargea de saisir les revenus.

Le 12 octobre 1570, M. de Ravignan parut à cheval avec une escorte de cinquante hommes armés jusqu'aux dents à la porte du monastère de La Grange. Le granger, F. Jacques de Castera, voulant imiter l'exemple d'un célèbre pontife, les reçut assis dans son fauteuil avec les insignes de son autorité, entouré de tous les serviteurs de l'abbaye. M. de Ravignan ne s'en émut nullement. Il ne s'emporta pas, mais fit tranquillement charger sur des chariots les barriques de vin, le millet, le seigle et les fruits.

Ce n'est qu'en 1572 que l'ordre des Prémontrés fut à peu près réorganisé sur ses anciennes bases. Les exercices du culte purent être repris dans le pays vers la même époque. Les paroisses de la vicomté de Juliac qui dépendaient des grangers eurent assez promptement des desservants. Pierre Porta administrait en 1572 Mauvezin, si maltraité trois ans avant par les huguenots, « et où il y a cure d'âmes, » comme dit tristement le verbal de Charles IX.

F. Marie de la Soubaigne, granger en 1572, aidé de deux autres moines, s'occupait activement à desservir St-Julien, St-Johannet et Créon. Betbezer eut un curé, Jean Duviau, nommé par l'évêque. Quant à la paroisse d'Arouille, Lancelot de Lalanne, seigneur de Laroqué, y avait fait installer à ses frais, dès 1571, un vicaire auquel il abandonna les fruits qu'il percevait sur ce territoire.

L'ordre se rétablit peu à peu sous la direction des successeurs de F. Marie de la Soubaigne. C'est à cette époque d'ailleurs que les Pardaillan de Juliac se firent attribuer par Henri de Navarre le domaine de La Grange et la haute justice de St-Julien. La date de cette donation doit être comprise entre 1572 et 1580.

Quoiqu'il en soit, la situation était difficile pour les grangers de Juliac. Ils tenaient à ne pas abandonner la maison-mère et en même temps ils redoutaient les violences des calvinistes ; ils cherchaient donc à se faire oublier. Pour arriver à ce résultat, F. Martin de Duhault (1594) ne se faisait même pas payer ses droits de lods et ventes sur les terres dépendant de La Grange. C'est ainsi que lors de l'achat fait par Mathieu Debrie de Créon à Pierre St-Loubert, métayer des environs, St-Loubert qui était protestant ne versa pas un seul denier entre les mains du granger, qui se garda bien de réclamer son argent.

F. Martin de Duhault eut pour successeurs Joseph de Pasteguy (1604) et Arnaud de Prugue (1620). En 1644, fut nommé Jean de Lompagieu, qui maria sa nièce Angélique le 28 octobre 1644 avec Blaise Dahons, baron de Hontanx. Il eut pour successeur son frère, Prémontré comme lui, Pierre de Lompagieu, installé à La Grange en 1549. Nous possédons de lui un acte dans lequel il afferme à Garaste, procureur juridictionnel de la vicomté de Juliac, et à Jean de Coby, juge de la même vicomté, les fruits décimaux des paroisses de Créon, St-Julien et La Grange. La somme à payer était de 1,400 livres exigibles en deux termes à six mois d'intervalle. L'abbé stipule que d'après un droit qu'il possède de temps immémorial, il lui est loisible en cas de non-paiement d'affermer à qui il lui plaît, sans avertissement préalable et sans qu'il puisse y avoir matière à procès.

Cette époque fut un moment de prospérité et de grandeur pour les Prémontrés. A la fin du xviie siècle, ils se trouvaient excessivement riches. La seule Grange de Juliac, une des plus importantes, il est vrai, leur donnait annuellement plus de 8,000 livres de revenu net : à savoir 6,600 livres sur La Grange et les prés de la Douze, 1,800 livres sur St-Julien et Créon. En totalité, le revenu de l'abbaye de St-Jean de la Castelle s'élevait à environ 45,000 livres.

En 1670, F. Jean Marchand est granger de Juliac, et meurt des suites d'une fièvre maligne ; il est regretté de toute la contrée, et une lettre de l'époque écrite par M. de Talence le nomme le père des pauvres.

Son successeur fut Jean-Augustin de Boubé, docteur en théologie, dont la famille était originaire de Lectoure. Nous avons vu comment il maria sa nièce avec M. de Camon du Ribouillet. Il bénit l'union d'une de ses parentes, Jeanne de Boubé avec Blaise St-Loubert de Bichacq, et se trouva ainsi avoir aux environs des membres de sa famille, une partie habitant le Ribouillet et l'autre la maison noble de Séridos.

La santé d'Augustin de Boubé exigeait de grands ménagements. C'était un tempérament usé par les longues veilles, les méditations et les études. Il savait presque toutes les langues mortes et occupait ses loisirs à des traductions hébraïques. Tous ces travaux l'avaient tellement rendu malade, qu'il dut aller passer quelques mois hors du vieux monastère. Sa parente, Mme de Giac, lui donna l'hospitalité dans son château de Favernay, sur l'ordre exprès de l'abbé de St-Jean de la Castelle, qui levait pour lui les rigueurs de la règle.

M. de Boubé mourut en 1729 et fut remplacé par le F. Barthélemy. Il était difficile de se faire bien venir des populations quand on succédait à un homme aussi supérieur que M. de Boubé. Barthélemy en fit la triste expérience. Il trouva moyen de se brouiller avec des personnes qui étaient bien disposées à son égard, comme par exemple Madame de Camon. Celle-ci lui écrivit une lettre assez aigre pour réclamer différents objets appartenant à son mari et qui ont disparu après son décès. Ce sont, dit-elle, une aubarde et deux brides, l'épée de M. de Talence et un fusil de famille, objets auxquels elle tient infiniment. Enfin, elle veut qu'on lui donne les cierges qui sont dans le coffre de M. le granger, cierges que l'abbé de Batz avait refusés par pure honnêteté, et qui reviennent de droit à la veuve d'Isaac de Camon.

Le F. Barthélemy resta cependant assez longtemps en fonctions. Quelques années après, nous trouvons F. Guillaume de Lafforgue (1741) ; Jean-Michel Dahye (1743) ; Barbazte (1747) ; et Dubrutz (1768).

Au moment où éclata la révolution, les grangers ne furent pas inquiétés tout d'abord. Une auréole de respect les entourait ; leur charité inépuisable, leur vie exemplaire, les services qu'ils rendaient aux paysans, leur avaient acquis la bienveillance universelle. Toutefois, les jacobins de Mont-de-Marsan finirent par s'inquiéter de leur inoffensive présence. Les grangers furent discrètement prévenus qu'on en voulait non seulement à leurs biens mais à leur vie. Ils n'étaient plus que trois dans le vieux monastère : Guillaume Candau, Thomas Lubet et César de Cours-Lussagnet. En présence des avertissements qu'on leur donnait, le seul parti à prendre était la fuite. Seul, Guillaume Candau, malgré l'avis de ses compagnons, opta pour rester à La Grange, si possible. De son chef, il quitta l'abbaye le 4 septembre 1791, pour se rendre à Mont-de-Marsan ; là, il se présenta à la municipalité et prêta serment à la constitution civile du clergé.

Sans doute, le milieu où il se trouvait lui fit comprendre l'inutilité d'un retour à La Grange, car ses compagnons ne le revirent plus.

César de Cours-Lussagnet, dont la famille appartenait à la première noblesse du pays, ne voulut pas suivre ce triste exemple ; le 15 septembre, il écrit à Joseph Jaurey du Ribouillet une longue lettre pleine de calme et de sérénité pour lui annoncer son départ. Il emporte avec lui quelques-uns de ses papiers les plus précieux, en confie d'autres à M. Jaurey et abandonne le reste à la garde de la Providence. Suivant la tradition, les vases sacrés et les joyaux de l'église furent enterrés dans une cache secrète ; le trésor n'a jamais été retrouvé.

Le 16 septembre 1791, F. César de Cours dit un dernier

adieu à la vieille abbaye qui avait abrité pendant six cents ans les religieux de son ordre, et il partit pour l'Allemagne, dont il ne devait jamais revenir.

F. Thomas Lubet restait seul à garder le vieux cloître désert ; deux mois plus tard on l'en arracha brutalement, et il fut enfermé prisonnier au couvent des Clarisses de Mont-de-Marsan avec un grand nombre de prêtres du département (déc. 1791).

Le 20 prairial 1792, La Grange de Juliac fut vendue à Mont-de-Marsan comme bien national et adjugée à J.-B. St-Marc, de Labastide, qui achetait pour le compte de M. Gabriel Tursan d'Espaignet.

M. d'Espaignet, en 1819, a revendu ce domaine considérablement amoindri à M. Guillaume-Thomas Verdier, de Plaisance (Gers). Il appartient aujourd'hui à un de ses descendants, M. Georges Bergerot.

SOURCES HISTORIQUES :

1. — Histoire des religieux de la Grande-Sauve. — Passim et Cart maj.
2. — Marca. Histoire du Béarn.
3. — Petite Revue cathol. Histoire de St-Jean de la Castelle, p. l'abbé Légé.
4. — Pouillé du diocèse d'Aire.
5. — Gallia Christiana, t. VIII, 182.
6. — Archives de La Grange.
7. — Archives de Juliac.
8. — Archives du Ribouillet.
9. — Archives de M. Craman.
10. — Verbal de Charles IX.
11. — Archives des Landes.

CHATEAU DE LAROQUÉ

CHAPITRE XIVe.

Laroqué & Fondat.

Au xie siècle, les Malvin, seigneurs de Juliac, possédaient sur les confins du Marsan une vaste étendue de terre appelée au Selder ; les limites devaient en être très incertaines, vu l'époque reculée, et d'ailleurs cette portion de la contrée était couverte de forêts impénétrables et à peu près inhabitées.

Le Selder constituait donc une de ces anciennes paroisses disparues et dont le nom même est effacé de nos jours. Parfois une métairie ou un coin de terre préserve leur nom d'un oubli complet et le rappelle au souvenir de l'archéologue. Il n'en est rien pour le Selder, qui forme actuellement la paroisse de Gontaud et une partie de la commune de St-Justin, occupée par le manoir de Laroqué.

En 1150, les Templiers vinrent s'établir en Armagnac, achetant des terres où les occupant du droit du plus fort. Maîtres de Géou, où ils bâtirent une véritable ville, nous les voyons acquérir aussi le Selder dans la vassalité des vicomtes de Juliac. En 1152, avec l'autorisation d'Odon II de Malvin, ils construisent une tour en forme de donjon *(fortalicium)* sur un point culminant ; cette tour s'appela la Roche du Selder, c'est-à-dire en langage du pays, la Roque ou Laroqué.

Laroqué resta au pouvoir des Templiers pendant 150 ans et sous la dépendance de la préceptorerie de Géou ; c'était comme un fort avancé défendant l'entrée des domaines de l'Ordre.

Cependant au fur et à mesure qu'ils envahissaient les possessions d'autrui, les Templiers rencontraient de nombreuses résistances. Leur suzerain, les Malvin, ne tardèrent pas à être leurs ennemis les plus acharnés ; le roi d'Angleterre de son côté soutenait de tout son pouvoir les seigneurs de Juliac ; en 1162, le château d'Arouille ; en 1227, le château d'Argelouse jaillirent du sein de la lande comme autant de défis et d'obstacles jetés en face des chevaliers du Temple.

Il fallut donc pourvoir à la garde de l'immense territoire du Selder ; les Templiers érigèrent Laroqué en fief et le donnèrent à un chevalier gascon Guillem d'Escalans (1240).

En 1252, nous voyons Guillem d'Escalans rendre fidèlement son hommage à F. Vital d'Ourleix, commandeur de Bordères. Le serment ordinaire est accompagné du don d'un coq vivant, apporté par le seigneur de Laroqué à son suzerain (1252).

Quelques années s'écoulent au milieu des troubles des guerres anglaises, et nous ne savons qui succéda au premier seigneur de Laroqué.

En 1304, les biens des Templiers furent confisqués ; Laroqué et Gontaud, petite paroisse qui s'était formée des débris de l'ancien Selder, furent donnés aux Hospitaliers de St-Jean de Jérusalem. En même temps, ces terres étaient placées dans la juridiction du pays de Marsan et par conséquent détachées de la vicomté de Juliac (1304).

Dès lors, Laroqué relève de la commanderie de Cobin, située en Agenais ; F. Pelegry de Bacquas, qui est commandeur en 1320, donne Laroqué et Gontaud à fief à Ramon d'Esgarrebaque, damoiseau (1320).

La famille d'Esgarrebaque serait d'origine béarnaise d'après l'étymologie (*esgarre baques*, qui égare les vaches), mais elle a dû se fixer très anciennement dans le Marsan ; elle y possédait certainement des terres, principalement du côté de Gaube, où vivait au XIVe siècle une autre branche de la famille d'Esgarrebaque.

En tous cas, c'étaient des seigneurs fort importants, puisqu'en 1344 Fortaner d'Esgarrebaque, seigneur de Gontaud et de Laroqué, se rend à Mont-de-Marsan, à la Cour del Sers, pour y reconnaître le fils d'Eléonore de Foix (13 février 1344).

Deux ans plus tard, en 1346, le fils de Fortaner, Lopbergunh d'Esgarrebaque, vient siéger aussi à cette fameuse Cour del Sers et rendre son hommage à Gaston de Foix pour ses fiefs du Marsan.

Manaud d'Esgarrebaque possède après la mort de son père le fief de Laroqué, en 1386. Il vivait encore dans les premières années du XVe siècle, puisqu'en 1404 il donne à son fils Bohémond dix écus d'or pour s'équiper convenablement, s'acheter un cheval harnaché et payer les gens de sa suite. Bohémond d'Esgarrebaque a l'honneur de faire partie du cortège de gentilhommes gascons qui s'attachèrent à la fortune du connétable d'Armagnac.

Nous le retrouverons plus tard en 1429, au siège d'Orléans et au nombre des chevaliers enrôlés sous la bannière du sire de Vignolles, mieux connu dans l'histoire sous le fameux nom de La Hire.

En 1465, Bohémond d'Esgarrebaque est mort, et son fils François est propriétaire des deux seigneuries de Gontaud et de Laroqué ; il mourut vraisemblablement vers 1480, car en 1483 ses enfants se disputent son héritage. Cette discussion n'a rien de pacifique et se termine tragiquement : Ramon d'Esgarrebaque, le fils aîné, tue d'un coup de dague son beau-frère, Bernard de Ferbaux.

Ce crime fut commis dans des circonstances particulièrement odieuses. Le seigneur de Laroqué, feignant une réconciliation dont il était fort éloigné, invita son adversaire à souper ; ce repas de fête eut lieu sans doute dans la salle basse du manoir de Laroqué et probablement sans autres témoins que les commensaux habituels du logis. Au moment de choquer le verre en signe d'amitié, Ramon d'Esgarrebaque se leva et poignarda son hôte. Ce meurtre accompli, il disparut, quitta Laroqué, et ses traces sont perdues pour l'histoire. Tel est le récit que nous avons pu reconstituer avec des lambeaux de phrases tirés de vieux actes du xve siècle.

La veuve de Bernard de Ferbaux, Brunissende d'Esgarrebaque, obtint alors le partage des biens en litige. On lui adjugea la seigneurie de Gontaud ; quant à Laroqué, il est probable que ce domaine rentra dans la directe de l'ordre de Malte.

On ignore ce que devint Ramon d'Esgarrebaque. Toutefois, une hypothèse ingénieuse peut être mise en avant ; en 1486, sur la liste des religieux de la Sauve-Majeure, se trouve F. Ramon de Laroqué. Serait-ce notre baron d'Esgarrebaque, qui expiait sous l'habit monastique son horrible forfait et cherchait dans la pénitence un adoucissement à ses remords ?

Dans les dernières années du xve siècle, nous voyons le fief de Laroqué aux mains d'un des plus célèbres gentilshommes du temps, le sir de Niac, appelé plus communément par la légende le capitaine Guillery (1504).

Nous avons déjà eu occasion dans l'histoire de Juliac de parler d'Antoine de Niac, autrement dit Guillery, et les exploits du brigand-gentilhomme sont connus de nos lecteurs. On sait que ce capitaine, après avoir vaillamment combattu à Ravenne aux côtés de Gaston de Foix, revint s'établir à Laroqué où il commença sa vie de coupeur de bourses et de voleur de grand chemin.

En fin de compte, Guillery capturé un beau jour par les gens du roi aurait été pendu haut et court sur la place de St-Justin (1530). Ainsi le veut la tradition.

L'histoire, plus véridique, nous apprend que le sire de Laroqué était très bien apparenté ; ce rebelle, mis au ban des lois, avait une sœur ou cousine mariée à Sarran de Lalanne, conseiller d'état et second président au Parlement de Bordeaux.

C'est ce Lalanne que nous trouvons en 1538, avec sa femme, Eléonore de Niac, propriétaires du manoir des Templiers. Comment s'était faite cette substitution ? Pourquoi les chevaliers de Malte n'usèrent-ils du droit de retrait féodal ? Ces points d'interrogation restent sans réponse.

Quoiqu'il en soit, remarquons que postérieurement, dans un acte de 1612, Lancelot de Lalanne, fils de Sarran de Lalanne, déclare « tenir la dite possession au nom de précaire et non autrement. » Il ajoute « ne savoir que les dits biens soient mouvants d'aucun seigneur pour n'en avoir jamais payé aucune chose. »

Il paraît d'après cela que l'acquisition de Laroqué par M. de Lalanne dut ressembler étrangement à l'un de ces 379 moyens d'être propriétaire indiqués par Panurge, et dont le plus honnête était le vol.

En 1538, Sarran de Lalanne se rend à Mont-de-Marsan dans la maison de Domenges de Mesmes et rend son hommage pour le fief de Laroqué. Il faut observer ici que la seigneurie de Gontaud, jadis unie à celle de Laroqué, en était alors distincte et se trouvait entre les mains de la famille des de Ferbaux, jadis seigneur de Baudignan.

Le président de Lalanne avait un fils et une fille, Lancelot et Roquette. Il maria l'aîné en 1560 à Marguerite de Parage, fille de Saransot de Parage, bourgeois de St-Justin, et il lui donna en dot la terre de Laroqué. L'année suivante, nous voyons Lancelot de Lalanne qualifié de tous ses titres : chevalier, conseiller du roi en ses conseils d'état et privé, président au parlement de Bordeaux, vicomte de Pomiers, baron de Villandrant et autres places. Ce n'est pas comme on le voit un personnage de mince importance ; aussi n'est-il venu que rarement rendre visite à son château de Laroqué. Catholique fervent au milieu d'une contrée entièrement calviniste, il entretenait à ses frais en 1572 un vicaire pour la paroisse d'Argelouse.

Peu après son mariage, le président de Lalanne perdit

successivement sa belle-mère et son beau-père, et se trouva le tuteur naturel de sa jeune belle-sœur, Jaquette de Parage, âgée de dix-huit ans. Mais les devoirs de sa charge le retenant souvent à Bordeaux, il se déchargea de cette tutelle sur un de ses parents, Jean d'Esgarrebaque, seigneur de Gaube.

Toutefois, ne pouvant gérer avec soin les domaines de sa pupille, il résolut de la marier dans le pays, et une union fut arrêtée entre Jaquette de Parage et Pierre de Mesmes, l'aîné des fils de Domenges de Mesmes, seigneur de Ravignan. Comme la future épouse apportait une superbe dot tant en argent comptant qu'en terres et biens-fonds, M. de Lalanne déclara qu'il ne consentirait au mariage projeté que si le jeune de Mesmes obtenait en dot le château et la seigneurie de Ravignan. Domenges de Mesmes répondit qu'il avait dix enfants vivants dont sept garçons et qu'il ne pouvait faire un tel sacrifice en faveur de l'un d'eux, à moins de condamner les autres à une ruine absolue. Pierre de Mesmes, fort épris de sa fiancée, supplia son père de consentir à cette donation, et ses instances furent si pressantes que M. de Ravignan se résigna à céder. Il déclara qu'il avait toujours eu l'idée d'avantager son aîné, le préférant de beaucoup aux autres à cause de la supériorité de son intelligence. D'ailleurs, grâce à cette donation, la belle terre de Ravignan qui était dans la famille depuis 1209, c'est-à-dire depuis près de 400 ans, resterait indivise dans la main d'un seul héritier du nom. La seule condition que mit M. de Ravignan fut que Pierre donnerait 1,200 francs bordelais à chacun de ses frères comme indemnité et compensation. L'acte fut passé à Mont-de-Marsan, dans la maison de M. de Mesmes, le 28 novembre 1564, en présence de Lancelot de Lalanne et de Jean d'Esgarrebaque, et le mariage célébré aussitôt après.

Débarrassé de sa pupille, M. de Lalanne ne revint plus dans le pays qu'à de très rares intervalles. Il y reparut vingt ans après les événements que nous venons de raconter, et c'était encore un mariage qui l'y attirait. Il mariait cette fois sa propre sœur, Roquette de Lalanne, et n'était pas moins heureux dans ce second choix que dans le premier. Son futur appartenait à la première noblesse du pays. Il s'appelait Guy de Galard, marquis de Brassac, et était fils du fameux Annibal de Galard-Brassac, marquis de Roquefort et de Catherine de Marsan. Cette union fut bénie dans l'église catholique de Roquefort, le 21 juin 1581.

M. de Lalanne ne devait plus revenir en Armagnac; il ne voulut même plus conserver cette terre de Laroque qu'il n'habitait jamais. Il la vendit le 14 juillet 1612 pour la somme de 7,000 livres au capitaine Jehan de Malartic.

Le capitaine Malartic possédait déjà, outre une maison à Labastide d'Armagnac, le domaine de Fondat qu'il avait acheté cinq ans auparavant. Nous nous arrêterons un instant sur la silhouette intéressante de ce vaillant homme de guerre et nous dirons d'abord quelques mots de ses illustres aïeux et de leur origine.

La noblesse des Malartic est extrêmement ancienne. Leur berceau fut croyons-nous le Marsan et peut-être même la ville de Roquefort qu'ils habitaient au XIVe siècle. Leur blason était primitivement « d'argent à la croix pattée et pommelée de gueules, accompagnée au 2me et 3me cantons d'une molette d'éperon de même » (1355). Plus tard, ils écartelèrent « d'or au chef d'azur chargé de trois étoiles d'argent. »

En 1209, Ramon de Malartic, écuyer, figurait parmi les feudataires de la vicomté de Marsan dévoués au service des rois d'Angleterre, et un de ses descendants, Bernard de Malartic, faisait partie en 1407 de la fameuse Cour del Sers. C'est en 1311 que les Malartic se séparèrent en deux branches : l'une conserva les fiefs de Marsan et l'autre alla s'établir aux environs de Jegun (Gers), où Odon de Malartic avait acquis par mariage en 1312 la terre et seigneurie de Castillon de Massas.

Les Malartic de Castillon s'allièrent à de très grandes familles, telles que les de Roquelaure, de Labarthe, de Luppé, d'Aurignac, etc. C'est d'eux que descendent les Malartic de Maurès et ceux de Fondat.

Les de Malartic du Marsan eurent pour auteur Arnaud de Malartic (1310), qui épousa Géralde Mercier, fille d'un bourgeois de Vic-Fenzensac, et acheta à Amanjeu de Luppé le domaine de Demeu, près de cette dernière ville.

Un de ses fils, Loup de Malartic, donnait en 1355 au trésorier des guerres d'Agen une quittance de 60 écus d'or prêtée généreusement à son suzerain le roi d'Angleterre. Elle est scellée du sceau de ses armes. Il eut pour frère Arnaud de Malartic, maître d'hôtel du comte d'Armagnac en 1398, et Ramon de Malartic, qui joua un rôle en 1331 dans la lutte des évêques d'Aire contre les gentilshommes du pays (1).

Les derniers Malartic de la branche du Marsan s'éteignirent vers 1490 en la personne de Hugues de Malartic, premier consul de la ville de Barcelonne. Qu'on ne s'étonne pas à ce sujet de voir de nobles gentilshommes briguer et obtenir des emplois publics dans les communautés. Le titre de bourgeois de telle ou telle ville était fort ambitionné à cause des privilèges marquants qui s'y trouvaient attachés. En voyant Louis XI bourgeois de Gand, Edouard d'Angleterre bourgeois de Bordeaux, il ne faut pas être surpris de rencontrer Théophile de Camon jurat de Roquefort, Domenge de Mesmes-Ravignan bourgeois de Mont-de-Marsan, et Hugues de Malartic premier consul de Barcelonne.

(1) Garcias, évêque d'Aire, s'étant retiré dans le château du Plan, Raymond-Arnaud de Béarn, bâtard du vicomte Gaston IX, arma les gens de Villeneuve, Pujo et Perquie et fit irruption dans le château qui fut emporté d'assaut. L'évêque fut très maltraité malgré ses protestations et la sauve-garde du roi qu'il invoqua en vain. Gaston IX très irrité de la manière d'agir de son bâtard entra en composition avec Garcias et se soumit avec Raymond-Arnaud à tel châtiment qu'il plairait de lui imposer. Ce fut une amende de 2.000 livres fixée par la convention du 14 juin 1331, où assistèrent comme témoins, en qualité de grands feudataires de la vicomté de Marsan, Ramon de Malartic de Roquefort, Jean de Malartic et le seigneur du Vignau. Quant aux bourgeois, il fut décidé qu'on en prendrait cinquante à Villeneuve, cinquante à Perquie et trente à Pujo. Ils devaient se réunir aux portes de la ville d'Aire, en chemise, pieds nus, un cierge d'une main et un paquet de verges de l'autre et se rendre processionnellement deux par deux à l'église pour s'humilier devant les autels et recevoir la discipline tant qu'il plairait à l'évêque.

Aucun d'eux ne manquait à sa nobilité en acceptant ces distinctions honorifiques.

Nous devons avouer néanmoins que pendant la durée du XVIe siècle les Malartic dérogeaient. Les guerres de religion furent désastreuses pour une grande partie de la noblesse de Gascogne, et les gentilshommes qui ne prirent point de service à l'armée furent obligés d'exercer des métiers pour vivre.

C'est vers l'année 1530 que les Malartic se fixèrent à Labastide d'Armagnac et que leur noblesse subit une éclipse qui à la vérité ne dura guère qu'une quarantaine d'années. François de Malartic, écuyer, fils d'Odon de Malartic, seigneur de Castillon et de Marie de Biran, vint se marier dans la paroisse du Frèche. Son père, chevalier porte-cornette au régiment du roi, suivit François Ier en Italie et s'était aux trois quarts ruiné dans cette guerre aventureuse. Quand le roi de France vint épouser le 1er juillet 1530 Éléonore d'Autriche au couvent des Clarisses du Frèche, les Malartic se trouvèrent présents à cette cérémonie avec presque tous les gentilshommes de la contrée. On sait que les moindres actes du souverain étaient copiés servilement par la foule des courtisans, *a fortiori* les grands événements tels qu'une union royale. Aussi devint-il de bon ton pour les grands seigneurs de se marier à la vieille abbaye de Beyries.

C'est pour cela que le 18 juillet, deux semaines après le mariage du roi de France, François de Malartic épousait au Frèche Catherine de Moncade, fille de Joseph de Moncade, receveur des tailles d'Armagnac et de Jeanne-Marie de Laffargue. La cérémonie fut rehaussée par la présence des meilleurs gentilshommes parents des deux familles. L'époux était assisté de ses oncles, Jean de Malartic de Castillon, Arnaud-Guillem de Malartic, chanoine de l'église collégiale d'Auch, et F. Odet de Malartic, chevalier de l'ordre de St-Jean de Jérusalem. Il avait aussi autour de lui ses beaux-frères, Manaud de Pardaillan et Bernard de Léaumont, seigneur de Ste-Christie, et sa sœur aînée, Florimonde de Malartic, mariée à Antoine de Monlezun.

La future épouse, accompagnée de ses proches, les Moncade et les Laffargue de l'Hostallet, recevait en dot 1000 livres tournois, deux robes de velours de soie et une maison située à Labastide d'Armagnac.

C'est dans cette dernière petite ville que les jeunes époux vinrent habiter, et c'est là que les horreurs des guerres de religion provoquèrent leur ruine et les jetèrent dans une véritable détresse financière.

Les enfants de François de Malartic durent chercher à gagner leur vie du mieux possible, quitte à reconquérir plus tard leur noblesse et leur titre. Le premier était une fille, Sarah Malartic, qui épousa en 1568 Joseph Marques, riche marchand de Labastide. L'aîné des fils, Jehan Malartic, bourgeois et marchand à Labastide, acquit par son mariage avec une Léglize le domaine de Menaudas, situé à peu de distance du Frêche. Ses affaires prospérèrent assez rapidement. Il avait affermé au comte d'Aubijoux les fermes de Labastide ainsi que le moulin placé auprès du pont sur la Doulouze et loué au sieur Vignes, meunier. C'était un fervent protestant, condition sans laquelle il n'aurait pu être le fermier des seigneurs de Labastide. Bien qu'il n'ait point porté la particule, il n'oubliait pas sa haute extraction : il se qualifiait encore noble dans les actes publics. Son frère, nommé Jehan comme lui, suivit la carrière des armes, et on ignore ce qu'il devint (1).

Jehan Malartic de Menaudas laissa de sa seconde femme, Catherine de Vaqué, six enfants (2) qui, presque tous, suivirent la voie tracée par leur père. L'aînée, une fille, Marie, épousa le capitaine Dufau. C'est d'elle que descendent les innombrables rameaux de cette famille, dont le principal subsiste encore à Mont-de-Marsan dans la personne du docteur Jules Dufau.

Les autres enfants se marièrent tous à des jeunes filles de la

---

(1) Il est possible que ce soit Jehan de Malartic, écuyer, qui ait acquis par mariage avec une Léglize Menaudas et que son frère ait hérité de lui. L'homonymie des deux frères crée sur ce point une confusion inextricable.

(2) Jehan, Daniel, Ezéchiel, Samuel, Jehan et Marie.

bourgeoisie de Labastide, et leur postérité s'éteignit dans le xvıı^e siècle. Ils se contentaient modestement des spéculations commerciales. Le dernier né, Jehan Malartic, eut de plus hautes aspirations. Se souvenant de la gloire acquise par ses ancêtres sur les champs de batailles, il se dévoua résolument à la cause du roi de Navarre et se fit officier de fortune. Pendant vingt ans on le voit s'illustrer par sa bravoure dans tous les combats livrés en Gascogne. C'est lui que l'on appela le capitaine Malartic, seigneur de Fondat et de Laroque.

Nous avons toujours cru que lorsque Théophile Gautier écrivit son immortel roman du capitaine Fracasse, le grand écrivain choisit pour théâtre réel nos landes de Gascogne. Il semble qu'il ait connu aussi les personnages de notre récit. Le château de la Misère, si pittoresquement décrit au début de l'ouvrage, rappelle le souvenir du vieux manoir de Laroque, morne et silencieusement perdu dans la solitude ; et d'autre part n'y a-t-il pas un lien mystérieux et étrange entre Sigognac, le cadet de Gascogne sans sou ni mailles, rêvant gloire et estocades dans son château délabré, et ce capitaine Malartic, qui n'avait de fortune que sa rapière et le manteau troué de ses aïeux, et qui s'en allait par monts et par vaux ?

Tous les champs de bataille virent le capitaine Malartic. En 1591, il est chargé de la défense de Barcelonne-sur-Adour : M. de Castelnau était entré le 3 juin dans cette place avec 200 hommes. Il y laissa le capitaine Malartic avec ordre de résister jusqu'à la dernière extrémité ; puis il rejoignit la régente de Béarn. Malartic, resté seul, vit paraître le samedi suivant le plus terrible des chefs catholiques, Jacques du Lau, que la renommée avait fait jusqu'alors invincible. Avec une poignée d'hommes, Jehan de Malartic soutint les plus furieux assauts dans une place presque ouverte, dont les fortifications avaient été aux trois quarts détruites par les ligueurs eux-mêmes quelques années auparavant. De graves intérêts étaient attachés à la conservation de Barcelonne ; aussi Catherine de Navarre n'hésita pas à écrire de sa main au défenseur de la ville pour encourager sa résistance. Voici la lettre qu'elle lui adressa de Pau le 3 octobre :

« Capitaine Malartic,

« J'écris à M. de Brouillan et je le prie de pourvoir à la
« conservation de Barcelonne ; je crois qu'il y fera et qu'il y
« donnera si bon ordre que l'ennemi n'y pourra mordre ; je
« vous prie de patienter jusqu'à ce qu'il ait fait réponse à la
« lettre que je lui écris et que vous lui ferez tenir diligemment.
« Croyez que les services que vous avez fait au roi mon seigneur
« et frère et à moi en cela ne vous seront point perdus, mais
« continuant nos bonnes affections vous connaîtrez aussi que
« je vous suis amie et nullement ingrate.

« Je prie Dieu, capitaine Malartic, qu'il vous ait en sa garde.

« De Pau, ce 3ᵉ jour d'octobre 1591.

« Votre bonne amie,

« CATHERINE. »

Jacques du Lau s'étant rendu maître la ville, incendia les maisons et bloqua sa forteresse. Quand les vivres manquèrent, il fallut capituler, car aucun secours n'arrivait. Le capitaine Malartic sortit de Barcelonne avec tous les honneurs de la guerre et plutôt en triomphateur qu'en vaincu. Comme au temps de la chevalerie, Jacques du Lau voulut recevoir à sa table son héroïque adversaire, et après lui avoir accordé la plus généreuse hospitalité, il le laissa s'éloigner avec les débris de ses troupes.

Le dévouement de Jehan de Malartic fut bien mal récompensé. Les hordes qui mettaient l'Armagnac à feu et à sang lui dévastèrent la propriété de Fondat qu'il venait d'acheter à Alcibiade Leblanc de Labattut, vicomte d'Argelouse (1607). C'est la première fois que nous voyons le nom de Fondat, qui n'offrait guère à cette époque l'aspect d'une maison seigneuriale. Elle est ainsi décrite dans un cartel de 1627 : « La métairie
« appelée de Fondat, sise en la paroisse d'Argelouse avec les
« appartenances et dépendances, landes de Mausien, près de

« Tapion, qui consistent ladite métairie en une maison couverte
« de tuiles à canal, parc, cabane, grange, jardin, verger, etc. »

Malartic, las du métier militaire, vivait alors à Labastide dans la maison de son père ; et soit comme placement de fonds soit pour être tranquille et un peu loin de ses frères il fit l'acquisition de ce domaine. Les gens de guerre l'ayant ruiné de fond en comble, Malartic adressa à Henri IV le placet suivant :

« Plaise au roi, en considération des services faits à sa
« majesté par le capitaine Malartic, tant avant son avènement
« à la couronne que depuis son avènement et en récompense
« de la prise et brûlement de ses biens que les ennemis reîtres
« du pays d'Armagnac lui ont fait, lui faire don de la somme
« de 2,000 écus sols sur les biens tant ordinaires qu'extraor-
« dinaires de son ancien domaine et par exprès sur les deniers
« des tailles et arrérages d'icelles dues à sa dite majesté par le
« Marsan, Tursan et Gabardan, et de la recette de maître Martin
« Dubois, trésorier et receveur d'iceux.

« Capitaine MALARTIC. »

Henri IV fit droit à cette requête d'un officier qui avait si vaillamment défendu sa cause. Bien que les rois n'aient guère la mémoire des services passés, le Béarnais se souvenait toujours de ses anciens compagnons d'armes et il n'oublia pas le capitaine Malartic.

En 1612, Malartic joignit au domaine de Pondat celui de Laroqué. Le contrat de vente est curieux et intéressant à lire. Il nous initie aux formalités d'une prise de possession au XVIIe siècle. Elle consistait en une série d'actes dits « possessoirs, » par lesquels l'acheteur « appréhendait et saisissait corpo- rellement » les biens de toute nature. Voici le récit qui nous en est fait : Le 19 juillet 1612, le notaire royal Jean Duvignal se rend à Laroqué à huit heures du matin, assisté de deux témoins. Il prend par la main M. de Malartic et l'introduit dans la maison qu'il lui fait parcourir du haut en bas sans oublier ni une chambre ni un grenier. Le nouveau propriétaire éteint le feu et le rallume, ouvre et ferme les portes, visite les armoires ; puis sortant au dehors il entre dans une vigne toujours accompagné du notaire et coupe des sarments avec une serpe ; il se rend au jardin, taille des ronces, émonde un arbre fruitier, fauche quelques pieds de tuie, etc. Cette même cérémonie se renouvelle pour les trois métairies de Lespital, Le Vaqué et Lariban comprises dans la vente, avec ce fait en plus que Malartic doit expulser d'abord le métayer pour le ramener ensuite dans sa demeure afin de bien marquer qu'il devient maître absolu de la terre et de tout ce qui en dépend.

Jetons maintenant un coup d'œil sur la nouvelle propriété du capitaine Malartic. Franchissons la porte massive de la grosse tour de Laroqué, porte qui servait d'entrée principale, et pénétrons dans la salle basse, pavée d'un inégal carrelage. Le mobilier est d'une simplicité peu commune : une table de noyer, deux escabelles « faictes et menuysées, » trois fauteuils recouverts de tapisseries de Flandres, un vieux bahut en chêne sculpté portant sur ses vantaux des armoiries, des tabourets de rotin ; sur la cheminée, deux chandeliers d'airain dépareillés, l'un grand et l'autre petit, avec un barriquot de moutarde.

Montons au premier étage, et entrons dans la chambre la plus luxueuse, celle qu'habitait mademoiselle Anne de Malartic, fille aînée du capitaine. Voici un lit de noyer garni d'une étoffe bleue, une console en noyer, un petit coffre où la jeune fille serre ses chiffons et ses rubans, une table à trois pieds, des chaises de bois, et c'est tout.

Nous sommes loin du confortable actuel des moindres habitations de l'Armagnac. La seule richesse à cette époque était le linge, et l'inventaire de 1627 nous apprend que les vieux bahuts de Laroqué regorgeaient de douzaines de serviettes, de piles de nappes et de draps. Quant à la vaisselle, elle consistait uniquement en douze assiettes d'étain, treize plats et un bassin de même métal. Six petites cuillères d'argent, qui ne servaient sans doute qu'aux grands jours de cérémonies, constituaient tout le luxe de la maison.

C'est dans cet intérieur modeste que vécut patriarcalement le capitaine Malartic, entouré de l'admiration respectueuse de ses voisins. Il épousa, le 25 octobre 1604, devant Labarchède, notaire royal, Bernardine de Moncade, sa cousine au 4e degré, et n'en eut point d'enfants (1). Il se remaria quelques années après avec Anne Descors, dont il eut Maurice, Jean et Anne de Malartic. Enfin, il convola en troisièmes noces avec Catherine de Bordes, nièce des de Bordes de Séridos, qui lui survécut et lui donna un fils et une fille : Jean-Louis et Eléonore.

Indépendamment de sa nombreuse famille, Malartic avait auprès de lui, à Biddougrand, sa sœur Marie, épouse de Jehan Dufau, capitaine, qui avait remplacé son beau-frère dans son grade. Huguenot convaincu, Jehan de Malartic avait constitué une rente annuelle prise sur le revenu de ses terres de Fondat pour l'entretien du ministre protestant de Labastide d'Armagnac.

En 1627, le capitaine Malartic s'éteignit dans son manoir de Laroqué, âgé de près de 70 ans, laissant après lui la réputation d'un loyal soldat et une auréole légendaire de courage et d'intrépidité.

Le partage de sa succession ne fut pas chose facile, car les enfants étaient encore mineurs, et à cette époque les hommes d'affaires avaient autant de talent qu'aujourd'hui pour embrouiller les questions d'hérédité. Un des frères du capitaine, Ezéchiel Malartic, qui habitait Labastide d'Armagnac, fut nommé tuteur des enfants d'Anne Descors. On adjugea Fondat à Jean-Louis et Eléonore de Malartic, encore mineurs, du consentement de leur mère et tutrice, Catherine de Bordes. Les enfants du second lit eurent Laroqué, et on attendit que tous fussent majeurs pour procéder à un second partage et faire cesser l'indivision.

(1) La famille des Malartic de Fondat affirme que de cette union naquit un fils : Amadieu de Malartié, qui habitait Agen et fut la tige des Malartic de Maurès. C'est manifestement impossible. Il n'y a chez les Maurès que deux Amadieu de Malartic : l'un, en 1582, ne peut être le fils du capitaine ; l'autre, en 1648, est fils de Guillaume de Malartic et de Marie Bailles. Amadieu I, petit-fils de François de Malartic et de Catherine de Moncade, était le cousin-germain du capitaine.

Au mois d'avril 1629, Maurice de Malartic, l'aîné des fils du capitaine, âgé de 22 ans, ayant comme son père des goûts belliqueux et un grand désir d'aventures, entra au service du roi. Avant de partir pour une expédition dont il ne devait point revenir, il fit son testament, instituant son frère Jean son héritier universel. Puis il se joignit aux troupes royales qui faisaient la guerre de Savoie et prit part au siège de Casal.

L'année suivante (1630), nous le retrouvons mêlé aux intrigues de la cour de Louis XIII. Son ambition le perdit. Un compatriote qui devint son ami, le sire de Puylaurens, le présenta à Gaston d'Orléans. Maurice de Malartic ayant fait ses preuves de noblesse, fut admis au service de Monsieur, frère du roi, en qualité de premier gentilhomme de la chambre. Mais la petite coterie des courtisans de Gaston était un foyer d'intrigues et de conspirations. Impliqué dans tous ces complots, Maurice de Malartic fut victime de la haine de Richelieu. Les grands coupables échappaient au puissant ministre, mais les petits gentilshommes de moindre importance payaient de leur vie ses tentatives de rébellion. Mêlés à une de ces trames mystérieuses de la politique, Malartic et Puylaurens furent désignés à la vengeance du cardinal. Puylaurens fut condamné et exécuté à Blois. Sans en avoir de preuves, il est à peu près certain que Maurice de Malartic partagea son sort, puisque ses papiers furent à cette époque saisis par autorité de justice. En même temps, son frère Jean prenait possession de son héritage et s'installait au château de Laroqué.

En 1641, il fallut procéder à un nouveau partage entre les héritiers du capitaine. Une des filles, Anne de Malartic, avait épousé un gentilhomme de Roquefort, Isaac de Compaigne, dont les descendants habitèrent depuis St-Justin. La seconde, Eléonore, se maria quelques années après à Jean-Isaac Lacroix, sieur de Capdizé, dont les ancêtres habitaient Jordion et Caubot. Jean-Louis de Malartic, resté célibataire, s'arrangea avec ses deux sœurs, Anne et Eléonore, pour rétrocéder Fondat à Jean de Malartic en échange de Laroqué (1). Cet arrangement étant conclu à l'amiable, Jean II de Malartic, bien qu'il ne fût pas propriétaire de Laroqué, continua à y résider avec son beau-frère et sa sœur en attendant que Fondat fut reconstruit. Les gens de Balthazar l'avaient en effet réduit en cendres, et pour la seconde fois dans l'espace de 30 ans, il fallut relever l'habitation de ses ruines.

Jean de Malartic, peu soucieux de prendre parti pour ou contre le Mazarin, laissa la Fronde se déchaîner à travers la Guyenne et se garda bien de se déclarer partisan ou ennemi du prince de Condé. D'ailleurs, il avait en ce moment sur les bras une affaire délicate : un procès que l'on faisait à une de ses cousines, Marquèse de Malartic, fille d'Ezéchiel Malartic de Labastide, qui avait épousé à St-Gor un riche bourgeois, Michel Soubabère. L'histoire est curieuse et vaut la peine d'être racontée.

L'évêque d'Aire étant en tournée pastorale (24 mars 1661), passait à St-Gor, lorsque les jurats de la localité se présentant devant lui se plaignirent de la vie scandaleuse que menait Jean Soubabère, fils de Michel Soubabère et de Marquèse de Malartic, avec sa servante Jeanne Rouillan. L'évêque, qui était alors Mgr de Sariac, chargea Vitalien Groullier, curé de St-Gor, d'admonester les deux paroissiens qui donnaient un si mauvais exemple. Le curé vint donc engager Marquèse de Malartic à renvoyer sa servante, mais il n'en obtint rien, et alors au prône du dimanche il fulmina l'excommunication. Jean Soubabère se fit relever de cette sentence par le vicaire-général d'Aire. Il se présenta même à l'église pour faire amende honorable. Mais il ne renvoya pas Jeanne Rouillan et ne modifia pas son genre d'existence. Le curé voulut faire de nouvelles admonitions et se présenta un dimanche au logis de Marquèse de Malartic.

(1) Laroqué, propriété d'Isaac Lacroix (1641), passa en 1680 à son fils Jean-Louis Lacroix, marié à Anne de Vaqué de Commedema. Il n'eut que trois filles qui vendirent Laroqué en 1711 à André Cassaigne, notaire. Ce dernier, marié à Jeanne Dubuc, veuve Duclerc, adopta son beau-fils Henri Duclerc. L'arrière petit-fils d'Henri Duclerc, Dominique Duclerc, notaire comme son aïeul, a laissé Laroqué à son gendre M. Tourné.

Aussitôt qu'il fut entré, cette dernière fait fermer la porte par son petit-fils ; elle s'arme d'une fourche en fer, Soubabère d'une hache, et tous deux se jettent sur le malheureux ecclésiastique. Ce dernier, pris comme dans une souricière, pousse des cris lamentables et court à la fenêtre pour s'échapper : par malheur elle est grillée.

Pendant ce temps, les habitants de St-Gor, réunis dans le cimetière devant l'église, s'étonnaient de ne point voir paraître leur pasteur et attendaient avec impatience la messe paroissiale. Enfin Groullier, sorti à grand'peine des griffes de Soubabère, arrive en courant. Il harangue ses ouailles, raconte les traitements qu'il vient de subir, et relevant son haut de chausses montre à la population ses jambes écorchées et déchirées où le sang coulait encore. Il supplie ses paroissiens de ne pas laisser entrer à l'église Jean Soubabère et Marquèse de Malartic.

Ces derniers se présentèrent pourtant et pénétrèrent dans la nef. Aussitôt le curé descend de l'autel et déclare qu'il ne dira pas la messe. Grandes rumeurs et murmures dans la foule. Groullier répète à haute voix que Jean Soubabère et sa mère sont excommuniés : « Vous l'êtes aussi, » répliqua l'irascible dame de Malartic en se jetant sur l'officiant. On sépara les adversaires : ils se seraient encore battus. Le curé Groullier déposa sa plainte, et le sergent royal de la vicomté de Juliac fut chargé par ordre du roi de faire l'enquête sur les faits. Vingt-trois témoins à charge furent cités et leur récit se trouva à peu près unanime.

Malgré cet ensemble de preuves accablantes, d'autres influences intervinrent encore. Jean de Malartic de Fondat s'employa activement à arrêter la condamnation. Nous ignorons le dénouement du procès, qui dut se terminer par une amende de quelques milliers de livres (1662).

Jean de Malartic prit une part active à la vie publique, et accepta les fonctions souvent difficiles et délicates de premier consul de la ville de St-Justin. Un peu plus tard, en 1663, on le voit figurer comme représentant de cette ville à l'assemblée des bastilles du Marsan. Malgré les apparences d'un fonctionnement facile et régulier, il y avait de grands tiraillements dans l'administration des bastilles. Les différences de sol et de région, la nature des produits importés ou exportés, faisaient surgir des difficultés nombreuses. Il y eut même scission à un moment donné entre les bastilles et Mont-de-Marsan.

Les réunions se tinrent à Villeneuve. Dans une de ces assemblées (1663), Malartic avait reçu ses instructions des jurats de St-Justin. Charles de Batz, seigneur de Laubidat, premier consul, lui avait remis un mémoire détaillé où se trouvaient exposés les vœux de la communauté. On demandait instamment que les bastilles fussent désormais réunies à Mont-de-Marsan. On faisait remarquer à ce sujet que cette division avait ruiné le pays et causé l'établissement du bureau à sel. Au cas où le syndic demanderait un règlement, il fallait faire valoir les souffrances imposées par les bastilles depuis 1654 et au besoin se pourvoir devant MM. les Intendants, qui étaient représentés par des subdélégués. St-Justin réclamait surtout d'être taxé plus raisonnablement pour le nombre de cavaliers et fantassins auxquels il fallait donner logement. Enfin le dernier vœu de la communauté était qu'il fut défendu aux cabaretiers du Gabardan d'acheter des vins hors du pays, à peine de confiscation.

Il paraît que Jean de Malartic s'acquitta de son mandat à la satisfaction publique, car en 1678 il fut réélu premier consul de St-Justin. Mais, faisant valoir son grand âge, il demanda et obtint que son fils aîné le remplacerait dans ses fonctions.

Il s'était marié trois fois : en premières noces avec Jeanne Marquet, fille du fameux Marquet, compagnon d'armes du capitaine Malartic ; puis avec Jeanne de Bezaudun, et enfin avec Françoise de Beziat de Roquefort. De ses trois unions il avait eu quatre enfants : trois garçons, Gabriel, Isaac et Jean, et une fille, Marie, femme de Jean Dufau de Lassalle. Il est à remarquer que les Malartic, pendant plusieurs générations, se partagèrent en deux groupes. Les uns, sentant couler dans leurs veines le sang de Loup de Malartic, chevalier du roi d'Angleterre, embrassaient la carrière des armes ; les autres, plus pacifiques et se souvenant qu'un de leurs aïeux, Malartic de Menaudas, avait été fermier du comte d'Aubijoux, vivaient dans leurs terres en gentilshommes campagnards ou briguaient les fonctions publiques dans les communautés.

Nous avons vu, parmi les enfants du capitaine, Maurice de Malartic se couvrir de gloire au siège de Cazal pendant que son frère Jean est élu premier magistrat à St-Justin. En 1678, nous voyons Gabriel de Malartic vivre à Fondat tranquillement avec sa femme Louise du Légat, et y mourir non moins paisiblement en 1680, entouré de ses amis, Jean Cassaigne de St-Justin et Samuel de Came de St-Aigne. Son frère, Isaac de Malartic, au contraire, mousquetaire du roi, s'illustrait dans la guerre des Flandres. Il fut tué au siège de Valenciennes (1685).

Jean III de Malartic, seigneur de Fondat et de Labarrère, premier consul de St-Justin après son père, prenait souvent dans les actes publics le titre de bourgeois de cette ville. Il y tenait considérablement, comme le démontre certaine lettre rectificative adressée par lui à un huissier royal qui avait négligé de lui donner cette importante qualification. L'année même de la mort de son frère Isaac, il épousa au château de Lagraulet près de Montréal du Gers, Marie-Anne de Rouillan, fille de Jean de Rouillan, seigneur du lieu. Mort en 1713, il laissait trois enfants, Jeanne de Malartic qui épousa Bernard de Lamothe de Saubade, Jean-Pierre de Malartic de Beauregard, célibataire, et Jean IV de Malartic de Fondat.

Ce dernier passait à bon droit pour le plus aimable et le plus affable des gentilshommes de la contrée. Il n'avait autour de lui que des amis dévoués et empressés. Un seul adversaire le poursuivait avec une rancune implacable : M. de Pujolé. Nous avons raconté l'interminable querelle qui s'éleva sous un prétexte futile entre le vicomte de Juliac et le seigneur de

Fondat ; nous ne reviendrons pas sur les détails de cette lutte dont Jean IV de Malartic ne vit même pas la fin.

Nous nous arrêterons sur un curieux différend qui s'éleva en 1741 entre Malartic et César Phœbus de Ferron, vicomte d'Ambrutz. Il existait une vieille animosité entre les deux familles : l'origine était la vente de deux métairies, Mastrac et Marugue, faite par Elisabeth de Cès, dame de St-Martin de Noé, à M. de Malartic. La querelle dont nous parlons éclata le 13 juin 1741 à propos de la vente des biens saisis de Jacques Maurisset, bourgeois et marchand à Labastide d'Armagnac. Il est nécessaire d'expliquer ici en quelques lignes la cause et les antécédents de cette vente.

Les Maurisset occupaient en 1642 à Labastide une habitation située entre la maison Mamousse et celle de Georges d'Argelouse. Jacques Maurisset, fils de Jean Maurisset et d'Elisabeth Dupuy, était un homme de spéculations et d'aventures, très ambitieux et quelque peu cerveau brûlé. Il achetait des terres sans avoir de quoi les payer, prenait des fermes, s'engageait dans des affaires importantes sans caution ni garantie. En 1695, nous le voyons affermer Tuc de St-Aigne à Marie Ducom et à son fils François de Came. En 1699, il achète le Prada aux frères Dufau du Pouy. En 1706, il achète Laubidat à Suzanne de Léglize et à son fils ; à court d'argent, il emprunte des sommes fantastiques à Maurice Marquet de Bourgade, négociant à Bordeaux. De telles prodigalités devaient aboutir à un cataclysme. Jacques Maurisset, ruiné, partit pour Paris espérant y refaire fortune et laissant à Labastide sa femme, Elisabeth Dupont, séparée de biens avec lui (1).

A la mort de Jacques Maurisset, les immenses biens territoriaux qu'il possédait furent saisis. Son neveu, Pauvillat de Lagraulet, avait accepté la succession sous bénéfice d'inventaire ;

---

(1) Elisabeth Dupont, fille de Joseph Dupont, seigneur de Pomenté et de Judith Darroya, se montra admirable de résignation, puisque dans son testament daté de 1724 elle laisse à son mari la moitié de sa maison de Labastide et des rentes de grains, vins, oisons, poules, etc.

quant à Marie Maurisset, fille unique de Jacques Maurisset, et qui avait épousé Jean de Bouglon, procureur du roi, commissaire aux saisies réelles et judiciaires de la ville d'Eauze, elle renonça purement et simplement à la succession de son père (1).

Le 13 juin 1741, les propriétés de Maurisset furent donc vendues à la cour de Paris. J.-B. Pierron, procureur au Châtelet, en fit l'acquisition pour deux adjudicataires : Bouglon et Malartic. Jean de Bouglon achetait tout le lot des terres situées en Labastide, c'est-à-dire les métairies de Bougnères, Cabiro, Broustet, Géou, Goubillon, Jouannon et Carrique, plus le Clauzet, qu'il s'était engagé à céder à Malartic pour 10,000 livres. Le lot de Gontaud avait été acquis pour le compte de Jean de Malartic. Les deux réunis faisaient un total de 14,000 livres, dans lequel la portion située en Labastide avait quatre fois la valeur de celle de Gontaud.

Le marquis Joseph-Gaspard de Maniban, qui estimait particulièrement M. de Bouglon, lui abandonna à titre de gracieuseté et fort généreusement le droit de prélation en acceptant le paiement des lods et ventes pour des biens qui avaient été vendus très bon marché.

Il n'en fut pas de même pour M. de Malartic. Sa brouille récente avec le vicomte d'Ambrutz, seigneur de Gontaud, rendait sa situation difficile. Il eut le tort d'envoyer son valet porter les lods et ventes au seigneur suzerain. La convoitise de M. d'Ambrutz avait été allumée d'ailleurs par la modicité du prix de vente. En conséquence, il refusa les lods et ventes et fit assigner M. de Malartic devant le sénéchal de Marsan. Il entendait user des prérogatives du retrait féodal, c'est-à-dire s'approprier les biens en question, moyennant un paiement proportionnel à l'enchère générale de Maurisset.

Le procès commença, soutenu par Malartic, qui aurait perdu 3 ou 4,000 livres à cette combinaison. Il dura jusqu'en mai

---

(1) Jacques Maurisset avait épousé en premières noces Persido Tortoré, fille d'Isaac Tortoré, seigneur de Hartuc. d'où un fils Joseph, seigneur de Cabiro.

1743. A cette époque, le vicomte d'Ambrutz était mort après avoir fait donation de la seigneurie de Gontaud à son neveu François de Cours ; il lui imposa la charge de payer 3,000 livres à Malartic et 7,000 à Bouglon. Moyennant cette vente faite à M. de Cours, Malartic se trouva à peu près indemnisé, sauf les frais du procès qui avait duré deux ans et qui durent être considérables.

Vers la même époque, M. de Malartic eut des difficultés au sujet d'un règlement concernant les privilèges des bastilles du Marsan. On sait qu'en 1663 les délégués et parmi eux l'aïeul de M. de Malartic avaient obtenu qu'il fut défendu aux cabaretiers d'acheter du vin hors du pays. En 1744, nous voyons Jean de Malartic protester à ce sujet contre les procédés injustes des jurats de Roquefort. Il écrivit à M. de Sérilly, intendant de la province, pour lui exposer les faits.

Il dit avoir vendu le samedi 3 octobre 1744 au marché de Labastide trois barriques de vin à 25 livres la pièce, bois rendu. Ce marché a été conclu avec deux marchands de Roquefort. Couralet et St-Guirons, jurats de cette ville, saisirent le vin et le mirent sous séquestre à la maison commune, prétextant que c'était un produit étranger. Malartic invoquait son droit de vente et faisait remarquer que trois de ses métairies étaient dans la juridiction de Roquefort. M. de Sérilly fit annuler la saisie et donna raison à M. de Malartic.

Les trois métairies dont il s'agissait étaient celles de Lespitalé, Lariban et dous Couillets, où Malartic avait demandé et obtenu l'autorisation de planter de la vigne. On sait que le roi avait prohibé ce genre de culture dans les bonnes terres : aussi en 1733 Malartic avait dû adresser une supplique à l'intendant, M. de Pomereux, en faisant valoir que ses terrains étaient d'une nature de fond très froide et ne pouvaient être bons à autre chose. Il avait eu gain de cause.

De son mariage avec Marie Bouyries de Tachouzin, Jean IV de Malartic eut six enfants : 1° Jean V de Malartic, dont nous parlerons tout à l'heure ; 2° Jean de Malartic de Beauregard, qui épousa Jeanne de Lartigue, cousine germaine d'Henri de Nouaillan. Il habitait Labastide d'Armagnac dans l'ancienne maison de ses ancêtres, et fut premier consul de cette ville en 1773. Son petit-fils, Joseph Malartic, marié à Louise Péré, eut trois filles dont une seule lui survécut et épousa en 1831 M. Craman ; 3° Jean-Pierre, appelé communément le chevalier de Malartic, résida longtemps à Sarbazan et finit par mourir sans postérité au Hillet, petite maison en Estigarde, qu'il avait achetée et où il vivait dans la sollitude ; 4° Jeanne de Malartic, religieuse aux Ursulines de Mont-de-Marsan ; 5° Marie de Malartic, mariée à Blaise St-Loubert de Bichacq ; 6° Jeanne de Malartic, qui épousa Jean de Meuilh de Maignas.

Malgré cette nombreuse postérité, Jean IV de Malartic se trouvait seul à Fondat vers 1750, sans autre consolation que son procès avec M. de Juliac. Il n'avait aucun de ses enfants avec lui. Malartic de Beauregard vivait à Labastide ; M. le chevalier était à Sarbazan ; Jeanne, sœur de St-Ursule, derrière les grilles de son couvent, avait dit au monde un dernier adieu ; Marie habitait Séridos, propriété de son époux. Enfin M. de Malartic avait consenti à se séparer de son fils aîné, Jean, qui était contrôleur à Bordeaux. Il reçut même bientôt après une lettre de son parent, Maurice Marquet, le priant d'envoyer le jeune homme à Paris. M. Marquet qui avait ramassé des millions dans des spéculations financières offrait de se charger de son cousin et de le pousser dans le chemin de la fortune. Il insistait sur la nécessité de produire dans la haute société le jeune Jean de Malartic qui, avec sa noblesse et son éducation, devait arriver aux plus brillantes destinées, M. de Malartic objectait timidement les dérogeances de ses aïeux ; Marquet répondait en disant que jamais il ne s'était écoulé cent ans sans que les Malartic n'eussent porté la qualité de nobles. D'ailleurs, quoi de plus facile pour cette famille que de faire se preuves (1755).

A cet effet, M. de Malartic écrit à son cousin Maurice de Malartic de Maurès pour lui demander s'il n'a point les papiers de leurs ancêtres communs. Dans ce cas, il l'invite à venir à Fondat où il serait le bienvenu, quoiqu'on ne puisse lui offrir le luxe et l'hospitalité d'un château seigneurial. Maurès répond qu'il a souvent entendu parler dans son enfance du fameux capitaine Malartic par son aïeul Guillaume de Malartic, qui avait intimement connu ce grand homme de guerre dans les premières années de sa jeunesse. Il a donc lieu de se croire très proche parent des Malartic de Fondat, mais il ne peut procurer aucun titre, puisqu'ils ont tous été incendiés en 1648 avec la maison d'Amadieu de Malartic, premier consul d'Agen, lors de la prise de cette ville. On se rappelle que le même accident était arrivé à Fondat, incendié en 1652 par les cavaliers de Balthazar.

Malgré cela, Jean IV de Malartic obtint en 1757 l'arrêt suivant :

« Vu la requête présentée par M. de Malartic et les pièces
« justificatives y énoncées et jointes : le roi étant en son
« conseil a relevé et dispensé Jean de Malartic et ses enfants,
« postérité et descendants nés et à naître en légitime mariage,
« de toutes dérogeances quelles qu'elles fussent en omissions ou
« qualifications nobles qui avaient pu avoir été commises par
« ses auteurs et qui pourraient leur être reprochées.

« Fait au Conseil d'Etat, sa Majesté y étant, à Versailles le
« 24 janvier 1757.   « Signé : PHÉLIPPEAUX. »

« La Cour ordonne que le dit arrêt et lettres patentes
« expédiées sur iceluy seront enregistrées ès registres de la
« Cour pour le dit Malartic de Fondat et sa postérité jouir de
« l'effet et utilité d'iceux.

« En conséquence le maintient dans la noblesse d'extraction
« et ordonne que sa postérité légitime née et à naître jouiront
« des titres, exemptions, privilèges et prérogatives dont
« jouissent les autres gentilshommes du royaume tant qu'ils
« vivront noblement et ne feront acte de dérogeance. A cet
« effet qu'ils seront inscrits au catalogue des nobles de la

« province si fait n'a été sans qu'ils puissent être imposés à
« aucune taxe à laquelle les seuls roturiers sont assujettis. »

« Prononcé à Pau en Parlement, le 28 mars 1757. »

M. de Malartic consentit enfin à confier son fils à Maurice Marquet, et ce dernier le plaça comme caissier-général chez l'Intendant, M. de Boulongue. Mieux encore, il demanda et obtint pour lui la main d'une très riche héritière, Marie-Anne Faure, fille d'un conseiller du roi de Saverne en Alsace. Le contrat fut passé à Auteuil dans la maison de M. Beaufort de Boulongue, car la fiancée était cousine de sa femme (1760).

M. de Malartic après avoir été contempler de ses yeux à Paris l'opulence et le bonheur de son aîné, revint à Fondat où il s'occupait de l'éducation de son petit-fils, Guillaume Meuilh de Maignas. Ce turbulent escolier, plein d'intelligence et de malice et plus assidu au plaisir qu'au travail, échappait souvent à l'indulgente surveillance de son grand-père. En compagnie de jeunes gens de son âge, il allait chasser aux environs ou pêcher des écrevisses dans le ruisseau de Lugardon. Ce dernier fait lui valut même d'être pris un jour par les gardes du marquis de La Caze. L'adolescent, invité à payer les trente sols d'amende, s'y refusa énergiquement ; armé d'un bâton, il tomba à bras raccourcis sur ceux qui venaient de le saisir. Au XVe siècle les choses n'auraient pas eu d'autres suites. Un escolier protégé par les privilèges de la sainte université était un personnage inviolable. On aurait peut être même pendu les gardes de M. de La Caze. Sous Louis XV il n'en était pas de même et le jeune Meuilh de Maignas dut payer 300 livres d'amende au juge du marquisat.

Pour se débarrasser de ce franc étourdi, M. de Malartic l'expédia à Bordeaux chez son fils. Il paraît avoir mordu au travail, car en 1769 il devint contrôleur général des octrois municipaux de la ville.

En 1762, M. de Malartic mourut, et son fils, revenu en toute hâte dans le pays pour assister aux funérailles, s'empressa de terminer le procès avec M. de Juliac. Son humeur enjouée et son habitude du monde lui attirèrent la bienveillance de la contrée entière. Le marquis Gaston Gillet de La Caze se déclara son meilleur ami. Esparbès de Lussan, commandeur de Caubin, François de Lassalle-Roquefort et M. de Cours-Gontaud lui octroyèrent des droits de prélation. M. de Cours lui promit même d'engager ses métayers à lui vendre leurs ratiers et leurs fusils pour qu'ils ne pussent détruire son gibier.

Jean V de Malartic mourut en 1772 à Paris : son fils aîné, Jean-Baptiste, recueillit ses biens de Guyenne. On évalua la succession à 1,152,351 livres, sans compter d'innombrables créances et des fonds territoriaux. Cette belle fortune était à partager entre quatre enfants, deux filles et deux fils, dont aucun n'habita Fondat. Jean-Baptiste, qui en fut le propriétaire, avait brillamment débuté dans la magistrature. A 22 ans, il était conseiller au Châtelet de Paris, et même à cette occasion on le dispensa de payer le marc d'or dû par les roturiers. Avocat général à Perpignan, président à la Cour de Pau, il fut finalement nommé conseiller à Paris, puis maître des requêtes ordinaires de l'hôtel de sa majesté. Il consigna aux revenus casuels la somme de 100,000 livres fixée par l'édit du mois d'août 1752 comme prix de cette charge où il remplaçait M. de Laporte de Meslay, nommé intendant de Lorraine.

M. de Malartic s'établit dans un bel hôtel du faubourg St-Honoré. Ses deux sœurs, Adélaïde et Sophie, mariée l'une à M. de Petit-Val, l'autre à un riche fermier général, François Puissant de Villejuif, lui créèrent la plus charmante des sociétés. Il avait avec lui son plus jeune frère Abel qui devint maître des requêtes au conseil d'état. Abel de Malartic fut l'ornement du Paris littéraire de 1780. Il fréquentait assidûment l'hôtel Necker où se coudoyaient les poètes et les écrivains les plus illustres. Il se lia d'une amitié fraternelle avec André de Chénier qui lui a dédié des vers immortels.

> Abel, doux confident de mes jeunes mystères,
> Vois : Mai nous a rendu nos courses solitaires ;
> Viens à l'ombre écouter mes nouvelles amours !
> Viens : tout aime au printemps, et moi j'aime toujours !

. . . .

Quoiqu'éloigné de Fondat, M. de Malartic ne perdait pas de vue ses intérêts dans le pays. Son cousin, Joseph de Malartic de Beauregard, qui ne quittait jamais Labastide en sa qualité de fermier des fermes du roi, lui écrivait périodiquement et l'informait de l'état de ses terres. Pierre Meuilh de Maignas était son procureur fondé dans toutes ses affaires et lui rendait avec toute l'affection d'un parent les plus précieux services. Souvent aussi les Caumale de Gaube en venant dans le pays lui faisaient part de ce qui s'y passait.

En 1788, Malartic rendit son hommage à Orens de Pujolé. Le vicomte de Juliac venait d'atteindre sa majorité et exigeait de tous ses vassaux un renouvellement d'hommage. Joseph de Malartic de Beauregard écrivit à son cousin à ce sujet pour lui rappeler ses devoirs envers le seigneur suzerain. Il lui faisait observer d'ailleurs que grâce aux querelles de Juliac et de Fondat la formalité en question n'avait pas été remplie depuis le 4 août 1740. Pierre de Maignas, procureur fondé de M. de Malartic, dut même faire des recherches dans les vieilles archives pour retrouver les termes de l'hommage fait en 1644 à Joseph Leblanc de Labattut.

M. de Malartic reconnaît tenir à fief vif et rente perpétuelle avec droits de corvées, brasses, poules, lods et ventes, etc., les terres de Fondat et Beauregard, à raison de seize deniers par journal. Il s'oblige à payer tous les arrérages dus depuis 1740.

Sur ces entrefaites la révolution éclata et Jean-Baptiste de Malartic ne laissa pas que d'être fort inquiet de la situation de ses affaires. Il arriva à Fondat avec son fils et sa fille, jeunes encore et qui avaient perdu en 1789 leur mère, Françoise de Floissac de la Mancelière. S'étant assuré que ses domaines ne couraient aucun danger, il résolut de repartir pour Paris et d'y observer de près les événements (1790). Ce voyage fut cause qu'on l'inscrivit avec M. Marquet de Bourgade sur la liste des émigrés dressée à Mont-de-Marsan. A cette nouvelle il protesta et justifia de sa résidence. Son nom fut rayé, grâce à ses bonnes relations avec d'honnêtes citoyens que leur position et leur propre sûreté obligeaient de rester à la tête du département, tels que Laburthe de Grenade, chef du Directoire, et Pierre Broqua, secrétaire. Laburthe et Broqua le défendirent chaudement ; ses biens ayant été mis sous séquestre furent confiés à la garde de Jean Béreil, son ancien homme d'affaires, qui s'était lancé dans le mouvement révolutionnaire et qui lui rendit d'immenses services. Le séquestre mis sur Fondat fut levé au mois de nivose de l'an VI. Jean-Baptiste de Malartic rentra en possession de ses domaines et mourut en 1825.

Son petit-fils, Camille de Malartic, dernier propriétaire du château de Fondat, vendit cette propriété à M. Lesbazeilles ; elle avait appartenu à sa famille pendant 231 ans.

SOURCES HISTORIQUES :

1. — Archives de la Tour de Londres.
2. — Bibliothèque nationale, fonds Clairambault.
3. — Collection Doat, IX, 606.
4. — Rymer : Fœdera.
5. — Ordonnances des rois de France (Bréquigny).
6. — Archives des Hautes-Pyrénées, des Basses-Pyrénées et des Landes.
7. — Glanage de Larcher.
8. — B⁰ⁿ de Cauna, Armorial des Landes.
9. — Dom Vaissette : Histoire du Languedoc.
10. — Gallia Christiana.
11. — Pouillé du diocèse d'Aire.
12. — Archives du Ribouillet.
13. — Archives du château de Jullac.
14. — Archives de M. Craman.
15. — Archives Malartic (Fondat).

16. — F. Bouillier : Rôles Gascons.
17. — La Chesnaye des Bois : Dictionnaire.
18. — Archives de l'abbé Ducruc (Cazaubon).
19. — Monlezun : Histoire de Gascogne.
20. — D'Hozier : Grand Armorial.
21. — Abbé Légé : Histoire de Castelnau.
22. — Revue de Gascogne.
23. — Archives d'Eauze.
24. — Archives de Villeneuve.
25. — Archives de l'abbé Tauzin.
26. — Tamizey de la Roque : Catalogue des actes de François Ier.
27. — Abbé Cazauran : brochures diverses.
28. — Archives de Blois.

CHAPITRE XVe.

Le Ribouillet & Poutet.

Le Ribouillet, situé dans la communauté de Créon, était un fief dépendant des grangers de Juliac. Cependant nous avons découvert qu'en 1680 les propriétaires du Ribouillet devaient directement au vicomte de Juliac des journées de manœuvres, et M. de Pujolé leur en donne quittance à la date du 1er juillet. Toutefois, il faut croire qu'il n'avait pas la moindre feuille de papier sous la main à ce moment, car c'est sur le dos d'une carte à jouer, un roi de cœur, qu'il se déclare payé par M. de Talence de quatre journées dues par lui. Quant à la maison de Poutet, elle relevait de la seigneurie de St-Julien sur laquelle les Pujolé n'avaient que le droit de haute justice.

Nous réunissons encore dans le même chapitre le Ribouillet et Poutet parce qu'ils ont été longtemps la propriété d'une même famille bourgeoise de Labastide, les Frétard de Gauzères.

En 1490, époque au-delà de laquelle nous n'avons pu remonter, le Ribouillet appartenait à Antoine Léglize, sieur de Menaudas, bourgeois du Frêche. Ce Léglize fut sans doute l'ancêtre du fameux notaire royal célèbre pour ses démêlés avec la justice du roi. Une descendante de ce premier propriétaire, du Ribouillet, Anne Léglize, apporta ce domaine en dot en 1525 à Jehan Malartic, fils de François de Malartic et de Catherine de Moncade. Il est probable qu'ils n'eurent pas d'héritiers directs, car en 1570 le Ribouillet et Menaudas appartenaient à Jehan Malartic, bourgeois de Labastide, frère du précédent, et qui avait fait fortune dans le commerce et comme fermier des comtes d'Aubijoux. Ce personnage, dont nous avons retrouvé quelques lettres malheureusement rongées par le temps, paraît avoir été un des plus importants protestants du pays. Dans un rôle de 1578 où on fixa les contributions dues par les huguenots pour soutenir les frais de la guerre religieuse, Malartic est taxé pour une valeur de 80 écus sols, ce qui indique bien qu'il était grand propriétaire et considéré comme riche. Un de ses fils, Daniel Malartic, acquit le Ribouillet en 1597 lors de son contrat de mariage avec Marie Tortoré.

Daniel Malartic, premier consul de Labastide, habitait avec sa femme et trois de ses frères une des deux maisons que ses aïeux possédaient dans cette ville. Son quatrième frère, le capitaine, était installé à Fondat avec sa nombreuse famille. Daniel Malartic partagea ses biens entre ses cinq enfants. L'aîné, Gédéon Malartic, eut le Peyre, petite métairie située en St-Julien ; Tobie, le second, reçut Boignères et plus tard afferma aux environs tous les biens de Mlle Duvignal. Zacharie Malartic fut propriétaire de Pébaqué ; Perside Malartic s'allia avec son cousin Jehan Tortoré, et Mélise Malartic reçut le Ribouillet en 1625, quand elle épousa le capitaine Jacob Lalanne de Nérac. Comme nous le verrons, il entrait dans la destinée du Ribouillet de n'être jamais aliéné ni vendu depuis 1490 jusqu'à nos jours et de se transmettre par mariage et succession jusqu'au propriétaire actuel.

Mélise Malartic suivit son mari à Nérac, se contentant d'avoir un fermier pour ses terres de Créon et St-Julien. Il paraît même qu'il était difficile de trouver des gens consciencieux et honnêtes ; car dans le courant des années 1619, 1620 et 1621, elle en change trois fois et se plaint amèrement de la dureté des temps qui la prive presque complètement de ses revenus. Elle laisse entendre qu'elle vit pauvrement à Nérac, où la vie est fort chère, et où passent continuellement des gens de guerre qu'il faut loger. Elle ne parle point d'ailleurs de son mari, si ce n'est en janvier 1629, pour nous apprendre sa mort au service de la sainte cause. Le rapprochement des dates nous donne à supposer que c'est dans les murs de La Rochelle assiégée par le cardinal de Richelieu que le capitaine Lalanne trouva la mort avec les défenseurs de la religion réformée.

De son mariage avec Jacob Lalanne, Mélise Malartic eut une fille, Marguerite Lalanne, qui épousa vers 1650 Isaac Frétard, fils d'un bourgeois de Labastide, anciennement établi dans cette ville, où leur famille habitait la maison actuelle de M. Soulès. Isaac Frétard fut le premier propriétaire du Ribouillet qui vint y fixer sa résidence. Il s'y trouvait en 1652, et sa demeure échappa à cause de son éloignement à la destruction et au pillage des cavaliers de Balthazar.

Les Frétard étaient protestants, mais malgré cela ils paraissent avoir vécu en bonnes relations avec leurs voisins les grangers de Juliac, et même leur avoir rendu des services à plusieurs reprises. Ils abjurèrent peut-être la réforme au moment de la révocation de l'Edit de Nantes.

Isaac Frétard perdit sa femme et se remaria quelques années après avec Marthe Duvignal, fille de Jean Duvignal, notaire à Labastide d'Armagnac. Il n'eut qu'une fille unique, Marguerite, qui épousa le 19 janvier 1677 Gédéon de Camon de Talence, issu d'une des plus illustres familles de la contrée.

Le lecteur nous saura gré de lui faire rapidement passer sous les yeux la noble origine des Camon et quelques-unes des magnifiques alliances qu'ils contractèrent dans la Gascogne pendant près de quatre siècles.

Laissant de côté l'opinion de plusieurs héraldistes de talent qui veulent voir dans les Camon des cadets de la grande famille des Caumont, nous ferons remarquer que dès le XIe siècle on retrouve le nom de Camon parfaitement distinct dans les archives de la Tour de Londres, dans le manuscrit de Wolfenbüttel et les chartes anglaises. Un des quartiers de leur blason porte les armes des vicomtes de Marsan, à cause d'une alliance qui remonte au XIVe siècle. Nous donnerons à la fin de ce volume une généalogie complète et que nous avons tout lieu de croire exacte. Contentons-nous ici de prendre au hasard quelques-uns des faits héroïques qui émaillent l'histoire des Camon (1).

Le berceau exact de cette famille est inconnu ; nous savons seulement qu'en 1400 Jean de Camon acquit la seigneurie de Dade, par mariage avec Marguerite de Béarn St-Maurice. Son arrière-petit-fils devint baron de Talence en Marensin, lors de son union avec Françoise de Labeaulme. Talence était la dot de la future épouse ; mais les parents avaient disposé d'un bien qui ne leur appartenait pas ; Talence avait été adjugé pour mille livres par le sénéchal du siège de Dax à Jaquette de Labeaulme, sœur de Françoise, et Jean IV de Camon dut payer 500 livres tournois à sa belle-sœur pour lui racheter cette baronnie. Une pareille dot était fort onéreuse pour le futur époux. Talence resta cependant dans la famille, et en 1589 les Camon devaient comme hommage à Henri IV un fer de lance blanc et une paire de Psaumes de David.

A partir de cette époque, les Camon prennent part à toutes les guerres et à tous les grands faits d'armes. L'un d'eux assiège Pamiers et y meurt de ses blessures. Un autre se signale par sa valeur à la prise de Mont-de-Marsan. Un autre encore défendit Montauban contre Louis XIII, etc., etc.

(1) En 1378, Chamballes de Camon s'enrôla avec soixante gentilshommes déterminés sous les ordres du fameux Perducas d'Albret, type du chef des grandes compagnies. Ils s'en allèrent par monts et par vaux guerroyer en Castille et revinrent après de nombreux exploits ; Chamballes de Camon survécut à cette sorte de retraite des Dix-Mille ; mais Perducas d'Albret, revenu en Gascogne, se mit à ravager le pays. Traqué par Duguesclin, il se jeta avec Camon, Garros, etc., dans Châteauneuf-Randon. On sait que Duguesclin expira sous les murs de cette place, et Perducas d'Albret, fidèle à la parole donnée, vint déposer les clefs du château sur le cercueil du grand connétable.

En 1558, Pierre de Camon, baron de Talence et chef de la branche qui s'est perpétuée jusqu'à nos jours dans le pays, vint se fixer à Roquefort, où il avait épousé Roquette de Marsan, fille de Jean de Marsan et de Miramonde de Noë. Le mariage fut béni par Octavien de Galard-Brassac, abbé de Simore, beau-frère de la future épouse, qui offrit comme cadeau de noces 2,000 livres et une superbe robe de velours rouge léguée par Mme de Noë (1).

De ce mariage naquirent dix enfants, dont cinq garçons qui suivirent tous la carrière des armes. Parmi eux, Théophile de Camon, qui achetait en 1604 des fiefs dans le marquisat de La Caze. Son fils, Eraste, fit mieux encore. Il se fit céder comme paiement de dettes des métairies situées aux environs de Gabarret, et c'est peut-être à ce voisinage du Ribouillet qu'il dut de faire la connaissance d'Isaac Frétard. Le gentilhomme ne dédaigna point une alliance bourgeoise, et le 19 janvier 1677 un mariage était conclu entre Marguerite Frétard, fille d'Isaac Frétard et de Marthe Duvignal, et Gédéon de Camon, baron de Talence, fils d'Eraste de Camon et de Judith de Maniald. Marthe Duvignal donnait à sa fille 300 livres comptant, Isaac Frétard lui concédait la jouissance du Ribouillet dont elle devait hériter en toute propriété après sa mort.

Les deux époux habitèrent alternativement Roquefort dans la maison de leur aïeul Théophile de Camon, puis le Ribouillet où leurs vieux parents vivaient dans l'isolement, lui semblable à Philémon, mais elle beaucoup plus jeune que Baucis, honorés tous deux de l'estime de tous ceux qui les approchaient. Théophile de Camon, âgé alors de 74 ans, se plaisait beaucoup dans leur société ; il venait aussi passer avec eux quelques mois ; de retour à Roquefort, il leur écrivait combien il se trouvait marri et désolé de ne plus les voir. Ses lettres étaient toujours accompagnées de cadeaux divers, et il ne manquait jamais de s'excuser de la modicité et du peu d'importance de

---

(1) Il remplaçait son frère Annibal de Galard, alors au service du roi.

cet envoi. En revanche, Isaac Frétard, qui avait une grande affection pour son beau-fils, gérait ses propriétés de Gabarret, surveillait les travaux et touchait les revenus. Quand il y avait un procès, et ils étaient toujours fort nombreux, c'était M. Frétard qui s'en occupait et faisait les démarches nécessaires.

Cette vie paisible dura jusqu'en 1680. Cette année-là, un hiver terrible et tel qu'on n'en avait pas vu depuis 50 ans se déclara de très bonne heure. Les rigueurs du froid ne sont pas favorables aux vieillards, et Isaac Frétard expira, âgé de 80 ans; il s'était converti à la foi catholique, et Jean-Louis Ducros, curé de Créon, l'assista à ses derniers moments.

Gédéon de Camon et sa femme vinrent aussitôt prendre possession de l'héritage. Mais ils eurent des démêlés avec Marthe Duvignal, à propos de la succession, et celle-ci quitta Ribouillet fort mécontente et déclarant que jamais sa fille n'aurait d'elle autre chose que les 300 livres qu'elle lui avait données par contrat de mariage. Elle vécut quelque temps auprès de son frère Balthazar Duvignal, célibataire, qui l'institua sa légataire universelle et lui laissa la métairie de Pinasson. Puis, se trouvant jeune encore, elle épousa en secondes noces Pierre Darroya, sieur de Duhort, bourgeois de St-Justin; cinq enfants naquirent de cette union, et une haine séculaire pareille à celle des Capulet et des Montaigu s'alluma entre les Camon, frustrés de leur part héréditaire, et les Darroya, favorisés par leur mère. Elle dura plus de soixante ans, se transmit de générations en générations et divisa pendant longtemps le pays en deux partis rivaux dont aucun ne voulait capituler devant l'autre.

Ces divisions intestines étaient si communes que presque aucune famille n'en était exempte à cette époque. Nous allons en voir bientôt une autre preuve au Ribouillet.

Il semblait qu'il fût dans la destinée des propriétaires de cette maison de convoler en secondes noces. En effet, Gédéon de Camon, veuf de Marguerite Frétard, épousa à Gabarret Marguerite de Parage, bonne catholique, qui le força à abjurer solennellement la religion réformée dans l'église de Roquefort (mars 1685).

L'apport de la future consistait en une maison à Gabarret, et M. de Camon y passait volontiers une partie de son temps. Il fut même nommé par les consuls de la ville capitaine de la garde bourgeoise, qu'on recrutait parmi tous les chefs de famille de la localité.

Gédéon de Camon était fort processif. Un exemple entre mille montrera qu'à cette époque dame Justice ne laissait aux plaideurs que le sac et les quilles.

M. de Camon apprend un jour que six brebis lui ont été dérobées dans une de ses métairies. Aussitôt il monte à cheval et court à bride abattue à travers le pays, en quête du bétail volé. Après trois jours de recherches infructueuses, il abandonne la partie. Un an s'écoule. Tout à coup on lui fait savoir que c'est un métayer, le nommé Godolin, qui a pris les animaux. Immédiatement, M. de Camon met en mouvement toute la machine judiciaire. Lui-même, accompagné de l'huissier St-Guirons, passe deux jours sur les lieux pour que la saisie soit faite dans les règles. Puis, rentré en possession de son bétail, et comme rien ne doit être perdu, M. de Camon exige le paiement de six agneaux qu'il aurait eu de ses brebis, soit 18 livres.

Le procès fut long et coûteux ; quand il fut terminé à l'avantage du demandeur, M. de Camon récapitula les dépenses occasionnées : un premier voyage à Mont-de-Marsan pour porter la plainte, le dressage de la susdite plainte, les cinq témoins qui eurent une indemnité de déplacement, deux autres voyages à Mont-de-Marsan pour le jugement, les frais de procureur et de greffier, les frais de saisie, etc. ; plus la perte de fumier que M. de Camon évalue à 20 livres ; enfin un formidable total de 152 livres sur lequel le plaignant obtint remboursement de 18 livres, montant du prix des six agneaux.

Gédéon de Camon avait un système financier assez bizarre. Il donnait de l'argent à tout le monde avec la prodigalité et l'insouciance d'un gentilhomme de haut lignage. Mais lorsque ses poches étaient vides et qu'il se trouvait à court, il empruntait à droite ou à gauche et devenait alors le plus intraitable des débiteurs ; il fallait l'huissier pour lui faire rendre gorge. Il prêta des sommes assez fortes à Meyrous, de Labastide, à ses cousins les de Lucbardès et les de Maniald, en même temps qu'il refusait de payer une somme de 50 livres due au fisc. L'huissier Labielle se présenta un matin chez lui pour recouvrer cette créance. M. de Camon le fit recevoir à coups de bâton par ses laquais et jeter à la porte. Ce fut une vraie scène de Molière. L'affaire menaçait de devenir grave. Alcibiade de Mesmes, baron de Ravignan, qui par sa situation de sénéchal des Landes pouvait être utile dans ce cas litigieux, écrivit à Gédéon de Camon la curieuse lettre suivante :

« A Ravignan, ce 4 juillet 1687.

« Le nommé Labielle, monsieur, voulait présenter requête
« à M. l'Intendant et voulait lui exposer toutes les circons-
« tances qui vous regardent à faute par vous d'avoir satisfait
« ainsi que vous aviez convenu. Je me suis opposé par la
« considération particulière que j'ai pour vous ; mais comme
« ce misérable est en nécessité de recevoir les 50 livres en
« question, je ne puis plus le retenir en suspens et tout ce que
« je puis faire est jusques au 12 du courant, pendant lequel
« temps vous prendrez s'il vous plaît vos mesures justes. Je
« serai fâché que la chose alla plus avant parce que je suis votre
« très humble et très obéissant serviteur. »

« RAVIGNAN. »

L'affaire n'eut pas d'autres suites. M. de Camon s'exécuta et paya, heureux d'en être quitte à si bon marché.

Gédéon de Camon avait cinq enfants de ses deux mariages : Balthazar, Isaac, Josué, Marthe et Olympe. Leurs caractères les séparaient en deux groupes distincts : d'une part, Balthazar et Olympe, querelleurs, belliqueux et intraitables ; de l'autre, Isaac, Josué et Marthe, doux, pacifiques et pleins de mansuétude, Balthazar de Camon dès l'âge de seize ans donna la preuve de son humeur aventureuse et turbulente. Il se battit en duel en 1696 avec son cousin Gédéon de Maniald et le blessa assez grièvement. Son père se décida alors à l'éloigner provisoirement du Ribouillet. Balthazar de Camon fut envoyé aux armées du roi et devint lieutenant des grenadiers au régiment de Lorraine. C'est à cette époque qu'éclatait la guerre de la succession d'Espagne. Le jeune officier parcourut tous les champs de bataille sous les ordres de Villars, de Boufflers et du duc de Vendôme. Il se battit à Friedlingen et à Hochstedt ; enfin il se préparait à suivre le fameux Tallard lorsqu'il reçut, le 27 décembre 1704, la nouvelle de la mort de son père. Il écrivit aussitôt une lettre courte et sèche, déclarant à ses frères et sœurs qu'il renonçait à la succession et qu'il ne réclamait que sa part dans la donation de 500 livres faite par sa mère, « afin, dit-il, de pouvoir être équipé décemment et faire « campagne en soutenant l'honneur de son nom. »

Mais les partages de famille exigeaient impérieusement sa présence, et en 1706 il arriva au Ribouillet, où se trouvèrent réunis les cinq héritiers.

Les biens de la succession se composaient du Ribouillet, des métairies de Gaillères, Loustaunau, Coulicat, Jeanbaqué, le Routgé, Labeyrie et deux maisons, l'une à Roquefort et l'autre à Gabarret.

Le Ribouillet fut adjugé à Isaac de Camon ; Olympe, qui était la plus aigre à réclamer, reçut le Routgé qui ne faisait point son affaire ; elle voulait de l'argent comptant. Sa dot de 1200 livres ne lui avait point été payée. Elle n'avait eu lors de son mariage en 1702 qu'un habit et un cabinet de cerisier. Son époux, Jean Maurin, bourgeois de Roquefort, mettait non moins d'âpreté dans ses exigences, et bientôt les cinq héritiers furent à couteaux tirés.

Les hommes de loi, pour faciliter le partage imaginèrent l'indivision d'une portion des biens. Isaac de Camon se déclara satisfait d'avoir le Ribouillet et s'y installa pour y demeurer le plus tranquillement possible. Olympe, qui n'aimait que les espèces sonnantes et trébuchantes, vendit le Routgé à sa sœur Marthe; Jeanbaqué et Loustaunau restèrent indivis, et chacun se retira mécontent. Olympe et son mari repartirent pour Roquefort et ouvrirent l'ère des procès. Marthe, qui venait d'épouser son cousin-germain Pierre de Camon, se retira dans son château de Castaillon, en refusant de prendre part à ces luttes de famille. Quant à Balthazar il prit sa retraite chez sa sœur Marthe et vécut célibataire jusqu'en 1715.

Délivré pour un instant des soucis et des tracas de la succession paternelle, Isaac de Camon restait au Ribouillet et s'y occupait exclusivement de son jeune frère Josué dont la santé avait toujours été si délicate que l'on n'avait pas espéré qu'il put jamais atteindre l'âge d'homme. Ce dévouement fraternel, l'inépuisable générosité du propriétaire du Ribouillet lui conquirent l'affection de ceux qui l'entouraient. Le granger de Juliac, Augustin de Boubée, eut pitié de l'isolement de son voisin, il devint le confident et l'ami intime de la maison. Au printemps de 1708, le jeune Josué de Camon mourut âgé de 17 ans, et la perte de ce frère tant aimé plongea Isaac dans le plus grand accablement. M. de Boubée voulut le distraire de ce chagrin, et quelques mois après il écrivait à son parent Odet de Boubée qui habitait Lectoure et qui avait une charmante fille de 18 ans nommée Marie :

« Je vous mande de venir passer ici quelque temps avec ma
« nièce, laquelle doit être fort belle et grandie depuis que je
« l'ai vue. Et ne manquez point de l'amener avec vous, car
« j'ai grand désir de la revoir. »

Il savait bien ce qu'il faisait, le vénérable abbé, en écrivant cette lettre. Il n'est pas de meilleur remède pour guérir la tristesse dans un jeune cœur que la vue de deux beaux yeux éclairant un joli visage.

A peine M. Boubée et sa fille se rendant à l'invitation de leur oncle furent-ils arrivés à La Grange, que le ciel sembla s'éclaircir ; les sentiers solitaires de la lande bordés d'ajoncs dorés et de bruyères en fleurs, les ombrages touffus des grands chênes de l'Armagnac entendirent comme un écho des immortelles idylles de Théocrite. Un jour, les cloches carillonnèrent gaîment dans le clocher de l'antique abbaye des Prémontrés, et le vieux granger eut le bonheur de bénir au pied de l'autel l'union de sa petite-nièce, Marie de Boubée, avec Isaac de Camon-Talence (14 octobre 1720).

Les frères et sœurs d'Isaac n'assistèrent pas à son mariage, ce dont il n'y pas lieu de s'étonner en songeant à l'esprit d'animosité dont ils faisaient preuve à ce moment.

Au mois de février 1714, Olympe de Camon écrivit à Isaac une lettre où elle semblait revenue à de meilleurs sentiments. Elle déplorait la désunion de la famille et priait son frère de consentir à faire cesser l'indivision et à vendre les métairies de Jeanbaqué et de Loustaunau. Balthazar de Camon écrivit de son côté une lettre fort rude où éclatait une franchise un peu brutale. Il dit qu'élevé dans les camps, il ne connaît point l'art de déguiser sa pensée et de faire bon visage aux gens qu'il déteste cordialement. En conséquence, refusant de venir au Ribouillet pour la transaction proposée, il donne sa procuration à Isaac Tortoré, sieur de Pujo. Plus conciliant, Pierre de Camon de Castaillon consentit à venir en personne prendre les intérêts de Marthe sa femme. Le 12 avril 1714, les parties signèrent un accord à St-Justin devant maître Cassaigne, notaire, et le jour même les métairies de Loustaunau et de Jeanbaqué furent vendues pour mille livres à Henri Latané d'Arouille. On donna 500 livres à Olympe pour lui faire prendre patience, et comme elle se plaignait encore à grands cris, Pierre de Camon lui abandonna une rente de froment qu'il avait sur les métairies de Gabarret. Il se garda bien d'ailleurs de payer, et ce fut encore le débonnaire Isaac qui s'engagea pour son beau-frère afin de satisfaire la rapacité de sa sœur.

A quelque temps de là, et au moment où la vie redevenait paisible et tranquille au Ribouillet, Isaac de Camon apprit que

Jean Maurin, le mari d'Olympe, d'ailleurs brouillé avec elle depuis quelque temps, venait d'être jeté en prison par ordre de M. de la Salle, marquis de Roquefort. Quelle était la cause de cette incarcération ? Nous n'avons pu le savoir. Toujours est-il qu'Olympe se réconcilia avec son époux et s'adressa à ses frères et sœurs. Isaac donna généreusement 550 livres pour obtenir l'élargissement du prisonnier.

De tels procédés vis-à-vis d'une personne dont il n'avait jamais eu que de mauvaises querelles font l'éloge du propriétaire de Ribouillet. Il en fut récompensé par la plus superbe ingratitude. En 1728, la mort de Balthazar de Camon et de sa sœur Marthe dont les deux héritages échurent à Olympe fut encore une source de procès. En 1730, Marie de Boubée se plaint : « qu'après vingt ans de procès et sept ou huit contrats, « le sieur Maurin et sa femme viennent encore troubler perfi-« dement le repos d'une noble famille. » Heureusement le décès de Jean Maurin et peu après celui de sa femme mirent fin au combat faute de combattants.

Isaac de Camon, fatigué de ces luttes juridiques, avait cherché dès le début à prendre du service dans les armées royales. C'eut été un prétexte pour s'éloigner de Ribouillet, théâtre de tant de discordes. Il s'adressa à une de ses parentes, la chanoinesse de Beynac, pieuse, vénérable et discrète personne qui passait pour avoir l'oreille de plusieurs hauts personnages de la cour. Il avait déjà mis dans ses intérêts Louis-Gaston d'Armenonville, évêque d'Aire. Ce dernier lui écrivit le 3 février 1706 ; il dit que la chanoinesse de Beynac, malade à Bordeaux, n'a pu parler à M. l'Intendant. Grâce à ses relations, il espère trouver pour M. de Camon un emploi dans les troupes du roi : « J'écrirai à M. Chamillard lequel est de mes amis ; « mais il serait urgent pour moi de savoir si l'état de votre « fortune vous donnera loisir de faire les dépenses coûteuses « exigées par le service aux armées. » M. de Camon répondit que sa fortune lui permettait de faire face à sa nouvelle position, et l'évêque lui envoya un mois après une lettre d'introduction pour le marquis de Montrevel et une autre du ministre Chamillard qui applanissait toutes les difficultés.

Lorsque son mari eut quitté le Ribouillet pour suivre sa nouvelle carrière et que tous les co-héritiers eurent terminé leur procès, Marie de Boubée s'effraya de son isolement et se vit en proie au plus mortel ennui. Sa seule société était son vieil oncle, M. de Boubée, que son âge et ses souffrances rendaient chagrin et monotone, elle n'avait d'autre idée que d'aller habiter Lectoure auprès de ses parents.

Le 19 juin 1728, sa mère, Mme Laplaigne, lui écrit, non pour la consoler, mais pour la gronder de ses faiblesses : « Je « m'étonne de voir que vous voulez quitter votre oncle alors « qu'une cruelle maladie et ses infirmités devraient vous « retenir auprès de lui. Sachez que si j'étais moins embarrassée, « moi ou une de mes sœurs j'irais lui porter mes soins. »

Deux post-scriptum terminent cette lettre :

« 1° Votre père vous envoie une coëffe et un scapulaire.

« 2° Je joins à cet envoi des pâtes et deux flacons de sirop de « capillaire pour M. le grange. »

Augustin de Boubée, oncle de Mme de Camon et granger de Juliac, ne fut pas guéri par le sirop de Mme Laplaigne ; il expira dans le courant de l'année. La solitude où vivait Marie de Boubée lui devint tellement insupportable qu'elle renoua des relations longtemps interrompues avec la famille de son mari. Pierre de Camon de Castaillon, veuf de Marthe de Camon, n'avait gardé aucun ressentiment contre son cousin du Ribouillet et même il s'était toujours mis de leur côté dans les procès et dans les questions d'intérêt. Marie de Boubée se rendit donc à plusieurs reprises avec ses enfants chez son beau-frère au château de Castaillon. Elle fit dans ce pays la connaissance de Paul de Batz, curé de Sarbazan, qui se trouvait être son cousin par alliance. Paul de Batz, issu d'une excellente famille, était un homme instruit et cultivé, plein d'esprit naturel et possédant au plus haut degré la verve gasconne.

Voici le début d'une de ses lettres à Mme de Camon du Ribouillet :

« Madame ma cousine, le valet que vous m'aviez procuré
« finit son année le 11 du mois prochain et comme il aime
« trop à boire pur, à faire fort bonne chère et à se reposer, je
« suis dans le dessein de le congédier. Quand toutes les
« aimables qualités que je viens de nommer ne m'y
« engageraient point, ses brutalités fort ordinaires m'y con-
« traindraient... Donnez-moi je vous prie des nouvelles de
« Margoton et de ma petite filleule Modeste. »

« Batz, curé à Sarbazan, 1733. »

Grâce aux relations de son mari avec l'évêque d'Aire, Mme de Camon parvint à faire nommer ce gai et spirituel ecclésiastique vicaire à La Grange, dans le courant de cette année 1733.

Isaac de Camon revenu au Ribouillet après de longues campagnes, ne trouva pas le bonheur à son foyer domestique. Il eut la douleur de perdre sa fille Modeste et ses deux garçons. Il expira lui-même le 29 juin dans les bras de son parent Paul de Batz et de son cousin Bernard de Boubée de Séridos. Marie de Boubée restait veuve avec sa fille aînée, Catherine-Marguerite, celle que M. de Batz appelait familièrement Margoton.

En 1740, Marguerite de Camon-Talence épousa Joseph Jaurey, bourgeois de Créon, fils de St-Orens Jaurey et de Marie Corrent de Ribère, et lui apporta en dot le Ribouillet.

Les Jaurey étaient originaires de la paroisse du Saumon, où se trouve aujourd'hui une maison qui porte leur nom. Des branches de cette famille résidèrent simultanément à Mauvezin, à Créon et à Labastide d'Armagnac. Le plus ancien de ses membres que nous ayons trouvé est Bertrand Jaurey, qui vivait en 1590, et dont le petit-fils s'unit à Catherine Darrozin et vint habiter à Mauvezin la maison de sa femme. De ce mariage naquirent Louis Jaurey, fermier des fermes de M. de Maniban, et Bernard Jaurey, qui épousa le 16 juin 1680, au château noble de Briat, Marie de Coby, fille de Philibert de Coby, procureur juridictionnel de la vicomté de Juliac. Ce dernier fit une fortune considérable augmentée encore par plusieurs héritages. Il fut l'arrière-grand-père de Joseph Jaurey du Ribouillet.

Joseph Jaurey était un homme d'une haute intelligence et d'une grande capacité. Il fut excessivement charitable, et de nombreuses lettres conservées dans les archives de famille témoignent de l'estime qu'avaient pour lui les grangers de Juliac, intermédiaires de ses bonnes œuvres et de ses abondantes aumônes. Il fut nommé le tuteur de sa jeune parente Françoise St-Loubert de Séridos, restée orpheline de bonne heure à la tête de très grandes propriétés. Malgré les ennuis de cette gestion et les difficultés qu'il eut avec les parents de sa pupille, il caressa longtemps le projet de lui faire épouser son propre fils, Pierre Jaurey, bachelier en droit de l'Université de Toulouse (1780). Ce dessein fut contrarié par la famille Malartic, jalouse de ce qu'un de ses membres n'eût pas été choisi pour administrer les biens de Mlle St-Loubert.

Pierre Jaurey (1) hérita du Ribouillet à la mort de son père, et cette propriété est restée dans la famille jusqu'à Joseph-Noël Jaurey, dont la fille a épousé M. Jules Scillan, conseiller général du Gers.

---

(1) Deux des cousins de Pierre Jaurey, Michel et Jean Jaurey, habitants de Labastide furent du nombre des volontaires de 92 qui coururent aux frontières menacées avec un patriotisme et une abnégation sans égales, puisqu'ils abandonnèrent leurs vastes propriétés qu'ils étaient seuls à surveiller. C'est ce qui fut cause que le 28 juin 1793, en séance du conseil général de la commune de Labastide, le maire Rozis aîné s'exprima en ces termes : « Citoyens, les biens de Michel et Jean Jaurey exigent notre secours « et notre sollicitude, attendu le dévouement généreux de ces jeunes gens pour voler « aux frontières ; la loi nous impose le devoir de veiller à la conservation de leurs « propriétés, et attendu que le domaine de Jaurey est très étendu, il importe de « nommer un surveillant capable de surveiller les diverses cultures avec soin comme « comme le doit un bon père de famille et de lui accorder la somme de 220 livres. » Les paroles du maire furent couvertes d'applaudissements et la somme demandée votée à l'unanimité.

POUTET

La maison noble de Poutet en St-Julien est aujourd'hui une simple métairie entourée de vignes et de champs, appartenant à M. de Camon, à peu de distance du village de Créon. Rien de glorieux en apparence dans cette humble maison, qui s'est transmise de mains en mains par les plus riches bourgeois de Labastide. Pourtant elle a son histoire, et bien qu'aucun fait extraordinaire ne s'y soit passé nous avons pu reconstituer les noms et la vie de ses principaux propriétaires :

Poutet était au seizième siècle la propriété de la famille Duvignal de Labastide d'Armagnac.

Jean Duvignal, notaire en 1560, possédait de nombreuses métairies dans le pays et particulièrement dans la paroisse de St-Julien. Solidement attaché à la religion réformée, il avait encore accru sa fortune par un très riche mariage. Il avait épousé Perside Marquet, sœur du célèbre capitaine qui combattit dans les armées de Jeanne d'Albret. Perside Marquet était la fille de Jehan Marquet et d'Anne Ducom ; à la mort de son père elle n'avait que dix ans, et elle hérita d'une somme de 6000 livres qui ne devait lui être versée que lors de son mariage. Ces 6000 livres furent confiées à son frère aîné, Joseph Marquet, beaucoup plus âgé qu'elle et qui était son tuteur. Ce Marquet, bourgeois de Labastide, faisait le commerce et affermait principalement des terres à tous les seigneurs des environs et surtout au comte d'Aubijoux. Le petit capital de sa sœur fructifia entre ses mains, puisque le jour de son mariage avec Jean Duvignal, la future épouse reçoit de son frère une somme de 10,000 livres représentant sa part dans la succession paternelle.

Dans cette période de guerre religieuse, les huguenots eux-mêmes préféraient avoir de bonnes terres au soleil que de l'argent comptant, au risque de voir leur maison brûlée et leurs récoltes enlevées ; mais ils évitaient ainsi de perdre complètement et sans retour une fortune en numéraire péniblement amassée. La dot de Perside Marquet, très considérable pour une simple famille bourgeoise, fut employée sans doute à acheter quelques-uns des domaines que la famille Duvignal possédait au commencement du xvii⁰ siècle en Vielle-Soubiran, Arouille et St-Julien.

Poutet était habité à cette époque par des cultivateurs qui faisaient valoir les terres, et ce ne fut que vers le milieu du xvii⁰ siècle que cette métairie fut aménagée en maison d'habitation et servit de demeure à la famille Duvignal.

Jean Duvignal eut de Perside Marquet deux fils, Jean et Isaac, qui partagèrent en 1615 les biens de la succession paternelle. Sauf Poutet et quelques autres petits domaines, Jean Duvignal se vit frustré de presque toute sa part héréditaire. Son frère aîné s'attribua la part du lion et se choisit les terres à Labastide, Mauléon, St-Julien, Arouille et Vielle-Soubiran. Abusant de son titre de contrôleur-général des fermes des Landes, Isaac Duvignal réduisit son frère à une grande détresse financière. Ce dernier, au lieu de réparer par une sage économie les brèches de sa fortune, gaspilla le peu qu'il lui restait en prêtant maladroitement de l'argent à des débiteurs insolvables, marchands ou bourgeois de Labastide. Tant et si bien qu'en 1632 Jean Duvignal en était réduit à frapper à la porte de son frère qui nageait dans l'opulence. Néanmoins ce ne fut pas une seconde édition de la cigale et de la fourmi. Isaac avait fait un retour sur lui-même ; honteux de son injustice, il cherche à la réparer, mais sa générosité n'alla pas jusqu'à délier les cordons de sa bourse.

Seulement il chercha à marier son frère à quelque héritière du pays ; il y réussit, et le 4 juillet 1633 Jean Duvignal épousait Jeanne Dufau de Paguy, petite-fille du capitaine Dufau. Au contrat, Isaac Duvignal déclare qu'il n'a point encore d'enfants de sa femme et que s'il ne lui en survient point, son frère doit être considéré comme son héritier.

Cette dernière considération avait été sans doute d'un grand poids dans la conclusion du mariage, mais quelle dut être la déception des nouveaux époux en apprenant le 16 février 1635 qu'il leur était né à Labastide une nièce, Léa Duvignal, qui les frustrait de toutes leurs plus belles espérances.

De cette époque sans doute date la brouille complète des deux branches de la famille Duvignal. Jean Duvignal et sa femme se retirèrent à Poutet, où ils étaient établis en 1640 avec leurs sept enfants. Cette belle postérité comprenait deux filles, Judith et Marie, et cinq garçons, Jean, Pierre, Daniel, Isaïe et Amos. Leur père n'avait guère autre chose à leur donner en entrant dans la vie que de bons conseils et sa bénédiction paternelle. Aussi la plupart de ces jeunes gens suivirent la carrière des armes. Une des filles, Judith Duvignal, épousa en 1685 Daniel Frétard de Gauzères, premier consul de la ville de Labastide et neveu à la mode de Bretagne d'Isaac Frétard du Ribouillet.

Nous ignorons ce que devinrent Isaïe et Daniel Duvignal qui n'ont laissé aucune trace dans l'histoire locale. Pierre Duvignal se fit prêtre, ce qui était encore la meilleure ressource des cadets de famille sans fortune. Jean Duvignal épousa Eliette de Bordes et fut la tige de nombreux descendants. Amos Duvignal, protégé sans doute par son parent Dufau (1) qui était au service du roi, eut une carrière plus brillante ; il devint capitaine-major au régiment de Montpouillan. En 1666, il était de retour dans le pays puisque nous le voyons assister en qualité de parent et de témoin au mariage de Paul Meuilh avec Marie Marquet de Bourgade. A cette époque, Amos Duvignal est qualifié sieur de Poutet, ayant sans doute reçu le domaine en dot lors de son mariage avec Anne-Marie de Biat. Nous n'avons d'ailleurs aucune autre donnée sur ce personnage, très peu mêlé à l'histoire de son temps. Il n'eut qu'une fille unique qui fut en 1695 une héritière universelle, Françoise Duvignal, connue sous le nom de Mlle de Poutet.

Mlle de Poutet resta célibataire et se consacra à la gestion de

---

(1) En 1666 Dufau était capitaine au régiment de Navailles.

ses propriétés. Elle fit plus même et afferma au marquis de Gourgues la baronnie de St-Julien dont il était le seigneur. Ses affaires prospéraient à souhait et même elle avait reconstitué en partie la magnifique fortune dont jouissaient ses aïeux, lorsqu'en 1701 M. de Gourgues lui retira brusquement la ferme de St-Julien, source de sa richesse. M. de Gourgues avait appris que Mlle de Poutet montrait une certaine tiédeur dans les exercices de la religion catholique, ce qui n'avait rien d'étonnant puisqu'elle était fille d'un père et d'une mère protestants. Aussi lui écrivit-il la remarquable lettre qui suit :

« Paris, ce 21 mai 1701.

« Je me trouve obligé, Mademoiselle, de vous marquer le
« chagrin que j'ai d'apprendre que vous vous acquittiez si peu
« du devoir d'une bonne catholique et que votre conduite
« donne lieu à Monseigneur l'évêque d'Aire d'en former des
« plaintes. Les intentions du roi sont si précises en cette
« matière que je me trouve dans l'impossibilité de vous
« continuer plus longtemps ma ferme de St-Julien, ne voulant
« pas qu'il soit dit que j'entretienne quelque commerce
« d'affaires avec des personnes qui ne s'acquittent pas des
« devoirs de notre religion envers Dieu et envers mon roi.
« Ainsi ne trouvez pas mauvais que sur de telles plaintes je
« rompe tout commerce avec vous et nous vidons nos affaires
« pour le passé. J'écris plus amplement à Mgr de Bazas, mon
« frère, sur ce sujet et le prie de reprendre pour moi la ferme
« de ma terre. Je suis informé que des dégradations de mes
« bois pour l'eau-de-vie que vous avez fait faire, qui sont des
« dommages et intérêts que les gens d'affaires régleront s'il
« vous plaît avec vous. J'aurais bien souhaité que vous eussiez
« voulu prendre le bon parti et vivre en bonne catholique ;
« vous m'auriez donné occasion de vous marquer que je suis,
« Mademoiselle, votre très humble serviteur.

« De Gourgues. »

Mlle de Poutet, privée d'un de ses principaux revenus, se trouvait encore cependant dans une belle situation de fortune, de nature à attirer autour d'elle une nuée de neveux et petits-neveux. Bien entendu, elle n'avait conservé aucune relation avec sa cousine Léa Duvignal, dont la naissance inopinée avait spolié 50 ans auparavant son grand'père Jean Duvignal. Léa avait apporté ses immenses domaines en dot à Jean de Camon-Talence, frère de Gédéon de Camon du Ribouillet. Elle avait eu quatre enfants, neveux de Mlle de Poutet, mais que cette dernière n'avait jamais voulu voir.

Françoise Duvignal, fidèle aux traditions de famille, reporta donc son affection sur son cousin Pierre Frétard, fils de Daniel Frétard de Gauzères et de Judith Duvignal. Pierre Frétard avait abjuré le protestantisme en 1701. Mais les nouveaux convertis étaient tenus fort en suspicion à cette époque. On leur reprochait d'abord d'avoir attendu trente ans après la révocation de l'Edit de Nantes pour changer de religion, et on trouvait ensuite qu'ils ne se montraient guère fervents dans leur néo-catholicisme. Aussi, l'abbé Menon, curé de Labastide, hésitait à donner la bénédiction nuptiale à Pierre Frétard de Gauzères dont on avait résolu l'union avec Jeanne de Crucevaut, fille de Claude de Crucevaut, contrôleur au bureau de Millet (Arouille), et de Jeanne de Brizac. Après de nombreuses démarches, l'évêque d'Aire, Joseph Gaspard de Montmorin de St-Hérem, écrivit au curé la lettre suivante :

« Je suis content des dispositions de M. de Gauzères touchant
« la religion ; sous peu vous pourrez lui donner la bénédiction
« nuptiale dans son mariage avec Mlle de Crucevaut, pourvu
« que vous soyez content de la religion de la demoiselle, qu'il
« n'y ait aucune opposition et que les formes ordinaires et
« canoniques soient observées. »

« † J. G., évêque d'Aire. »

Ce 4 juillet 1714, à Aire.

Le mariage de Pierre Frétard fut célébré peu de temps après cette autorisation épiscopale. Quelques années plus tard (1728) les deux jeunes époux héritèrent de la fortune de leur cousine Françoise Duvignal de Poutet.

Il faut croire que la maison noble de Poutet était prédestinée à servir de berceau aux nombreuses familles. En 1735, en effet, onze enfants prenaient joyeusement leurs ébats dans cette riante demeure. Cette fois la fortune de Françoise Duvignal eut été insuffisante si elle avait dû être partagée en parties égales. Sur ces onze enfants, quelques-uns ne survécurent pas à leurs parents. L'aîné, Antoine Frétard, partit pour l'armée et on n'en entendit plus parler. Des deux cadets, l'un, Edmond, mourut avant sa majorité ; l'autre, Pierre, s'engagea en 1747 dans le régiment de la marine dans la nouvelle compagnie du chevalier de Cours-Gontaud. Entré à l'hôpital de Marois le 27 août 1747, il y décéda le 13 septembre suivant.

Les autres enfants étaient huit filles, dont six mariées. Aussi à la mort de Pierre Frétard de Gauzères, quand il s'agit de régler la succession, les six gendres du défunt y mirent une telle animosité qu'il fallut recourir aux voies judiciaires. Instantanément, une nuée de procureurs, huissiers, experts-jurés s'abattit sur Poutet comme une bande d'oiseaux de proie.

Le plus acharné dans cette lutte juridique était Joseph de Came de St-Aigne, qui avait épousé à Poutet, le 20 septembre 1740, Hippolyte Frétard de Gauzères. D'autre part, son adversaire le plus intraitable était Louis Dufau, médecin à Mont-de-Marsan, époux d'Elisabeth Frétard. Les autres beaux-frères se montraient plus pacifiques. Il y avait Joseph Caillava, bourgeois à Castelnau d'Eauzan, qui s'était bien gardé de se déranger et se faisait représenter par procureur; Henri Latané d'Arouille et deux autres représentants de la famille Dufau, Joseph Dufau de Lasalle et Mathieu Dufau de Lartigue. Ces deux derniers se gardaient d'ailleurs de faire chorus avec leur processif et irascible cousin.

Après une suite interminable de transactions, jugements, etc., les deux domaines de Gauzères et de Poutet passèrent entre les mains de Louis Dufau (1745). Malgré cela, les dernières contestations ne furent pas éteintes, et la seconde génération des Dufau et des St-Aigne garda précieusement le dépôt des rancunes paternelles.

Ce qu'il y a de plus piquant, c'est que les nouveaux adversaires ne se connaissaient pas même de vue. Le hasard les fit rencontrer un jour et voyager ensemble. Jean-Antoine Dufau, conseiller, médecin du roi Louis XV, avait les manières séduisantes et la grâce spirituelle des roués du palais royal. Son interlocuteur, Chrysostome de Came de St-Aigne, n'était pas moins talon rouge. Ce fut un tel feu roulant de politesses et de compliments que les deux adversaires, ravis de leur amabilité réciproque, se demandèrent leurs noms. A peine les eurent-ils échangés : « Je vous déteste, monsieur, dit St-Aigne, car vous nous avez lésés. » « Et moi, monsieur, répondit Dufau, je vous abhorre et vous ai en très petite estime. » Et ils achevèrent la route, muets et pleins de dignité, en se lançant l'un à l'autre les regards les plus méprisants.

Gauzères et Poutet restèrent dans la famille Dufau jusque vers 1840. A cette époque, Gauzères passa aux héritiers de Phocion Dufau, et par suite appartient aujourd'hui à M. Lagardère. Poutet fut vendu à M. de Camon, et cette dernière famille en a encore la propriété de nos jours.

SOURCES HISTORIQUES :

1. — Archives du Ribouillet.
2. — Archives du château de Juliac.
3. — Archives de M. Craman.
4. — Archives de M. l'abbé Tauzin (St-Justin).
5. — Archives de M. l'abbé Ducruc (Cazaubon).
6. — Archives départementales.
7. — Registres de Labastide et de La Grange.

SAINT-JULIEN EN JULIAC.

CHAPITRE XVIᵉ

Saint-Julien en Juliac.

La petite baronnie de St-Julien faisait à l'origine partie du domaine de Juliac, sans avoir de seigneurs particuliers, et c'est en cette qualité qu'elle resta pendant longtemps sous la domination des Malvin.

Au moment des guerres anglaises, lorsque Arnaud-Guillem de Malvin fut dépouillé de ses terres (1274), le roi de France se réservait la moitié de la vicomté de Juliac composée de Créon, St-Julien et La Grange. St-Julien, domaine royal, fut ensuite donné par Charles V au comte d'Armagnac.

Cette baronnie appartenait au XVᵉ siècle à un des descendants de ce puissant seigneur, Jean V, comte d'Armagnac. Très dissolu dans ses mœurs, le comte d'Armagnac n'avait jamais assez d'argent à consacrer à ses plaisirs. Aussi vendait-il morceaux par morceaux ses immenses domaines à tous ses favoris. Quelquefois, d'humeur plus généreuse ou à la suite d'un caprice, il faisait une libéralité avec une baronnie.

C'est ainsi qu'un jour où l'on chassait au vol, charmé de la dextérité du sire de Bessabat dans l'art difficile de la volerie, il lui fit don de la terre de St-Julien en Mauvezin. Jean de Bessabat était d'une très noble famille du Bordéac, portant d'or à trois corneilles de sable. Il s'empressa de se faire bâtir au milieu de sa nouvelle seigneurie, sur une petite colline, un château-fort qui subsista jusqu'aux guerres de religion (1445).

C'est à peu près vers cette date que furent jetées les fondations du château de St-Julien. Sorte de nid d'aigle planant au centre de la vicomté de Juliac, il ne devait être jamais qu'un éternel sujet de discordes entre les Bessabat et les Pardaillan, leurs intraitables voisins.

Jehan de Bessabat mourut vers 1460, laissant St-Julien à son fils, Carbonnel de Bessabat. Ce dernier, par testament du 12 avril 1506, lègue la terre et seigneurie de St-Julien avec tous les droits en dépendant, à son héritier unique, Jean de Gourgues de Montaigut.

La famille de Gourgues, qui porte d'azur au lion d'or, armé et lampassé de gueules, faisait partie de la première noblesse de Guyenne ; sans entrer dans les détails généalogiques, nous citerons en passant messire Geoffroy de Gourgues, secrétaire du roi Philippe le Bel, en 1285, et son fils, Philippe de Gourgues, grand porte-étendard de la couronne en 1318, qui épousa Cécile de Pellagrue, nièce du Pape Clément V.

Jean de Gourgues, seigneur de St-Julien, descendant en ligne directe de ces grands personnages, était marié à Marguerite de Mondeynard (1526). Il eut sous François Ier une charge de gentilhomme à la cour et ne parut jamais dans le pays. En 1550, moment des premières agitations de la réforme, son fils Jean II de Gourgues fait son apparition à St-Julien. Le château, abandonné déjà par les Bessabat, était dans un état de ruine presque complet et vraiment inhabitable. M. de Gourgues se rendit alors à Montaigut et donna mission à son fermier, Jacques Dart, de refaire les fossés et les murailles, rétablir les fortifications et relever la tour centrale à moitié écroulée (1552).

Jacques Dart avait déjà peut-être subi les premières atteintes du calvinisme, et il considéra probablement que ce serait œuvre pie de tromper ou de voler un catholique ; rien ne fut fait, et le château de St-Julien resta ce qu'il était, une bicoque comme le qualifie dédaigneusement Jean d'Antras dans ses mémoires.

Jean II de Gourgues s'était marié en Armagnac ; il avait épousé Isabeau de Lau, dont la famille posséda la seigneurie d'Estang, et qui le laissa veuf en 1556 avec trois enfants.

Ces trois enfants sont célèbres à plus d'un titre dans l'histoire locale. Tous trois aventureux, extravagants et chevaleresques, ils ont lutté pied à pied contre la réforme, ne reculant jamais devant un coup d'épée, aussi indomptables à la guerre que redoutés dans leurs domaines.

L'aîné, Ogier de Gourgues, baron de St-Julien et de Veyres, seigneur de Gaube, Montlezun et autres places, intendant du roi en Guyenne, habitait ordinairement Montauban (1560), où il avait un magnifique hôtel. Aussitôt après la mort de son père, il eut maille à partir avec ses fermiers de St-Julien. Le principal d'entre eux était ce Jacques Dart, qui faisait beaucoup le huguenot s'il ne l'était en réalité.

Quand Ogier de Gourgues vint dans le pays en 1566 ce fut une véritable insurrection des vassaux de St-Julien. Jacques Dart, aussi lâche que perfide, s'était prudemment mis en dehors de cette levée de boucliers, mais le baron voyant le souffle de l'hérésie empoisonner ses domaines, se douta de l'origine des troubles. Sur le champ il fait saisir Jacques Dart dans sa maison et, sans autre forme de procès, le coupable est pendu à la maîtresse branche d'un châtaignier, en présence de la foule des tenanciers du seigneur, terrifiés par cette justice sommaire.

Cette expédition terminée, le baron de St-Julien repartit pour Montauban et de là pour Bordeaux, où il se trouvait à la fin de décembre 1566.

Il y retrouva son frère Dominique qui se préparait alors à exécuter un des coups de main les plus hardis qu'aient jamais rêvés nos corsaires.

Dominique de Gourgues, qui fut le Jean Bart du XVIe siècle, avait été récemment capturé par les Espagnols dans une croisière et avait ramé sur leurs galères ; délivré par les chevaliers de Malte, il était revenu à Bordeaux, où il concerta avec son frère le plan le plus romanesque qu'on puisse voir.

Il s'agissait de venger l'honneur français insulté dans les Florides. Un de nos compatriotes, Jean Ribaud, et ses compagnons avaient été traîtreusement massacrés par les Espagnols, et M. de Gourgues avait l'intention de rendre aux meurtriers la peine du talion sur le théâtre même de leurs crimes.

Montluc, gouverneur de Bordeaux, auquel il fit part de son dessein, l'accueillit fort mal et refusa toute autorisation. Il fallut user de ruse. Dominique de Gourgues feignit de renoncer à ses projets et déclara qu'il voulait simplement donner la chasse à un roi Maure qui avait attaqué des marchands français. On lui laissa alors faire ses préparatifs. Son frère, le baron de St-Julien, lui prêta 10,000 livres pour couvrir les frais de l'armement.

Le 22 août 1567, Dominique de Gourgues s'embarquait à Royan; il avait trois petits navires, cent arquebusiers et quatre-vingts marins.

Cette expédition hasardeuse eut un succès inespéré. Arrivé en Floride, l'audacieux capitaine soulève les naturels, s'empare de Carolina et de deux petits forts aux environs. Malheureusement un indien par inadvertance mit le feu au magasin à poudre et tout fut détruit au moment du départ. Mais les Français étaient bien vengés, 88 prisonniers furent pendus aux mêmes arbres que les compagnons de Jean Ribaud. Les Espagnols avaient fait mettre sur les tombes de leurs victimes des poteaux avec cette inscription : « Tués, parce qu'ils étaient des hérétiques. » Dominique de Gourgues fit écrire à son tour sur la sépulture des Espagnols : « Tués, parce qu'ils étaient des assassins. »

Le retour du héros de cette aventure fit grand bruit en Europe ; le roi d'Espagne réclama sa tête comme un pirate, mais il fut chaudement défendu au conseil même du roi de France.

Sa renommée devint telle, que la reine Elisabeth d'Angleterre l'appela à commander la flotte qui devait secourir le Portugal.

Mais cette dernière gloire ne lui était pas réservée : Dominique de Gourgues mourut à Tours en 1593.

Ogier de Gourgues avait abandonné complètement ses domaines de l'Armagnac. En 1572, les capitaines huguenots Baudignan et Thoiras, passant à travers le pays, brûlèrent l'église et le château de St-Julien. Toutefois ce dernier fut un peu relevé de ses ruines, et en 1577 une troupe de protestants s'y était réfugiée. Un des lieutenants de Villars, le chevalier de Massès, vint mettre le siège devant ce petit donjon à peine en état de défense ; il fut pris d'assaut et tous les défenseurs passés au fil de l'épée. Massès, au début de l'action, y reçut une arquebusade qui l'étendit mort sur le carreau.

St-Julien ne fut jamais reconstruit et ses seigneurs ne vinrent point habiter un fief d'ailleurs de peu d'étendue par rapport à leurs autres domaines. L'église fut rendue au culte l'année suivante ; les grangers de Juliac y faisaient le service religieux le plus régulièrement possible.

Ogier de Gourgues, conseiller d'Etat, nommé intendant en Guyenne, rendit les plus grands services à la France. Le marquis de Villars avait pour lui une profonde amitié ; la preuve en est que, le 21 novembre 1572, il lui donnait commission pour faire fonction en son absence de grand amiral de France, la première charge du royaume.

Henri IV estimait beaucoup M. de Gourgues ; il lui écrit le 18 mai 1586 et lui accorde une pension pour les services qu'il lui a toujours rendus à lui et au feu roi Henri III son prédécesseur.

Ogier de Gourgues, baron de St-Julien, avait été marié deux fois : en premières noces avec Jeanne de Parage, fille d'un riche bourgeois de St-Justin, et en secondes noces avec Finette d'Aspremont, veuve de messire Henri de Pontac.

Il eut huit enfants qui se partagèrent sa fortune, et dans son testament de 1588, il abandonne aussi 20,000 livres à sa belle-fille, Marguerite de Pontac, qui épousa César de Bourbon-Busset.

Des huit enfants d'Ogier de Gourgues, nous n'avons à nous occuper que d'Armand de Gourgues, qui eut dans les partages de famille la terre de St-Julien.

Le nom d'Armand de Gourgues apparaît à plusieurs reprises dans l'histoire du règne de Louis XIII. C'est lui qui en 1615 prend part aux négociations des mariages espagnols. Il se rend à Bayonne et est chargé de décorer avec des tapisseries et des arcs de triomphe l'île des Faisans, située au milieu de la Bidassoa, et où doit se faire l'échange. Il organisa aussi les réjouissances populaires et le feu d'artifice tiré en l'honneur de cette solennité.

Favori du cardinal Richelieu, il obtint sans peine un siège de conseiller au Parlement de Bordeaux, et épousa Marie de Grossoles-Flammarens, fille du seigneur de Vignau.

Il eut trois enfants : Jacques, aumônier du roi Louis XIII, Ignace, seigneur de Forest, et Jean, baron de St-Julien.

Jean de Gourgues fut en 1632 l'héritier de sa tante Létice de Gourgues. Les services rendus par ses aïeux firent pleuvoir sur lui toutes les munificences royales. Pour lui, Louis XIV érigea en marquisat la baronnie de Vayres et en comté celle de St-Julien. D'ailleurs cette augmentation de fortune venait fort à point pour combler le déficit des ventes faites par Armand de Gourgues. En 1632, il avait vendu sa terre de Montlezun à Jean-Jacques de Latrau, seigneur de la Terrade. En 1654, la terre de Gaube fut aussi aliénée au profit de Pierre de Laplanche.

En 1638, Jean de Gourgues était président à mortier au parlement de Bordeaux, et le cardinal de Retz, dans ses mémoires, nous raconte comment le baron de St-Julien s'immortalisa dans sa longue résistance aux ordres royaux.

M. de Gourgues fut l'âme de la lutte acharnée du parlement contre la tyrannie du duc d'Epernon. En 1650, les ducs de Bouillon et de La Rochefoucauld, dit Retz, se réfugièrent à Bordeaux avec le duc d'Orléans et madame la princesse. Aussitôt, M. de Gourgues dépêche un courrier à son ami,

M. de Senneterre, avec une lettre de treize pages en chiffres :
il y est dit que le parlement ne demande qu'à rester fidèle à sa
majesté si le roi veut révoquer le duc d'Epernon, M. de
Gourgues y engage sa parole ; mais si l'on diffère, il ne répond
plus de ses collègues et encore moins du peuple. Le courrier
est mal reçu du cardinal ; malgré cela, le parlement résiste. La
population bordelaise, prompte à s'échauffer, veut forcer les
conseillers à opiner pour le parti des princes. Une émeute
terrible se soulève : M. de Gourgues, plein de sang-froid, fait
armer les jurats qui dissipent les rebelles à coups de mousquet.

Cette sédition apaisée, le baron de St-Julien, accompagné
de Guillonnet, membre du conseil, se rendit à Paris pour y
recevoir directement audience de sa majesté.

M. de Gourgues était digne par son caractère de figurer
à côté des Séguier et des Molé. D'ailleurs, il était intime avec
ces deux célèbres magistrats et épousa même leur cousine,
Marie Larcher de Bajacourt.

Nous arrivons maintenant au plus remarquable des seigneurs
de St-Julien : Armand-Jacques de Gourgues, marquis d'Aulnay,
lieutenant général de la sénéchaussée de Guyenne, né le 8 mars
1643. Il ne vint dans le pays qu'une seule fois, en 1684, car il
habitait le plus souvent Paris, où il avait un magnifique hôtel,
rue Neuve-St-Paul. Cette année, il s'arrête à St-Justin et prit
gite chez Mᵉ Puistienne, notaire royal, pour mettre ordre à ses
affaires. C'est ainsi que nous le voyons recevoir en personne des
reconnaissances de fiefs consenties par Jean de Camon de Roquefort, Jean Domergue, bourgeois de St-Julien, Charles Duprat
de Mauvezin, etc.

Il examine les comptes des fermiers de sa terre, Jean et
et Bernard Latané ; puis il recommande le soin de ses affaires à
Louis Puistienne et nomme son procureur général, pour tout
ce qui regarde le domaine de St-Julien, Gabriel de Lavergne,
baron de Labeyran ; enfin, il quitte le pays pour ne plus y
revenir.

M. de Lavergne s'occupa avec ardeur de l'administration de

St-Julien. Il paraît qu'il était fort difficile à cette époque de trouver de bons fermiers, car nous remarquons des changements perpétuels dans les baux. En 1691, Georges Lisle, de Labastide d'Armagnac, afferme St-Julien pour 950 livres.

En 1691, Jean Meyrous, fermier, met à sac la propriété, touche le produit des récoltes et le dissipe à mesure, sans jamais rien payer au seigneur. Il fallut que Gabriel de Lavergne vint lui-même un jour de marché à St-Justin chez maître Puistienne pour faire rendre gorge au récalcitrant ; il devait alors plus de 2,850 livres, et non content de se déclarer insolvable, il injuria encore M. de Lavergne en présence du notaire ; ce dernier, exaspéré, perdit patience et le mit à la porte à coups de pied.

Après ce procédé un peu brutal, on donna la ferme à Françoise Duvignal, propriétaire de Poutet en St-Julien. Mais M. de Gourgues apprit bientôt par Puistienne que cette personne était suspecte d'hérésie calviniste et sur-le-champ il lui écrivit pour lui retirer la ferme en regrettant poliment que ses idées religieuses l'obligent de rompre avec elle tout commerce d'affaires.

Le 26 septembre 1702, M. de Gourgues informe lui-même Louis Puistienne qu'il a signifié congé à Mlle de Poutet, et que le bail de cette dernière expirant le jour de la St-Jean 1703 ne sera pas renouvelé.

Le rôle de Louis Puistienne dans cette affaire n'est pas exempt de tout reproche. Son peu de soin des affaires de M. de Gourgues pendant la période de bail de Jean Meyrous, son âpreté à dénoncer les tendances protestantes de Mlle de Poutet sont l'indice d'un calcul intéressé. En effet, il écrit en octobre 1702 au marquis de Gourgues pour lui offrir de louer St-Julien. On voit percer ainsi son désir ardent de devenir le fermier d'une terre magnifique, où le contrôle du maître était presque nul.

Sur-le-champ, le marquis fit délivrer les clefs du château et des moulins à Puistienne ; Mlle de Poutet, mécontente, se mit alors à faire pêcher les étangs, à couper les récoltes, à employer les corvées dans son intérêt particulier, etc., au point qu'un procès s'engagea entre elle et le notaire de St-Justin.

Le marquis de Gourgues ne voulut point s'occuper de toutes ces affaires. Il vivait à Paris dans son hôtel, avec sa charge d'intendant et il y mourut le 5 mars 1725. De sa femme, Isabelle-Marie Le Clerc, il laissait un fils, Jean-François-Joseph, dont l'éducation fut confiée à l'abbé Guillaume Dubois, ce fameux prélat qui fut plus tard le favori du régent.

Ce n'était certes ni un honneur ni un avantage pour le jeune de Gourgues d'avoir eu pour mentor l'homme qui déshonora plus tard la pourpre cardinalice. A l'exemple de son maître, François-Joseph de Gourgues fut le modèle de tous les vices. Sa première femme, Elisabeth de Barillon de Morangis, mourut de chagrin de ses cruautés ; la seconde, Françoise Le Marchand de Bardouville, ne voulut jamais vivre avec lui. Sa dureté vis-à-vis de ses vassaux d'Aulnay souleva une exaspération telle, que le 3 décembre 1734, comme il se promenait dans ses forêts, un braconnier embusqué le tua d'un coup de fusil.

Il laissait cinq enfants dont une fille, Gabrielle, mariée à François de Rouvroy de St-Simon. Un des quatre garçons, Alexis-François-Joseph, eut en partage St-Julien et plus tard hérita de ses frères morts sans postérité. En 1760, Alexis de Gourgues était comte de St-Julien et de Castelmayran, marquis de Vayres, baron de Castets, Athis-sur-Orge et autres lieux.

Il fut assez heureux pour trouver un homme d'affaires moins retors et plus consciencieux que Puistienne dans la personne de Pascal Laurens de Mont-de-Marsan. De père en fils, les Laurens administrèrent St-Julien, et cette famille fut comblée par la générosité des de Gourgues. M. Laurens eut d'ailleurs la main heureuse pour les fermages. Le 16 décembre 1768 il donnait St-Julien pour neuf ans à Jean et Guillaume Jourdan, tous deux intelligents et capables, qui s'installèrent à la métairie de La Quine (1).

(1) La Quine est aujourd'hui la Brise, habitation de construction tout-à-fait moderne.

En 1777, Pesquidous succéda aux Jourdan, et M. de Gourgues commençait déjà à encaisser les revenus de ses terres, ce qui n'était pas arrivé depuis fort longtemps, quand il se décida à vendre toutes ses propriétés.

Le 18 juillet 1782, la seigneurie et comté de St-Julien fut vendue intégralement avec tous ses droits de justice et autres, moyennant 120,000 livres, à Pierre Orens de Pujólé, vicomte de Juliac. Le prix en fut payé à Paris en l'étude de Me Liénard, notaire au Châtelet.

La terre de St-Julien ainsi rattachée à la vicomté de Juliac a été morcelée à la révolution et abandonnée à la rapacité des acquéreurs de biens nationaux.

SOURCES HISTORIQUES :

1. — Monlezun. Histoire de Gascogne.
2. — Bréquigny. Collection des Ordonnances.
3. — Revue de Gascogne.
4. — La Chesnaye des Bois. Article *de Gourgues*.
5. — Archives de l'abbé Ducruc (Cazaubon).
6. — Archives de l'abbé Tauzin (St-Justin).
7. — Minutes de Me Puistienne, notaire.
8. — Archives nationales. — Fonds français J. 46.
9. — Mémoires de Maguerite de Valois.
10. — Mémoires de Jean d'Antras.
11. — Mémoires de Montluc.
12. — Lettres autographes d'Henri IV. (Bibliothèque Cardinal).
13. — Mémoires du cardinal de Retz.
14. — Souvenir du règne de Louis XIV. M. de Cosnac.
15. — Archives de Juliac.
16. — Archives de M. Craman.

MAISON NOBLE DE SÉRIDOS.

CHAPITRE XVIIᵉ.

Séridos.

La maison noble de Séridos est probablement de fondation plus récente que les autres fiefs de la vicomté de Juliac. Elle n'a pris un peu d'importance qu'au xviiiᵉ siècle ; et encore ne faut-il pas lui donner d'autres proportions que celles d'une vulgaire habitation ; d'ailleurs, la plupart de ses propriétaires ont joué des rôles assez effacés dans l'histoire locale.

Séridos appartenait en 1538 à Ramon de Bordes. Cette famille est peut-être originaire de Labastide. Mais ce nom est tellement commun dans le Midi, que nous avons trouvé des représentants en Béarn, en Bigorre et dans l'Agenais. Le premier de tous, Jehannot de Bordes, ayant paru en 1346 à la Cour del Sers, on voit qu'il y aurait une longue filiation à compléter pour le rattacher aux maîtres de Séridos.

Quoiqu'il en soit, Ramon de Bordes se trouve le 1ᵉʳ février 1538 à Mont-de-Marsan, dans la maison de Domenges de Mesmes de Ravignan, et rend son hommage à Jacques de Foix pour la terre de Séridos.

Son fils, François de Bordes, et surtout son petit-fils Guillaume, furent des plus intrépides ligueurs de la contrée. Guillaume, l'aîné de la famille, se mettait en 1556 sous les ordres du fameux Montluc et ne tardait pas à commander une compagnie dans l'armée catholique. Ce fait constitue une exception assez remarquable, car tous les capitaines gascons contemporains étaient huguenots et servaient sous le roi de Navarre. S'il nous fallait suivre le capitaine de Bordes dans ses nombreuses expéditions, ce serait l'histoire entière des guerres de religion. Il prit part à toutes les batailles ; on le voit à Mont-de-Marsan, à Aire, à Nogaro, à Rabastens, réalisant toujours le type du soldat aventureux.

Ces luttes acharnées ne ruinaient les familles nobles ou bourgeoises que pour en enrichir d'autres. C'est ainsi que vers 1577, Guillaume de Bordes revint à Labastide d'Armagnac après fortune faite. La famille se partagea alors en deux branches, qui tombèrent en quenouille vers la fin du xviie siècle : les de Bordes de Séridos et ceux de Labastide d'Armagnac. Les premiers furent tous catholiques et les seconds exclusivement protestants, ce qui n'amena d'ailleurs entre eux aucune mésintelligence.

Les de Bordes de Séridos vivaient dans l'obscurité. Le fils du capitaine, Bernadon de Bordes, n'a laissé d'autres traces que son nom (1602).

En 1612, son fils, Bernard de Bordes de Séridos, qui avait épousé une demoiselle de Vaqué, de St-Justin, assiste au mariage de sa nièce, Rose de Vaqué avec Jean de Brocas. Cette union fut célébrée le 1er juillet à Labastide d'Armagnac, dans la maison de Jean Dufau ; tous les Brocas et Vaqué s'y trouvaient, ainsi que Jacques de Luemau-Classun, beau-frère de l'épouse, et Daniel de Malartic, son cousin-germain.

Il paraît d'ailleurs que les de Bordes se désintéressèrent peu à peu de leur propriété. De 1620 à 1660, ils ne l'habitèrent même pas. Cette terre fut affermée à différents bourgeois et marchands de Mauvezin et de Labastide. Basile de Bordes, fils de Bernard, ne voulait même pas surveiller ses fermiers et il avait confié ce soin à un de ses parents, Isaac Tortoré, qui était son voisin en qualité de propriétaire du Hillo.

Le domaine de Séridos passa donc par toutes les phases de la plus déplorable administration. Tortoré et son fils, gens d'affaires peu scrupuleux, encaissaient les revenus. Puis, sous prétexte de mauvaises années et d'insuffisance d'argent, ils prêtaient à Basile de Bordes de fortes sommes que ce dernier dépensait avec une magnifique prodigalité.

Prudents avant tout, Tortoré père et fils avaient eu soin de prendre hypothèque sur Séridos pour tous ces prêts d'argent successifs. Aussi, à la mort de M. de Bordes, la situation était tellement compliquée qu'on ne pouvait la dénouer que par un procès (1648).

Cependant, Joseph de Bordes, héritier de son père et dissipateur comme lui, parvint on ne sait comment à reculer la fatale échéance. En attendant, Séridos semblait un bien commun à tous les habitants de Mauvezin, qui y commettaient mille déprédations. On avait pris l'habitude d'y couper du bois, d'y faucher de la tuie, d'y mener les troupeaux comme si c'eut été sur le territoire de la commune.

En 1653, au moment où Balthazar traversa le pays, il s'arrêta à St-Julien et réquisitionna des vivres pour ses troupes dans les villages avoisinants. Jean Lasauvajeu, premier consul de Mauvezin, réunit la communauté. On fait venir Guillem de Gaube, fermier de Séridos, et malgré ses protestations indignées, on le somme de fournir aux cavaliers de Balthazar quatre charretées de seigle, du vin et du fourrage pour les chevaux. Gaube refusant énergiquement, Lasauvajeu se décida à lui signer une obligation pour quatre charretées de seigle et une indemnité de 70 livres en argent.

En 1674, Joseph de Bordes mourait en laissant Séridos à sa nièce, Marie de Roquette, qui avait épousé Jean de Pérès, seigneur de Bustarran, lieutenant au présidial de Lectoure. Marie de Roquette était veuve quand cette succession difficile arriva. Les Tortoré crurent le moment venu pour entamer le procès si soigneusement préparé et travaillé depuis cinquante ans.

L'affaire fut portée à Lectoure par Elie Tortoré, du Hillo, brillant avocat âgé de 25 ans et constitué procureur par son père Henri, habitant Douzevielle. Marie de Roquette, grâce aux comptes de Séridos, fit condamner les Tortoré pour leur gestion. Mais ceux-ci, grâce à leur hypothèque et aux prêts non remboursés, avaient gain de cause sur la dame de Séridos.

Une transaction s'imposait ; elle eut lieu à St-Justin le 23 octobre 1697 : les Tortoré n'étaient pas tenus de payer indemnité pour leurs malversations ; quant à l'argent prêté, on leur ouvrait simplement un recours contre Louis de Brossier, sieur de Riclet, qui avaient acheté ces créances. Ainsi se termina cette litigieuse affaire.

Fatigué de toutes ces contestations, Joseph de Pérès, fils de Jean de Pérès, vendit la maison de Séridos en 1701 à Bernard de Boubée, capitaine de cavalerie.

Les de Boubée étaient originaires de Lectoure en Condomois. Bien qu'ils ne fussent point nobles, ils s'attribuaient la particule comme le firent tous les bourgeois pendant le règne de Louis XIV. Le grand roi, pour alimenter ses finances, imagina l'armorial de 1696 ; tous les roturiers purent acheter au comptant un blason qu'on enregistrait solennellement dans ce soi-disant livre d'or de la noblesse. Ceux-mêmes qui refusaient de s'anoblir étaient taxés d'office et on leur imposait des armoiries qui n'avaient rien de gratuit. La manie orgueilleuse de la noblesse fit fureur du reste sous Louis XV. A Labastide d'Armagnac, il n'était point de marchand qui ne prît la qualification ou la particule dans les actes publics.

Les de Boubée portaient donc : d'argent au lion passant de gueules, entouré de trois étoiles du même, 2 et 1.

Les de Boubée avaient été attirés dans le pays par leur oncle le granger de Juliac, et nous avons vu que la propre nièce du capitaine avait épousé Isaac de Camon-Talence, seigneur du Ribouillet. Le nouveau maître de Séridos et sa femme, Françoise Pastoret, vinrent habiter ce domaine et l'agrandirent par quelques acquisitions faites aux environs.

De leur mariage naquit une fille unique qui épousa Blaise St-Loubert de Bichacq.

Les St-Loubert étaient originaires d'Estang en Condomois. Vers le milieu du xviii° siècle, ils se partagèrent en trois branches : les St-Loubert de Bichacq, les St-Loubert de Garbley et les St-Loubert de Bié. Les descendants de cette dernière famille vivent encore à Estang.

Le nouveau propriétaire de Séridos entretint des relations amicales très suivies avec les seigneurs de Briat. Le voisinage des deux domaines, l'affabilité et la simplicité de Joseph de Coby rendaient la chose facile et naturelle. Le commandeur, qui n'était plus jeune, ne pouvait surveiller la culture de ses terres malgré leur peu d'étendue, et St-Loubert s'était établi son homme d'affaires, parcourant à cheval les métairies et jetant un coup d'œil à tous les travaux agricoles. Il était très brusque, quoique plein de bonhomie, et lorsque tout ne marchait pas à son gré il descendait de sa monture, empoignait un bâton et rossait d'importance le métayer pris en faute. Plus d'une réclamation arriva au commandeur de Coby qui, n'osant faire d'observations verbales, se contentait d'écrire timidement à son ami pour lui recommander de ménager l'épine dorsale de ses fermiers.

Malgré cela, M. de Coby avait la plus grande confiance en son voisin, et à sa mort en 1714 il désigne dans son testament, pour tuteur de son fils, Blaise St-Loubert de Bichacq.

St-Loubert, par respect pour la mémoire d'un homme auquel il portait la plus grande vénération, accepta cette charge d'autant plus lourde qu'il avait lui-même six enfants dont quatre en bas-âge. En outre, il n'ignorait pas qu'il s'exposait à mille tracasseries de la part de la veuve de M. de Briat, Cécile de Persillon, et du frère du commandeur, Hector de Coby.

Il y eut en effet d'interminables discussions d'autant plus difficiles que la mésintelligence était complète entre le capitaine de Coby et la veuve de M. de Briat.

Ces soucis achevèrent d'user St-Loubert de Séridos. La mort

prématurée de son fils aîné, Blaise, âgé de 18 ans, précipita sa fin et il expira à Séridos le 12 avril 1748, âgé de 63 ans.

Il avait eu de sa femme six enfants dont il ne restait que quatre, deux garçons et deux filles : Pierre, Joseph, Thérèse et Françoise. Ils quittèrent tous Séridos à la mort du chef de famille ; l'autorité paternelle faisant défaut, la désunion s'y mit presque tout de suite.

Thérèse St-Loubert habitait Marquestau, où elle avait épousé M. Tachoisin. Françoise, mariée à Jean Latour, de Créon, y vivait dans une petite maison avec son jeune frère Pierre, qui ne la quittait jamais. Elle mourut quelques années plus tard, laissant à son frère la brasserie de Coulicat et l'instituant son légataire universel. Mais le destin détruisit ses prévisions ; Pierre St-Loubert mourut à son tour, et l'héritage de famille passa aux Latour.

Séridos était tombé entre les mains de Joseph-Pierre St-Loubert de Bichacq. Il épousa Marie de Malartic, fille de Jean de Malartic de Fondat, et cette union fut célébrée à Séridos le 3 février 1750, en présence de Jean-Pierre de Malartic, seigneur de Beauregard, de Jean de Malartic, seigneur de Fondat, de Jeanne de Malartic, de Jean-Marie-Alexis de Gaube, oncles, frères, sœurs et cousins de la future ; de Joseph Dufau-Lassalle, Joseph et Catherine de Compaigne, aussi cousins, etc.

Deux ans après le mariage, St-Loubert mourait subitement, laissant une petite fille âgée de huit mois. Marie de Malartic, jeune encore et très coquette, se montra peu disposée à s'occuper d'affaires sérieuses. Ne voulant ni ne pouvant administrer les domaines dont sa fille était héritière, elle résolut de les affermer et s'adressa à un riche bourgeois de Cazaubon, Thomas Bedout. Ce Bedout, le Crésus du pays, était propriétaire de la métairie d'Espérance qu'il vendit plus tard, en 1778, à Antoine Lacaze, fermier de Joutan (1). Il accepta de prendre à ferme Séridos. Mais Marie de Malartic se

(1) Espérance était un fief de Joutan.

réservait pour elle une partie de la maison d'habitation. M. Bedout vint occuper l'autre moitié, et son voisinage plut tellement à la jeune veuve qu'au bout de dix-huit mois elle vint déclarer à Antoine Dart, procureur juridictionnel de la vicomté de Juliac, son intention de convoler en secondes noces (1754).

Ce mariage ne fut point goûté des parents de la jeune femme. Jean de Malartic refusa formellement son consentement, et il fallut faire des sommations respectueuses. Ni l'affection de sa famille, ni les conseils expérimentés de tous les siens ne purent empêcher Mme St-Loubert de contracter cette seconde union ; une coquetterie aveugle et étourdie, un vif besoin de luxe et de plaisirs, l'emportèrent sur la raison. Un conseil de famille réuni en hâte nomma pour tuteur à la jeune Françoise St-Loubert, son oncle par alliance, Joseph Jaurey du Ribouillet.

M. Jaurey emmena sa pupille chez lui et s'occupa aussitôt du règlement des affaires de succession. Pour simplifier le plus possible, il fit démeubler complètement et de fond en comble la maison de Séridos. Avec la permission de M. Dubrutz, juge de la vicomté de Juliac, ce mobilier fut vendu aux enchères publiques, le dimanche suivant, devant le porche de l'église de La Grange, à l'issue de la messe paroissiale.

Ayant atteint l'âge de sept ans, Françoise St-Loubert fut placée au couvent de Mont-de-Marsan. Mme Jaurey, au lieu de la considérer comme sa fille, l'avait toujours durement traitée, et le caractère de l'enfant, aigri par des gronderies continuelles, la fit renvoyer par les religieuses. On la mit alors aux Ursulines de St-Sever et on l'y abandonna complètement. Ni Joseph Jaurey ni sa femme ne se dérangèrent une seule fois pour voir leur petite pupille (1762).

Françoise n'avait d'autres visites que celles de son oncle, Jean Latour de Créon, et celles beaucoup plus fréquentes de M. de Malartic. Le vieux grand'père et la grand'mère venaient tous deux de leur château de Fondat se dédommager du chagrin que leur avait causé leur fille, et ils se consolaient en contemplant avidement leur petite-fille. A douze ans, elle promettait déjà d'être aussi coquette, aussi turbulente et aussi indisciplinée que sa mère. M. de Malartic aurait bien voulu emmener à Fondat, où il vivait si tristement, cette gaie et rieuse enfant aux cheveux blonds et bouclés. C'eût été un rayon de soleil pour ses vieux jours. Aussi ne cessait-il d'en écrire à M. Jaurey, mais le farouche tuteur restait insensible aux doléances de l'aïeul (1764).

Françoise était lasse du couvent et ne cessait de s'en plaindre. Le 16 novembre 1764, elle écrit à son tuteur une lettre lamentable. Elle déclare qu'elle n'a plus d'argent, son parrain Latour ne lui a donné que trois louis d'or avec lesquels elle s'est acheté un mantelet et des boucles d'oreilles, et il ne lui reste plus rien pour ses dépenses de tous les jours.

M. Jaurey répondit par un long sermon et envoya à Françoise un de ses parents, l'abbé Maurin, vénérable ecclésiastique, dont les exhortations furent sans effet.

D'ailleurs, Joseph Jaurey en était aux expédients. Grâce à de mauvaises spéculations, toute la fortune de Mlle St-Loubert avait été engloutie, et Séridos était grevé d'une créance de 10,000 livres sur M. Corrent de Ribère. M. Jaurey était assailli de demandes d'argent qu'il ne pouvait satisfaire; on parlait déjà de malversations dans sa gestion.

Tout ce bruit revint aux oreilles de Françoise et elle demanda sur-le-champ que ses parents lui choisissent un curateur. On nomma M. Darridole, et les comptes de Joseph Jaurey furent soumis à la plus scrupuleuse investigation. On ne put rien trouver en fait de dilapidations, mais il fut établi que M. Jaurey avait mal administré et s'était laissé entraîner par les idées extravagantes de M. Corrent de Ribère ; ce personnage, qui avait fort galamment poussé la vicomtesse de Juliac sur le chemin de la ruine, avait agi de même avec M. Jaurey. Bref, tous comptes faits, la succession St-Loubert restait encore en déficit de 2,000 livres dues à M. de Ribère et que Jaurey paya sur sa fortune personnelle. Il devait en outre 6,500 livres à sa pupille.

Etant donné un pareil état de choses, il n'y avait qu'un riche mariage qui put sauver la situation. Heureusement Françoise St-Loubert était jeune et jolie ; elle fit la conquête d'un conseiller au parlement de Navarre, Gabriel Tursan d'Espaignet, qu'elle épousa à Aire le 20 mai 1769. Sa dot se composait du domaine de Séridos.

Gabriel Tursan d'Espaignet, gouverneur de Ladevèze, appartenait à une excellente famille noble, originaire des environs de Plaisance (Gers). Il accepta de venir résider dans les propriétés de sa femme et consentit à y recevoir tous les anciens commensaux de la maison. Séridos ne donc fut point débarrassé de son parasite habituel, M. Corrent de Ribère. Brouillé avec son prêteur ordinaire, Jaurey, il se fit l'hôte assidu des Tursan d'Espaignet. M. Corrent de Ribère était toujours à court d'argent et en empruntait à tous les gentilshommes de la contrée. Prodigue sans limites et vaniteux à l'excès, tel était le caractère du personnage. Jadis il s'était rendu presque indispensable à la vicomtesse de Juliac, la conseillant pour ses parures, lui prêtant même de petites sommes quand par le plus grand des hasards il avait quelques écus en poche.

Un jour (1773), il vint prier M. d'Espaignet de Séridos de lui avancer mille livres qui lui furent prêtées ; mais, toujours entiché de sa prétendue noblesse, il fit un billet d'honneur comme cela se pratiquait entre gentilshommes. A l'échéance, il fut traduit devant le tribunal de la noblesse. Ce dernier refusa d'en connaître, « protestant contre la singulière manie qu'a le sieur Ribère de se déclarer noble alors qu'il n'est que simple roturier. »

Humilié dans sa vanité, Corrent de Ribère réunit chez lui quatre des meilleurs gentilshommes de la contrée. On dîna copieusement, on but plus copieusement encore ; les têtes étaient fort échauffées et M. de Ribère en profita pour faire signer à ses quatre convives étourdis par la bonne chère un papier attestant la noblesse de son origine et de sa filiation (1).

Le pays entier s'amusa fort de cette histoire ridicule, et M. de Ribère, malmené par les grandes familles du pays et bafoué par tous, vécut dans l'isolement. Il se bornait à quelques visites à ses parents de Cazaubon ; mais là, au milieu des siens, son naturel orgueilleux reprenait le dessus. Il eut un procès avec son cousin « pour les ennuis et tracas qu'il lui a causés, en « s'installant quinze jours chez lui, malgré lui, avec ses enfants, « ses deux chiens et ses trois perroquets. »

Les Tursan d'Espaignet habitaient encore Séridos au moment où éclata la révolution, et le mari de Françoise St-Loubert acheta comme bien national La Grange de Juliac. Il fut maire de cette commune en 1801 et sous l'empire. Puis, en 1811, il vendit La Grange à M. Verdier, Séridos à M. Corrent de Labadie et retourna à Ladevèze son pays natal.

M. Corrent de Labadie a revendu Séridos à M. Cers, ancien préfet de Strasbourg, dont la famille possède encore ce domaine.

(1) Les commis de d'Hozier imposèrent d'office à Capraise Corrent, curé de Mauvezin en 1696, le blason suivant : d'azur, à deux chiens courant d'argent l'un contre l'autre.

SOURCES HISTORIQUES :

1. — Archives des Landes et des Hautes-Pyrénées.
2. — Mémoires de Montluc.
3. — Registre de Labastide.
4. — Archives du château de Juliac.
5. — Archives du Ribouillet.
6. — Archives de M. Craman.
7. — Archives de M. l'abbé Ducrue (Cazaubon).

CHAPITRE XVIIIe.

I. — PAVICHAT

Pavichat constituait autrefois un petit domaine dépendant de la seigneurie d'Arouille et par conséquent aussi de la vicomté de Juliac. Ses premiers propriétaires ont été les Lacroix.

Les Lacroix, bourgeois de Labastide au xve siècle, paraissent avoir été riches à cette époque ; mais comme leurs compatriotes les Dufau, ils se sont multipliés dans notre pays au point qu'il est impossible de leur trouver une filiation régulière. De Cazaubon à Gabarret, dans la vicomté de Juliac, et dans l'Eauzan, partout enfin il y a des Lacroix, sans qu'on puisse déterminer s'ils proviennent d'une souche commune.

Pey Lacroix, qui était propriétaire de Pavichat en 1490, est certainement la tige des Lacroix de Caubot ; d'eux sortirent au xviie siècle les Lacroix de Pedeluc, de Capdizé, de Jordion, de Laroqué et de Lapouchette.

Outre Pavichat, Pey Lacroix avait une maison à Labastide. Ce doit être celle actuellement occupée par Tardit. Elle touchait d'un côté à l'habitation de M. de Bordes et de l'autre à celle des Ducom.

Ce Lacroix devait être un habile hommes d'affaires, car il

parvint à établir adroitement ses trois enfants et à les doter avantageusement. L'aîné, Jean, fut marié à Marie Dubrutz en 1530 ; quant aux deux filles, l'une, Marie-Anne, épousa Jean d'Argelouse, dit le bâtard de Pardaillan, qui était un fils naturel du vicomte de Juliac ; l'autre, Jeanne, apporta Pavichat à un opulent bourgeois de Labastide, Gérauld Despeyrous (1535).

Il est probable que les nouveaux époux eurent besoin d'argent comptant à cette époque où sévit sur l'Armagnac une véritable crise financière qui ruina les plus nobles familles. Quoiqu'il en soit, Gérauld Despeyrous vendit Pavichat en 1554 à noble Alidus de Los, écuyer, qui habitait alors Labastide d'Armagnac.

Alidus de Los, dont nous avons déjà eu l'occasion de parler plus d'une fois, prend à cette époque le titre de bourgeois et marchand, ce qui démontre que malgré sa haute extraction il avait subi les infortunes pécuniaires communes à tous ses compagnons d'armes après les guerres d'Italie.

Malgré cette situation de dérogeance, sa fille aînée, Gabrielle de Los, héritière de Pavichat, put épouser Jean de Mesmes, seigneur de Patience, neveu de Domenges de Mesmes, seigneur de Ravignan et de Jeanne La Cassaigne. C'est ce personnage si célèbre dans nos contrées qu'on appelait le capitaine Mesmes.

Le capitaine Mesmes fut un des héros du parti calviniste. De 1569 à 1572, la suite de ses exploits serait longue. Il commença la lutte des premiers et à la tête de 600 hommes chercha à secourir la ville de Lectoure assiégée par les catholiques (1562). Mais Montluc se jeta à sa poursuite et il se réfugia dans le Marsan qu'il livra au pillage.

Jean de Mesmes s'acharna surtout contre les églises et les monastères. En 1569, il tua de sa propre main Gaillard, curé de St-Loubouer. Mais le plus souvent il se contentait d'emprisonner ces malheureux prêtres et de leur extorquer de fortes sommes d'argent. Le curé de St-Etienne du Frêche dut payer une rançon de 250 écus sols. Le jour de la Madeleine 1570,

Jean Dartigue, curé de Douzevielle, fut saisi par les gens du capitaine Mesmes et emmené en Béarn. On le garda captif jusqu'à la fin d'août, et il donna 300 écus sols pour sa délivrance ; d'ailleurs, sa maison avait été brûlée et les huguenots avaient emporté des joyaux et effets précieux de la valeur de 1,500 livres tournois.

M. de Mesmes avait sous ses ordres des lieutenants dignes de lui. Citons au hasard un des plus fameux massacreurs de prêtres, le capitaine Samson Capin, originaire de Cazaubon. Ce Capin, pillant un jour l'église de Toujouze avec un nommé Lasserre, de la compagnie de M. de Mesmes, emporta les livres et les ornements de l'église. M. de Mesmes, qui était encombré de butin de cette nature, rendit le tout aux catholiques de Toujouze, moyennant une somme de cent écus payés comptant.

Jean de Mesmes de Patience fit une fortune assez rapide. En 1577, Henri de Navarre le nomma gouverneur de Mont-de-Marsan. En 1578, il est chargé de défendre la ville de Tartas ; l'année suivante, nous le retrouvons attaché à la personne du roi de Navarre, partageant la vie de plaisirs et de dangers de l'aventureux Béarnais. Cette existence avait certainement plus d'un côté séduisant : quand un jour on avait chassé le lièvre ou le loup, il fallait le lendemain exterminer une troupe de partisans de la ligue. Les combats succédaient aux amusements sans nulle transition.

Telle fut la vie de Jean de Mesmes ; sa femme, Gabrielle de Los, mourut après 1580, car nous la voyons payer pour sa part dans la contribution de guerre que les huguenots de Labastide fournirent en 1578 au comte d'Aubijoux. Ses biens sont estimés 1,500 écus sols.

Jean de Mesmes déjà très vieux se remaria et épousa, le 23 août 1593, Éléonore de Barbotan. Par son contrat de mariage, il lui assurait une somme de 6,000 livres tournois, la métairie de Cazemont et l'usufruit des métairies de Guirot en St-Justin et de François Miron.

La seigneurie de Patience et la terre de Pavichat étaient

réservées au fils unique de M. de Mesmes, Isaac de Mesmes, qui avait épousé Eléonore de Marsan et qui hérita en 1615 après la mort de son père.

Eléonore de Barbotan aimait beaucoup son beau-fils et lui portait un vif intérêt. Le 23 juin 1620, devant le notaire Duvignal de Labastide, elle déclare lui faire abandon de tout ce qui lui a été donné par contrat de mariage, c'est-à-dire les trois métairies précédemment nommées et les 6,000 livres tournois en argent comptant. Sur tout cela, la veuve ne garde que 30 livres pour en disposer à son décès comme il lui conviendra. En échange de ce complet dépouillement de ses biens, elle prie simplement Isaac de Mesmes de pourvoir à son entretien et à sa nourriture. Elle recevra donc annuellement 50 mesures de froment, 50 de seigle, 25 de millet, 4 barriques de vin, 90 livres d'argent pour ses menues dépenses, sans oublier six oies et deux pourceaux gras.

En général, les donations d'une veuve à son beau-fils ne produisent que de tristes résultats. Discussions et refus de payer sont la conséquence ordinaire de ces générosités imprudentes. Par une exception rare, Isaac de Mesmes se montra d'une exactitude scrupuleuse dans ses affaires avec sa belle-mère et l'entoura des soins les plus respectueux.

Par malheur, Isaac de Mesmes mourut en 1635, laissant quatre enfants : Jean, Joseph, Gratien et Roquette. Les trois aînés étant majeurs se partagèrent l'héritage paternel.

De Gauzères, notaire royal, chargé de la succession, convoque les ayants-droit le 25 octobre 1635, et Eléonore de Barbotan assiste à cette réunion. Elle déclare transférer la donation jadis faite à Isaac de Mesmes à son fils aîné, Jean de Mesmes, aux mêmes conditions. Ce fut Joseph de Mesmes qui hérita de Patience ; Gratien de Mesmes fut sieur de Lacquy, et Jean de Mesmes eut en pleine propriété Pavichat avec la maison de Labastide. C'est là qu'il habitait en 1636 alors qu'il avait le titre de lieutenant du grand-maître de l'artillerie de France et son procureur en Guyenne. On peut voir dans une salle basse du rez-de-chaussée de la maison Tardit, une vieille cheminée Louis XIII portant l'écusson des de Mesmes : d'or au croissant montant de sable, emblème de la part glorieuse qu'ils prirent aux premières croisades.

C'est aussi dans cette maison qu'au printemps de 1637 Jean de Mesmes expira sous les yeux d'Eléonore de Barbotan ; il n'était point marié et avait à peine 40 ans. A ses derniers moments, il déclare mourir dans la religion réformée et vouloir être enterré au cimetière protestant de Labastide par les soins du ministre, qui était alors Jean Duffort, sieur de Ribère.

Pour la troisième fois, les terres de Guirot, de François Miron et de Cazemont et les 6,000 livres tournois revenaient à Eléonore de Barbotan par suite du prédécès des donataires. Aussi, sur le conseil du notaire Guillauma, la vieille douairière déclare renouveler l'abandon de ses biens à Joseph et Gratien, frères du seigneur de Pavichat, « en raison de l'affection qu'elle a pour eux et pour la conservation de la noble maison de Mesmes. » Elle leur substitua même leur sœur Roquette ; acte en fut dressé le 11 mai 1637.

Joseph de Mesmes de Patience possède alors Pavichat, qu'il néglige beaucoup, habitant toujours Mont-de-Marsan avec sa femme, Madeleine de Lassalle (1643).

Aussi, peu soucieux de conserver ce domaine, il le vend le 7 juillet 1651 à Jean Tallon, maître sellier de Labastide d'Armagnac.

Pavichat tombait donc des mains de la haute noblesse entre celles d'un simple artisan. Par suite, l'histoire de ses propriétaires ne présente plus aucun fait intéressant. Daniel Tallon, fils de Jean Tallon, étant mort en 1688, son héritage fut partagé entre des collatéraux, et Pavichat fut le lot d'un cousin-germain : Ezéchiel Meyrous.

Ezéchiel Meyrous, marchand apothicaire, appartenait à une famille de vieux protestants de Labastide ; lui-même restait attaché à la réforme en dépit de la révocation de l'Edit de Nantes et des persécutions qui en furent la suite. Il épousa en

1715 Catherine Dubuc, qui lui donne un fils, Jean, et une une fille, Madeleine. Jean exerçait comme son père le métier d'apothicaire, qui paraît avoir été longtemps héréditaire dans la famille.

Jean Meyrous, sieur de Pavichat, veuf en premières noces de Marie Boubée, convola le 13 novembre 1746 avec Mlle Dorian de Caupenne. De ces deux unions lui vinrent cinq enfants, dont deux surtout jouèrent un rôle important dans l'histoire locale : Thomas Meyrous, un des chefs du mouvement révolutionnaire, prononça le 21 janvier 1794 le discours incendiaire où devait être rappelé l'anniversaire de la mort du tyran Capet ; sa sœur Antoinette, héritière de Pavichat, avait épousé un des plus actifs terroristes du pays, Joseph Bacon, membre de la société populaire des Jacobins de Labastide.

De la famille Bacon, Pavichat a passé aux Lecomte, qui l'ont vendu à M. de Malartic. Annexée à Fondat, cette métairie est aujourd'hui la propriété de M. Lesbazeilles.

II. — LE REYS.

Le domaine du Reys comprenait autrefois non-seulement l'habitation qui porte ce nom, mais aussi les métairies avoisinantes de Bernin, Longin, Gourgues, Loumiot, le château de Créon et de nombreuses landes et terres dépendant de cette dernière commune. Des parcelles situées aussi à La Grange, Labastide, Gabarret, Losse, Estigarde s'y trouvaient annexées probablement par suite des alliances contractées par les différents propriétaires.

Reysiet ou le Reys existait sous ce nom en 1355. Au début, c'était probablement un petit donjon de défense construit par un des gouverneurs anglais de la vicomté de Juliac, sur les ordres du roi d'Angleterre, pour protéger le château de Béroy et la forteresse d'Arouille.

Le nom contient la racine significative *Rey*, le roi, qui rappelle cette origine. Ce pourrait donc être Robert Carrole ou

Richard Aldebry, gouverneurs anglais de Juliac, qui bâtirent le Reys dans la période de 1331 à 1350.

Lorsque le prince Noir fit son expédition de 1355 en Guyenne, brûlant et détruisant plus de 500 villes et châteaux, Reysiet fut démantelé et incendié comme Béroy et Arouille.

Anéanti en 1355, le Reys reparaît en 1460 sous forme d'une simple habitation appartenant à Ramounet de Lassza, bourgeois de Créon ; ce personnage vend précisément les propriétés de Labastide, Lagrange, Estampon, etc., et paye les lods et ventes au granger de Juliac et au comte d'Armagnac.

Par mariage, le Reys vint à honorable homme Ménesolet de Horran, aussi qualifié bourgeois de St-Barthélemy de Créon (1490).

Ce Ménesolet de Horran, qui n'a laissé dans le pays aucune descendance, vend le Reys le 26 février 1506 pour 5,000 livres à noble Pey Bernard de Lasserre, seigneur de la Caze. Nous croyons, sans en avoir de preuves, que ce Lasserre, riche et puissant seigneur du Parleboscq, devait descendre des anciens barons d'Arouille. Nous trouvons en effet en 1460 son père Pey de Lasserre, en 1432 son aïeul Raymond et enfin en 1392 son bisaïeul Guillem de Lasserre, le premier des seigneurs de la Caze que nous connaissions. Il ne reste donc qu'un siècle de lacune entre ce Guillem et le dernier des sires d'Arouille.

Pey Bernard de Lasserre, nouveau propriétaire du Reys, transmit ce fief à Pierre de Lasserre, seigneur de Gontaud. Ce dernier fut assassiné en 1510 par des voleurs de grand chemin, sur la route de Gabarret. Mais les recherches les plus actives des officiers du Gabardan ne purent découvrir les coupables (1510).

C'est certainement vers cette époque que le Reys fut détaché de la seigneurie de la Caze et vendu pour la troisième fois. Nous ignorons qui en fut l'acquéreur. Ce doit être un des Dufau de Paguy ou peut-être Guillauma ; Bernard et Gédéon Guillauma, tous deux huguenots, figurent en 1578 au rôle des protestants de la vicomté de Juliac, et leurs biens sont estimés à 150 écus sols.

Les biens en question seraient, d'après nous, le Reys, et Gédéon Guillauma les aurait cédés vers 1580 au capitaine Dufau de Paguy.

Quoiqu'il en soit, en 1600, Esther Dufau apportait ce domaine en dot à son mari, David de Bordes.

David de Bordes, fils de Jean de Bordes, bourgeois et marchand à Labastide, était le petit-neveu du propriétaire de Séridos et possédait outre le Reys les métairies de Pinasson et du Tounédou et celle du Peyret, qui lui venait de Gédéon de Malartic.

David de Bordes siégea en 1630 à la fameuse assemblée des jurats de Labastide, présidée par Pierre Lacroix, premier consul, et où on décida d'envoyer à Paris M. Dumolié, notaire royal à Cazaubon, pour défendre les droits des baronnies d'Eauzan. Ces baronnies en effet considérèrent toujours que la vente faite au bâtard d'Armagnac en 1454 était nulle et contraire aux droits de la famille d'Armagnac, dont les domaines étaient inaliénables. Aussi les habitants de Labastide se prétendaient encore vassaux des ayants-droit du comte d'Armagnac, c'est-à-dire du roi de France lui-même, et soutenaient que les d'Aubijoux et les Maniban avaient usurpé leur pouvoir seigneurial. Aussi l'assemblée des jurats décide que M. Dumolié aura plein pouvoir dans cette affaire et traitera en leur nom comme en celui des autres communautés de l'Eauzan.

Peu de temps après, en 1636, David de Bordes fut appelé à remplir les fonctions de premier consul. Il vivait encore en 1645, et son âge avancé joint à l'activité de son intelligence le faisaient prendre pour arbitre des petites difficultés locales. En voici notamment un exemple : le 27 juillet 1645, une grêle formidable s'abattit sur la contrée, vers les neuf heures du soir. Le territoire le plus éprouvé fut celui de Mauvezin ; toute la vendange était perdue ; les champs de panis et de milloc étaient dévastés. Pierre Fonneau, sous-fermier des dîmes de Mgr l'évêque d'Aire, en la juridiction de Mauvezin, prévint Daniel Dufau, fermier principal, de ce désastre. Afin d'obtenir une réduction sur le prix de ferme, il lui demande de faire expertiser le dommage et désigne David de Bordes, seigneur du Reys.

Bien que David de Bordes fut parent de Dufau et peu suspect de partialité, Daniel Dufau ne voulut point l'accepter comme expert. Il se refusa même à toute constatation des dommages. Pierre Fonneau fit faire alors une sommation qui fut signée par Josué Tortoré et Zacharie St-Orens ; elle resta sans effet. Sur le conseil de David de Bordes, Fonneau s'adressa à la communauté de Mauvezin ; alors, d'office, les consuls procédèrent à une visite des lieux et rédigèrent un procès verbal (1645).

David de Bordes du Reys mourut à peu près à cette époque. Il laissait cinq enfants.

Abraham de Bordes, seigneur du Peyret, qui épousa Jeanne Dufau de Paguy.

Jérémie de Bordes, capitaine d'infanterie, marié à Marguerite de Romatet.

Daniel de Bordes, seigneur du Reys.

David de Bordes, qui eut pour femme Suzanne de Captz.

Philiberte de Bordes.

Le Reys échut à Daniel de Bordes en même temps que Pinasson et le Tounédou. Il y vécut paisiblement avec sa sœur Philiberte de Bordes restée célibataire. Philiberte de Bordes mourut en 1691 dans la religion réformée et son décès fut déclaré par son parent, M. Fonneau de Pécom, au curé de Labastide.

Le Reys appartient ensuite à Pierre de Bordes, marié en 1712 à Catherine Dubuc, et récemment converti au catholicisme. Deux enfants naquirent de ce mariage, Daniel et Marie.

Marie de Bordes, héritière de son frère et placée sous la tutelle de son grand-père, Pierre Dubuc, épousa en 1746 Arnaud de Lafitte-Clavé, écuyer, ancien officier au régiment de Biran, originaire de la paroisse de Marquadis près Monterabeau.

Son fils, Joseph-André de Laffitte, lieutenant-colonel du génie, député aux Etats-généraux des Landes pour le bailliage de Créon, figure au catalogue des gentilshommes de l'Albret en 1792.

La famille possédait encore au commencement du siècle, outre le Reys, le château de Créon qui fut vendu aux Malartic, et quelques autres métairies.

Le Reys appartient actuellement à M. Labarbe.

III. — LE HILLO.

La métairie du Hillo, située dans la commune de La Grange, était depuis le XVIe siècle l'apanage de la famille Tortoré.

Les Tortoré sont avec les Dufau les plus anciens bourgeois de Labastide d'Armagnac. Un Tortoré assista à la fondation de la ville par Bernard d'Armagnac et signa comme témoin l'acte de paréage (1291).

Faute de documents, nous ignorons à quelle époque ils ont acquis la propriété du Hillo. Ils l'avaient en 1560, cela n'est pas douteux, et le possesseur était alors Jehan Tortoré, un des huguenots les plus importants du pays.

Jehan Tortoré partageait avec Laffargue de l'Hostallet l'honneur d'être reconnu comme l'un des chefs incontestés de la Réforme à Labastide d'Armagnac. Lorsque le comte d'Aubijoux voulut faire dresser en 1578 le rôle des protestants de Labastide, afin de leur imposer une contribution de guerre, il chargea de ce soin Jean de Laffargue. La rédaction du rôle fut confiée à quatre anciens de l'église réformée : Papon, Dufau, Dupont et Tortoré, tous quatre jouissant de l'estime et de la considération universelle. Ils ont signé le registre qui fut envoyé au comte d'Aubijoux (1).

Le 15 août 1589, Jehan Tortoré signe également les pièces qui sont envoyées au consistoire de Nérac pour rendre compte

---

(1) Les biens de Tortoré sont taxés pour une valeur de 700 écus sols.

de l'état de la religion à Labastide. Plus tard, en 1599, Tortoré, en sa qualité d'ancien, assiste avec Jean Sylvius, ministre de St-Justin et Labastide, au colloque de Casteljaloux, où l'on débattit pendant plusieurs jours les intérêts du protestantisme.

Le testament du vieux huguenot est daté de 1598, et il est probable qu'il mourut très-avancé en âge vers 1600. Dans cet acte de dernière volonté, il demande à être enterré dans le cimetière de ceux de sa religion.

La généalogie des Tortoré est à peu près aussi inextricable que celle des Dufau, tellement ils sont nombreux à Labastide au XVIIe siècle. L'orthographe même de leur nom a changé au point de nous donner : Tourtorel, Tortorel et Tartarel. Mais ce ne sont là que des variantes dues à la plume fantaisiste des greffiers et des notaires.

En 1600, époque de la mort de Jehan Tortoré, ses fils recueillaient son héritage, composé des métairies de Hartuc, Cabiro, le Hillo, Caveton, etc.

L'aîné, Jean Tortoré, avait épousé Marie Ducom de Ribère : c'est lui qui fut père de Jacob, dit le capitaine Tortoré, auquel son oncle et curateur, Pierre, seigneur du Hillo, donnait en 1615 cent livres tournois pour s'acheter un cheval et un équipement de guerre.

Pierre Tortoré eut un assez grand nombre d'enfants, parmi lesquels il est difficile de se reconnaître, plusieurs portant le même prénom. Jehan, tige des Tortoré du Hartuc, marié à Perside de Malartic, est l'auteur d'une branche qui tomba en quenouille avant la révolution.

Son cadet, Pierre, seigneur de Caveton et du Hillo, prit pour femme Louise de Bordes (1604).

De père en fils, ce rameau des Tortoré est resté fixé au Hillo ; ils s'allièrent successivement avec les Frétard (1649), les de Bordes (1690), les de Landrieu de St-Justin (1719), les Sabathé (1740). Vivant dans l'obscurité, ils n'ont pris part à aucun des évènements intéressants du pays ; aussi abrégeronsnous au lecteur la généalogie qu'on pourra consulter à la fin de ce volume.

Le dernier des Tortoré du Hillo épousa en 1790 Madeleine Dubuc-Sempéré, fille d'un notaire royal, et de Marie-Anne de Malartic. Leur fille unique, Pauline-Rose Tortoré, fut mariée le 25 mars 1811 à Prosper Baudet, fils de François Baudet, conducteur de diligence, et de Marguerite Labrau.

Quant au Hillo, il fut acheté avec les métairies de Bère et du Brana pour 25,400 livres, en juin 1791, par Joseph Bié de Mont-de-Marsan.

IV. — LAPOUCHETTE.

Lapouchette était primitivement une des propriétés de la famille Dubrutz, au XVIe siècle.

Nous trouvons en 1500 Jehannot Dubrutz, Berthoumieu Dubrutz et Peyre Dubrutz, tous trois frères ou cousins et propriétaires sur le territoire d'Arouille. Le 18 avril 1514, Jacques de Pardaillan, vicomte de Juliac, donnait à son bâtard Jean d'Argelouse les fiefs des Dubrutz.

Un acte postérieur, daté de 1526, porte mention de Guiraud Dubrutz, qui tenait Lapouchette après un procès contre son frère Jean. Vers 1530, sa fille Marie apporta la métairie en dot à Jean Lacroix, fils de Peyre Lacroix de Pavichat.

En 1558, Daniel Lacroix, marié à Judith Forcade de Caubot, est un des riches bourgeois de Labastide et un des huguenots les plus importants de la contrée.

Ses trois enfants héritèrent d'une fortune considérable pour l'époque et qui se composait entre autres de Caubot, Jordion, Lapouchette, Pedeluc, etc. Il y eut de longs démêlés entre eux ; puis le temps apaisa ces discordes de famille. Jérémie Lacroix, le cadet, qui fut ministre protestant de Labastide d'Armagnac en 1591, et sa sœur Rachel, célibataire, s'entendirent pour céder à leur aîné, Salomon Lacroix, toute l'étendue des biens-fonds délaissés par leur père.

Lapouchetto fut donc attaché à la branche des Lacroix de Caubot jusqu'en 1660, époque où un des Lacroix vint s'y établir définitivement pour donner naissance à la branche appelée Lacroix de Lapouchette. Il se nommait Jean et était l'arrière-petit-fils de Salomon Lacroix.

Le domaine fut agrandi par quelques acquisitions de landes. En 1676, on acheta la métairie de Jeanblanc à un nommé Jeanton Touja, de St-Julien ; plus tard, celle de Bergûji et des bois dans la communauté de Créon.

En 1708, Isaac Lacroix et sa femme, Suzanne Figuier, abjurèrent le calvinisme entre les mains du vicaire de Labastide ; ils habitaient Lapouchette avec leurs deux enfants, Israël et Sarah Lacroix.

Israël Lacroix-Lapouchette, marchand apothicaire, légua à sa mort ce domaine à sa sœur, car il n'avait pas eu d'enfants de sa femme Marie Meyrous.

Quant à Sarah Lacroix, elle avait épousé le 23 juin 1711 Nicolas Houallet de Lagarenne.

Ce furent les héritiers de Lagarenne, les Dubosc-Taret et les Pellicié, qui vendirent enfin Lapouchette à Joseph Bié de Mont-de-Marsan (23 mai 1786). Depuis lors cette terre est restée attachée au domaine de Juliac.

SOURCES HISTORIQUES :

1. — P. Anselme. — Grands officiers de la Couronne.
2. — La Chesnaye des Bois : Dictionnaire.
3. — O'Gilvy. — Nobiliaire de Guyenne.
4. — D'Hozier : Armorial.
5. — Abbé Légé : Les Castelnau.
6. — Petite Revue catholique d'Aire. Passim.
7. — Archives de l'abbé Tauzin (St-Justin).

8. — Mémoires de Montluc.
9. — Dufourcet. — Histoire des Landes.
10. — Cauna. — Armorial.
11. — Marca. — Histoire du Béarn.
12. — Archives des Landes.
13. — Archives du château de Juliac.
14. — Archives de M. Craman.
15. — Archives de l'abbé Ducruc (Cazaubon).
16. — Larcher. — Glanage.
14. — Monlezun : Histoire de Gascogne.

CHAPITRE XIXe.

Eglises et Paroisses de la vicomté de Juliac.

I. — BETBEZER.

L'ÉGLISE de Betbezer (en latin *Pulchro videre*) date de la fin du XIIIe siècle. Elle a été construite en 1290 par Arnaud-Guillem de Malvin, vicomte de Juliac, qui lui donne des dîmes prises sur ses terres avec le consentement de l'évêque d'Aire.

En 1335, l'église de Betbezer est mentionnée au livre rouge de l'évêché d'Aire et a pour annexe celle de Géou. La première est sous le vocable de St-Pierre-aux-liens, la seconde sous le vocable de St-Clair. L'évêque perçoit toute la dîme de Betbezer et le quart de celle de Géou. Son droit de visite est de cinquante sols morlas.

La paroisse a toujours été desservie par des curés à la nomination épiscopale. Les Prémontrés, grangers de Juliac, n'eurent jamais à s'y occuper des cérémonies du culte.

Signalons quelques événements importants pour cette église.

Le 15 septembre 1347, l'évêque de Lectoure bénit à Betbezer le mariage d'Esclarmonde de Pardaillan, vicomtesse de Juliac, et de Roger d'Armagnac, seigneur de Lavardens. L'époux absent est remplacé par son procureur, Géraud de La Barthe.

Le 23 janvier 1413, en l'église de Betbezer, l'archevêque d'Auch, Béranger, bénit le double mariage de Jean de Pardaillan et de Jeanne de Faudoas et celui de Béraud de Faudoas avec Jaquette de Pardaillan.

En septembre 1569, l'église est pillée et brûlée par les gens du capitaine Thoiras.

Les Pujolé avaient le droit de sépulture dans l'église de Betbezer. Ceux qui y furent inhumés sont au nombre de dix :

1 François de Pujolé, 8 mai 1596.
2 Marie de Los, 16 décembre 1599.
3 Marie de Raguenau, 1er mars 1639.
4 Jean-François de Pujolé, 12 octobre 1641.
5 Jean-Olivier de Pujolé, 20 mai 1684.
6 Quitterie Paule de Bezolles, 2 novembre 1699.
7 Jean-Marie de Pujolé, 4 avril 1718.
8 Marie-Radegonde de Pujolé, 16 mars 1719.
9 Marie Leblanc de Labattut, v^{tesse} d'Argelouse, 30 mars 1739.
10 Joseph-Marie de Pujolé, 20 février 1781.

Il n'existe plus à Betbezer qu'un caveau situé dans le milieu du chœur, devant l'autel central, et contenant trois cercueils ; ce sont les restes de Jean-Marie de Pujolé, de la vicomtesse d'Argelouse et de Joseph-Marie de Pujolé. Selon d'autres opinions, le troisième cercueil ne serait pas celui d'un Pujolé, mais bien celui de Jean Bouglon, procureur du roi, commissaire aux saisies-réelles et judiciaires de la ville d'Eauze. Mais le procès-verbal de l'exhumation de 1787, faite par l'abbé Labastugue, curé de Betbezer, donne simplement les trois noms cités plus haut. Ce document nous paraît concluant.

Le pouillé du diocèse d'Aire ajoute que Betbezer a une dévotion particulière à St-Orens et Ste-Radegonde et que la lampe du St-Sacrement y était entretenue par les vicomtes de Juliac.

II. — CHAPELLE DE Ste-MADELEINE.

Dans l'enceinte du château de Béroy se trouvait la chapelle seigneuriale de Ste-Madeleine. Bâtie en 1440 par Jean II de Pardaillan, elle était desservie uniquement par les Prémontrés de La Grange. D'après une obligation contractée en 1486 par l'abbé de St-Jean de la Castelle en faveur du vicomte de Juliac, un des grangers devait y venir tous les dimanches célébrer la messe pour le châtelain et sa famille.

Dans cette chapelle se trouvait la sépulture des anciens seigneurs ; nous avons relevé les noms qui suivent :

1 Jeanne de Cauna, 4 février 1478.
2 Bernard de Pardaillan, 13 mai 1496.
3 Jeanne de Caumont-Lauzun, 12 décembre 1498.
4 Jacques de Pardaillan, 12 août 1532.
5 Anne de Pardaillan, 1er mars 1546.
6 François de Béarn-Gerderest, 12 septembre 1554.

La chapelle de Ste-Madeleine a été démolie vers 1830.

Pour terminer cette courte notice, donnons ici la liste des principaux curés qui ont desservi la paroisse de Betbezer :

1397 Géraud de Calen.
1418 Vidau Lartigue.
1423 Pierre de Castandet.
1445 Johan Noos.
1461 Carbon Batxen.
1470 Guillem Lannelongue.
1492 Jacques Castex.
1508 Pierre de Claverie.
1558 Bernard de Mirols.
1569 Jean Duvau.
1592 Jean Daguerre.
1601 Louis Labarchède.
1608 Pierre Castaignos.
1615 Noël Dufau.

1627 Joseph Guillauma.
1640 Pierre Lagartigue.
1652 Antoine Dupont.
1664 Jean Condou.
1680-1690 Charles de Lobit, docteur en théologie.
1690-1698 Jean Lacroix.
1698-1701 Tauzia de Pasteguy.
1701-1721 Lagarde.
1721-1729 Diris.
1729-1741 Monde.
1741-1742 Joseph Duvignal.
1742-1757 Pierre Labadie. — Dunogué, vicaire.
1757-1771 Jean Coumet. — Lavernhe, vicaire.
1771-1779 Pierre Sorbets.
1779-1787 Jean-Marie de Lavergne.
1787-1791 Joseph Labastugue.

III. — St-BARTHÉLEMY DE CRÉON.

L'église de Créon, placée sous l'invocation de St-Barthélemy, devait être un peu antérieure à celle de Betbezer et datait par conséquent de la première moitié du XIIIe siècle (environ 1250). Cette église fut détruite et incendiée d'abord par le prince Noir en 1355, comme le rapporte le procès-verbal de l'expédition conservé aux archives de Londres. Ravagée par les huguenots, puis par les frondeurs, elle fut reconstruite par les soins de Paule de Bezolles, vicomtesse de Juliac (1694).

Le pouillé du diocèse d'Aire cite Créon comme annexe de St-Pierre de Juliac, c'est-à-dire de La Grange. Mais Créon a eu ses curés particuliers, dont voici d'ailleurs la liste :

1636 Jean Ducros.
1644 Vincent Delapalme.
1658 Nicolas Barat.
1661 Antoine de Guichené.
1694 De Vergès.

1701 Destanque.
1741-1744 Despagnet (Louis).
1744-1767 François Père.
1767-1773 Tauzin.
1773-1776 Dayris.
1776 Cadilhon (1).

IV. — St-PIERRE DE JULIAC.

L'église de St-Pierre de Juliac, autrement dit La Grange, a été fondée par Pierre I, vicomte de Gabarret, vers l'an 1104. Un vieux titre de 1125 mentionne la paroisse de St-Pierre de Juliac fondée et dotée par les seigneurs du Gabardan. En 1227, les religieux de l'ordre des Prémontrés s'établirent dans le cloître mitoyen de l'église. A partir de cette époque, elle n'est plus sous le vocable de St-Pierre, nom de son illustre fondateur, mais sous celui de St-Norbert.

Nous n'avons rien à ajouter d'ailleurs à ce qui a été dit de La Grange dans un chapitre spécial ; nous donnerons simplement le nom des grangers de Juliac :

1398 Arnaud de Labarthe.
1409 Johan Duffoure.
1432 Estienne Darribère.
1441 Martin d'Artigueloube.
1448 Pey Camalde.
1487 Antoine Librau.
1496 Jean de Galard.
1499 Pierre du Castaing.
1538 Guillem Dupeyrou.
1548 Jacques Lalanne.
1569 Jacques de Castéra.
1572 Marie de la Soubaigne.

(1) Ajoutons les suivants : 1626, Pierre Dunogué ; 1648, Bertrand Darblade ; 1666, Jean-Louis Ducros ; 1695, Pierre-Louis Marsan ; 1761, Barbazte.

1594 Martin de Duhault.
1604 Joseph de Pasteguy.
1620 Arnaud de Prugne.
1641 Jean de Lompagieu.
1650 Pierre de Lompagieu.
1670 Jean Marchand.
1700 Jean-Augustin de Boubée.
1729 Bernard Barthélemy.
1741 Guillaume de Lafforgue.
1743 Jean-Michel Dahye.
1747 Michel Barbazte.
1768 Jean-Marie Dubrutz.
1789 Guillaume Candau.
Thomas Lubet.
César de Cours-Lussagnet.

V. — MAUVEZIN.

L'église de Mauvezin est la plus ancienne qui existait dans la vicomté de Juliac. Le nom existe assez défiguré dans une charte du xie siècle ; Mauvezin a donc eu pour fondateur un des premiers Malvin, seigneur du lieu.

En effet, le donjon primitif était habité au viiie siècle par un des vassaux de Waïfre, duc de Gascogne. En 980, y vivait le vicomte Amauvin et sa femme Rosemberge, comme en témoigne le cartulaire de la Réolle. Son fils Rodolphe, bâtit pour ses méfaits une chapelle à laquelle il accorde des dîmes sur le territoire du Juliac et il la met sous l'invocation de la Vierge. Acte en fut passé devant l'évêque d'Aire, en présence de plusieurs autres dignitaires religieux, le 2e jour des ides de mars de l'an 1026, la trentième année du règne du roi Robert le Pieux.

En 1232, Bonhomme, évêque d'Aire, fait donation de l'église de Notre-Dame de Mauvezin à Pierre d'Amboise, abbé de la Sauve-Majeure. Mauvezin fit alors partie du prieuré de Gabarret fondé par le vicomte Pierre I, ainsi que différentes petites paroisses, notamment Escalans, Losse et Estigarde. C'était donc au xii° un bénéfice de l'ordre de Citeaux.

En 1569, l'église fut pillée et brûlée par les bandes du capitaine Baudignan, et le curé, Pierre Gaillères, massacré sur les marches de l'autel.

En 1652, Balthazar démolit une partie des murs et essaya de l'incendier. On la reconstruisit au xviii° siècle.

L'église de Mauvezin a toujours été desservie par des prêtres séculiers :

       1569 Pierre Gaillères.
       1572 Pierre Porta.
       1670 Antoine Bedout.
       1696 Capraise Corrent.
       1712 Antoine Bedout.
       1741 Philippe Meugelle.
       1748 Michel Jabrus de Ricane.
       1773 Arnaud Marsan.
       1789 Labeyrie.

VI. — ARGELOUSE.

L'église d'Argelouse constitue avec celle de La Grange un des plus curieux spécimens archéologiques du pays ; bien des savants ont traversé notre contrée sans se douter du côté architectural si intéressant de ces deux monuments.

L'église se compose de trois parties de style différent et nettement divisées : le chœur, la nef et le clocher.

Le chœur est du xi° siècle, éclairé au fond par un œil de bœuf sans moulures ni ornements. A gauche, deux arcades simulées en plein cintre, supportées par des colonnes de moyenne grandeur, masquent le nu de la muraille. Des feuilles assez finement découpées ornent les chapiteaux ; l'entablement supérieur se compose d'une série d'oves qui dénoteraient déjà le ciseau du XII° siècle. L'entrée du chœur est formée de deux autres colonnes portant des chapiteaux sculptés qui doivent dater aussi de la même époque.

Celui de droite figure une sainte, assise les coudes appuyés aux genoux et les mains ouvertes, faisant face au spectateur. A sa gauche, un homme armé d'une sorte de hache fait un pas vers elle, le bras replié prêt à frapper. A droite, un autre personnage semble s'enfuir en emportant dans ses bras un livre ou quelque autre volumineux objet. L'artiste a voulu représenter le martyre de St-Quitterie.

Le chapiteau de gauche peut s'interpréter aussi facilement. Un homme est assis entre deux lions ; il étend les bras comme pour caresser ou repousser les deux animaux qui ont chacun une patte posée sur un de ses genoux. Cet épisode est aussi une scène du martyrologe des Landes (St-Orens livré aux bêtes), à l'époque de la persécution d'Euric, roi des Wisigoths (1).

La nef de l'église est du XIII° siècle ; les fenêtres sont géminées, enfermées dans une ogive commune, surmontées de trèfles élégants. La voûte est formée d'arceaux croisés très minces et à peine dégrossis, réunis par trois clefs. Les arceaux sont supportés par des colonnes extrêmement fines encastrées dans la muraille, lisses et sans aucun ornement.

Les clefs de voûte d'Argelouse sont particulièrement intéressantes. La première n'est qu'un simple quatre-feuilles. La seconde est un écusson figurant un écureuil et un pin renversé. Ce sont les armes des d'Argel, seigneurs d'Arouille, qui habitaient le pays précisément vers 1220, époque de la construction de la nef. La troisième clef est encore un écusson et porte les trois fleurs de lys la pointe en bas. Il fut sculpté vers l'an 1300 par Raymon-Arnaud d'Argelouse, dit le bâtard

(1) Malgré notre conviction personnelle, ce genre d'interprétation étant toujours sujet à erreur, nous ne livrons ces deux traductions architecturales que sous toutes réserves.

de Foix. Ce personnage, après avoir conquis la seigneurie d'Arouille, fit placer dans l'église les armes du roi de France auquel il devait son fief ; mais pour marquer que ce fief ne relevait d'aucune suzeraineté, pas même de celle du roi, il ordonna de graver les fleurs de lys renversées et la pointe en bas.

Le clocher, qui offre le type de l'architecture du xve siècle, supporte une flèche hexagonale à pans coupés. C'est la partie la plus récente et la moins intéressante de l'édifice.

Argelouse est sous le vocable de Ste-Quitterie. L'existence de la fontaine de ce nom proche de l'église ferait croire qu'il y avait là anciennement un lieu de pèlerinage et qu'Argelouse fut un des premiers baptistères fondés au xe siècle dans l'Armagnac.

Jadis annexe de Labastide, elle est maintenant au spirituel du ressort de St-Justin.

Dans le chœur de l'église se trouvent enterrés les seigneurs d'Argelouse dont les noms suivent :

1 Raymond-Arnaud, bâtard de Foix, 8 fevrier 1312.
2 Marguerite de Lautrec, 11 avril 1369.
3 Amadon d'Argelouse, vers 1372.
4 Odet d'Argelouse, 1402.
5 Yolande de Came, vers 1450.
6 Reine de Barbotan.
7 Yseult de Navaille, 1512.
8 Roger d'Argelouse, 1517.
9 Diane d'Argelouse.
10 Isabelle d'Argelouse, 19 septembre 1579.

VII. — St-JULIEN.

Nous n'avons aucune donnée sur l'église de St-Julien et sur sa fondation. Elle est mentionnée dans le pouillé comme annexe de La Grange. Cependant elle eut en 1692, 1714, 1719,

1728, des prêtres du clergé séculier pour l'administrer. Elle est sous le vocable de Ste-Quitterie.

VIII. — AROUILLE.

L'église d'Arouille et le presbytère existaient encore avant la révolution auprès de la métairie du Bialé. L'église, d'après le pouillé, aurait été sous le vocable de la nativité de la Ste-Vierge, mais un acte de 1273 nous apprend que cette paroisse avait pour patron St-Sever *(Sanctus Seneverius de Arrolhi)*.

Curés d'Arouille :

1604 Joseph Belleserre.
1642 Etienne Darbo.
1664 Mathias Condou.
1690 François Lasalle.
1740 Louis Dupoy.
1789 Bernard Dussault.

IX. — SAUBOUÈRES.

L'église de Saubouères était sous le vocable de la Vierge *(Sta Maria de Saubæriis)*. Elle fut annexe d'Arouille jusqu'à la révolution. L'emplacement de cette église aujourd'hui démolie se trouve près de la route de Périgueux, entre les métairies de Cavin et de Martinat. A Saubouères il y avait un banc seigneurial comme à Arouille et à Argelouse.

X. — LE SAUMON.

L'église du Saumon, placée sous l'invocation de St-Michel, était annexe de Mauvezin. Située auprès de la métairie du Bourrut, appartenant à M. Laffargue, elle constituait autrefois un centre de paroisse important. Nous croyons même que c'était peut-être là ce fameux fief de St-Loup appartenant aux Malvin et qui leur fut disputé avec tant d'acharnement par les chevaliers du Temple. Primitivement, l'église du Saumon aurait donc eu pour patron St-Loup. Elle a été détruite en 1790.

A ce propos, nous mentionnerons l'origine curieuse d'une des coutumes les plus anciennes de la vicomté de Juliac ; on sait que chaque année à la St-Loup, tous les chefs de famille du pays de Mauvezin devaient venir monter la garde au château et faire le guet durant toute la nuit. Or ce fut le jour de la St-Loup de l'an de grâce de 1175 que F. Hugues de Loubens, précepteur de Géou, s'empara par surprise du donjon de Juliac et le livra aux flammes. En mémoire de cette attaque imprévue, le vicomte de Juliac institua annuellement le guet de la St-Loup.

XI. — LE GRAVADE.

Le Gravade, ancienne église dédiée à St-Martin, se trouvait sur le territoire de Labastide d'Armagnac, tout auprès de l'ancien étang d'Aubijoux ; l'emplacement de cette église ou chapelle était le domaine de Las Graves, métairie appartenant aujourd'hui à M. de Camon.

En 1185, nous voyons qu'un don fut fait au Gravade *(Sanctus Martinus de Gravado)* par l'évêque d'Aire, Bertrand de Marsan. En 1210, Guillaume-Loup d'Argel, baron d'Arouille, rend hommage pour ce fief.

Il est probable que l'église du Gravade était abandonnée ou ruinée dès 1320, car le livre rouge d'Aire ne mentionne pas son existence. La meilleure preuve serait la construction à cette même époque (1320) de l'église du St-Aigne, à très peu de distance. Les restes de l'église de Gravade ont été anéantis par le prince Noir en 1355. Depuis lors cette paroisse n'existe plus.

XII. — St-AIGNE.

L'église appelée du St-Aigne et placée sous le vocable de St-Pierre, se trouvait dans le champ de la propriété du Moussat, au levant de la maison qui porte ce nom et à côté du lieu de Manin.

Construite en 1320, elle fut brûlée par le prince Noir quinze ans après, puis reconstruite sur le même emplacement.

Elle fut ensuite interdite par ordonnance épiscopale du 17 novembre 1677 rendue par Jean-Louis de Fromentières, évêque d'Aire, pendant sa visite dans l'archiprêtré de Mauléon.

C'était une annexe de Labastide.

XIII. — LE SELDER.

Le Selder, ancienne paroisse de la vicomté de Juliac, était une petite chapellenie englobant des portions de territoires de St-Justin, Gontaud et Laroqué.

L'acte le plus curieux concernant cette paroisse, dont le souvenir même a disparu, est une charte d'hommage de 1252 rendue par Guillem d'Escalans, damoiseau, à F. Vital d'Ourleix, commandeur du Temple, pour son fief de la Roche du Selder. Il y est dit que le sire d'Escalans n'a point de droit sur l'église de St-Pierre du Selder et sur certaines terres qui en sont proches, notamment le casal d'au Lanat. Ce nom de désinence bien locale pourrait être assimilé au moulin de Lannas, situé près de St-Justin, non loin de la route conduisant à St-Martin de Noë. La dite église, d'après le titre en question, serait un fief ancien de la terre du seigneur de Juliac, quand Odon de Malvin permit aux Templiers, en 1152, de construire le donjon de la Roche du Selder (Laroqué).

St-Pierre du Selder existait encore en 1273, puisque le seigneur d'Argelouse déclare y posséder six casals qu'il tenait du seigneur de Marsan.

Le Selder aurait donc eu son église tout près de St-Justin. Cette église, placée sous le vocable de St-Pierre et antérieure au xiie siècle, aurait disparu au moment du xive.

XIV. — LOMBRAN.

Il existait autrefois dans le territoire de Mauvezin une paroisse nommée Lombran. C'était un fief des Templiers, et nous croyons qu'il devait être situé sur la colline occupée actuellement par la maison d'Espérance.

Un acte de 1306 mentionne en effet l'église de Lombran (*Sanctus Johannes de Lombrano*) dont le commandeur de Caubin reçoit les dîmes. Cette église dépendait jadis de l'ordre du Temple et en même temps le commandeur dit qu'elle touche au Cap dou Montaut, qui est au seigneur de Malvin. Or Montaut est une métairie à quelques centaines de mètres d'Espérance.

En 1354, Béranger de St-Félix, commandeur de Caubin, cède le fief de Lombran à Arnaud-Guillem de Béarn.

Enfin, en 1355, le verbal du prince Noir mentionne que ce terrible destructeur brûla et réduisit à néant St-Jean de Lombran.

A partir de cette époque, il n'y a plus de traces de cette paroisse, qui a sombré comme bien d'autres pendant les guerres anglaises du xive siècle.

XV. — PEREGRINUM.

Un acte de 1210 fait mention de Peregrinum. Nous n'oserions affirmer que c'était une paroisse possédant chapelle ou église. La situation de Peregrinum placé en Argelouse permettrait de croire que c'était le lieu appelé aujourd'hui la fontaine de Ste-Quitterie. Le nom indique que c'était un pèlerinage pour les gens de la contrée. Selon la tradition, dans le mince filet d'eau existant aujourd'hui, les fidèles jetaient jadis de menues pièces de monnaie ou des petits objets dévotement offerts à la bienheureuse Ste-Quitterie.

XVI. — St-LOUP.

C'était probablement le Saumon ou alors une autre paroisse située aux environs de Géou. En 1210, Guillaume-Loup d'Argel rend hommage au roi pour St-Loup. En 1335, Bernard de Toujouze possédait le fief du Saumon, c'est-à-dire probablement St-Loup.

XVII. — St-LAURENT D'AURANET.

Un acte de 1273 nous apprend que Guillaume Gausbert, baron d'Argelouse, possédait des fiefs à St-Laurent d'Auranet, près Mauvezin. Il est impossible de déterminer où pouvait se trouver cette paroisse qui n'existait plus dès le XIVe siècle.

Il n'y a dans le voisinage que St-Laurent de Beyries, sur le territoire du Frêche. Le pouillé l'appelle St-Laurent de Victrino et, d'après la même source, l'ancien monastère des Clarisses était dans le lieu de Victrinum.

Nous n'avons pas ici à parler des annexes des paroisses précédemment citées : Géou, annexe de Betbezer ; Estigarde, annexe d'Arouille ; St-Johannet, annexe de La Grange. Enfin, au XIVe siècle, Maillères, Corplue, La Roche-Forteis faisaient partie du domaine de Juliac, mais étaient situés complètement en dehors de la vicomté.

SOURCES HISTORIQUES :

1. — Pouillé du diocèse d'Aire.
2. — Archives de la Tour de Londres.
3. — Bibliothèque nationale (Fonds Clairambault).
4. — Manuscrit de Wolfenbüttel.
5. — Archives du Grand Séminaire d'Auch.
6. — Archiues du château de Juliac.
7. — Archives de M. Cranian.

APPENDICE

APPENDICE.

Notices Généalogiques.

PARDAILLAN.

Blason : *D'argent à deux fasces de gueules.*

I   1248   BERNARD DE PARDAILLAN DE GONDRIN, chevalier.

II   1270   ODET DE PARDAILLAN DE GONDRIN, épouse CLAUDE DE L'ISLE.
  1. BERTRAND DE PARDAILLAN DE BEAUREGARD.
  2. ODET DE PARDAILLAN DE GONDRIN.
  3. BERNARD DE PARDAILLAN DE MONS.
  4. PONS DE PARDAILLAN.
  5. JEAN DE PARDAILLAN.
  6. MABILLE DE PARDAILLAN, épouse Pierre de Pujols.

III   1207   JEAN DE PARDAILLAN, écuyer.
  1. BERNARD DE PARDAILLAN, capitaine de Mauvezin.
  2. BERTRAND DE PARDAILLAN.
  3. AMADIEU DE PARDAILLAN.

IV   1327   BERNARD DE PARDAILLAN, capitaine, chevalier banneret, gouverneur de Condom, épouse CIBOYE DE MALVIN, vicomtesse de Juliac.

— 396 —

V   1347   ROGER D'ARMAGNAC-PARDAILLAN, seigneur de Lavardens, épouse Esclarmonde de Pardaillan, fille unique du précédent.

     1 Lebours de Pardaillan, écuyer.
     2 Bertrand de Pardaillan.

VI   1386   BERTRAND DE PARDAILLAN, vicomte de Juliac, épouse Angline d'Antin, fille de Bon d'Antin et de Marcarosse de Jussan.

     1 Jean de Pardaillan.
     2 Jaquette de Pardaillan, épouse Béraud de Faudouas de Barbazan.

VII   1413   JEAN DE PARDAILLAN, vicomte de Juliac, épouse Jeanne de Faudouas, fille de Louis de Faudouas et d'Ondine de Barbazan (1413).

     1 Jean de Pardaillan.
     2 Bertrand de Pardaillan, comte de Panjas.
     3 Bernard de Pardaillan, épouse Béliette de Verduzan.
         a Catherine de Pardaillan, épouse Jean de Fourquevaux.
         b Marguerite de Pardaillan, épouse le sire de Lautrec.

VIII   1450   JEAN II DE PARDAILLAN, vicomte de Juliac, épouse Jeanne de Cauna, fille de Louis de Cauna et d'Etiennette de Castelnau.

IX   1475   BERNARD DE PARDAILLAN, vicomte de Juliac, épouse Jeanne de Caumont, fille d'Adam Nompar de Caumont-Lauzun et de Jeanne de Goth.

     1 Jacques de Pardaillan.
     2 Anne de Pardaillan, épouse François de Béarn.
     3 Jeanne de Pardaillan, religieuse.
     4 Marie de Pardaillan, religieuse.

X   1500   JACQUES DE PARDAILLAN, baron de Pardaillan, vicomte de Juliac, mort à Béroy en 1532.

     3 bâtards :
     1 Jean d'Argelouse.
     2 Julienne.
     3 Alpaïde.

Branche de Panjas.

I 1441 BERTRAND DE PARDAILLAN, comte de Panjas, fils cadet du vicomte de Juliac, épouse CLARMONTINE DE RIVIÈRE-LABATUT.
    1 JEAN DE PARDAILLAN.
    2 ANTOINE DE PARDAILLAN de St-Quentin.
    3 PONS DE PARDAILLAN, prieur d'Eauze.

II 1498 JEAN DE PARDAILLAN, comte de Panjas, épouse ISABEAU DE CASTILLON.
    1 JEAN DE PARDAILLAN.
    2 OGIER DE PARDAILLAN, abbé de Monceaux.

III 1530 JEAN II DE PARDAILLAN, comte de Panjas, épouse ISABELLE DE MAULÉON.

IV 1560 OGIER DE PARDAILLAN, comte de Panjas, vicomte de Juliac, épouse FRANÇOISE D'AYDIE DE RIBÉRAC.
    1 FRANÇOIS-JEAN-CHARLES DE PARDAILLAN.
    2 RENAUD DE PARDAILLAN, épouse Clarianne d'Orty.
    3 CHARLES-PHILIPPE DE PARDAILLAN.
    4 BARBE DE PARDAILLAN, épouse Blaise de Pardaillan.
    5 MADELEINE DE PARDAILLAN, épouse Jean-Jacques de Bouroulllan.

V 1585 FRANÇOIS-JEAN-CHARLES DE PARDAILLAN DE PANJAS, épouse JEANNE DU MONCEAU DE TIGNOUVILLE.
    1 HENRI DE PARDAILLAN.
    2 LOUIS DE PARDAILLAN.
    3 JEANNE DE PARDAILLAN, épouse Henri de Baudéan de Parabère.
    4 CATHERINE DE PARDAILLAN, épouse Gédéon d'Astarac de Fontrailles.

Toutes les branches de la maison de Pardaillan sont éteintes aujourd'hui, sauf une branche collatérale dite de Gignan, qui existe encore dans le Gers.

La branche aînée de Gondrin est représentée par les Durfort de Civrac et les Crussol d'Uzès.

DE BÉARN DE GERDEREST.

Blason : *Armes des de Foix-Grailly.*

I   1425   JEAN III DE GRAILLY, comte de Foix et de Bigorre, marié à JEANNE D'ALBRET, eut, entre autres, 3 bâtards.
         1 BERNARD DE BÉARN.
         2 JEAN DE BÉARN, épouse Angline de Miossenx.
         3 PÉS DE BÉARN, abbé de St-Pierre de Bordeaux.

II   1441   BERNARD DE BÉARN, sénéchal de Foix, épouse 1° CATHERINE DE VIELLE, fille d'Arnaud de Vielle, vicomte de Lavedan, et de Brunissende de Gerderest ; 2° ISABEAU DE GRAMMONT.

III   1464   JEAN DE BÉARN, baron de Gerderest, épouse MARGUERITE DE GRAMMONT, fille de François de Grammont et d'Isabeau de Montferrand.
         1 BERTRAND DE BÉARN.
         2 ROGER DE BÉARN, dit le petit Baron (1497).
         3 CATHERINE DE BÉARN, épouse le baron de Miossenx.

IV   1488   BERTRAND DE BÉARN, baron de Gerderest, épouse MARIE D'ANDOUINS.
         1 FRANÇOIS DE BÉARN.
         2 BERNARD DE BÉARN.

V   1522   FRANÇOIS DE BÉARN, vicomte de Juliac, baron de Gerderest, épouse ANNE DE PARDAILLAN, dame de Beaucaire et de St-Martin.
         1 GABRIEL DE BÉARN.
         2 AGNÈS DE BÉARN.
         3 HILAIRE DE BÉARN, épouse le baron de Larboust.

VI   1542   GABRIEL DE BÉARN, vicomte de Juliac, baron de

Gerderest, seigneur de Mur, Castagnède, etc., épouse RACHEL DE RIVIÈRE-LABATUT.

    1 JEAN DE BÉARN, baron de Hontanx, épouse Julienne de Camon de Talence.
    2 PÉARNAUD DE BÉARN.

VII   1570   PÉARNAUD DE BÉARN, de Gerderest, épouse CATHERINE D'ARROS.

    1 JEAN DE BÉARN, de Hontanx.
    2 BÉARNÈSE DE BÉARN, épouse Manaut de Navailles.
    3 CATHERINE DE BÉARN.
    4 MARGUERITE DE BÉARN.

DE PUJOLÉ.

Blason : *1° D'azur au porc-épic d'or (XV° siècle).*
2° D'azur à une étoile d'or, coupé de gueules, à un porc-épic passant d'argent (1696).

I   1416   JEHAN DE PUJOLÉ, seigneur de Fieux.

II   1450   LOUIS DE PUJOLÉ, épouse MARGUERITE DE MONTESQUIOU.

III   1480   RAYMOND DE PUJOLÉ, baron de Fieux, épouse MARIE DE BEZOLLES.

    1 BERTRAND DE PUJOLÉ.
    2 SEIGNORET DE PUJOLÉ.
    3 GÉRAUDE DE PUJOLÉ, épouse François du Pleix.

IV   1508   SEIGNORET DE PUJOLÉ, épouse BERTRADE DE PREISSAC.

    1 JEHAN DE PUJOLÉ.
    2 JEHANNOT DE PUJOLÉ.

3 Rose de Pujolé.
4 Guiraud de Pujolé, seigneur de Vaupillon.
   a Bernard de Pujolé de Thomas.
   b Jean de Pujolé de Vaupillon.

V   1556   JEHANNOT DE PUJOLÉ, seigneur de Fieux, épouse Jeanne de Montamat de Roquelaure.

   1 François de Pujolé.
   2 Bertrade de Pujolé, épouse Arnaud de Lavardac, seigneur de Lagardère.
   3 Rose de Pujolé, épouse Estienne d'Ollivier du Verquin.
   4 Antoinette de Pujolé, épouse Alexandre de Faudouas, marquis de St-Aubin.
   5 Anne de Pujolé.

VI   1593   FRANÇOIS DE PUJOLÉ, vicomte de Juliac, baron de Fieux, épouse Marie de Los, fille d'Alidus de Los et de Clarianne d'Orty.

VII   1626   JEAN-FRANÇOIS DE PUJOLÉ, vicomte de Juliac, baron de Fieux, Gaillères et Tachousin, épouse Marie de Ragueneau, fille de Pierre de Ragueneau et de Jeanne de Seurin.

   1 Jean-Olivier de Pujolé.
   2 Agnès de Pujolé.
   3 Françoise de Pujolé, religieuse.

VIII   1642   JEAN-OLIVIER DE PUJOLÉ, vicomte de Juliac, baron de Fieux, Gaillères et Tachousin, épouse Quitterie-Paule de Bezolles, fille de Jean de Bezolles et d'Anne de Rieux.

   1 Jean-Marie de Pujolé.
   2 Jacques de Pujolé de Fieux.
   3 Jeanne de Pujolé, épouse Charles de Barbotan.
   4 Anne-Henriette de Pujolé, épouse Paul de Batz de Castelmore, gouverneur de Navarrenx.

IX   1692   JEAN-MARIE DE PUJOLÉ, vicomte de Juliac, baron de Fieux, Gaillères et Tachousin, grand sénéchal des Landes, épouse MARIE LEBLANC DE LABATUT, vicomtesse d'Argelouse.

X   1712   JOSEPH DE PUJOLÉ, vicomte de Juliac et d'Argelouse, baron de Fieux, Gaillères et Tachousin, grand sénéchal des Landes, épouse : 1° MARGUERITE DE BELRIEU, fille d'Alexandre de Belrieu, seigneur de Campréal, et de Jeanne Le Sobre ; 2° JEANNE-MARIE SOLMIGNAC DE LABARRÈRE, dame de Joutan (morte le 22 septembre 1735).

    1 JOSEPH-MARIE DE PUJOLÉ (14 août 1723).
    2 ANTOINE-JOSEPH DE PUJOLÉ (17 septembre 1735).
    3 CHARLES DE PUJOLÉ (8 août 1720), mort jeune.
    4 RADEGONDE DE PUJOLÉ (11 mars 1719).
    5 MADELEINE DE PUJOLÉ, épouse François de Lasalle.
    6 MARIE-CATHERINE DE PUJOLÉ (née le 25 décembre 1715), épouse en 1729 François de Ferragut de Montès.
    7 LOUISE DE PUJOLÉ (née le 11 décembre 1717), épouse Gaston du Lyon de Campet.

XI   1740   JOSEPH-MARIE DE PUJOLÉ, vicomte de Juliac et d'Argelouse, baron de Fieux, Gaillères, Tachousin, St-Martin de Seignanx, etc., grand sénéchal des Landes, épouse JEANNE-MARIE-JACQUETTE DE CAZENAVE DE GAUJAC.

    1 PIERRE-ORENS DE PUJOLÉ.
    2 SUZANNE DE PUJOLÉ.

XII   1789   PIERRE-ORENS DE PUJOLÉ, vicomte de Juliac et d'Argelouse, comte de St-Julien, baron de Fieux, Gaillères, Tachousin, St-Martin de Seignanx et autres places, grand sénéchal des Landes, lieutenant au régiment du roi. — Mort sans postérité en 1820.

D'ARGELOUSE.

Blason : *Les armes de Foix, avec la barre d'illégitimité.*

I	1275	ROGER-BERNARD DE FOIX.
II	1290	RAYMOND-ARNAUD D'ARGELOUSE, dit le bâtard de Foix.

    1 Carbonnel d'Argelouse, seigneur de St-Etienne du Frêche.
    2 Condor d'Argelouse, épouse Bernard de Toujouze.
    3 Miramonde d'Argelouse, épouse Arnaud d'Ognoas, seigneur de Cauquebanes et du Saumon.

III	1325	CARBONNEL D'ARGELOUSE.
IV	1358	AMADON D'ARGELOUSE, épouse Marguerite de Lautrec.
V	1380	ODET D'ARGELOUSE, épouse Béatrix de Brocas.

    1 Ramond Guillem d'Argelouse.
    2 Manaud d'Argelouse, seigneur de la Prêle.
    3 Florette d'Argelouse, épouse le seign^r d'Estang.

VI	1426	RAMON-GUILLEM D'ARGELOUSE, capitaine, baron d'Arouille et d'Anchisas, épouse Yolande de Came, fille de Bernard de Came de l'Artigolle et de Romaine de Mesmes.
VII	1458	BERNARD D'ARGELOUSE, écuyer, seigneur d'Arouille, épouse Reine de Barbotan.
VIII	1488	ROGER D'ARGELOUSE, maître d'hôtel du roi Louis XII, seigneur d'Arouille et d'Anchisas, épouse Yseult de Navailles.

IX	1508	JEAN, dit le bâtard de Pardaillan, seigneur de Montfort et d'Arras, épouse 1° DIANE D'ARGELOUSE, fille de Roger d'Argelouse et d'Yseult de Navailles, et prend le nom et les armes (1508) ; 2° MARIE-ANNE LACROIX DE PAVICHAT (1526).

> 1 JACQUES D'ARGELOUSE.
> 2 LOUISE D'ARGELOUSE, épouse Georges-Cassin de Castets, fils de Georges de Castets, juge de Mont-de-Marsan, et de Romaine de Mesmes.
> 3 ISABELLE D'ARGELOUSE.

X	1540	JACQUES D'ARGELOUSE.
XI	1468	
XII	1590	
XIII	1636	PIERRE D'ARGELOUSE.
XIV	1680	GEORGES D'ARGELOUSE, mort à Labastide d'Armagnac sans postérité.

LEBLANC DE LABATUT

Blason : *Ecartelé au 1 et au 4 de gueules à une botte éperonnée d'or et posée en barres, au 2 d'azur à un chevron d'or, accompagné en chef de deux têtes de lion de même, lampassées de gueules, et en pointe d'un cygne d'argent.*

I	1550	GUILLAUME LEBLANC DE LABATUT, épouse ANNE DE BAYLENX.

> 1 ALCIBIADE LEBLANC DE LABATUT.
> 2 CÉSAR LEBLANC DE NORTON, père de Jean Leblanc de Norton, écuyer, seigneur de Monbrun, mort sans postérité vers 1655.
> 3 MARIE LEBLANC.

II 1592 ALCIBIADE LEBLANC DE LABATUT, capitaine, vicomte d'Argelouse et d'Aurice, baron d'Arras et de Labatut, épouse : 1° LOUISE DE CASTETS, fille de Georges de Castets et de Louise d'Argelouse d'Arras ; 2° ANNE DE VERDUZAN.

    1 JOSEPH LEBLANC DE LABATUT.
    2 CATHERINE LEBLANC DE LABATUT, épouse en 1636 Pierre de Batz, lieutenant au siège de St-Sever.
    3 FRANÇOISE LEBLANC DE LABATUT, épouse Alexandre de Biaudos (1633).

III 1645 JOSEPH LEBLANC DE LABATUT, vicomte d'Argelouse et d'Aurice, baron d'Arouille, Arras et Labatut, épouse : 1° MAGDELEINE DE FOS, fille de Pierre de Fos, seigneur du Vai.

    1 HENRI LEBLANC DE LABATUT.
    2 CATHERINE LEBLANC DE LABATUT, religieuse.

  2° MARIE DE CAPFAGET.

    3 JEAN-MARIE LEBLANC DE LABATUT, épouse Elisabeth de Capdeville et a un fils, Pierre-Joseph.
    4 MARIE-HENRIETTE LEBLANC DE LABATUT, épouse Jean-Joseph de Mesmes de Patience.

IV 1670 HENRI LEBLANC DE LABATUT, vicomte d'Argelouse, baron d'Arouille, Arras et Labatut, épouse MARIE DE LA VILLE, fille de Pierre de la Ville, seigneur du Mano, et de Marie de Bordessoules.

    1 HENRIETTE LEBLANC DE LABATUT, épouse Jean-Louis de Bezolles.
    2 MARIE LEBLANC DE LABATUT, épouse en 1692 Jean-Marie de Pujolé, vicomte de Juliac.
    3 JEANNE LEBLANC DE LABATUT, épouse Charles de Junca, de Mont-de-Marsan.

DE GOURGUES

Blason : *D'azur au lion d'or armé et lampassé de gueules.*

Les de Gourgues sont une ancienne famille de Guyenne qui a tiré son origine de Geoffroy de Gourgues, secrétaire de Philippe le Bel (1285), dont le fils, Philippe de Gourgues, grand porte-étendard de la couronne en 1318, épousa Cécile de Pellagrue, nièce du pape Clément V.

I 1476 JEAN I DE GOURGUES, gentilhomme de la chambre de Louis XI.

II 1503 JEAN II DE GOURGUES, épouse Marguerite de Mondaynard de Montégut.

III 1526 JEAN III DE GOURGUES, épouse Isabeau du Lau.
    1 Jean de Gourgues.
    2 Ogier de Gourgues.
    3 Dominique de Gourgues.

IV 1573 OGIER DE GOURGUES, baron de Vayre et de St-Julien, seigneur de Gaube et de Monlezun, intendant en Guyenne, épouse: 1° Jeanne de Parage ; 2° Finette d'Aspremont.
    1 Catherine de Gourgues, épouse Denis de Mullet.
    2 Marc-Antoine de Gourgues, épouse Marie Séguier, d'où : une fille carmélite.
    3 Pierre de Gourgues, épouse Perronne de Ferrand.
    4 Armand de Gourgues.
    5 Jacques de Gourgues, prieur d'Oloron.
    6 Catherine de Gourgues, épouse Jacques Lecomte.
    7 Marguerite de Gourgues, épouse Philippe le Breton, seigneur d'Eguilles.
    8 Létice de Gourgues, épouse Georges de Bablot.

V	1600	ARMAND DE GOURGUES, conseiller au Parlement de Bordeaux, épouse MARIE DE GROSSOLES DE FLAMMARENS DU VIGNAU.

    1 JEAN DE GOURGUES.
    2 JACQUES DE GOURGUES, prêtre.
    3 IGNACE DE GOURGUES, seigneur de la Forest.

VI	1638	JEAN IV DE GOURGUES, baron de Vayres et St-Julien, président au parlement de Bordeaux, épouse MARIE LARCHER DE BAJACOURT.

    1 ARMAND-JACQUES DE GOURGUES.
    2 JOSEPH DE GOURGUES, évêque de Bazas.
    3 LOUIS DE GOURGUES.
    4 MICHEL-JEAN DE GOURGUES, épouse Marie de Mons, vicomtesse de Langeais, dame de Thouars.

        a LAURENT DE GOURGUES.
        b MARIE DE GOURGUES, épouse Pierre-Gaston du Lyon.
        c JOSEPH DE GOURGUES, épouse Catherine du Lyon.

VII	1672	ARMAND-JACQUES DE GOURGUES, marquis de Vayres, baron de St-Julien, épouse MARIE LE CLERC.
VIII	1710	JEAN-FRANÇOIS-JOSEPH DE GOURGUES, marquis de Vayres, baron de St-Julien, seigneur de Castets, Blancfossé, etc., épouse : 1° ELISABETH DE BARILLON DE MORANGIS ; 2° FRANÇOISE LE MARCHAND DE BARDOUVILLE.

    1 LOUIS DE GOURGUES.
    2 ALEXIS DE GOURGUES.
    3 GABRIELLE DE GOURGUES, épouse François de Rouvroy de Saint-Simon.

IX	1740	ALEXIS-FRANÇOIS-JOSEPH DE GOURGUES, marquis de Vayres, comte de St-Julien et de Castelmeyrant, baron de Castets, Blancfossé, Athis-sur-Orge et autres lieux, épouse ANGÉLIQUE PINON.

DE MALARTIC.

Blason : *D'argent à la croix pattée et pommelée de gueules, accompagnée aux 2e et 3e cantons d'une molette d'éperon du même.*

La terre de Malartic se trouve près de Jégun dans le Gers, mais dès le XIIIe siècle les Malartic étaient feudataires de la vicomté de Marsan. La branche qui nous occupe, c'est-à-dire, celle des Malartic de Fondat, est issue des Malartic de Castillon au XVIe siècle, et descend par conséquent en droite ligne des Malartic du Marsan.

La branche de Maurès est une cadette de celle de Fondat, sortie comme elle des Castillon. Une autre branche séparée au XIVe siècle du tronc primitif a habité le Fesenzac.

I   1209   BERNARD-RAMON DE MALARTIC, feudataire de la vicomté de Marsan.

II   1237   AYMERIC DE MALARTIC, chevalier.

III   1252   ODON I DE MALARTIC, damoiseau, testa en 1267.

IV   1270   ARNAUD DE MALARTIC, maître de l'hôtel du comte d'Armagnac.
         1 Odon de Malartic.
         2 Bernard de Malartic, présent à la Cour del Sers en 1304.
         3 Géraud de Malartic, prieur de Condom.

V   1311   ODON II DE MALARTIC.
         1 Odon de Malartic.
         2 Arnaud de Malartic de Roquefort.
         3 Gratien de Malartic, chanoine d'Auch.

VI   1340   ODON III DE MALARTIC, seigneur de Massas et de Castillon, épouse Jeanne de Castillon.

1 Manaud de Malartic.
2 Jehan de Malartic.

VII 1366 JEHAN I DE MALARTIC, épouse Antoinette de la Mole.

1 Jean de Malartic.
2 Odet de Malartic.
3 Marquèse de Malartic, épouse Pierre de Roquelaure.

VIII 1384 JEHAN II DE MALARTIC DE CASTILLON, épouse Braydide de Céran.

1 Pierre de Malartic, chanoine d'Auch.
2 Bernard-Ramon de Malartic.
3 Amanjeu de Malartic.
4 Eléonore de Malartic.

IX 1418 BERNARD-RAMON DE MALARTIC DE CASTILLON.

1 Odon de Malartic.
2 Amanjeu de Malartic.
3 Patronus de Malartic.
4 Marie de Malartic.

X 1436 ODON IV DE MALARTIC, épouse Jeanne de Malartic, sa cousine-germaine, fille d'Amanjeu de Malartic.

1 Jehan de Malartic.
2 Bertrand de Malartic.
3 Béliette de Malartic, épouse Odet d'Esparbès.

XI 1458 JEHAN III DE MALARTIC, épouse Marie de la Barthe.

XII 1480 JEHAN IV DE MALARTIC, épouse : 1º Blanche d'Aurignac ; 2º Catherine de Luppé.

1 Odon de Malartic.
2 Jehan de Malartic.
3 Odet de Malartic, chevalier de Malte.
4 Arnaud Guillem de Malartic.

XIII 1501 ODON V DE MALARTIC, seigneur de Castillon et de Massas, épouse le 3 mars 1492 MARIE DE BIRAN.

 1 FRANÇOIS DE MALARTIC.
 2 MARIE DE MALARTIC, épouse Bernard de Léaumont.
 3 JEANNE DE MALARTIC, épouse Manaud de Pardaillan.
 4 FLORIMONDE DE MALARTIC, épouse Antoine de Monlezun.
 5 ⎱
 6 ⎰ deux filles non mariées.

XIV 1530 FRANÇOIS DE MALARTIC, écuyer, porte-cornette de François Ier, épouse au Frêche, CATHERINE DE MONCADE, fille de Joseph de Moncade et de Jeanne-Marie de Laffargue de l'Hostallet (18 juillet 1530).

 1 JEHAN DE MALARTIC.
 2 JEHAN DE MALARTIC, écuyer.
 3 SARAH DE MALARTIC, épouse Joseph Marquet.
 4 RAMON DE MALARTIC, chef de la branche des Malartic de Maurès.
 5 ISAAC DE MALARTIC, ministre protestant, épouse Noémie Sardaings.

XV 1560 JEHAN V DE MALARTIC, seigneur de Menaudas, épouse CATHERINE DE VAQUE, veuve de Jean de Léglise.

 1 JEHAN DE MALARTIC, capitaine.
 2 JEHAN DE MALARTIC, du Pouré.
 3 MARIE DE MALARTIC, épouse Jean Dufau.
 4 DANIEL DE MALARTIC, épouse Marie Tortoré.
 5 SAMUEL DE MALARTIC, épouse Marie-Anne Tortoré.
 6 EZÉCHIEL DE MALARTIC.

XVI 1594 JEHAN VI DE MALARTIC DE FONDAT, capitaine de Jeanne d'Albret, épouse : 1° BERNARDINE DE MONCADE (25 octobre 1604) ; 2° ANNE DESCORPS ; 3° CATHERINE DE BORDES.

D'où cinq enfants :

II
 1 MAURICE DE MALARTIC, seigneur de Laroque.
 2 JEHAN DE MALARTIC DE FONDAT.
 3 ANNE DE MALARTIC, épouse Isaac de Compaigne.

| | | 4 Jean-Louis de Malartic, s. p.
III | | 5 Éléonore de Malartic, épouse Jean Lacroix.

XVII 1637 JEAN VII DE MALARTIC DE FONDAT, épouse 1° Jeanne Marquet, fille de Jean Marquet et de Marie Tortoré ; 2° Jeanne de Bezaudun (1647) ; 3° Françoise Béziat (1649).

    D'où quatre enfants :
        1 Gabriel de Malartic, épouse Louise du Langla de Villeneuve (1677), s. p.
        2 Isaac de Malartic de Beauregard, mousquetaire du roi.
        3 Jehan de Malartic.
        4 Marie de Malartic, épouse Jean Dufau (1682).

XVIII 1680 JEAN VIII DE MALARTIC, seigneur de Labarrère et de Fondat, épouse Marie-Anne de Rouillan, fille de Jean de Rouillan et de Jeanne Durou (1685).

        1 Jehan de Malartic.
        2 Jean-Pierre de Malartic de Beauregard, s. p.
        3 Jeanne de Malartic, épouse Bernard de Lamothe de Saubade.

XIX 1713 JEAN IX DE MALARTIC DE FONDAT, épouse Jeanne-Marie Bouyries, fille de Jean Bouyries de Vidon et de Catherine Darroya (1713).

        1 Jean de Malartic.
        2 Jean de Malartic de Beauregard.
        3 Jean-Pierre, dit le chevalier de Malartic, épouse Jeanne de Lasserres, s. p.
        4 Jeanne de Malartic, ursuline.
        5 Marie de Malartic, épouse St-Loubert de Séridos.
        6 Jeanne de Malartic, épouse Jean Meuilh de Maignas.

XX 1748 JEAN X DE MALARTIC, épouse Anne Faure, de Saverne (Alsace).

        1 Jean-Baptiste de Malartic.

2 Marie-Adélaïde de Malartic, épouse Salomon Leroy de Petit-Val (1772).
3 Anne-Jacqueline-Sophie de Malartic, épouse François de Puissant de Villejuif, fermier général.
4 Abel de Malartic.

XXI 1784 JEAN-BAPTISTE DE MALARTIC DE FONDAT, épouse Françoise de Floissac de la Mancelière (1784).

1 Charles-Jean-Baptiste-Alphonse de Malartic.
2 Denise-Louise-Natalie de Malartic, épouse Jean-Maurice Fonrose de Chanceaulme-Clarens.

XXII 1820 CHARLES-JEAN-BAPTISTE-ALPHONSE DE MALARTIC, épouse en 1820 Louise-Amélina Pasquier, fille d'Auguste Pasquier, négociant à Brest, et d'Amélie Lebras.

1 Jean-Baptiste-Henri-Camille de Malartic, né le 13 mai 1822.
2 Amélie-Marguerite de Malartic, épouse le général Courson de Villeneuve.
3 Gabrielle de Malartic, épouse M. Duclésieux, receveur des finances.

XXIII 1870 JEAN-BAPTISTE-HENRI-CAMILLE, comte de MALARTIC, ancien préfet, épouse Claire de Nettancourt.

1 Etienne de Malartic.
2 Jean de Malartic.
3 Thérèse de Malartic.
4 Henri de Malartic.

BRANCHES DIVERSES DE LA FAMILLE DE MALARTIC.

I. Malartic de Roquefort.

1330 ARNAUD DE MALARTIC, fils d'Odon II de Malartic, épouse Messende de Calen.

        1 Raymond de Malartic, présent à l'exploit de Pujo-
          lo-Plan (1331).
        2 Jean de Malartic, franciscain à Roquefort.
        3 Loup de Malartic, chevalier.
        4 Jacques de Malartic (hommage de 1376).

1358   LOUP DE MALARTIC, épouse Talèse de Biat.

1370   JACQUES DE MALARTIC, épouse Mathe de Noé.
        1 Arnaud de Malartic.
        2 Jean de Malartic.

1400   ARNAUD DE MALARTIC, seigneur de Subervie et de la Motte-Girard, épouse Géraude Mercier.

1429   BERNARD DE MALARTIC, seigneur de Demeu.

1490   HUGUES DE MALARTIC, premier consul de Barcelone.

1514   MARTIN DE MALARTIC, seigneur de Marrein.

II. Malartic de Labastide.

I   1590   DANIEL DE MALARTIC, épouse Marie Tortoré.
        1 Zacharie Malartic.
        2 Gédéon de Malartic du Peyret, épouse Suzanne de Boudon.
        3 Tobie Malartic de Boignères.
        4 Perside Malartic, épouse Jean Tortoré.
        5 Mélise Malartic, épouse Jacob Lalanne, capitaine de Nérac.

1628   ZACHARIE MALARTIC, épouse Marie Duprat.

1660   LOUIS MALARTIC DE PÉBAQUÉ, n'a qu'une fille, Henrie de Malartic.

II	1590	SAMUEL DE MALARTIC, 2° frère du capitaine, épouse Marie Tortoré, veuve de Jean Dupont de Pomenté.

    1 David de Malartic.
    2 Judith Malartic, épouse Jean Fonneau.

    1620   DAVID MALARTIC, épouse Jeanne Dufau.

III	1590	JEHAN MALARTIC DU POURÉ, 3° frère du capitaine.

    1 Jean Malartic, dit Vignasse.
    2 Esther Malartic, épouse Jean Bordes.

IV	1590	EZÉCHIEL MALARTIC, 4° frère du capitaine.

    1 Marie Malartic.
    2 Marquèse Malartic, épouse Michel Soubabère de St-Gor.

III. Malartic de Beauregard

I	1750	JEAN DE MALARTIC DE BEAUREGARD, épouse Jeanne de Lartigue de Mézin. Il est fils de Jean IX de Malartic.

    1 Jean de Malartic, mort jeune.
    2 Joseph de Malartic.

II	1773	JOSEPH DE MALARTIC DE BEAUREGARD, épouse Jeanne-Marie Dufau de Lasalle, fille de Henri Dufau de Lasalle et de Marthe Guillem de Laprade.

    1 Joseph de Malartic.
    2 Mathieu de Malartic, célibataire.
    3 Rosalie de Malartic, épouse Jean-Baptiste Coutin.

III	1803	JOSEPH DE MALARTIC DE BEAUREGARD, né en 1775, épouse en 1803 Louise Péré, fille de Dominique Péré et de Marthe-Marie Lafitte de Montès.

1 François de Malartic, mort jeune.
2 Adélaïde Malartic, morte à 18 ans.
3 Rose-Louise de Malartic, épouse le 8 février 1831 Casimir-Espiau Craman.

Nous ne donnerons pas ici la généalogie des Malartic de Maurès, issus de François de Malartic et de Catherine de Moncade ; sauf ce dernier point, la filiation donnée par La Chesnaye est exacte.

Abel de Malartic, mort en 1803, a eu quatre enfants, dont deux mariés ont laissé une postérité. Les Maurès et les Fondat ont actuellement encore leurs représentants à Paris.

DE CAMON.

Blason : *Ecartelé au 1 et 4 d'argent, au loup-cervier de gueules armé de sable, au 2 losangé de gueules et d'argent, au 3 d'argent à six coquilles, 3 en chef de sinople, 3 en pointe d'azur.*

Les *1 et 4 sont de* Camon.
Le *2 est de* Marsan.
Le *3 est de* Talence.

M. l'abbé Légé, dans son histoire des Castelnau, a donné une excellente généalogie des Camon, qui ne présente que quelques inexactitudes. En revanche, il y a de nombreuses lacunes. Le savant auteur des Castelnau-Tursan ne donne point les branches des Camon de Lucbardès, des Camon de St-Justin, et de ceux de Ribouillet ; en outre, sa généalogie omet trois degrés, les trois premiers, que nous avons extraits des Archives nationales de Paris.

Le premier Camon remonte au xi° siècle ; mais il n'y a de filiation régulière qu'à partir de 1335. Citons donc avant :

Etienne DE CALMON (1090) ; Arnaud et Janillon DE CAMON (1270) ; Arnaud DE CAMON (1307) ; Arnaud-Guillem DE CAMON (1310) ; Bertrand DE CALMON (1339).

I   1336   SANCHE DE CAMON, chevalier, épouse Nā Marquèse de Piis.

           1 Chamballes de Camon, capitaine gascon.
           2 Arnaud-Bernard de Camon, abbé de St-Sever.
           3 Roger Bernard de Camon.

II   1378   ROGER-BERNARD DE CAMON, épouse Guillemette d'Astafort.

III   1397   ARNAUD-GUILLEM DE CAMON, épouse Jeanne de Béarn de St-Maurice.

IV   1420   JEAN I DE CAMON, seigneur de Dade, épouse Marguerite de Laminsans, fille de Martin de Laminsans et de Jeanne de Navailles.

V   1447   JEAN II DE CAMON DE DADE, écuyer, épouse Anne-Geneviève de Péguillan de Comminges.

           1 Jean de Camon.
           3 Catherine de Camon, abbesse de Ste-Claire de Mont-de-Marsan.

VI   1488   JEAN III DE CAMON DE DADE, écuyer, épouse Marguerite de Toujouze.

           1 Jean de Camon.
           2 Jean de Camon, épouse Quitterie de Lobier, veuve du baron d'Arros.
           3 Arnaud-Guillem de Camon, dit le Capdet de Dade, épouse : 1° Antoinette de Barrault ; 2° Bertrande de Puyol.

                  a Jeanne de Camon, épouse Jean Dahons.
                  b Jeanne de Camon, épouse Jean de l'Abadie de Bombarld.

— 416 —

VII 1529 JEAN IV DE CAMON DE DADE, baron de Talence, épouse Françoise de Labeaulme, fille de feu Elie de Labeaulme, baron de Talence (30 mars 1529).

    1 Pierre de Camon.
    2 Jean de Camon, tige des Camon de Blachon.
    3 Marguerite de Camon, épouse Casautets de Soustons.
    4 Bérénice de Camon.

VIII 1558 PIERRE DE CAMON DE TALENCE, épouse Roquette de Marsan, fille de Jean de Marsan, seigneur de Roquefort, et de Miramonde de Noé, (22 novembre 1558).

    1 Jacques de Camon, tige des Camon de La Harie.
    2 Théophile de Camon.
    3 Josué de Camon, tige des Camon d'Exiles.
    4 Marc de Camon, de Sindères.
    5 David de Camon, tige des Camon de St-Justin.
    6 Esther de Camon, épouse Jean de Lagossun d'Agès.
    7 Marthe de Camon, célibataire.
    8 Véronique de Camon, épouse de Pruhl de Peyrehorade.
    9 Isabeau de Camon, épouse Pierre de Laminsans, baron d'Agos.
    10 Julienne de Camon, épouse Jean de Béarn, baron d'Hontanx.

IX 1588 THÉOPHILE DE CAMON-TALENCE, épouse Marie de Lucbardès, fille de Jean de Lucbardès, capitaine, et de Jeanne d'Abolin (20 novembre 1588).

    1 Eraste de Camon.
    2 Jean de Camon, tige des Lucbardès.
    3 Olympe de Camon, épouse Jacob de Vaqué, seigneur de Commedéma.
    4 Eléonore de Camon, épouse Jean de Benquet.

X   1622   ERASTE DE CAMON-TALENCE, épouse Judith de Manialo (20 mai 1622).
- 1 Jean de Camon.
- 2 Isaac de Camon, ancien de l'église de St-Justin.
- 3 Suzanne de Camon.
- 4 Gédéon de Camon, du Ribouillet.

XI   1665   JEAN V DE CAMON-TALENCE, épouse à Labastide Léa Duvignal, fille d'Isaac Duvignal et de Thérèse Fonneau.
- 1 Pierre de Camon de Castaillon.
- 2 Jean de Camon, mort jeune.
- 3 Louis de Camon.
- 4 Elisabeth de Camon, non mariée.
- 5 Suzanne de Camon,   id.

XII   1726   LOUIS DE CAMON-TALENCE, épouse : 1° Jeanne-Marie Jaurey, fille d'Antoine Jaurey et de Marguerite Pellicié (26 mai 1726) ; 2° Françoise Dufau de Lasalle, fille de Jean Dufau de Lasalle et de Marie de Malartic (13 septembre 1740).
- 1 Pierre de Camon.
- 2 Marguerite de Camon, religieuse de Ste-Claire.

XIII   1748   PIERRE DE CAMON-TALENCE, épouse Marie-Thérèse Merlin, fille de Jean Merlin, chirurgien à Créon, et de Catherine Fage (13 août 1748).
- 1 Joseph-Pierre de Camon.
- 2 Pierre de Camon, vicaire à l'archiprêtré de Mauléon.
- 3 Marie-Marguerite de Camon, célibataire (1753).
- 4 Marguerite de Camon, épouse Chrysostome de Camo de St-Aigne (1784).

XIV   1791   JOSEPH-PIERRE DE CAMON-TALENCE, épouse Marie de Castelnau, fille de Pierre-François, marquis de Castelnau, et de Constance de Boynac, marquise de Montgaillard.

1 Louis-Thomas de Camon.
2 Marie-Thérèse-Elisa de Camon, épouse Bernard Ducla de Belloy (1813).

XV 1853 LOUIS-THOMAS DE CAMON-TALENCE, ancien garde du roi, épouse Elisa Garrelon, fille d'Honoré Garrelon et de Clémentine Luemau de Classun.

1 Marie-Jean-Joseph de Camon, mort jeune.
2 Marie-Françoise-Josèphe de Camon, id.
3 Antony de Camon, né en 1857.
4 Alexandre de Camon, né en 1858.

XVI 1878 ANTONY DE CAMON-TALENCE, épouse Geneviève de Beaumont, fille de Christophe-Victoire-Amable de Beaumont, et d'Irène Coignet.

BRANCHES DIVERSES DE LA FAMILLE DE CAMON.

I. Camon de La Harie.

1593 JACQUES DE CAMON DE LA HARIE, gouverneur de Tartas, épouse : 1° Jeanne Darricault, fille de François Darricault et de Jeanne Laroche ; 2° Catherine du Saud, d'où un fils unique :

1627 GÉDÉON DE CAMON DE LA HARIE, épouse Jeanne Dupont, fille de Gratien Dupont, seigneur de Mazères, d'où :

Marie de Camon, épouse Isaac de Beynac, le 16 janvier 1646.

II. Camon de St-Justin.

1590 DAVID DÉ CAMON-TALENCE, épouse Isabeau de Parage.

1 César de Camon, épouse Suzanne de Léglise.
2 Hector de Camon.

1620 HECTOR DE CAMON-TALENCE, épouse ROSE DE LABORDE DE TAMPOUY.

    1 HECTOR DE CAMON.
    2 JOSUÉ DE CAMON.

1647 HECTOR DE CAMON-TALENCE, épouse NOÉMIE DE BATZ, d'où :

1692 OLYMPE DE CAMON, épouse JOSUÉ DE VAQUÉ, seigneur de Salézar.

III. Camon de Lucbardès.

1637 JEAN DE CAMON DE LUCBARDÈS, épouse SUZANNE DE VAQUÉ de St-Justin.

    1 THÉOPHILE DE CAMON.
    2 JOSEPH DE CAMON.

1665 THÉOPHILE DE CAMON DE LUCBARDÈS, épouse MARIE DARROYA, fille d'Elie Darroya, juge royal, et d'Elisabeth de Vaqué.

    1 JOSEPH DE CAMON.
    2 JUDITH DE CAMON.

1690 JOSEPH DE CAMON DE LUCBARDÈS.

1711 JEAN-JACQUES DE CAMON DE LUCBARDÈS, son fils, célibataire.

IV. Camon du Ribouillet.

1677 GÉDÉON DE CAMON-TALENCE, épouse : 1° MARGUERITE FRÉTARD, fille d'Isaac Frétard du Ribouillet et de Marguerite Lalanne (1677) ; 2° MARGUERITE DE PARAGE, veuve de Joseph de Brossier de Buros (1685).

    1 ISAAC DE CAMON,
    2 JOSUÉ DE CAMON, mort jeune.

3 Balthazar de Camon, officier au régiment de Lorraine.

4 Olympe de Camon, épouse Jean Maurrin de Roquefort.

5 Marthe de Camon, épouse Pierre de Camon de Castaillon.

1720 ISAAC DE CAMON-TALENCE, épouse le 14 octobre 1720, Marie de Boubée, fille d'Odet de Boubée et de Marguerite de La Plaigne.

1 Paul de Camon, mort jeune.
2 Jacques de Camon, id.
3 Modeste de Camon, id.
4 Marguerite-Catherine de Camon, épouse Joseph Jaurey du Saumon.

Note. — Pierre de Camon de Castaillon épousa le 4 mai 1710 sa cousine Marthe de Camon du Ribouillet. Il se remaria le 11 février 1714 avec Marguerite de Compaigne, fille de Jean de Compaigne, maire de Roquefort.

D'où un fils, Joseph de Camon de Castaillon, né le 10 avril 1719, dont nous ignorons la destinée.

DE CAME DE ST-AIGNE

Blason : *Ecartelé au 1 d'argent aux lettres C. D. S. T. de sable entrelacées ; au 2 d'argent à un dragon au naturel ; au 3 d'argent à un château donjonné de trois tours d'azur, posé sur une terrasse de sinople, senestré de cinq étoiles en sautoir ; au 4 d'argent à deux fers de lance posés en pal, à côté l'un de l'autre.*

1 est de St-Aigne.
2 est de Sarlac.
3 est de Berguet.
4 est de Laffargue.

— 421 —

Cette famille noble est originaire de Bohême, d'où elle est venue, avec les chevaliers de l'ordre Teutonique, à la fin du XIIIe siècle, se fixer à Labastide d'Armagnac. Elle a formé les branches de Mastandet, de l'Artigolle, de Couralet, de Vidon et de St-Aigne. Les preuves de noblesse de 1549 nous ont fourni sa généalogie exacte. Sur dix-sept degrés, elle ne compte que trois alliances roturières, fait assez rare dans les annales de notre pays.

I   1300   ARSIAS DE CAME, ancien chevalier de l'Ordre du Temple, relevé de ses vœux, épouse Marie de la Rue.

II   1339   JEHAN DE CAME, épouse Clarianne de Berguet.
         1 Bernard de Came.
         2 Berdoyes de Came, capitaine du comte de Foix.
         3 Agnès de Came.

III   1369   ARNAUD-BERNARD DE CAME, du St-Aigne, épouse Catherine de Sariac.

IV   1398   HECTOR DE CAME, seigneur de Mastandet, écuyer du comte d'Armagnac, épouse Anne de Laffargue.

V   1418   BERNARD DE CAME DE L'ARTIGOLLE, gentilhomme du comte de Foix, épouse Romaine de Mesmes.
         1 Guillaume de Came.
         2 Elisabeth de Came, épouse Jacques de Vignolles.
         3 Yolande de Came, épouse Ramon-Guillem d'Argelouse.

VI   1459   GUILLAUME DE CAME DE L'ARTIGOLLE, épouse Herminie de Cours.

VII   1487   ANTOINE DE CAME DE L'ARTIGOLLE, épouse Françoise de Barbotan.

VIII   1514   GUILLAUME DE CAME DE COURALET, épouse Jehanne Marquet, fille de Joseph Marquet de Bourgado et d'Anne Lestage.

1. François de Came.
2 Sébastien de Came, seigneur de Boignères, épouse Gassione de Maumoran.
3 Gratien de Came, épouse : 1° Marie Bureau ; 2° Gillette de Malartic, d'où un fils, Nathaniel de Came, s. p.

IX 1549 FRANÇOIS DE CAME, seigneur de l'Artigolle et de Couralet, épouse JEANNE DE LOS, fille de Marc de Los et de Marie-Anne d'Arthos (1er février 1549).

1 Joseph de Came de St-Aigne.
2 Barthélemy de Came de Couralet, épouse Françoise de Labarrière (17 mai 1579), d'où Jean de Came de Couralet, marié le 2 janvier 1606 à Jeanne de Galard de Marsan, fille de Guy de Galard-Brassac et de Roquette de Lalanne, s. p.

X 1599 JOSEPH DE CAME DE ST-AIGNE, conseiller du roy, receveur des tailles d'Armagnac, épouse MARIE DE LABROUE DE NÉRAC.

1 Cyprien de Came de St-Aigne.
2 Joseph de Came du Vidon, épouse Marie de Sarran, d'où une fille Paule de Came, mariée à Jean de Marsan.
3 Annibal de Came de l'Artigolle.
4 Jeanne de Came, épouse Bernard de Mathes, seigneur de Briat.
5 Marie de Came, épouse Pierre Guicysse, avocat.
6 Marthe de Came.

XI 1639 CYPRIEN DE CAME DE ST-AIGNE, épouse MARIE DUFAU, fille de Samuel Dufau de Menaudas et d'Anne de Laubignay (7 août 1639).

1 Samuel de Came.
2 Jeanne de Came.

XII 1660 SAMUEL DE CAME DE ST-AIGNE, écuyer, épouse MARIE DUCOM, fille de Jean Ducom de Ribère, et de Judith Dufau (11 avril 1660).

1 Jean-Guy de Came (1661), mort jeune.
2 Jean-François de Came.
3 Thérèse de Came.
4 Hélène de Came.
5 Anne de Came.

XIII 1698 JEAN-FRANÇOIS DE CAME DE ST-AIGNE, épouse Marie-Anne Grenier de Caumale, fille de Jean-Bernard Grenier de Caumale et d'Anne Darné (3 janvier 1698).

1 Joseph de Came.
2 Jean-Joseph de Came.
3 Marie de Came, épouse Philippe Ducla.

XIV 1740 JOSEPH DE CAME DE ST-AIGNE, écuyer, épouse à Poutet Hippolyte Frétard de Gauzères, fille de Pierre Frétard de Gauzères et de Jeanne de Crucevaut (20 septembre 1740.

1 François-Amable de Came de St-Aigne, s. p.
2 Joseph-Ricard de Came de St-Aigne, s. p.
3 Jean-Chrysostome de Came de St-Aigne.
4 N. de Came, épouse M. Vignes de Villeneuve.
5 N. de Came, épouse M. Dubut de Peyrelongue.
6 N. de Came, religieuse.

XV 1784 JEAN-CHRYSOSTOME DE CAME DE ST-AIGNE, épouse Marie-Marguerite de Camon-Talence, fille de Pierre de Camon-Talence et de Marie-Thérèse Merlin (22 novembre 1784).

1 Pierre-Joseph de Came de St-Aigne.
2 Marie-Sophie de Came de St-Aigne, épouse le 26 août 1809, Pierre-Candide Gounon.

XVI 1819 PIERRE-JOSEPH DE CAME DE ST-AIGNE, épouse Rose-Marcelina St-Marc, fille de Jean-Baptiste St-Marc et de Marie Dupuy (30 mars 1819).

1 François-Marie-Ricard de Came de St-Aigne, né en 1827, mort en 1840.
2 François-Anthime-Bruno de Came de St-Aigne.

XVII FRANÇOIS-ANTHIME-BRUNO DE CAME DE ST-AIGNE, né le 2 octobre 1831.

Branche des Came de Couralet.

1636   ANNIBAL DE CAME, seigneur de l'Artigolle et de Couralet, 3e fils de Joseph de Came, épouse ESTHER DE VAQUÉ DE ST-JUSTIN.

1670   ANNIBAL DE CAME DE COURALET, épouse MARGUERITE CAPIN.

1695   BERTRAND DE CAME DE COURALET, s. p.

NOTE. — Jean-Joseph de Came, fils de Jean-François de Came et de Marie-Anne Grenier de Caumale, fut major-général d'infanterie à Cayenne. Chevalier de St-Louis, il épousa le 15 juin 1752 Charlotte Lopinot, fille de Chrysostome Lopinot et de Madeleine Botté.

Il eut un fils unique, Amable-Joseph de Came de St-Aigne, marié à Marguerite de Cassaigne-Lafond. Il est mort à St-Justin en 1842, à l'âge de 88 ans.

DE MESMES.

Blason : *D'or, au croissant montant de sable.*

Les de Mesmes sont venus d'Angleterre au XIIe siècle avec les Spens et quelques autres familles. Ils faisaient partie de la haute noblesse d'Armagnac, malgré les railleries dédaigneuses de St-Simon qui les appelle tout uniment des « paysans du Mont-de-Marsan. » Le berceau de cette maison paraît être Cachen, qu'ils possédaient au XIIIe siècle.

La branche aînée des de Mesmes, dite de Roissy, a fourni des présidents au Parlements de Paris, qui jouèrent un rôle célèbre. Les branches de Ravignan, de Patience, de Renung et de Luchardès, quoique moins illustres, ont cependant jeté un vif éclat dans notre histoire locale.

I   1162   BERTRAND DE MESMES, épouse Nͣ de Caumont.

II   1185   ODET DE MESMES, seigneur de Ravignan et de Cachen.

III   1219   AMANJEU DE MESMES, seigneur de Cachen, chevalier.
        1 Guillaume de Mesmes, chapelain de St-Louis.
        2 Aymeri de Mesmes.
        3 Ramon de Mesmes.

IV   1257   RAMON DE MESMES, épouse Laure de Marsan (premier hommage de Ravignan en 1285.)

V   1287   AYMERIC DE MESMES, seigneur de Lusson, épouse Nͣ Naubie.
        1 Pierre de Mesmes
        2 Bernard de Mesmes.
        3 Ramon-Guillem de Mesmes.

VI   1315   RAMON-GUILLEM DE MESMES, épouse Françoise de Batz.
        1 Hugues de Mesmes de Ravignan.
        2 Bernard de Mesmes, épouse Nͣ de Pins.
        3 Roger de Mesmes.

VII   1350   ROGER DE MESMES, épouse Louise d'Aubagnan.

VIII   1384   ARNAUD DE MESMES, épouse Angline de Miossenx.

IX   1420   BERTRAND DE MESMES, seigneur de Lusson, Perquie et Brocas, épouse Jeanne de Labarthe.
        1 Arnaud de Mesmes.
        2 Jacques de Mesmes.
        3 Pierre de Mesmes.

X   1450   ARNAUD DE MESMES DE RAVIGNAN, épouse Catherine de Lassus.

XI   1480   GEORGES DE MESMES DE RAVIGNAN, épouse Marguerite de Cauna.
  1. Jean-Jacques de Mesmes, tige des de Roissy.
  2. Georges de Mesmes, seigneur de Guèdes.
  3. Domenges de Mesmes de Ravignan.
  4. Pierre de Mesmes de Monstrou, épouse Gratienne de Béluix.

XII   1520   DOMENGES DE MESMES DE RAVIGNAN, épouse Jeanne La Cassaigne.
  1. Pierre de Mesmes de Ravignan.
  2. Jean de Mesmes de Renung.
  3. Antoine de Mesmes de Patience.
  4. Martin de Mesmes, avocat.
  5. Dominique de Mesmes, juge-mage de Bigorre.
  6. Gabriel de Mesmes, avocat au Parlement.
  7. Jean de Mesmes.
  8. Jeanne de Mesmes, épouse Bernard de Biran.
  9. Isabeau de Mesmes, épouse Henry de Baradas de Rozes.
  10. Catherine de Mesmes.

XIII   1560   PIERRE DE MESMES DE RAVIGNAN, épouse Jaquette de Parage, fille de Saransot de Parage et de Jeannette de Maumoran.
  1. Joseph de Mesmes.
  2. Jaquette de Mesmes.
  3. Marie de Mesmes.

XIV   1613   JOSEPH DE MESMES DE RAVIGNAN, épouse Jeanne de Vignolles, fille de Jacques de Vignolles et de Jeanne de Poyanne.

XV   1650   ALCIBIADE DE MESMES DE RAVIGNAN, grand sénéchal de Marsan, Tursan et Gabardan, épouse :

1º Marie d'Arrac des Vignes ; 2º Madeleine de Poumidos ; 3º Madeleine de Pommiers de Bordenx.

    1 Joseph de Mesmès.
    2 Pierre, dit le Chevalier de Mesmes.
    3 Marie de Mesmes, épouse François de Cours de Bourdalat.

XVI   1712   JOSEPH DE MESMES, marquis de Ravignan, né en 1670, mort à Straubingen (Bavière) en 1742, épouse Marie Racine, fille de Louis Racine, de la Ferté-Milon, et de Pétronille Van der Linde, s. p.

Branche de Patience.

1540   ANTOINE DE MESMES DE PATIENCE.
    1 Jean de Mesmes, capitaine de Tartas.
    2 Jacques de Mesmes de Lacquy.
    3 Romaine de Mesmes.

1570   JEAN DE MESMES DE PATIENCE, épouse 1º Gabrielle de Los ; 2º Eléonore de Barbotan (1593).

1603   ISAAC DE MESMES DE PATIENCE, épouse Eléonore de Galard de Marsan.
    1 Joseph de Mesmes de Pavichat.
    2 Gratien de Mesmes.
    3 Jean de Mesmes, épouse Hélène de Lalanne.
    4 Roquette de Mesmes.

1643   JOSEPH DE MESMES DE PATIENCE, épouse Madeleine de Lasalle.

1680   JEAN-JOSEPH DE MESMES DE PATIENCE, épouse Henriette Leblanc de Labatut.
    1 Jean-Marie de Mesmes.
    2 Jeanne-Marie de Mesmes, épouse M. de Mesmes de Renung.

1715 JEAN-MARIE DE MESMES DE PATIENCE, gouverneur de Mont-de-Marsan, commandeur de Calatrava, épouse Anne de Pérès.
    1 Joseph de Mesmes.
    2 Jean de Mesmes, prieur de Bressolles.
    3 Jean-Jacques de Mesmes, commandeur de Manclet.
    4 Six filles non mariées.

1749 JOSEPH DE MESMES, marquis de Mesmes, seigneur de la Chaussée, épouse Anne-Marie-Henriette Feydeau de Brou.

1780 ALBERT-PAUL DE MESMES, gentilhomme du comte d'Artois.

Branche de Lacquy.

1570 JACQUES DE MESMES DE LACQUY.

1600 BERNADON DE MESMES DE LACQUY, épouse Cécile Ducastaing.
    1 Joseph de Mesmes.
    2 Estienne de Mesmes de la Tauzière.
    3 Josèphe de Mesmes, épouse Jean Laffarge de l'Hostallet.

1630 JOSEPH DE MESMES DE LACQUY, épouse Claire de Landrieu.
    1 Louise-Catherine de Mesmes, célibataire.
    2 Jeanne-Marie de Mesmes,   Id.

Nous renvoyons le lecteur pour les de Mesmes de Renung au savant ouvrage de l'abbé Légé. Les de Mesmes de Roissy se trouvent dans La Chesnaye des Bois. Quant aux de Mesmes de Luchardès, nous n'avons pu trouver que François de Mesmes, écuyer, seigneur de Luchardès en 1696, père de Jean-Pierre de Mesmes de Garein, marié à Louise de Lalande. Leur fille Jeanne a épousé Alexandre du Lyon.

DE COBY.

Blason : *D'azur, à la montagne d'argent, surmontée de trois cyprès de même.*

La maison noble de Coby est originaire de Parme en Italie. En 1499, Orlando Coby, capitaine, fut envoyé par le pape Alexandre VI auprès d'Alain d'Albret, muni d'instructions relatives au mariage de César Borgia et de Charlotte d'Albret. Protégé des Borgia, Orlando Coby a dû s'attacher à leur fortune pendant quelques années, car il est qualifié capitaine de M. de Valentinois. En 1516, il déclare dans son testament retenu par Soubère, notaire à Labastide d'Armagnac, qu'il a des fiefs dans la paroisse de Créon.

Un de ses descendants, Jean de Coby, acheta une maison à Mauvezin. Les derniers Coby ont été seigneurs de Briat.

I 1499 ORLANDO COBY, capitaine de M. de Valentinois, originaire de Parme (Italie).

II 1528 CÉSAR DE COBY, seigneur de la Terrade, épouse Philippina Vimie, fille de Cyprien Vimie, seigneur de Fontaine, en Créon.

III 1554 ANTOINE DE COBY, seigneur de Lahitte en Parleboscq, épouse Gratienne de Léglise.
    1 Eléazar de Coby.
    2 Cyprien de Coby.
    3 Rachel de Coby.

IV 1587 ELÉAZAR DE COBY DE LAHITTE, épouse Rébecca Bureau, fille d'Abraham Bureau, ministre protestant de Labastide d'Armagnac, et de Marie Sardaings.

V 1619 NÉHÉMIE DE COBY, seigneur de Lahitte et de Couton, épouse Péronne de Lestage.

VI	1642	JEAN DE COBY, praticien à Mauvezin, épouse MARIE-MADELEINE DUPRAT.
VII	1663	PHILIBERT DE COBY DE LABÈRE, seigneur de Labère, épouse MARIE JAUREY DU SAUMON.

    1 JOSEPH DE COBY.
    2 HECTOR DE COBY DE GOURGUES.
    3 MARIE DE COBY, épouse Jean-Bernard Jaurey.
    4 MARGUERITE DE COBY, épouse M. Desbaratz de Seichas.

VIII	1694	JOSEPH DE COBY DE LABÈRE, seigneur de Briat, commandeur de Manciet, épouse CÉCILE DE PERSILLON.
IX	1712	JOSEPH DE COBY DE LABÈRE, n'a pas vécu.

DE LAFFARGUE.

Blason : *D'argent, à deux fers de lance posés en palme à côté l'un de l'autre.*

Les Laffargue, originaires de la maison de l'Hostallet, faisaient partie de l'ancienne bourgeoisie de Labastide. Ils ont fourni les branches de St-Gein et de Lugasault, ainsi que celle de Réaups ou de Réaux.

I	1490	FRIX DE LAFFARGUE, capitaine des bandes gasconnes, épouse ANNE DE LESTAGE.

    1 CLÉMENT DE LAFFARGUE.
    2 JOSEPH DE LAFFARGUE.
    3 JEAN LAFFARGUE DE RÉAUX.
    4 JEAN-MARIE DE LAFFARGUE, épouse Joseph de Moncade.

II	1520	**CLÉMENT DE LAFFARGUE DE L'HOSTALLET**, épouse Jeanne Vimie, fille de Cyprien Vimie, seigneur de Fontaine.
III	1558	**JEHAN DE LAFFARGUE DE L'HOSTALLET**, épouse Marie Tortoré.

    1 Jehan de Laffargue, écuyer.
    2 Jehan Laffargue de L'Hostallet.
    3 Jehan de Laffargue de Lugasault.
    4 Jeanne de Laffargue, épouse Isaac Ducom de Ribère.

IV	1589	**JEAN II DE LAFFARGUE DE L'HOSTALLET**, épouse 1º Bertrande Ducasse de Roquefort ; 2º Josèphe de Mesmes.

    1 Jean de Laffargue de L'Hostallet.
    2 Jeanne de Laffargue de L'Hostallet.
    3 Marthe de Laffargue de L'Hostallet, épouse Isaac Tortoré.
    4 Marie de Laffargue, épouse David de Vaqué.

V	1628	**JEAN III DE LAFFARGUE DE L'HOSTALLET**, épouse 1º Catherine de Landrieu ; 2º N. Ducom.
VI	1675	**JEAN IV DE LAFFARGUE DE L'HOSTALLET**, épouse Noémie de Camon, fille de Jean VII de Camon-Blachon et d'Esther Dabadie.

    1 Catherine de Laffargue, épouse en 1659 François de Guichené de Geaune.
    2 Esther de Laffargue, épouse Pierre de Bezolles de Cauderone.

Branche des Réaux.

1540	**JEAN DE LAFFARGUE**, écuyer, seigneur des Réaux.
1584	**JEAN DE LAFFARGUE DES RÉAUX**, épouse Claire de Landrieu.

1650 PIERRE-JEAN DE LAFFARGUE, seigneur de St-Gein et de St-Justin, épouse Marie Dufour, fille de Pierre Dufour et de Catherine de Vaqué.

1674 BARBE-ELISABETH DE LAFFARGUE, épouse Jean de Ferron de Carbonieux, marquis d'Ambrutz.

Branche de Lugasault.

1580 JEAN DE LAFFARGUE DE LUGASAULT, épouse Jeanne de Barbotan (1577).

    1 Clément de Laffargue.
    2 Bernard de Laffargue, écuyer, seigneur du Lamon.
    3 David de Laffargue de L'Hostallet, ancien de St-Justin.
    4 Louise de Laffargue, épouse Bernard de Malines, seigneur de Briat.

1615 CLÉMENT DE LAFFARGUE, écuyer.

    1 Jean de Laffargue.
    2 Joseph de Laffargue, seigneur de Briat.
    3 Esther de Laffargue.

1656 JEAN DE LAFFARGUE, seigneur de Lugasault.

1680 SAMUEL DE LAFFARGUE DE LUGASAULT, célibataire.

Branche de Biat.

1660 JOSEPH DE LAFFARGUE, seigneur de Biat.

1686 JOSEPH DE LAFFARGUE DE BIAT, épouse Anne Fage, sœur de Barthélemy Fage, procureur à Bazas.

    1 Henri de Laffargue.
    2 Barbe-Elisabeth de Laffargue, épouse en 1709 Henri Lalané d'Arouille.

1720 HENRI DE LAFFARGUE DE BIAT, épouse Jeanne Dubuc en 1720.
    1 Anne de Laffargue, célibataire.
    2 Pierre de Laffargue.

1755 PIERRE DE LAFFARGUE DE BIAT, écuyer, garde du roi, capitaine d'invalides, institue héritier en 1786 le chevalier de Lafitte-Clavé.

MARQUET.

Blason : *D'argent, à la fasce d'azur, accompagnée en chef d'un croissant renversé de gueules et en pointe d'un lionceau du même.*

Les Marquet appartiennent avec les Dufau et les Tortoré à la plus ancienne bourgeoisie de Labastide. Leur blason, enregistré à l'armorial de 1696, date simplement de cette époque; ils n'y avaient aucun droit.

I   1480   JOSEPH MARQUET DE BOURGADE, épouse Anne de Lestage.
    1 Annibal Marquet.
    2 Jehanne Marquet, épouse en 1514 Guillaume de Came de St-Aigne.
    3 Catherine Marquet, épouse en 1515 Laurent Ducom, seigneur de Ribère.

II   1514   ANNIBAL MARQUET DE BOURGADE, épouse Marie-Anne Dufau.

III   1550   JEAN I MARQUET DE BOURGADE, épouse Anne Ducom, fille de Jehan Ducom de Ribère et de Marie Sardaings (1ᵉʳ mai 1550).
    1 Joseph Marquet, capitaine.

2 Joseph Marquet, marchand, épouse en 1568 Sarah Malartic.

3 Perside Marquet, épouse Jean Duvignal, notaire à Labastide.

IV 1589 JOSEPH MARQUET, capitaine, épouse Anne Ducom, fille d'Isaac Ducom, seigneur de Ribère, et de Jeanne de Laffargue.

- 1 Jean Marquet de'Bourgade.
- 2 Eraste Marquet de Bouillon.
- 3 Marie Marquet, épouse Jean Dufau.
- 4 Perside Marquet, épouse Jacob Tortoré.

V 1615 JEAN II MARQUET DE BOURGADE, épouse Marie Tortoré.

- 1 Scipion Marquet.
- 2 Jeanne Marquet, épouse Jean de Malartic de Fondat (1637).

VI 1645 SCIPION MARQUET DE BOURGADE, épouse Anne Lasserre.

- 1 Jean Marquet.
- 2 Marie Marquet, épouse Paul Meuilh (21 août 1662).

VII 1683 JEAN III MARQUET DE BOURGADE, épouse Marie de Compaigne, fille de Maurice de Compaigne et de Marie Tortoré (1er janvier 1683).

- 1 Maurice Marquet.
- 2 Jean Marquet de Mannin, épouse en 1720 Gabrielle Laspeyres d'où :
  - a Joseph Marquet.
  - b Jacques Marquet.
  - c Barthélemy Marquet.
- 3 Catherine Marquet, née en 1688.
- 4 Marie Marquet.
- 5 Marthe Marquet, née en 1692.

VIII 1711 MAURICE MARQUET DE BOURGADE, épouse Anne Mercier, de Bordeaux (13 février 1711).

       1 Daniel Marquet de Montbreton.
       2 Louis Marquet de Bourgade.
       3 Jacques Marquet, célibataire.

IX   1740   LOUIS MARQUET DE BOURGADE, épouse en 1740 Michelle Paris-Duverney.

X   1789   MAURICE MARQUET, seigneur des Grèves.
       1 Joseph Marquet.
       2 Alexandre Marquet.
       3 Maurice Marquet.
       4 Henriette Marquet.
       5 Marie Marquet.
       6 Anne Marquet.

Marquet de Montbreton.

1740   DANIEL MARQUET DE MONTBRETON, épouse Edith de Michaux.
       1 Daniel Marquet.
       2 Isaac Marquet de Peyre.
       3 Henriette Marquet, épouse Philippe Lelong, comte du Dreneu.
       4 Marguerite Marquet, épouse Louis de St-Eugène, marquis de Montigny.
       5 Elisabeth Marquet, épouse M. Walbois du Metz.

1775   DANIEL MARQUET DE MONTBRETON, épouse Esther Soubeyran.
       1 Auguste Marquet d'Urtubize.
       2 Jacques Marquet.
       3 Louis Marquet.

Il y a encore à Paris une famille Marquet de Montbreton, descendant des Marquet ci-dessus énumérés.

DUVIGNAL.

Les Duvignal, qui ont fourni à la ville de Labastide plusieurs notaires et hommes de loi, étaient bourgeois de cette ville au xv° siècle. Comme les Marquet, il avaient des armoiries, mais nous n'avons pu les retrouver.

I   1510   JEHAN I DUVIGNAL, épouse Elline Dufau.
        1 Bernard Duvignal.
        2 Marie Duvignal, épouse Antoine Renbot.

II 1540   BERNARD DUVIGNAL, ép. Guirautine Sardaings.

III 1588   JEHAN II DUVIGNAL, notaire royal, épouse Perside Marquet, fille de Jean Marquet et d'Anne Ducom de Ribère.
        1 Isaac Duvignal.
        2 Jehan Duvignal.

IV 1623   JEHAN III DUVIGNAL, notaire, épouse Jeanne Dufau, fille de Jean Dufau de Paguy.
        1 Jehan Duvignal.
        2 Pierre Duvignal.
        3 Isaïe Duvignal.
        4 Daniel Duvignal.
        5 Amos Duvignal, seigneur de Poutet.
        6 Judith Duvignal, épouse Daniel de Frétard de Gauzères.
        7 Marie Duvignal.

V   1665   JEAN IV DUVIGNAL, seigneur de Lasalle, épouse Catherine de Bordes.
        1 Balthazar Duvignal, seigneur de Pinasson.
        2 Jean Duvignal.
        3 Pierre Duvignal.
        4 Marthe Duvignal, épouse : 1° Isaac Frétard du Ribouillet ; 2° Jean Darroya du Frêche.

VI 1715 JEAN DUVIGNAL, seigneur de Pinasson, épouse
ANNE DE COMPAIGNE.

    1 Joseph Duvignal, curé de Betbezer.
    2 Anne Duvignal, épouse Jean de Ridders, bourgeois de Labastide.
    3 Marie-Anne Duvignal, épouse Jean Abadie, docteur en médecine.

N. B. — Isaac Duvignal, contrôleur général des fermes des Landes, marié à Thérèse Fonneau, eut pour fille unique Léa Duvignal, qui épousa Jean de Camon-Talence. Amos Duvignal de Poutet eut de Marie de Bear une fille, restée célibataire, Françoise Duvignal, dite mademoiselle de Poutet.

FRÉTARD.

Les Frétard, anciens bourgeois de Labastide, où ils possédaient la maison Soulès, ont eu les domaines de Gauzères, de Poutet, de Fontaine, de la Salle et du Ribouillet.

    1490 BERTRAND FRÉTARD, seigneur de Lacoustère, épouse Françoise Dupeyrou.

    1528 GUILLEM FRÉTARD, seigneur de Caubot, épouse Marguerite Cassaigne.

I   1550 JEAN FRÉTARD, marchand, seigneur de Caubot, épouse Jeanne Garras de Gontaud (8 octobre 1549).

II 1578 PIERRE FRÉTARD, bourgeois de Labastide, épouse Marie de Guillaumai.

III 1592 JEHAN FRÉTARD, bourgeois, épouse Sarah Vimie.

    1 Isaac Frétard du Ribouillet.
    2 Joseph Frétard de la Salle.
    3 Marthe Frétard, épouse Daniel Duprat.

IV   1628   JOSEPH FRÉTARD DE LA SALLE, épouse Anne Dufau.

    1 Daniel Frétard de Gauzères.
    2 Marie Frétard, épouse Jean Espaignol.
    3 Antoine Frétard de Fontaine, épouse Anne Fonneau.
    4 Suzanne Frétard, épouse Isaac Tortoré de Caveton.

V   1665   DANIEL FRÉTARD DE GAUZÈRES, épouse Judith Duvignal.

    1 Daniel Frétard.
    2 Pierre Frétard.
    3 Jean et Joseph Frétard, jumeaux, nés le 30 octobre 1686.

VI   1714   PIERRE FRÉTARD DE GAUZÈRES, seigneur de Poutet, épouse Jeanne de Crucevaut, fille de Claude de Crucevaut, contrôleur au bureau d'Arouille, et de Jeanne de Brizac.

    1 Antoine Frétard, fugitif du royaume, à la suite d'un duel.
    2 Edmond Frétard.
    3 Pierre Frétard.
    4 Marie-Madeleine Frétard, épouse Joseph Dufau de Lasalle.
    5 Marie Frétard, épouse Mathieu Dufau-Lartigue.
    6 Elisabeth Frétard, épouse Louis Dufau.
    7 Hippolyte Frétard, épouse Joseph de Camo de St-Aigne.
    8 Claudine Frétard, épouse Joseph Cailhava.
    9 Françoise Frétard, épouse Henri Latané.
    10 Jeanne Frétard, religieuse.
    11 Antoinette Frétard, célibataire.

JAUREY.

Les Jaurey sont originaires de la paroisse du Saumon, où ils habitaient un petit domaine portant ce nom. Ils ont de bonne heure pris place dans la bourgeoisie de Labastide et figurent sur le livre-terrier de cette ville (1636).

I 1550 JEHAN JAUREY DU SAUMON, marchand et bourgeois.

II 1588 BERTRAND JAUREY.

III 1620 ANTOINE JAUREY, épouse Jeanne Villepinte.

IV 1653 PIERRE-BERTRAND JAUREY, fermier des fermes de Labastide, épouse Catherine Darrozin.
   1 Bernard Jaurey.
   2 Louis Jaurey, épouse Marie Destremères d'Eauze.
   3 Marguerite Jaurey, épouse M. Maton.
   4 Marie Jaurey, épouse Philibert de Coby de Labère.

V 1680 BERNARD JAUREY, épouse Marie de Coby.
   1 Antoine Jaurey.
   2 Catherine Jaurey, épouse Louis Dussolt.
   3 Marie Jaurey, épouse Louis Corrent, greffier des baronnies d'Eauzan.

VI 1710 ANTOINE JAUREY, épouse Marguerite Pellicié.
   1 St-Orens Jaurey.
   2 Laurent Jaurey.
   3 Joseph Jaurey.
   4 Marie Jaurey, épouse Jean-François de Laprade.
   5 Jeanne-Marie Jaurey, épouse Louis de Camon-Talence.

VII 1734 SAINT-ORENS JAUREY, épouse Marie Corrent de Ribère, fille de Capraise Corrent et de Françoise Papon.

1 JEAN-GASPARD JAUREY, mort jeune.
2 JOSEPH JAUREY.
3 ST-ORENS JAUREY.
4 FRANÇOISE, MARTHE, TOINETTE et MARIE JAUREY.

VIII 1762 JOSEPH JAUREY, épouse MARGUERITE DE CAMON-TALENCE, fille d'Isaac de Camon-Talence et de Marie de Boubée.
 1 PIERRE JAUREY, l'aîné.
 2 PIERRE JAUREY, le cadet,
 3 MARIE JAUREY, épouse Armand Cassaigne de Latucole.
 4 MARTHE JAUREY.

IX 1789 PIERRE JAUREY, épouse THÉRÈSE LATOUR, fille de Jean Latour de Créon et de Marie Téchousin.
 1 PIERRE JAUREY.
 2 JOSEPH-NOEL JAUREY.
 3 MARIE-CLARY JAUREY, épouse Frédéric Descombes.
 4 N. JAUREY.
 5 N. JAUREY.
 6 N. JAUREY.
 7 N. JAUREY.

X 1830 JOSEPH-NOEL JAUREY, épouse MARIANNE-ORENSE AGLAÉ, d'où :
 FANNY JAUREY, épouse Jules Seillan, conseiller général du Gers.

N. B. — Jean et Michel Jaurey, fils de St-Orens Jaurey, furent volontaires de 92. Michel Jaurey, marié à Elisabeth Merle de Laplaigne, eut Anne Daurentine Jaurey, qui épousa Jean Biaut.

DARROZIN.

Les Darrozin, établis dans la vicomté de Juliac, au XVIe siècle, comme officiers de judicature, sont originaires du Cazaubonais. On les retrouve aussi à Estang et à Monclar. Ils résidaient à Mauvezin, et possédèrent le château de Briat.

I   1588   PIERRE DARROZIN, notaire royal.

     1 Jean-Michel Darrozin.
     2 Jean Darrozin.
     3 Catherine Darrozin, épouse Jean-Bernard Jaurey.

II   1629   JEAN-MICHEL DARROZIN, juge royal et procureur de Juliac, épouse Marie Labeyrie.

     1 Jean-Guy Darrozin.
     2 Isabeau Darrozin, épouse Louis de Brossier de Buros.
     3 Marguerite Darrozin, ursuline.
     4 Madeleine Darrozin,   id.

III   1680   JEAN-GUY DARROZIN DE BRIAT, contrôleur à la cour des Aydes, épouse Marguerite Duprat.

     1 Joseph Darrozin.
     2 Paul Darrozin.
     3 Elisabeth Darrozin.
     4 Claire Darrozin.
     5 Madeleine Darrozin.
     6 Marguerite Darrozin.
     7 Louise Darrozin.

IV   1716   JOSEPH DARROZIN DE BRIAT, épouse Madeleine Lalanne (15 août 1697).

V   HIPPOLYTE DARROZIN, épouse Joseph du Barry, seigneur du Perron.

Darrozin de Lauze.

1640   JEAN DARROZIN, juge de Gabarret.
1673   JOSEPH DARROZIN DE LAUZE.

     1 Jean Darrozin.
     2 Denise Darrozin, épouse Antoine Brou.

1695 JEAN DARROZIN, épouse Catherine Laberdolive.
    1 Raphael Darrozin.
    2 Michel Darrozin.

1715 RAPHAEL DARROZIN, chirurgien.

LACROIX.

Bien qu'établis à Labastide au xviie siècle, les Lacroix n'en sont pas originaires ; mais ils habitaient très anciennement la maison de Pavichat, en Argelouse. D'autres Lacroix, natifs de Cazaubon, ne paraissent avoir avec ceux-ci aucune parenté. Il ont formé des rameaux nombreux, avec les fiefs de Laroqué, Capdizé, Pavichat, Jordion, Caubot, Pédeluc, Lapouchette.

I   1498   PEY LACROIX, seigneur de Pavichat.
    1 Jean Lacroix.
    2 Jeanne Lacroix, épouse Gérauld Despeyrous, bourgeois de Labastide.
    3 Marie-Anne Lacroix, épouse noble Jean d'Argelouse, dit le bâtard de Pardaillan.

II   1530   JEAN LACROIX, épouse Marie Dubrutz.

III   1558   DANIEL LACROIX, seigneur de Caubot, épouse Judith Forcade.
    1 Salomon Lacroix.
    2 Jérémie Lacroix, ministre de Labastide.
    3 Rachel Lacroix.

IV   1579   SALOMON LACROIX DE CAUBOT, épouse Guirantine de Jean.
    1 Martin Lacroix.
    2 David Lacroix.
    3 Jeanne Lacroix.

V   1600   MARTIN LACROIX, seigneur de Jordion et de Caubot, sergent royal.
- 1 Bernard Lacroix de Capdizé.
- 2 Isaac Lacroix de Pédelug.
- 3 Jean Lacroix de Caubot.

VI   1629   JEAN LACROIX DE CAUBOT, épouse Marguerite Bordes.
- 1 Pierre Lacroix.
- 2 Marguerite Lacroix.

VII   1656   PIERRE LACROIX DE CAUBOT, épouse Jeanne Benquet.
- 1 Jean Lacroix.
- 2 Joseph Lacroix.
- 3 Antoine Lacroix

VIII   1680   JEAN LACROIX DE CAUBOT, épouse Jeanne Labastide.
- 1 Jean Lacroix.
- 2 Joseph Lacroix, né en 1720.
- 3 Marguerite Lacroix, née en 1738.
- 4 Marie Lacroix, épouse Jean Lasalle.

Branche de Capdizé.

1629   BERNARD LACROIX DE CAPDIZÉ.
- 1 Isaac Lacroix.
- 2 Jean Lacroix de Lapouchette.

1648   ISAAC LACROIX DE CAPDIZÉ, épouse Anne Ducompte.
- 1 Jean-Isaac Lacroix de Laroqué.
- 2 Maurice Lacroix.
- 3 Noémi Lacroix.
- 4 Esther Lacroix.

1667 JEAN-ISAAC LACROIX, seigneur de Laroqué, épouse ÉLÉONORE DE MALARTIC.

 1 JEAN-LOUIS LACROIX.
 1 MARIE-BARBE LACROIX, épouse Jean Darroya.

1685 JEAN-LOUIS LACROIX DE LAROQUÉ, épouse : 1º ANNE DE VAQUÉ DE COMMÉDEMA ; 2º SUZANNE DE LABAT.

 1 SUZANNE LACROIX, épouse Jean Espaignol.
 2 MARIE-ANNE LACROIX, épouse Jean Fonneau.
 3 ELISABETH LACROIX.

Branche de Lapouchette.

1660 JEAN LACROIX DE LAPOUCHETTE.

 1 ISAAC LACROIX.
 2 JOSEPH LACROIX, épouse Judith Forcade, d'où :
  JEANNE LACROIX, épouse Elie Dufau.
 3 ISRAEL LACROIX, seigneur de Jouanblanc, épouse Marie Ducos de Créon, d'où :
  a JEAN LACROIX (1685).
  b JOSEPH LACROIX (1689).
  c PHILIPPE LACROIX (1695).

1690 ISAAC LACROIX DE LAPOUCHETTE, épouse SUZANNE FIGUIER.

 1 ISRAEL LACROIX.
 2 SARAH LACROIX, épouse Nicolas Houallet de Lagarenne (23 juin 1711).

1715 ISRAEL LACROIX DE LAPOUCHETTE, épouse MARIE MEYROUS, de Labastide, s. p.

DUFAU.

La famille Dufau, ou *deu Fau*, constitue la plus ancienne bourgeoisie de Labastide. Nous trouvons un Dufau assistant au paréage et à l'acte de fondation de cette ville. Mais à partir du xvii° siècle, les Dufau se sont subdivisés en un si grand nombre de branches, qu'il nous a été impossible d'établir la généalogie complète. Nous ne donnerons donc qu'une seule descendance des Dufau, celle qui subsistait encore à Mont-de-Marsan, dans la personne du docteur Jules Dufau. Il nous faut donc laisser de côté les Dufau de Lasalle, du Pouy, de Lantic, du Couzart, de Lartigue, de Paignon, du Peyré, de Paguy, etc.

I   1399   BERTRANON DEU FAU, bourgeois.

II   1450   RAMONET DEU FAU, bourgeois.

III   1479   GEORGES DUFAU, bourgeois de Labastide, épouse JEANNE DE LOBIT.
           1 PEY DUFAU.
           2 CATHERINE DUFAU, épouse Peyrot Bureau.
           3 MARTILLE DUFAU, épouse Bernard Fonneau.

IV   1497   PEY DUFAU, épouse: 1° LOUISE BÉRES ; 2° ADRIANE COSSALHER.
           1 GÉRARD DUFAU.
           2 SCIPION DUFAU.
           3 MARIE DUFAU, épouse Annibal Márquet de Bourgade.
           4 ELLINE DUFAU, épouse Jehan Duvignal.

V   1529   SCIPION DUFAU, épouse JEANNE DESPEYROUS.

VI   1567   JEHAN DUFAU, épouse MARIE DE MALARTIC, fille de Jehan de Malartic de Menaudas et de Catherine-Rose de Vaqué.
           1 SAMUEL DUFAU DE MENAUDAS.
           2 JACOB DUFAU, seigneur du Couzart.

3 Suzanne Dufau, ép. Jean Sardaings de Lagrauley.
4 Jehan Dufau, capitaine, seigneur de Paguy.
5 Esther Dufau, épouse David de Bordes.

VII   1600   **SAMUEL DUFAU DE MENAUDAS**, épouse Anne de Laubignay.

     1 Jacob Dufau de Menaudas.
     2 Elie Dufau de Paignon.
     3 Jean Dufau, capitaine.
     4 Marie Dufau, épouse Cyprien de Came de St-Aigne.

VIII   1629   **ELIE DUFAU DE PAIGNON**, chirurgien, épouse Jeanne Lacroix, fille Joseph Lacroix et de Judith Forcade.

IX   1640   **JEAN-MARIE DUFAU**, médecin, épouse Suzanne Roques.

X   1686   **JEAN DUFAU**, médecin, épouse Elisabeth de Bordes.

XI   1702   **ELIE DUFAU**, médecin, épouse Anne Ducom.

XII   1744   **LOUIS DUFAU**, médecin, épouse Elisabeth Frétard de Gauzères.

     1 Pierre Dufau.
     2 Jean-Antoine Dufau.
     3 Olivier Dufau.
     4 Marie Dufau, religieuse.
     5 Françoise Dufau, épouse Joseph Latané d'Arouille.
     6 Odette Dufau, épouse Mathieu Dufau Lasalle.

XIII   1765   **JEAN-ANTOINE DUFAU**, conseiller du roi et son médecin ordinaire.

     1 Julien Dufau.
     2 Phocion Dufau.
     3 Marie Dufau, épouse Jean Dufau de Gavardie.

XIV   18..   **JULIEN DUFAU**, docteur en médecine, épouse Mlle Dubosc, d'où deux filles : Mmes Perreau et Labeyrie, et le docteur Jules Dufau, avec ses trois filles : Renée, Thérèse et Marthe.

VIMIE.

Blason : *D'azur, à trois dagues d'or posées en pal, 2 et 1.*

Les Vimie sont d'origine italienne, et, venus dans la vicomté de Juliac vers 1500, peut-être avec les de Coby, ils acquirent le domaine de Fontaine en Créon. Leur premier représentant s'adonnait à l'astrologie et aux sciences occultes. Cette famille s'est éteinte au XVIIe siècle.

I 1500 CYPRIEN VIMIE, seigneur de Fontaine, mort en 1532.

  1 Bertrand Vimie.
  2 Philippine Vimie, épouse César de Coby (1528).
  3 Jeanne Vimie, épouse Clément de Laffargue de l'Hostallet.
  4 Lucrezia Vimie, épouse Jacques Bureau.

II 1542 BERTRAND VIMIE, épouse Marie de Léglise.

  1 Marc Vimie.
  2 Léonor Vimie, seigneur de Couton.

III 1568 MARC VIMIE, seigneur de Fontaine, épouse : 1° Adriane Cassin de Castets ; 2° Bethsabée Duffour.

  1 Michel Vimie.
  2 Sarah Vimie, épouse Isaac Frétard.
  3 Adrienne Vimie.

IV 1600 MICHEL VIMIE, seigneur de Fontaine, épouse : 1° Jeanne de Labat ; 2° Louise St-Orens.

  1 Pernault Vimie.
  2 Angélique Vimie.
  3 Suzanne Vimie.

V 1640 PERNAULT VIMIE, célibataire.

TORTORÉ.

Ce nom, qu'on trouve dans les anciens actes écrit : Tourtorel, Tartarel, Tourtourel, appartient à une famille aussi ancienne que les Dufau, puisqu'un Tortoré se trouvait en 1291 à la fondation de Labastide d'Armagnac.

I   1559   JEHAN TORTORÉ, ancien de l'église de Labastide, épouse Jeanne de Persillon de Roquefort.

II   1580   JEAN-PIERRE TORTORÉ, épouse Marie de Laffargue de l'Hostallet.
- 1 Jean Tortoré du Hartuc.
- 2 Jean Tortoré de Caveton.
- 3 Isaac Tortoré, épouse Jeanne de Laffargue.

III   1604   JEAN TORTORÉ DU HARTUC, épouse Perside Malartic.
- 1 Isaac Tortoré.
- 2 Josué Tortoré.
- 3 Jehan Tortoré.

IV   1640   JEHAN TORTORÉ, épouse Marie Ducom de Ribère.

V   1660   ISAAC TORTORÉ DU HARTUC, épouse N. Duvignal de Cabiro.
- 1 Daniel Tortoré.
- 2 Perside Tortoré, épouse Jacques Maurisset.

VI   1680   DANIEL TORTORÉ, épouse Jeanne-Marie du Castaing de Bruillet.

VII   1710   PIERRE TORTORÉ DU HARTUC, épouse : 1° Marie Destoet ; 2° Louise Fourcade.
- 1 Paule Tortoré, épouse Daniel Dufau de Lantie.
- 2 Marie Tortoré, épouse Mathieu Dufau de Lasalle.

Tortoré de Caveton.

1655 PIERRE TORTORÉ DE CAVETON, épouse LOUISE DE BORDES.

    1 ISAAC TORTORÉ;
    2 MARIE TORTORÉ, épouse Jean Dufau-Lasalle.

1660 ISAAC TORTORÉ DE CAVETON, épouse SUZANNE FRÉTARD.

    1 PIERRE TORTORÉ.
    2 HENRI TORTORÉ DU HILLO.
    3 ISAAC TORTORÉ, ancien de l'église réformée.

1684 PIERRE TORTORÉ DE CAVETON, épouse MARIE DE BRIZAC (20 mai 1688).

    1 DANIEL TORTORÉ.
    2 JEANNE TORTORÉ, épouse Daniel Delisle.

Tortoré du Hillo

1690 HENRI TORTORÉ DU HILLO, épouse JEANNE DE BORDES.

    1 ELIE TORTORÉ DE LESTAGE.
    2 MARIE TORTORÉ.

1710 ELIE TORTORÉ DU HILLO, épouse CATHERINE DE LANDRIEU, fille de Joseph de Landrieu, notaire royal à St-Justin.

1740 BERNARD TORTORÉ DU HILLO, épouse MARIE SABATHÉ.

1790 JEAN TORTORÉ, épouse MADELEINE DUBUC-SEMPÉRÉ, fille de Joseph Dubuc-Sempéré et de Marie-Anne de Malartic-Beauregard.

Leur fille unique, Pauline-Rose Tortoré, a épousé, le 28 mars 1811, Prosper Baudet, fils de François Baudet, conducteur de diligences, et de Marguerite Labrau.

CORRENT.

Blason : *D'azur, à deux lévriers d'argent courant l'un sur l'autre (1696).*

Les Corrent faisaient partie de la plus vieille bourgeoisie de Lectoure. Ils s'établirent à Eauze vers 1600, et un siècle après à Ribère. En 1696, Capraise Corrent, curé de Mauvezin, acheta aux commis de d'Hozier le blason que ces derniers lui offraient moyennant finances.

  1387 BERNARD CORRENT, bourgeois de Lectoure.

  1406 ARNAUTON CORRENT.

  1469 GEORGES CORRENT.

I 1580 MARC CORRENT, praticien à Lectoure.

II 1620 DOMINIQUE CORRENT, négociant en vins à Eauze.

III 1650 JEAN CORRENT, négociant à Eauze, épouse Madeleine Destremères.

   1 André Corrent, habitant Manclet.
   2 Louis Corrent.
   3 Capraise Corrent, curé de Mauvezin.
   4 Guiraute Corrent, épouse Jean Bordes de Cazaubon (1636).
   5 Marie-Anne Corrent, filleule de Marie-Anne Pouglon.

IV 1670 LOUIS CORRENT, greffier des baronnies d'Eauzan, épouse Marie Jaurey, fille de Bernard Jaurey et de Marie de Coby.

   1 Louis Corrent, tige des Corrent de Monclar.
   2 Jean-Bernard Corrent, tige des Corrent de Labadie.
   3 Capraise Corrent.
   4 Joseph Corrent.

V 1700 CAPRAISE CORRENT, épouse Françoise Papon, fille de Jean Papon, lieutenant de juge au marquisat de Maniban, et d'Anne Ducom de Ribère.

    1 Joseph Corrent de Ribère.
    2 Bernard Corrent de Ribère.
    3 Marthe Corrent de Ribère, épouse Jean de Persillon.
    4 Marie Corrent de Ribère, épouse St-Orens Jaurey.

VI 1734 JOSEPH CORRENT DE RIBÈRE, épouse : 1° Jeanne-Marie Dupeyré ; 2° N. Pérès d'Artassenx.

I.
    1 Capraise Corrent de Ribère.
    2 François-Marie Corrent de Ribère, célibataire.
    3 Jean Corrent de Ribère, prêtre.
    4 Marie Corrent de Ribère, ép. Etienne Dupeyré.
    5 Madeleine Corrent de Ribère, épouse Barthélemy-Henry Larcher.

II
    6 Joseph-Marie Corrent de Ribère, maréchal de camp (1825).

VII 1770 CAPRAISE CORRENT DE RIBÈRE, épouse Madeleine Larcher.

    1 Norbert Corrent de Ribère, mort jeune.
    2 Laurent-Joseph-Savinien Corrent de Ribère, ép. Marguerite-Lolotte Tillet du Bourdalat; s. p.
    3 N. Corrent de Ribère, épouse M. Dusscaulx.
    4 Barthélemy Corrent de Ribère.

VIII 1830 BARTHÉLEMY-HENRY CORRENT DE RIBÈRE, épouse : 1° Félicie Dufau-Lasalle, fille de Mathieu Dufau-Lasalle et de Jeanne Fonneau ; 2° Marie-Victoire Broux.

I.
    1 Jules Corrent de Ribère, s. p.
    2 Louis Corrent de Ribère, s. p.

II
    3 Laure Corrent de Ribère, épouse le 10 avril 1858 Alexis Delor, horloger à Mont-de-Marsan.

DUCOM

Les Ducom, dont le nom s'écrivait anciennement *deu Com*, tout comme les Dufau (deu Fau), paraissent avoir habité dès le xv° siècle le domaine de Ribère, puis Labastide. La branche aînée, dite Ducom de Ribère, n'a pas laissé de descendants. Nous ignorons aussi leur blason.

    1476   JEHANNOT DEU COM, épouse ARNAUTINE GANIÈS.
            1 JOSEPH DUCOM.
            2 ESTEBEN DUCOM.

I   1490   JOSEPH DUCOM, capitaine, seigneur de Ribère, épouse JAYMETTE LABARCHÈDE.

II   1520   LAURENT DUCOM DE RIBÈRE, épouse CATHERINE MARQUET, fille de Joseph Marquet de Bourgade et d'Anne de Lestage.

III   1540   JEHAN DUCOM DE RIBÈRE, ép. MARIE SARDAINOS.
            1 JEHAN DUCOM.
            2 ANNE DUCOM, épouse Jean Marquet de Bourgade.

IV   1566   JEHAN DUCOM DE RIBÈRE, capitaine, épouse MARIE DE BATZ, veuve de Laurent de Vaqué, bourgeois de St-Justin (6 août 1566).
            1 ELIE DUCOM.
            2 PIERRE DUCOM.
            3 ISAAC DUCOM.
            4 ANNE DUCOM, épouse Isaac Tortoré.

V   1587   ISAAC DUCOM DE RIBÈRE, épouse JEANNE DE LAFFARGUE DE L'HOSTALLET, fille de Jean de Laffargue et de Marie Tortoré.
            1 JEAN DUCOM.
            2 JOSEPH DUCOM, seigneur de Las Fosses.

VI   1608   JEAN DUCOM, épouse JUDITH DUFAU.

1 Jean Ducom, célibataire.
2 Anne Ducom, épouse Jean Papon, fils de Pierre Papon d'Ayguetinte.
3 Marie Ducom, épouse Samuel de Came de Saint-Aigne.

PÉRÉ.

Les Péré, qui ont acheté Jullac comme bien national, sont originaires de Plaisance (Gers).

1735 JEAN PÉRÉ, notaire, né en 1701, épouse QUITTERIE DE LARENS.

    1 Dominique Péré, né en 1737.
    2 Jean Péré, notaire, franc-maçon, rose-croix de l'ordre.
    3 Pierre Péré, prêtre, docteur en théologie.

1763 DOMINIQUE PÉRÉ, avocat, épouse MARTHE-MARIE LAFITTE DE MONTÈS.

    1 Marie Péré, épouse M. Lafeuillade de Plaisance.
    2 Antoine Péré.
    3 Andrée Péré, morte à Jullac en 1814.
    4 Joséphe-Louise Péré, épouse Joseph de Malartic.
    5 Nicolas Péré, mort en l'an XIII, à Argelouse.
    6 Théodore Péré, médecin, épouse Adèle Coutin.
        a Jenny Péré, épouse Dominique Duclerc.
        b Joséphe Péré, épouse Paul Blaut.

1800 ANTOINE PÉRÉ, épouse JEANNE BARIS.

    1 Jean Péré.
    2 Julien Péré.

1830 JEAN PÉRÉ, né en 1800, sans postérité mâle.

DE BATZ.

Nous n'avons dans cette étude à nous occuper que des Batz-Trenquelléon, dont les ancêtres habitaient St-Justin. On sait qu'il existait en Gascogne de nombreuses branches, qui peuvent se ramener à quatre principales : Batz de Batz, Batz d'Aurice, Batz de Castelmore, Batz de Trenquelléon. La première, Batz de Batz, est de la noblesse la plus ancienne de la contrée. Elle prend sa source au xi° siècle dans les vicomtes de Lomagne, compte parmi ses représentants le célèbre Manaud de Batz, dit le Faucheur d'Henri IV, et se termine au xviii° siècle dans la personne du fameux Jean de Batz, qui brava pendant toute la révolution, la convention et le comité de salut public. Cette branche est éteinte.

Les Batz d'Aurice n'ont aucun lien de parenté avec les véritables de Batz ; ils se fabriquèrent au xviii° siècle des titres, que d'Hozier, Chérin et tous les généalogistes ont reconnu comme notoirement faux. M. Jaürgain a fait une étude, où il a démontré à l'aide de documents irréfutables que les Batz d'Aurice ainsi que ceux de Castelmore sont d'origine roturière, leurs ancêtres étant marchands à Luplac au xv° siècle, et ne prenant aucune qualité.

Pour les Batz-Trenquelléon, il en est de même, et à cet égard, M. l'abbé Carsalade du Pont possèderait aussi des documents formels. Nous les croyons natifs tout simplement de St-Justin. D'ailleurs, ils n'ont jamais eu de blason qu'en 1696, époque où Charles de Batz se fit attribuer par les commis de d'Hozier les armes suivantes : *d'argent à un bast de mulet de gueules*. Plus tard, les Trenquelléon, prirent des armoiries toutes différentes de celles qui précèdent. D'Hozier reconnaît lui-même qu'il ne peut rattacher les Trenquelléon aux Batz de Batz, sauf peut-être par un certain Hugues de Batz, qui pourrait être parent du Faucheur. Une étude attentive nous a permis de nous convaincre que les Batz de Trenquelléon ne peuvent se ramifier aucunement aux vrais de Batz, et que le contrat du 31 août 1382, cité par d'Hozier, est, de son aveu même, un faux palpable, aussi évident que les autres.

— 455 —

I   1530   JEAN DE BATZ, bourgeois et marchand (d'autres actes donnent *Ramon*).

     1 Arnaud de Batz.
     2 Marie de Batz, épouse : 1° Laurent de Vaqué (1561) ; 2° Jean Ducom (1566).
     3 Diane de Batz, ép. Jean-Rufin Bouglon, de Joutan.

II   1552   ARNAUD DE BATZ, épouse Antoinette de Caritan.

     1 Jean de Batz.
     2 Mondinette de Batz, épouse Greden Rebezies.

III   1584   JEAN DE BATZ, seigneur de Manon et du Guay, épouse Anne de Gamardes (23 septembre 1784).

     1 David de Batz.
     2 Joseph de Batz.
     3 Suzanne de Batz, épouse Mathieu du Luc.
     4 Olympe de Batz, épouse Barthélemy de Rivière.
     5 Marthe de Batz.
     6 Jeanne de Batz.
     7 Anne de Batz.

IV   1610   JOSEPH DE BATZ, DU GUAY, épouse Marie-Rachel de Vaqué, fille de Jean de Vaqué, avocat au parlement, et de Marthe Costaing (22 décembre 1610).

     1 Jean de Batz.
     2 Charles de Batz, seigneur de Laubidat, épouse Marie de de Parabère (un bâtard, Jean de Batz).
     3 Suzanne de Batz.
     4 Marthe de Batz, épouse David de Bordes.

V   1684   JEAN DE BATZ, seigneur de Gontaud, épouse Marie de Lormier (1er décembre 1684).

     1 Samuel de Batz de Gontaud.
     2 Joseph de Batz, émigré pour fait de religion.
     3 François de Batz de Gontaud.
     4 Olympe de Batz.
     5 Suzanne de Batz.

VI   1708   FRANÇOIS DE BATZ, épouse le 21 juin 1708 ANNE DE BROQUA DE TRENQUELLÉON.

     1 CHARLES DE BATZ.
     2 ALEXANDRE DE BATZ, baron de Mirepoix et de Ste-Christie, épouse Marie de la Claverie.
         a ALEXANDRE DE BATZ, né en 1752.
         b MARIE DE BATZ.
     3 GASPARD DE BATZ, vicaire général d'Auch.
     4 CHARLES DE BATZ.

VII   1738   CHARLES DE BATZ, baron de St-Julien et du Guay, capitaine au régiment d'Auvergne, mort le 30 mai 1745 des blessures reçues à Fontenoy, épouse : 1º CATHERINE DE LUSTRAC DE LOSSE ; 2º ELISABETH DE MALIDE.

     1 CHARLES DE BATZ.
     2 FRANÇOIS DE BATZ.
     3 Quatre filles.

VIII   1789   CHARLES DE BATZ DE TRENQUELLÉON, épouse MARIE DE PEYRONENC DE ST-CHAMARANDE.

IX   1813   POLYCARPE DE BATZ DE TRENQUELLÉON, épouse BERNARDINE DE SÉVIN DE SÉGOUGNAC.

X   LÉOPOLD CHRYSOSTOME DE BATZ DE TRENQUELLÉON, épouse LOUISE DE COQUET DE ST-LARY.

     1 FERNAND DE BATZ.
     2 AIMÉE DE BATZ.

DE CASTETS.

Blason : *D'azur, au cheval gai galopant d'argent.*

Les de Castet, qui furent seigneurs d'Arouille, paraissent être originaires de Bourdeux. Nous publions ici un essai généalogique sur cette famille, dont nous pensons avoir retrouvé une branche résidant dans le Marsan au xve siècle.

I	1399	BERNARD DE CASTETS, chevalier.
II	1432	AYMON DE CASTETS, seigneur de Bourdenx, épouse CATHERINE DE SAULT.
III	1457	JEAN DE CASTETS, épouse JEANNE DE BESSABAT (?).
IV	1480	LÉONOR DE CASTETS, seigneur de Bourdenx, épouse MARGUERITE DE LAVIE.

      1 FRANÇOIS DE CASTETS.
      2 ANNE DE CASTETS, épouse Philippe de Loblt.

V	1508	FRANÇOIS DE CASTETS, épouse CATHERINE DE BATZ.
VI	1532	GEORGES DE CASTETS, juge à Mont-de-Marsan, épouse ROMAINE DE MESMES.

      1 GEORGES DE CASTETS.
      2 BERNARD DE CASTETS, capitaine au régiment de Picardie.
      3 FRANÇOIS DE CASTETS, capitaine.

VII	1560	GEORGES CASSIN DE CASTETS, épouse : 1° LOUISE D'ARGELOUSE D'ARRAS ; 2° PAULE D'ARMANTIEU.

      1 LOUISE DE CASTETS, épouse Alcibiade Leblanc de Labatut.
      2 CATHERINE DE CASTETS, épouse Pierre de Castelnau de Jupoy.
      3 N. DE CASTETS.
      4 N. DE CASTETS. } morts jeunes.
      5 N. DE CASTETS.
      6 N. DE CASTETS, morte jeune.

Les Fiefs de Juliac et leurs Seigneurs.

JULIAC.

	785	Malvin.
	970	Amalvin, épouse Rosenberge.
	1000	Rodolphe de Malvin.
I	1015-1041	Fortaner de Malvin, seigneur du Pouy de Juliac.
II	1041-1080	Rodolphe II de Malvin, id.
III	1080-1110	Loup de Malvin, id.
IV	1110-1151	Odon I de Malvin, id.
V	1151-1180	Odon II de Malvin, vicomte de Juliac.
VI	1180-1212	Robert de Malvin, id.
VII	1212-1228	Ramon de Malvin, id.
VIII	1228-1238	Arnaud de Malvin, id.
IX	1238-1272	Odon III de Malvin, id.
X	1272-1327	Arnaud Guillem de Malvin, id.
XI	1327-1346	Bernard de Pardaillan, écuyer, épouse Ciboye de Malvin.
XII	1346-1347	Guillem de Podenas, épouse Esclarmonde de Pardaillan.
XIII	1347-1359	Roger d'Armagnac, épouse Esclarmonde de Pardaillan.
XIV	1359-1363	Esclarmonde de Pardaillan.
XV	1363-1413	Bertrand de Pardaillan, ép. Angline d'Antin.
XVI	1413-1419	Jean I de Pardaillan, ép. Jeanne de Faudouas.
XVII	1419-1479	Jean II de Pardaillan, ép. Jeanne de Canna.
XVIII	1479-1496	Bernard de Pardaillan, épouse Jeanne de Caumont-Lauzun.
XIX	1496-1532	Jacques de Pardaillan.
XX	1532-1542	François de Béarn de Gerderest, épouse de Anne de Pardaillan.
XXI	1542-1569	Gabriel de Béarn-Gerderest, épouse Rachel de Rivière-Labatut.
XXII	1569-1569	Gabriel de Lorges, duc de Mongommery.
XVIII	1569-1572	Ogier de Pardaillan-Panjas, épouse Françoise d'Aidie.
XXIV	1572-1572	Renaud de Pardaillan, ép. Clarianne d'Orty.
	1572-1577	Ogier de Pardaillan.

XXV	1577-1588	François-Jean-Charles de Pardaillan, épouse Jeanne du Monceau de Tignouville.
XXVI	1588-1590	Jehan de Los.
XXVII	1590-1591	Jehan II de Los.
XXVIII	1591-1593	Marie de Los.
XXIX	1593-1597	François de Pujolé, épouse Marie de Los.
XXX	1597-1640	Jean-François de Pujolé, épouse Marie de Raguoneau.
XXXI	1640-1684	Olivier de Pujolé, épouse Quitterie-Paule de Bezolles.
XXXII	1684-1692	Quitterie-Paule de Bezolles.
XXXIII	1692-1715	Jean-Marie de Pujolé, épouse Marie Leblanc de Labatut.
XXXIV	1715-1750	Joseph de Pujolé, épouse : 1º Marguerite de Belrieu ; 2º Jeanne Solmignac de Labarrère.
XXXV	1750-1781	Joseph-Marie de Pujolé, épouse Jaquette de Cazenave de Gaujac.
XXXVI	1781-1791	Orens de Pujolé.
	1791-1813	Dominique Péré.
	1813-1827	Antoine Péré.
	1827	Romain et Jean Dié.

Arouille & Argelouse.

I	1162	Walter d'Argel, chevalier du roi d'Angleterre.
II	1210	Loup d'Argel.
III	1230	Guillem Ramon de Lasserre, épouse Aliénor d'Argel.
IV	1250	Guillaume de Lasserre.
V	1273	Arnaud Loup de Lasserre, ép. Nā d'Aubinton de Lissa.
VI	1290	Raymond Arnaud, bâtard de Foix.
VII	1320	Arnaud d'Ognoas, ép. Miramonde d'Argelouse.
VIII	1339-1372	Amadou d'Argelouse, épouse Marguerite de Lastree.
IX	1372-1402	Odet d'Argelouse, épouse Béatrix de Brocas.
X	1402-1436	Ramon-Guillem d'Argelouse, épouse Yolande de Came.
XI	1436-1486	Bernard d'Argelouse, ép. Reine de Barbotan.
XII	1486-1512	Roger d'Argelouse, ép. Yseult de Navailles.
XIII	1512-1532	Jean, dit le bâtard de Pardaillan, épouse : 1º Diane d'Argelouse ; 2º Marie-Anne Lacroix.
XIV	1532-1578	Isabelle d'Argelouse.
XV	1578-1597	Georges Cassin de Castets, épouse : 1º Louise d'Argelouse ; 2º Paule d'Armantieu.

XVI	1597-1638	Alcibiade Leblanc de Labatut, épouse : 1° Louise de Castet ; 2° Anne de Verdun.
XVII	1638-1657	Joseph Leblanc de Labatut, ép. 1° Magdeleine de Fos ; 2° Marie de Capfaget.
XVIII	1657-1670	Henri Leblanc de Labatut, ép. Marie de la Ville.
XIX	1670-1692	Marie de la Ville, vicomtesse d'Argelouse.
XX	1692-1718	Jean-Marie de Pujolé, épouse Marie Leblanc de Labatut.
XXI	1718-1750	Joseph de Pujolé.
XXII	1750-1783	Joseph-Marie de Pujolé.
XXIII	1783-1789	Pierre-Orens de Pujolé.

Saint-Julien.

I	1210-1273	Les seigneurs d'Arouille.
II	1273-1445	Les comtes d'Armagnac.
III	1445-1460	Jehan de Bessabat.
IV	1460-1506	Carbonnel de Bessabat.
V	1506-1550	Jean I de Gourgues de Montaigut, épouse Marguerite de Mondeynard.
VI	1550-1560	Jean II de Gourgues, épouse Isabeau du Lau.
VII	1560-1588	Ogier de Gourgues, épouse : 1° Jeanne de Parage ; 2° Finette d'Aspremont.
VIII	1588-1625	Armand de Gourgues, ép. Marie de Grossoles.
IX	1625-1660	Jean III de Gourgues, épouse Marie Larcher de Bajacourt.
X	1660-1725	Armand-Jacques de Gourgues, ép. Isabelle-Marie Leclerc.
XI	1725-1734	François-Joseph de Gourgues, ép. Elisabeth de Barillon de Morangis ; 2° Françoise Lemarchand de Bardouville.
XII	1734-1782	Alexis-François-Joseph de Gourgues, épouse Angélique Pinon.
XIII	1782-1789	Orens de Pujolé.

Briat.

I	1550-1570	Jeanne d'Albret.
II	1570-1589	Henri de Navarre.
III	1589-1604	Pey-Arnaud de Matines, épouse Louise de Laffargue de l'Hostallet.
IV	1604-1640	Bernard de Matines, épouse Jeanne de Came de St-Aigne.
V	....	
VI	1660-1673	Michel Darrozin, épouse Marie Labeyrie.

VII	1673-1696	Jean-Guy Darrozin, épouse Marguerite Duprat.
VIII	1696-1698	Joseph Darrozin, épouse Madeleine Lalanne.
IX	1698-1712	Joseph de Coby de Labère, épouse Cécile de Persillon.
X	1712-1742	Joseph Darrozin.
IX	1742-1760	Joseph Lafitte de St-Cyrille, épouse Hippolyte Darrozin.
XII	1760-1780	Joseph du Barry.
XIII	1780-1789	Alexandre de Claye.
	1800	Jean-Charles de Chanceaulme-Clarens, épouse Nathalie de Malartic.
XIV		Alfred de Chanceaulme-Clarens, épouse Isabelle de Tartas.
XV		Raoul de Pichon-Longueville, épouse Nathalie de Chanceaulme-Clarens.

Joutan.

I	1410-1437	Arnaud de Joutan.
II	1437-1480	Robert de Sarlac, épouse Eléonore de Joutan.
III	1480-1496	Antoine de Sarlac.
IV	1496-1500	Alderino de Joutan.
V	1500-1570	Fief de la couronne de France.
VI	1570-1590	Jean Rufin Bouglon, épouse Diane de Batz.
VII	1590-1630	Louis de Solmignac de Labarrère.
VIII	1630-1632	Joseph de Solmignac.
IX	1632-1680	Jacques de Solmignac, épouse Marie Cottin.
X	1680-1715	Pierre de Solmignac, épouse Marie Dupeyré.
XI	1715-1732	Jeanne-Marie de Solmignac.
XII	1732-1760	Joseph de Pujolé, épouse Jeanne-Marie de Solmignac.
XIII	1760-1764	François de Lasalle, ép. Madeleine de Pujolé.
XIV	1764-1772	Jeanne de Lasalle.
XV	1772-1789	François de Cours de Gontaud, épouse Françoise de Lasalle.
XVI	1789-1817	Antoine-Henri de Cours, épouse Eléonore Christine de Bérustorff; 2° Marthe-Sophie Ducasse.
XVII		MM. de Nouaillan et de la Roque-Ordan.
XVIII		Victor Ducung, notaire à Roquefort.

Laroqué.

I	1182-1240	Les Templiers.
II	1240-....	Guillem d'Escalans, damoiseau.
III	1304-1320	Les Chevaliers de Malte.
IV	1320-1344	Ramon d'Esgarrebaque.
V	1344-1346	Fortaner d'Esgarrebaque.
VI	1346-1386	Lopbergunh d'Esgarrebaque.
VII	1386-1420	Manaud d'Esgarrebaque.
VIII	1420-1460	Bohémond d'Esgarrebaque.
IX	1460-1480	François d'Esgarrebaque.
X	1480-1485	Ramon d'Esgarrebaque.
XI	1485-1534	Antoine de Niac.
XII	1534-1560	Sarran de Lalanne, épouse Eléonore de Niac.
XIII	1560-1612	Lancelot de Lalanne, ép. Marguerite de Parage.
XIV	1612-1627	Jehan de Malartic, capitaine.
XV	1627-1641	Jean de Malartic.
XVI	1641-1680	Isaac Lacroix, épouse Eléonore de Malartic.
XVII	1680-1711	Jean-Louis Lacroix, épouse Anne de Vaqué.
XVIII	1711-1740	André Cassaigne, épouse Jeanne Dubuc.
XIX	1740	Henri Duclerc, épouse Roquette Remazeilles.
XX	1770	Jean-Baptiste Duclerc, ép. Marie de Lasserre.
XXI	1800	Martin Duclerc, épouse N. Labarchède de Canteloup.
XXII	1840	Dominique Duclerc, épouse Jenny Péré.
XXIII	1880	L. Tourné.

Le Reys.

I	1330-1335	Les gouverneurs anglais de Julne.
II	1335-1460	
III	1460-1490	Ramonet de Lassza, bourgeois de Créon.
IV	1490-1506	Ménesolet de Horran.
V	1506-1508	Pierre-Bernard de Lasserre, seig^r de la Caze.
VI	1508-1510	Pierre de Lasserre, seigneur de Gontaud.
VII	1510-1578	
VIII	1578-1580	Guillauma.
IX	1580-1600	Jehan Dufau, capitaine, seigneur de Paguy.
X	1600-1648	David de Bordes, épouse Esther Dufau.
XI	1648-1680	Daniel de Bordes.
XII	1712	Pierre de Bordes, épouse Catherine Dubuc.
XIII	1746	Arnaud de Lafitte-Clavé, ép. Marie de Bordes.
XIV	1780	Joseph-André de Lafitte-Clavé.

Le Ribouillet.

I	1490	Antoine de Léglise, seigneur de Menaudas.
II	1520	Jean de Léglise, ép. Rose-Catherine de Vaqué.
III	1552	François de Léglise.
IV	1570	Jehan de Malartic.
V	1597-1625	Daniel de Malartic, épouse Marie Tortoré.
VI	1625-1629	Jacob Lalanne, capitaine, épouse Mélise de Malartic.
VII	1629-1680	Isaac Frétard, ép. : 1º Marguerite Lalanne ; 2º Marthe Duvignal.
VIII	1680-1704	Gédéon de Camon-Talence, ép. : 1º Marguerite Frétard ; 2º Marguerite de Parage.
IX	1704-1734	Isaac de Camon-Talence, ép. Marie de Boubée.
X	1734-1740	Marie de Boubée.
XI	1740	Joseph Jauroy, épouse Marguerite de Camon-Talence.
XII	1780	Pierre Jauroy.

Pavichat.

I	1490	Pey Lacroix.
II	1535-1554	Gérauld Despeyrous, épouse Jeanne Lacroix.
III	1554-1567	Alidus de Los, épouse Clarianne d'Orty.
IV	1567-1608	Jean de Mesmes, gouv. de Tartas, épouse : 1º Gabrielle de Los ; Eléonore de Barbotan.
V	1608-1635	Isaac de Mesmes, épouse Eléonore de Marsan.
VI	1635-1637	Jean de Mesmes, sans postérité, épouse Hélène de Lalanne.
VII	1637-1651	Joseph de Mesmes.
VIII	1651-1670	Jean Tallon, sellier à Labastide.
IX	1670-1688	Daniel Tallon.
X	1688-1720	Ezéchiel Meyrous, apothicaire, épouse Catherine Dubuc.
XI	1720-1766	Jean Meyrous, épouse : 1º Marie Boubée ; 2º N. Dorian de Caupenne.
XII	1766-1786	Barthélemy Meyrous, épouse Marie-Thérèse Fonneau.
XIII	1786-1789	Joseph Bacon, épouse Antoinette Meyrous.
	1851	M. Craman.
	1888	M. de Malartic et M. Lesbazeilles.

Séridos.

I	1490	Imberton de Séridos.
II	1538	Ramon de Bordes, épouse N. de Séridos.
III	1560	François de Bordes.
IV	1596	Guillaume de Bordes, ép. Jeanne de Vaqué.
V	1612	Bernadon de Bordes.
VI	1630	Bernard de Bordes.
VII	1648	Basile de Bordes, épouse Marie de Brossier.
VIII	1648-1674	Joseph de Bordes.
IX	1674-1680	Jean de Pérès de Bustarran, épouse Marie de Roquette.
X	1680-1701	Joseph de Pérès.
XI	1701-1710	Bernard de Boubée, capitaine, épouse Françoise Pastoret.
XII	1710-1738	Blaise St-Loubert de Bichacq, épouse Jeanne de Boubée.
XIII	1738-1752	Joseph-Pierre St-Loubert, épouse Marie de Malartic.
XIV	1752-1769	Françoise St-Loubert de Bichacq.
XV	1769-1789	Gabriel Tursan d'Espaignet, épouse Françoise St-Loubert.
XVI		Corrent de Labadie, M. Cers.

Ribère.

	1460	Johan Noos, curé de Geu.
	1489	Estében Ducom.
I	1497	Joseph Ducom, épouse Jaymette Labarchède.
II	1520	Laurent Ducom, épouse Catherine Marquet.
III	1550	Johan I Ducom, épouse Marie Sardaings.
IV	1579	Johan II Ducom, capitaine, ép. Marie de Batz.
V	1609	Isaac Ducom, épouse Jeanne de Lassargue.
VI	1627	Jacques Dussort, ministre protestant, épouse Suzanne de Viau.
VII	1648	Johan Marquet de Bourgade, ép. Marie Tortoré.
VIII	1669	Scipion Marquet, capitaine, ép. Anne Lasserre.
IX	1684	Johan Marquet, épouse Marie de Compaigne.
X	1688	Jean Papon, lieute^{nant} de juge, ép. Anne Ducom.
XI	1718	Capraise Corrent, épouse Françoise Papon.
XII	1738	Joseph Corrent de Ribère, épouse : 1° Jeanne-Marie Dupeyré ; 2° N. Pérès d'Artassenx.

XIII	1770	Capraise Corrent de Ribère, épouse Madeleine Larcher.
XIV	1805	Savinien Corrent de Ribère, ép. Marguerite-Lolotte Tillet du Bourdalat.
	1852	Henri Coustaing.
	1890	Antony de Camon-Talence.

Lapouchette.

I	1500	Jehannot Dubrutz.
II	1526	Guiraud Dubrutz.
III	1530	Jean Lacroix, épouse Marie Dubrutz.
IV	1558	Daniel Lacroix, épouse Judith Forcade.
V	1579	Salomon Lacroix, épouse Guirautine Dejean.
VI	1600	Martin Lacroix, sergent royal.
VII	1620	Bernard Lacroix de Capdizé.
VIII	1660	Jean Lacroix de Lapouchette.
IX	1690	Isaac Lacroix de Lapouchette, épouse Suzanne Figuier.
X	1715	Israël Lacroix, épouse Marie Meyrous.
XI	1730	Sarah Lacroix, épouse Nicolas Houallet de Lagarenne.
XII	1750	Jean Pellissier, épouse Catherine Houallet de Lagarenne.
XIII	1786	Joseph Blé.

Paguy.

I	1600	Jehan Dufau, capitaine, seigneur de Paguy.
II	1643	Jean Dufau de Paguy, épouse Isabeau de Brocas, fille de Jean de Brocas de Tempouy, et de Rose de Vaqué.
III	1670	Joseph Dufau de Paguy.
IV	1690	Henri Dufau de Paguy, ép. Olympe Fonneau.
V	1735	Jean Dufau de Paguy, ancien garde du corps de la compagnie écossaise, brigade de la Ballarderie.
VI	. . .	. . .
VII	. . .	. . .

Poutet.

I	1588	Jehan Duvignal, notaire, ép. Perside Marquet.
II	1623	Jean Duvignal, notaire, épouse Jeanne Dufau de Peguy.
III	1657	Amos Duvignal, épouse Anne-Marie de Béar.
IV	1690	Françoise Duvignal.
V	1730	Pierre Frétard de Gauzères, épouse Jeanne de Crucevaut.
VI	1745	Louis Dufau.
VII	1765	Jean-Antoine Dufau, médecin du roi.
VIII	1800	Phocion Dufau.
IX	1840	M. de Camon.

Bourgade.

I	1480	Joseph Marquet, épouse Anne de Lestage.
II	1514	Annibal Marquet, épouse Marie Dufau.
III	1550	Jean Marquet, épouse Anne Ducom.
IV	1580	Joseph Marquet, épouse Anne Ducom.
V	1615	Jean Marquet, épouse Marie Tortoré.
VI	1645	Scipion Marquet, épouse Anne Lasserre.
VII	1683	Jean Marquet, épouse Marie de Compaigne.
VIII	1713	Maurice Marquet, épouse Anne Mercier.
IX	1740	Jasques Marquet.
X	1760	Louis Marquet, ép. Michelle Pâris-Duverney.
XI	1780	Maurice Marquet, de Grèves.
XII	1789	Daniel Marquet de Montbreton, épouse Esther Souberyan.
		M. Labarchède.
		M. Druillet de Buros.

L'Hostallet.

I	1398	Anne de Laffargue.
II	1415	
III	1440	
IV	1490	Frix de Laffargue, épouse Anne de Lestage.
V	1520	Clément de Laffargue, épouse Jeanne Vimle.
VI	1558	Jehan de Laffargue, épouse Marie Tortoré.

— 468 —

VII	1589	Johan de Laffargue, épouse : 1° Bertrande Ducom ; Josèphe de Mesmes.
VIII	1628	Johan Laffargue, ép. Catherine de Landrieu.
IX	1670	Jean de Laffargue, épouse Noémie de Camon.
X	1699	François de Guichené de Bouloc, ép. Catherine de Laffargue.
XI	1738	Jean-François de Guichené, ép. Jeanne de Cès.
XII	1766	François Thomas de Guichené.

Couralet.

I	1310	Arsias de Camo, épouse Marie de la Rue.
II	1350	Johan de Camo, épouse Clarianne de Berguen.
III	1389	Arnaud Bernard de Camo, épouse Catherine de Sarlac.
IV	1398	Hector de Camo, épouse Anne de Laffargue.
V	1418	Bernard de Camo, ép. Romaine de Mesmes.
VI	1459	Guillaume de Camo, épouse Hermine de Cours.
VII	1487	Antoine de Camo, ép. Françoise de Barbotan.
VIII	1514	Guillaume de Camo, épouse Jeanne Marquet.
IX	1549	François de Camo, épouse Jeanne de Los.
X	1570	Joseph de Camo, épouse Marie de Labroue.
XI	1623	Annibal de Camo, épouse Esther de Vaqué.
XII	1668	Annibal de Camo, épouse Marguerite Capin.
XIII	1690	Bertrand de Camo.
XIV	1708	Jacob Lecomte, épouse Marie Bouyrie.
XV	1739	Antoine Lecomte, épouse N. Vergoignan.
XVI	1770	Jean Lecomte, épouse Marie Latapple.
XVII	1798	Jean Lecomte, épouse Philippe Carrère.
XVIII	1833	Adolphe Lecomte, épouse Marie Lecomte. Camille Lecomte.

Labastide d'Armagnac.

I	1291	Bernard VI, comte d'Armagnac.
II	1320	Géraud, comte d'Armagnac.
III	1350	Jean I, comte d'Armagnac.
IV	1370	Jean II, comte d'Armagnac.
V	1391	Jean III, comte d'Armagnac.
VI	1420	Bernard VII, comte d'Armagnac.

VII	1448	Jean IV, comte d'Armagnac.
VIII	1454	Jean V, comte d'Armagnac.
IX	1460	Jean, bâtard d'Armagnac épouse Marguerite de Saluces, comtesse de Comminges.
X	1480	Hugues d'Amboise d'Aubijoux, épouse Madeleine d'Armagnac.
XI	1518	Jacques d'Amboise d'Aubijoux, épouse Hippolyte de Chambes de Montsoreau.
XII	1555	Louis d'Amboise d'Aubijoux, épouse Blanche Lévis-Ventadour.
XIII	1580	Georges d'Amboise d'Aubijoux, épouse Louise de Luxembourg.
XIV	1624	Jean de Maniban, épouse Jeanne de Ram.
XV	1649	Thomas de Maniban, ép. Antoinette Dufaur.
XVI	1668	Jean-Guy I de Maniban, épouse Isabelle de Pardaillan-Gondrin.
XVII	1693	Jean-Guy II de Maniban, épouse Marguerite de Fleubet.
XVIII	1722	Joseph-Gaspard de Maniban, épouse Jeanne de Lamoignon.
XIX	1760	Marie-Christine de Maniban, marquise de Livry.
XX	1774	Louis de Campistron-Maniban.
XXI	1789	Guy de Campistron-Maniban.

Gontaud.

I	1152	Les chevaliers du Temple.
II	1260	Guillem d'Escalans, damoiseau.
III	1320	Ramon d'Esgarrebaque, chevalier.
IV	1344	Fortaner d'Esgarrebaque.
V	1346	Lopbergunh d'Esgarrebaque.
VI	1386	Manaud d'Esgarrebaque.
VII	1420	Bohémond d'Esgarrebaque.
VIII	1441	Gaillard d'Esgarrebaque.
IX	1465	François d'Esgarrebaque.
X	1483	Ramon d'Esgarrebaque.
XI	1488	
XII	1521-1530	Pierre de Lasserres.
XIII	1538	Pierre de Ferbeaux, seigneur de Maignos.
XIV	....	
XV	1594	Jeanne de Lasserre, demoiselle de Gontaud.
XVI	1596	Antoine de Mélignan, ép. Jeanne de Ferbeaux.
XVII	1620	Philippe de Guirault, ép. Rose de Mélignan.

XVIII	1639	Jean-Antoine de Mélignan, seigr de Maignos.
XIX	1648	Rachel de Vaqué, veuve de Joseph de Batz, seigneur du Guay.
XX	1680	Jean de Batz de Gontaud, épouse Marie de Lormier.
XXI	1684	Charles de Batz de Laubidat, épouse Marie de Parabère.
XXII	1700	Samuel de Batz de Gontaud.
XXIII	1708	François de Batz-Trenquelléon, épouse Anne de Broqua de l'Isle.
XXIV	1720	Jean de Ferron d'Ambrutz, épouse Elisabeth de Laffargue.
XXV	1743	François-César-Phœbus de Ferron d'Ambrutz, épouse Marie de St-Julien d'Arsacq.
XXVI	1764	François de Cours de Gontaud, ép. Françoise de Lassalle.
XXVII	1780	Antoine-Henri de Cours de Gontaud.

Saint-Martin de Noé.

I	1387	Miramonde de St-Martin.
II	....	....
III	1400	Pons de Noé.
IV	....	....
V	1530	Miramonde de Noé, épouse Jean de Marsan.
VI	1570	Annibal de Galard-Brassac, épouse Catherine de Marsan.
VII	1581	Guy de Galard-Brassac, épouse Roquette de Lalanne.
VIII	1613	Bertrand de Galard-Brassac, épouse Sybille du Gasq.
IX	1646	Esther de Galard-Brassac, épouse Jean de Lin-Marsan.
X	1680	Bertrand du Lin-Marsan, épouse Jeanne-Marie de Laplanche.
XI	1692	Etienne de St-Julien d'Arsacq, épouse Catherine du Lin-Marsan.
XII	1718	François-César-Phœbus de Ferron d'Ambrutz, épouse Marie de St-Julien.
XIII	1728	Elisabeth de Cès, veuve de Jean de St-Julien d'Arsacq.
XIV	1740	Jacques de St-Julien d'Arsacq.
XV	1664	François de Cours-Gontaud, épouse Françoise de Lassalle.

XVI	1789	Antoine-Henri de Cours, épouse : 1° Christine Bérustoff ; 2° Sophie Ducasso.
XVII	1812	Amédée de Nouaillan, ép. Malvina de Cours.
XVIII	....	Henri de Nouaillan, épouse Anne-Geneviève de Saporta.

Tampouy.

I	1343	Guillem-Arnaud de Labarthe, damoiseau.
II	1378	Menaud de Labarthe, seigneur de Tempoy.
III	1401	Odon de Labarthe.
IV	....	
V	1480	Jehan de Labarthe.
VI	1514	Arnaud-Guillem de Laborde, damoiseau.
VII	1547	Antoine de Laborde.
VIII	....	
IX	1610	Jacques de Laborde de Tampoy.
X	1638	Rose de Vaqué, épouse Jean de Brocas.
XI	1648	Gabriel de Brocas, épouse Françoise de Morin.
XII	1683	Jean-Estienne de Brocas, épouse Marguerite de Bezolles.
XIII	1730	Jean-Gabriel de Brocas, épouse Marguerite de Morin.
XIV	1760	Anne de Brocas, épouse Bernard de Laborde.
XV	1777	Nicolas (de) Lormand.

Gaube.

I	1343	Arnaud d'Esgarrebaque.
II	....	...
III	....	...
IV	1559	Bertrand d'Esgarrebaque, épouse Isabelle de Montluc.
V	1566	Jean d'Esgarrebaque, épouse N. de Parage.
VI	1573	Ogier de Gourgues, épouse : 1° Jeanne de Parage ; 2° Finette d'Apremont.
VII	1600	Armand de Gourgues, épouse Marie de Grossoles-Flammarens.
VIII	1634	Pierre de Laplanche, seigr de Peyrelongue.
IX	1670	Bertrand du Lin-Marsan, épouse Jeanne-Marie de Laplanche.
X	1685	François du Lin-Marsan, seigneur de Gaube.
IX	1724	Jean-François du Lin-Marsan, seigneur de Batz et de Castillon.

XII	1730	Pierre Bouyries, épouse : 1° Marie Dubuc ; 2° Marie Durey.
XIII	1745	Jean-Marie Bouyries, seigneur de Vidon et de Gaube, épouse N. Dupeyré.
XIV	1789	Jean-Marie-Alexis Bouyrie de Caumale, épouse Marie de Labarthe.
XV		Jean-Marie-Arnaud Boyrie de Gaube, épouse N. de Carrère.

Amélie Boyrie, épouse Camille de Muret.

Notaires de la Vicomté de Juliac.

1320	Arnaud Fabri.
1332	Guillem Ashton.
1342	Olivier Melding.
1354	Vital Gaussies.
....	...
1408	Johan Labarthe.
....	...
1498	Bernard Bureau.
1508	Johan de Capdizé.
1527	Michel Soubère.
1538	Pierre Soubère.
1549	Jehan Dupont.
1551-1576	Louis Labarchède.
1576-1588	Gédéon Guillauma.
1588-1596	Jehan de Baldy.
1596-1604	Jean Duvignal.
1604-1620	Michel Dupuy.
1620-1638	Louis Cluseau.
1638-1660	Jean de Coby.
1660-1694	Philibert de Coby.
1694-1704	Jean Dufau.
1704-1720	Joseph Dufau.
1720-1745	Joseph Dubrutz.
1745-1761	Louis Dubrutz.
1761-1780	Jean Soubiran.
1780-1789	Jean-Simon Soubiran.

Précepteurs du Temple de Geu.

1150-1160	Fortaner de Gerlon.
1160-1170	Hugues de Lobenx.
1170-1185	Guillem de Mona.
1203	Ramon de Montpezat.
1236	Garsias de Cère.
1252	Amanjeu de Sérac.
....	...
1290	Arnaud de Lohérien.

Ministres Protestants de Labastide d'Armagnac.

1554-1558	Jacques de Vibaron.
1558-1564	Israël Renbot.
1564	Martin Laborde.
1564-1577	Abraham Bureau.
1577-1581	Jean-Pierre de Boulogne.
1581-1583	Joseph de Lahoriague.
1583-1590	Isaac de Malartic.
1590-1592	Jérémie Lacroix.
1592-1607	Jean Sylvius.
1607-1640	Jacques Duffort.
1640-1642	Issachar Dufour.
1642-1653	Samuel Dubrutz.
1653-1658	Mérigon Lasalle,
1658-1663	Etienne Domergue.
1663-1667	Gabriel Dufau du Pouy.
1667-1675	Jean-Louis Malide.
1675-1679	Ezèchiel de Vaqué.
1679-1683	Michel Cordié.
1683-1685	Bernard Augrand,
1685	Paul Rondelais.

Juges de la Vicomté de Juliac.

1596-1604	Jean Duvignal.
1604-1608	Pierre Duputz.
1608-1621	Jacques Lavigne,
1621-1630	Jehan Guillauma.
1630-1648	Jean Guillauma fils.
1660-1690	Bernard Langlade.
1690-1693	Pierre Labeyrie.
1693-1715	Pierre Duvignal.
1715-1730	Etienne Vignoles.
1761-1780	Jean Soubiran.
1780-1789	Jean-Simon Soubiran.

Procureurs juridictionnels de la Vicomté de Juliac.

1579	Jehan Darrozin.
1588-1604	Pierre Darrozin.
1604-1630	Arnaud Dupont.
1630-1660	Jean-Michel Darrozin.
1660-1674	Philibert de Coby.
1674-1699	François Larroche.
1699-1720	Henri Latané.
1720-1742	Jean Latané.
1742-1760	Antoine Dart.
1760-1780	Jean Laborde.
1780-1789	Antoine Mercé.

TABLE.

Chapitre Ier.	La Vicomté de Juliac sous les Malvin			7
—	IIe.	Id.	sous les Pardaillan	23
—	IIIe.	Id.	sous les Béarn-Gerderest	57
—	IVe.	Id.	sous les Pardaillan de Panjas	75
—	V^e.	Id.	sous les de Los	101
—	VIe.	Id.	sous les Pujolé	109
—	VIIe.	Arouille et Argelouse		175
—	VIIIe.	Bourgade		207
—	IXe	Briat		221
—	X^e	Couralet		231
—	XIe.	L'Hostallet		243
—	XIIe.	Joutan		263
—	XIIIe.	La Grange de Juliac		273
—	XIVe.	Laroqué et Fondat		289
—	XVe.	Le Ribouillet et Poutet		319
—	XVIe.	Saint-Julien en Juliac		343
—	XVIIe.	Séridos		355
—	XVIIIe.	Pavichat, le Reys, Le Hillo, Lapouchette		365
—	XIXe.	Eglises et Paroisses de la Vicomté de Juliac		379

APPENDICE.

Notices généalogiques	395
Les Fiefs de Juliac et leurs Seigneurs	459
Notaires de la Vicomté de Juliac	473
Précepteurs du Temple de Geu	473
Ministres protestants de Labastide d'Armagnac	474
Juges de la Vicomté de Juliac	474
Procureurs juridictionnels de la Vicomté de Juliac	475

Imp. A. Standachar et Cie, à Romorantin.

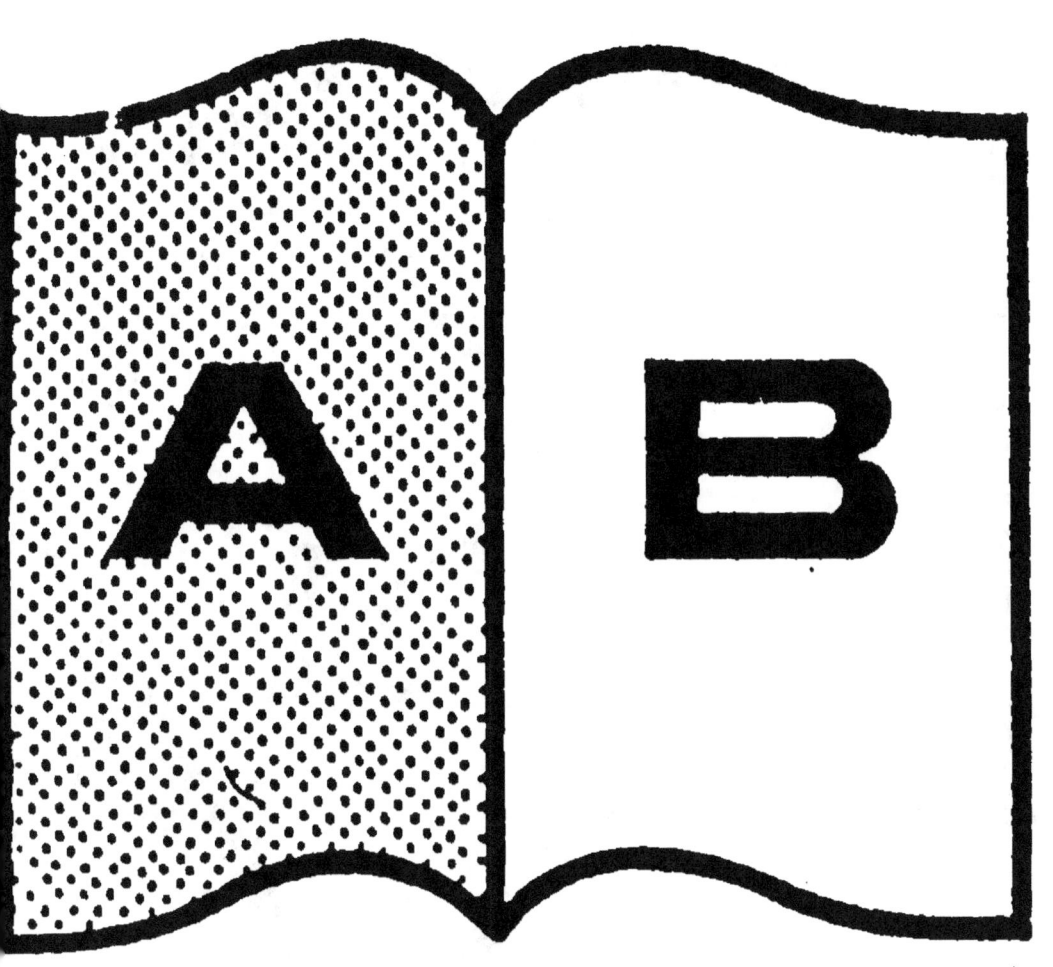

Contraste Insuffisant
NF Z 43-120-14

Documents manquants (pages, cahiers...)
NF Z 43-120-13

www.ingramcontent.com/pod-product-compliance
Lightning Source LLC
Chambersburg PA
CBHW071622230426
43669CB00012B/2033